Legitimation für die Wehrpflicht?

Europäische Hochschulschriften

Publications Universitaires Européennes

European University Studies

Reihe II

Rechtswissenschaft

Série II Series II

Droit

Law

Bd./Vol. 3452

PETER LANG

Frankfurt am Main · Berlin · Bern · Bruxelles · New York · Oxford · Wien

Mathias Klümper

Legitimation für die Wehrpflicht?

Eine Betrachtung unter verfassungsrechtlichen, historischen, ökonomischen und sicherheitspolitischen Gesichtspunkten

PETER LANG
Europäischer Verlag der Wissenschaften

Die Deutsche Bibliothek - CIP-Einheitsaufnahme

Klümper, Mathias:

Legitimation für die Wehrpflicht? : eine Betrachtung unter verfassungsrechtlichen, historischen, ökonomischen und sicherheitspolitischen Gesichtspunkten / Mathias Klümper. - Frankfurt am Main ; Berlin ; Bern ; Bruxelles ; New York ; Oxford ; Wien : Lang, 2002
(Europäische Hochschulschriften : Reihe 2, Rechtswissenschaft ; Bd. 3452)
Zugl.: Münster (Westfalen), Univ., Diss., 2001
ISBN 3-631-39280-X

D 6
ISSN 0531-7312
ISBN 3-631-39280-X

www.peterlang.de

Meinen Eltern

Etenim in certamine bellorum exercitata paucitas ad victoriam promptior est, rudis et indocta multitudo exposita semper ad caedem.

Vegetius, Epitoma rei militaris, lib. 1, II in fine

Vorwort

Die vorliegende Arbeit wurde im Sommersemester 2001 vom Fachbereich Rechtswissenschaften der Westfälischen Wilhelms-Universität zu Münster als Dissertation angenommen. Das Manuskript ist auf dem Stand von August 2001. Soweit es möglich war, wurden auch die nach Abschluss des Manuskripts erschienenen Veröffentlichungen sowie aktuelle Gerichtsentscheidungen bis Dezember 2001 berücksichtigt.

Dank gebührt zuallererst einem Doktorvater, Herrn Prof. Dr. *Volker Epping*. Er hat diese Arbeit angeregt, betreut und ihren Fortschritt stets mit großem Interesse und Engagement verfolgt. Einerseits gewährte er mir große Freiheit bei der Ausgestaltung des Themas, andererseits hatte er bei Fragen und Problemen stets ein offenes Ohr.

Herrn Prof. Dr. *Bodo Pieroth* bin ich dafür verbunden, dass er das Zweitgutachten in kurzer Zeit erstellt und so den zügigen Abschluss des Promotionsverfahrens ermöglicht hat.

Danken möchte ich auch Herrn *Eckhard Bucher*, Herrn Dr. *Dieter Fleck* und Herrn Prof. Dr. Dr. h.c. mult. *Knut Ipsen* sowie dem Fachinformationszentrum der Bundeswehr. Sie haben durch ihren fachlichen Rat und das zur Verfügung stellen von Materialien mit zu der raschen Bearbeitung der Dissertation beigetragen.

Unabhängig davon schulde ich meinen Eltern, *Ursula* und *Ewald Klümper*, besonderen Dank. Sie haben meine Bemühungen stets gefördert. Ihre Unterstützung hat mir das Studium der Rechtswissenschaften und darüber hinaus die zügige Fertigstellung dieser Arbeit ermöglicht. Ihnen ist diese Arbeit gewidmet.

Düsseldorf, im März 2002 Mathias Klümper

Gliederung

Tabellenverzeichnis

A. Einleitung

I. Gegenstand der Untersuchung

Die vorliegende Arbeit verfolgt das Ziel, die Zukunft der derzeit in der Bundesrepublik bestehenden allgemeinen Wehrpflicht zu untersuchen. Die allgemeine Wehrpflicht wurde in der Bundesrepublik nach Ende des Zweiten Weltkrieges im Jahre 1956 wieder eingeführt. Seit ihrer Einführung haben sich die Rahmenbedingungen, insbesondere die sicherheitspolitischen Verhältnisse in Europa, wesentlich verändert. Anstoß zu dieser Arbeit gab auch der Aussetzungs- und Vorlagebeschluss des LG Potsdam vom 19. März 1999 – 23 (H) Ns 72/98.[1] Dieser Beschluss behandelt ein Verfahren eines sog. Totalverweigerers.[2] Das LG Potsdam vertritt die Auffassung, dass die derzeitige Wehrpflicht vor dem Hintergrund der seit 1990 geänderten sicherheitspolitischen Lage verfassungsrechtlich nicht mehr zu rechtfertigen sei und hat das Verfahren zur Einholung einer Entscheidung des BVerfG ausgesetzt. Schwerpunkt der Argumentation des LG gegen die Verfassungsmäßigkeit der Wehrpflicht ist die seit 1990 geänderte sicherheitspolitische Lage. Die Beschränkung der Prüfung auf sicherheitspolitische Erwägungen ist insbesondere durch das BMVg kritisiert worden.[3] Deshalb beleuchtet diese Arbeit die Wehrpflicht unter verschiedenen Aspekten, welche die Verfassungsmäßigkeit der Wehrpflicht betreffen könnten. Sie konzentriert sich aber auf vier Kernfragestellungen. Zum einen muss untersucht werden, ob die Wehrpflicht vor ihrem geschichtlichen Hintergrund als die in einem demokratischen Staat einzig mögliche Wehrform angesehen werden kann. Ferner stellt sich die zentrale Frage, ob die Wehrpflicht als Eingriff in die Grundrechte junger Bürger vor dem Hintergrund der geänderten sicherheitspolitischen Lage in Europa und der Welt seit 1990 verfassungsrechtlich noch zu rechtfertigen ist. Darüber hinaus stellt sich die Frage, welche Auswirkungen die Öffnung der Bundeswehr für den freiwilligen Waffendienst von Frauen Anfang 2001 auf die allgemeine Wehrpflicht hat. Daran schließt sich die Frage an, ob die Bundeswehr zukünftig in der Lage sein wird, dem Grundsatz der Wehrgerechtigkeit Rechnung zu tragen.

II. Aktualität des Themas

Seit Bestehen der allgemeinen Wehrpflicht in der Bundesrepublik haben sich Arbeiten aus den verschiedensten Disziplinen mit ihrer Rechtfertigung beschäftigt. Allerdings waren wenige juristische Abhandlungen unter diesen Arbeiten. Als juristische

---

1 NJ 1999, 660 L; Begründung unter http://www.brandenburg.de/lgp/lgpweb/presse/ pressimi/pr990604.htm.

2 Der in Brandenburg lebende *Volker Wiedersberg* hat nicht nur den Dienst mit der Waffe, sondern auch den Zivildienst verweigert. Er ist der Auffassung, dass die derzeit in der Bundesrepublik bestehende Wehrpflicht – und damit auch der auf ihr aufbauende Zivildienst als Ersatzdienst - auf Grund unterschiedlichster Aspekte verfassungswidrig sei. SPIEGEL online vom 23. Februar 2002, http://www.spiegel.de/politik/deutschland/0,1518,183719,00.html.

3 BMVg, „4/3“ 4/1999, I (I).

Arbeit ist hier insbesondere die Abhandlung von *Fröhler* aus dem Jahr 1995 zu nennen. *Fröhler* beschäftigt sich aber in seiner Arbeit ausschließlich mit der Frage, ob der Gesetzgeber verfassungsrechtlich verpflichtet ist, eine militärische Landesverteidigung aufzubauen und welche grundrechtlichen Vorgaben es für die Ausgestaltung der Landesverteidigung durch eine bestimmte Wehrform gibt.[4] Rechtsvergleichend betrachtet er die Situation in der Schweiz. Aus anderen Disziplinen sind die Arbeiten von *Bihr* aus dem Jahr 1973 zu nennen, der aus wirtschaftswissenschaftlicher Sicht die Frage der Wehrgerechtigkeit und die Möglichkeit einer Wehrausgleichsabgabe hinterfragt. Das Problem der Wehrgerechtigkeit hat auch *Munz* im Jahr 1978 behandelt, allerdings aus gesellschaftswissenschaftlicher Perspektive. In den letzten Jahren wurde die Frage des Zugangs von Frauen zum Militär umfassend diskutiert. Unter sozialwissenschaftlichen Gesichtspunkten wurde dieser Themenkomplex in der Arbeit von *Ingrid Anker, Ekkehard Lippert und Ingrid Welcker*[5] und von *Swantje Kraake*[6] sowie in neuerer Zeit von *Gerhard Kümmel, Paul Klein und Klaus Lohmann*[7] bearbeitet. Unter juristischen Gesichtspunkten hat sich beispielsweise *Ingo Seidner*[8] in jüngerer Zeit mit der Frage des freiwilligen Dienstes von Frauen in der Bundeswehr auseinander gesetzt. Eine umfassende Analyse der Wehrpflichtsituation aus geschichtlichem, verfassungsrechtlichem, sicherheitspolitischem Blickwinkel, welche die Probleme der verfassungsrechtlichen Rechtfertigung der Wehrpflicht, der Wehrgerechtigkeit vor dem Hintergrund der Situation am Anfang des neuen Jahrtausends behandelt, ist bisher nicht vorgenommen worden. Insbesondere die Bezugnahme auf aktuelle europäische Entwicklungen erfolgte bisher nicht. Auch wurde die Frage der Legitimation der auf Männer beschränkten Wehrpflicht vor dem Hintergrund der Öffnung der Bundeswehr für den freiwilligen Waffendienst von Frauen noch nicht verfassungsrechtlich hinterfragt.

Zusätzliche Aktualität hat das Thema durch die Wehrpflichtdebatte der letzten Jahre erhalten. Das Problem der Legitimation der Wehrpflicht ist verstärkt in das Blickfeld der öffentlichen Diskussion gerückt. Auch die Regierungskoalition aus SPD und Bündnis 90/Die Grünen hat sich dieser zunehmenden Kritik an der bestehenden Bundeswehr und damit auch an der Wehrpflicht angenommen und eine Kommission „Gemeinsame Sicherheit und Zukunft der Bundeswehr“ unter dem Vorsitz des Altbundespräsidenten *Richard von Weizsäcker* eingesetzt, die Vorschläge zur Zukunft

---

4 *Fröhler*, S. 23.

5 *Anker, Ingrid/Lippert, Klaus/Welcker, Ingrid*, Soldatinnen in der Bundeswehr. Kennzeichen des sozialen Wandels, Berichte des Sozialwissenschaftlichen Instituts der Bundeswehr, Heft 59, München 1993.

6 *Kraake, Swantje*, Frauen zur Bundeswehr. Analyse und Verlauf einer Diskussion, Frankfurt a.M., Berlin, Bern, New York, Paris, Wien 1992.

7 *Kümmel, Gerhard/Klein, Paul/Lohmann, Klaus*, Zwischen Differenz und Gleichheit: Die Öffnung der Bundeswehr für Frauen, Strausberg 2000.

8 *Seidner, Ingo*, Der freiwillige Dienst von Frauen in der Bundeswehr mit der Waffe als Gleichheitsproblem. Zum verfassungsrechtlichen Kontext von Art. 12a Abs. 4 S. 2 GG, Aachen 1997.

der Bundeswehr erarbeiten sollte.[9] Die Kommission hat im Frühjahr 1999 ihre Arbeit aufgenommen und legte am 23. Mai 2000 ihren Abschlussbericht vor. Belebt wurde die Debatte um die Wehrpflicht durch den oben bereits genannten Aussetzungs- und Vorlagebeschluss des LG Potsdam an das BVerfG vom 19. März 1999 und den Vorlagebeschluss des VG Stuttgart an den EuGH vom 4. April 2001.[10] Im April des Jahres 2001 hat das VG Stuttgart ein Vorabentscheidungsverfahren beim EuGH mit der Vorlagefrage: „Steht der deutschen Wehrpflicht nur für Männer Europarecht entgegen?" (Az. 17 K 1458/00) initiiert. In diesem Verfahren war der Kläger – ein junger Wehrpflichtiger – der Auffassung, dass die Beschränkung der Wehrpflicht auf Männer nicht mit der Gleichbehandlungsrichtlinie 76/207/EWG vereinbar sei. Eine Entscheidung dieses Verfahrens steht ebenfalls noch aus.[11] Die Frage der Abschaffung der Wehrpflicht ist in jüngster Zeit auch immer wieder Gegenstand der öffentlichen Diskussion gewesen. Das Urteil des EuGH i.d. Rs. C-285/98 vom 11. Januar 2000 – Kreil hatte in der Bundesrepublik eine umfangreiche politische Diskussion um die Beibehaltung der Wehrpflicht angeregt.[12] Im Sommer des Jahres 2001 wurde durch ein Interview mit dem saarländischen SPD-Vorsitzenden *Heiko Maas*, in dem er die Wehrpflicht als ein „Relikt des Kalten Krieges" bezeichnete, eine erneute Diskussion über die Abschaffung der Wehrpflicht ausgelöst.[13] Neben der geänderten sicherheitspolitischen Lage in Europa führte er an, dass eine Freiwilligenarmee kostengünstiger sei als eine Wehrpflichtarmee. Dem schloss sich die stellvertretende SPD-Bundesvorsitzende *Renate Schmidt* an und forderte ebenfalls die Abschaffung der Wehrpflicht. Maßgebliches Argument ist für sie das geänderte Aufgabenspektrum der Bundeswehr und die immer sinkende Bedeutung der Landesverteidigung.[14]

III. Gang der Untersuchung

Wie oben bereits erwähnt, stellen sich im Rahmen der aktuellen Wehrpflichtdebatte im Wesentlichen vier Fragen. Entsprechend den oben erwähnten vier Kernfragen wird die Arbeit in vier Teile unterteilt. Diese Unterteilung bietet sich an, da jede dieser Fragestellungen ein im Wesentlichen von den anderen Kernfragen losgelöstes Problemfeld der Wehrpflicht darstellt und somit isoliert untersucht werden kann.

---

9 Zu den Ergebnissen der Weizsäcker-Kommission, insbesondere bezüglich der Wehrpflicht, siehe Gliederungspunkt C.III.2.e)bb)(3)(a), Seite 77.

10 Siehe genaueres zum Vorlagebeschluss des LG Potsdam unter Gliederungspunkt A.I., Seite 1.

11 Siehe zum Vorlagebeschluss des VG Stuttgart auch Fn. 103 und zur Vereinbarkeit der Wehrpflicht mit der Gleichbehandlungsrichtlinie insbesondere Gliederungspunkt D.IV.1, Seite 125.

12 Zur politischen Debatte nach dem Kreil-Urteil des EuGH siehe Gliederungspunkt A.III.3, Seite 5.

13 „Relikt des Kalten Krieges". Der saarländische SPD-Vorsitzende Heiko Maas hält die Wehrpflicht für nicht mehr zeitgemäß, SZ v. 6. August 2001, S. 2.

14 Koalitionspolitiker plädieren für ein Ende der Wehrpflicht. SPD-Vize Schmidt: Berufsarmee wird kommen. Mazedonien-Einsatz umstritten, Die Welt online v. 7. August 2001, http://www.welt.de/daten/2001/08/07/0807de273120.html.

1. Historische Betrachtung

Im ersten Teil beschäftigt sich die Arbeit mit der Frage, ob die allgemeine Wehrpflicht aus dem geschichtlichen Blickwinkel heraus in einem besonderen Verhältnis zur demokratischen Staatsform steht und somit als die demokratieadäquateste Wehrform bezeichnet werden kann.

Zur Rechtfertigung werden häufig historische Analysen der deutschen Wehrpflichtgeschichte herangezogen. Aus ihnen soll sich ein besonderes Verhältnis von Wehrpflicht und demokratischer Staatsform ableiten lassen. Der Mythos vom Idealbild demokratischer Wehrpflicht wurde nach dem Zweiten Weltkrieg maßgeblich von *Theodor Heuss'* Formulierung „Die Wehrpflicht ist das legitime Kind der Demokratie. Ihre Wiege stand in Frankreich."[15] geprägt. Seitdem wird dieses Zitat bei aufkommenden Zweifeln über die Demokratieadäquanz der Wehrpflicht immer wieder zur Begründung der vermeintlich engen Verbindung zur Demokratie bemüht.[16] Im Rahmen dieser Untersuchung wird zunächst die jeweilige Wehrform der einzelnen Epochen herausgearbeitet. Anschließend werden die Wehrformen in Bezug zu den jeweiligen Staatsformen gesetzt.

2. Sicherheitspolitische Veränderungen seit 1990

Der zweite Teil befasst sich mit der Frage, ob sich die allgemeine Wehrpflicht, wie sie z.Zt. in Deutschland besteht, vor dem Hintergrund des deutlich geänderten Bedrohungspotenzials verfassungsrechtlich noch rechtfertigen lässt. Seit 1990 hat sich die politische und somit auch die sicherheitspolitische Landschaft in Europa grundlegend gewandelt. Der die Jahrzehnte nach dem Zweiten Weltkrieg prägende Kalte Krieg, der bestimmt war von der Konfrontation der großen Blöcke Ost und West, existiert nicht mehr. Nach der Auflösung der Warschauer Vertragsorganisation stehen die NATO-Staaten in Europa nicht mehr einer großen kollektiven Bedrohung gegenüber. Mittlerweile sind viele der ehemaligen Staaten des Ostblocks Beitrittskandidaten oder schon Mitglieder der NATO und / oder der EU. Die ehemaligen Feinde sind zu Partnern im Bündnis und in der Staatengemeinschaft geworden. Deutschland ist infolge dieser sich wandelnden sicherheitspolitischen Lage in Europa nicht mehr den früheren Sicherheitsrisiken ausgesetzt. Der Auftrag der Bundeswehr hat sich weg von der Verteidigung des Bundesgebiets und des Bündnisses hin zu neuen vielfältigen Aufgaben gewandelt. Die Bundeswehr nimmt seit Anfang der neunziger Jahre verstärkt an humanitären und militärischen Hilfsmissionen unter der Flagge internationaler Organisationen wie der NATO oder der VN teil. Die ursprüngliche Aufgabe der Landes- und Bündnisverteidigung rückt immer mehr in den Hintergrund. Schon im Jahr 1995 hatte der damalige Bundespräsident *Roman Herzog* in einer Ansprache anlässlich

---

15 Siehe Parlamentarischer Rat, Verhandlungen des Hauptausschusses 1948/49, 41. Sitzung, 15. Januar 1949, S. 511 f.

16 *Opitz* in: Opitz/Rödiger, S. 9; *Messerschmidt* in: Groß/Lutz, S. 117; *Bald* in: Groß/Lutz, S. 143.

der Kommandeurtagung der Bundeswehr in München angemahnt, dass die sich durch die Wehrpflicht für den Staat und die Streitkräfte ergebenden Vorteile und der Ruf nach mehr Pflichtgefühl der Bürger für eine Rechtfertigung der Wehrpflicht nicht ausreichend seien. Die Wehrpflicht sei kein allgemein gültiges ewiges Prinzip, sondern abhängig von der jeweiligen sicherheitspolitischen Lage. Deswegen dürfe ein demokratischer Staat diesen tiefen Eingriff in die Rechte der jungen Bürger nur fordern, wenn es die äußere Sicherheit des Staates gebiete.[17] Schwerpunkt dieses Teils bildet die Analyse der derzeitigen und der zu erwartenden sicherheitspolitischen Lage auf dem europäischen Kontinent, wobei die Entwicklungen in der militärischen Zusammenarbeit auf europäischer Ebene besondere Berücksichtigung finden. Anschließend werden aus den Analyseergebnissen Schlussfolgerungen zum kommenden Aufgabenspektrum der Bundeswehr und der dafür notwendigen Streitkräftestruktur gegeben. Im Rahmen eines Vergleichs zwischen den einzelnen Wehrformen werden die sicherheitspolitischen, gesellschaftlichen und ökonomischen Vor- und Nachteile der einzelnen Wehrformen dargestellt und miteinander verglichen.

3. Auswirkungen der Öffnung der Bundeswehr für Frauen auf die Wehrpflicht

Im Anschluss wird im dritten Teil hinterfragt, welche Auswirkungen die Öffnung der Bundeswehr für den freiwilligen Dienst von Frauen auf die auf Männer beschränkte allgemeine Wehrpflicht hat.

Der Gesetzgeber hat sich nach dem Urteil des EuGH (C-285/98) vom 11. Januar 2000 in der Sache Kreil gegen die Bundesrepublik Deutschland entschlossen, die Bundeswehr - weiter als bisher - für Frauen zu öffnen. Das Gericht hatte entschieden, dass es gemeinschaftsrechtlichen Regelungen entgegensteht, wenn die nationalen Vorschriften des Soldatengesetzes und der Soldatenlaufbahnverordnung Frauen lediglich den Dienst als Sanitäter oder Militärmusiker erlauben, ihnen aber ansonsten alle anderen Verwendungen, insbesondere den Dienst mit der Waffe, verwehren. Die Reaktionen der Parteien auf die Entscheidung des EuGH waren sehr unterschiedlich. Für die sicherheitspolitische Sprecherin der Grünen, *Angelika Beer*, war die notwendige Konsequenz des Urteils aus Luxemburg die Abschaffung der Wehrpflicht.[18] Weiter ging die stellvertretende Sprecherin der Arbeitsgemeinschaft Sicherheit der SPD-Bundestagsfraktion, *Verena Wohlleben*, die eine Ausdehnung der Wehrpflicht auf Frauen forderte.[19] Nach Aussagen des Verteidigungsministers *Rudolf Scharping* hat das Urteil des EuGH keine Auswirkungen auf

---

17 Ansprache von Bundespräsident *Roman Herzog* anlässlich der Kommandeurtagung der Bundeswehr in München am 15. November 1995, abgedruckt in: Presse- und Informationsamt der Bundesregierung, Wehrpflicht oder Berufsarmee, S. 3.

18 SPIEGEL online v. 11. Januar 2000, http://www.spiegel.de/politik/europa/0,1518,59461,00.html.

19 SPIEGEL online v. 11. Januar 2000, http://www.spiegel.de/politik/europa/0,1518,59397,00.html.

die bestehende Wehrpflicht; weder folge aus ihm die Abschaffung der nur für Männer bestehenden Wehrpflicht noch eine Ausdehnung der Wehrpflicht auf Frauen.[20] Auch nach Meinung des verteidigungspolitischen Sprechers der CDU/CSU-Bundestagsfraktion, *Paul Breuer*, bedeute der Richterspruch aus Luxemburg nicht die Abschaffung der auf Männer beschränkten Wehrpflicht.[21] Seit Januar 2001 können Frauen in allen Verwendungen eingesetzt werden. Kriterien für die Einstellung sind nur noch Eignung, Befähigung und Leistung. Das Geschlecht spielt keine Rolle mehr für die Möglichkeit des Einsatzes in einer bestimmten Verwendungsgruppe.

Frauen unterliegen aber auch in der Zukunft nicht der allgemeinen Wehrpflicht. Diese wird es auch weiterhin nur für Männer geben. Resultat dieser Öffnung der Bundeswehr für Frauen ist, dass Männer weiterhin zum Dienst mit der Waffe gezwungen werden können, Frauen aber diesen gleichen Waffendienst freiwillig ableisten können. Der ehemalige Verteidigungsminister und Verfassungsrechtler *Rupert Scholz* hat kurz nach der Entscheidung des EuGH im Januar 2000 die Problematik dieser Konstellation mit den Worten: „Männer müssen, Frauen dürfen" beschrieben.[22] Besondere Aktualität hat diese Fragestellung im April 2001 durch einen Vorlagebeschluss des Verwaltungsgerichts Stuttgart erhalten. Das zu Grunde liegende Verfahren behandelt den Fall eines Wehrpflichtigen, der gegen die Ablehnung seines Antrags auf Befreiung von der Wehrpflicht geklagt hatte. Da das VG Stuttgart die Möglichkeit einer Unvereinbarkeit mit der europäischen Gleichbehandlungsrichtlinie gesehen hatte, setzte es bisher drei Verfahren aus und legte sie dem EuGH zur Entscheidung vor.[23] Neben einer Analyse der verfassungsrechtlichen und tatsächlichen Entwicklung des Dienstes von Frauen in der Bundeswehr beschäftigt sich dieser Teil anhand von medizinischen und psychologischen Untersuchungen mit der Frage, ob es objektiv-biologische Unterschiede zwischen Männern und Frauen gibt, die eine Beschränkung der Wehrpflicht auf Männer rechtfertigen können. Zur Frage der psychischen und physischen Leistungsfähigkeit gibt es kaum Arbeiten, die diese anhand von Untersuchungen innerhalb der Bundeswehr behandeln. Bekannt ist in diesem Rahmen nur die Arbeit von *Ingrid Anker, Ekkehard Lippert und Ingrid Welcker*, die Untersuchungen mit Sanitätsoffiziersanwärterinnen durchgeführt haben.[24] Es wird deshalb auf ausländische Arbeiten zurückgegriffen, insbesondere auf solche aus den USA. Die US-Streitkräfte konnten vor dem Hintergrund der schon seit längerem be-

---

20 SPIEGEL online v. 12. Januar 2000, http://www.spiegel.de/politik/deutschland/0,1518,59564,00.html.

21 SPIEGEL online v. 11. Januar 2000, http://www.spiegel,de/politik/europa/0,1518,59461,00.html.

22 Zitiert in: Die Welt v. 7. Januar 2000, http://www.welt.de/daten/2000/01/07/0107de145932.htm.

23 Zum Vorlagebeschluss des VG Stuttgart siehe Fn. 103 und Gliederungspunkt A.II, Seite 1.

24 *Anker/Lippert/Welcker*, Soldatinnen in der Bundeswehr. Kennzeichen des sozialen Wandels, Berichte des Sozialwissenschaftliches Institut der Bundeswehr, Heft 59, München 1993.

stehenden Öffnung der Armee für Frauen und den Kampfeinsätzen in den letzten Jahrzehnten zahlreiche Erfahrungen über die Eignung von Frauen machen.

4. Gewährleistung der Wehrgerechtigkeit

Abschließend beschäftigt sich die Arbeit in ihrem vierten Teil mit der Frage der Wehrgerechtigkeit. Der Grundsatz der Wehrgerechtigkeit ist eine Ausprägung des sich aus Art. 3 Abs. 1 GG i.V.m. dem Sozialstaatsprinzip ergebenden Grundsatzes der Lasten- und Pflichtengleichheit. Er fordert eine möglichst gleichförmige Heranziehung der Wehrpflichtigen zu einem Dienst. Wehrpflichtausnahmen dürfen nur in beschränktem Umfang erfolgen. Schon seit Bestehen der Wehrpflicht wurde die Beachtung des Grundsatzes der Wehrgerechtigkeit bemängelt und mehr Wehrgerechtigkeit gefordert. So stellte schon die *Wehrstrukturkommission 1970*[25] fest, dass das damalige Wehrsystem keine Wehrgerechtigkeit gewähren kann.[26] Nach den damaligen Untersuchungen wurden nur rund 60% der Wehrpflichtigen eines Jahrgangs auch tatsächlich zu einem Dienst herangezogen. Zu Beginn der neunziger Jahre hat *Willi Weiskirch*, ehemaliger Wehrbeauftragter des Bundestages, die Einhaltung der Wehrgerechtigkeit angemahnt.[27] Auch in neuerer Zeit wird die fehlende Wehrgerechtigkeit wieder zunehmend bemängelt. *Jürgen Rose* hat hierzu angemerkt, dass eine stetig wachsende Wehrungerechtigkeit zu verzeichnen sei. Nach seinen Angaben gab es im Jahr 2000 einen Überhang an Wehrpflichtigen von rund 300.000, die noch nicht einberufen wurden. Jährlich würde sich diese Zahl um ca. 40.000 erhöhen.[28]

Die Arbeit betrachtet daher die aktuelle Situation der Wehrgerechtigkeit. Dazu wird auf der Grundlage der veröffentlichten Planungen des BMVg der Bedarf der Streitkräfte an Wehrpflichtigen für die kommenden zehn Jahre ermittelt. Dieser Zeitraum erscheint vor dem Hintergrund der Zuverlässigkeit von Hochrechnungen als geeignet. Gleichzeitig wird für den anschließenden Vergleich die Anzahl der zur Verfügung stehenden Wehrpflichtigen im gleichen Zeitraum ermittelt. Zurückgegriffen werden kann hierbei auf aktuelles Material des Statistischen Bundesamtes. Die so herausgearbeiteten Ausschöpfungsquoten werden mit den vom BMVg ermittelten Zahlen verglichen.

---

25 Die Wehrstrukturkommission 1970 wurde am 9. Juli 1970 von der damaligen Bundesregierung eingesetzt. Ihr Auftrag war in zwei Abschnitte unterteilt. In einem ersten Schritt sollte diese Kommission Vorschlage für mehr Wehrgerechtigkeit in der Bundesrepublik erarbeiten (Wehrstrukturkommission 1970, Bericht, S. 5). Danach hatte die Kommission in einem zweiten Schritt die Entwicklung der Wehrstruktur zu untersuchen und sollte Optionen für das Ende der siebziger Jahre vorlegen (Wehrstrukturkommission, Analyse und Optionen, S. 5).

26 Wehrstrukturkommission 1970, Bericht, S. 33.

27 Die Welt v. 20. September 1993, S. 7.

28 *Rose*, F.A.Z. v. 15. November 2000, S. 15.

B. Verfassungsgeschichtliche Entwicklung der allgemeinen Wehrpflicht in Deutschland vor dem Hintergrund des Verhältnisses von Wehrpflicht und Demokratie

I. Wehrformentwicklung in Preußen seit 1806

Die erstmalige Einführung einer allgemeinen Wehrpflicht in Deutschland durch Preußen erfolgte 1814[1]. Sie stellt den Höhepunkt einer langen Entwicklung und Umstrukturierung der preußischen Armee dar. Jedoch war Preußen nicht der erste europäische Staat, der eine allgemeine Wehrpflicht einführte. Vor der Einführung einer allgemeinen Wehrpflicht in Preußen gab es eine solche schon in Frankreich. Sie wurde dort im August 1793 erstmalig im zeitlichen Zusammenhang mit der französischen Revolution eingeführt und wurde zunächst bis 1818 aufrecht erhalten. Anschließend wurde die für alle verbindliche Wehrpflicht durch ein System aus Losentscheid und Freikaufsmöglichkeit ersetzt.[2]

1. Organisationsform des preußischen Heeres vor den Heeresreformen

Das Kantonreglement vom 12. Februar 1792[3] bestimmte, dass alle Einwohner der Wehrpflicht unterliegen. Im Preußen des 18. Jahrhunderts wurde das Heer nach dem sog. Kantonalsystem[4] aufgestellt.[5] Zentral dabei war die sog. Enrollierung. Bei diesem Einschreibungsverfahren wurden alle männlichen Einwohner, die für den Militärdienst tauglich waren, durch die jeweils aushebenden Regimenter erfasst.[6] Dies geschah bereits im Alter von 14 oder 15 Jahren. Die Einberufung zum Militärdienst erfolgte allerdings nicht schon in diesem Alter. Nach der Enrollierung erhielten die Erfassten den sog. Laufpass. Sie konnten zunächst wieder nach Hause gehen. Erst wenn sie für den Militärdienst benötigt wurden, erfolgte die eigentliche Einberufung.[7] Es kann aber trotzdem nicht von einer allgemeinen Wehrpflicht gesprochen werden.[8] Grund dafür ist die Tatsache, dass das Kantonalsystem vor dem Hintergrund des absolutistischen Gesellschaftsverständnisses gesehen werden muss. Dieses war

---

1 Gesetz über die Verpflichtung zum Kriegsdienst vom 3. September 1814.

2 Siehe zur Wehrpflichtentwicklung in Frankreich und anderen Staaten (USA, Großbritannien) ausführlicher Gliederungspunkt B.VIII., Seite 34.

3 „Die Verbindlichkeit zu Kriegdiensten ist eine Obliegenheit Unserer getreuen Unterthanen, die mit der Erhaltung des Staates, zu dessen Wohlstand Wir eine zahlreiche Armee gebrauchen, und mit der Sicherstellung ihrer eigenen Haabe und Güter in der allergenausten Verbindung stehtet" Canton-Reglement vom 12. Februar 1792, abgedruckt bei *Frauenholz*, Heerwesen, Bd. 4, S. 309.

4 Bei dem Kantonsystem war jedem aushebenden Regiment ein bestimmter Bezirk Preußens zugeteilt. Dies wird auch durch das Wort „Kanton" deutlich. Aus den Einwohnern dieses Gebietes konnte der jeweilige Truppenteil seinen Bedarf an Rekruten decken, *Holm*, Allgemeine Wehrpflicht, S. 130.

5 *Wahsner*, S. 18.

6 *Holm*, Allgemeine Wehrpflicht, S. 130.

7 *Stübig* in: Foerster, S. 39.

8 *Nitschke*, Militärreformen, S. 15.

nicht an den Maßstäben einer modernen Gesellschaft orientiert, sondern war eng mit den Eigenarten einer ständischen Gesellschaft verknüpft. Maßgeblich war hier die Zugehörigkeit zu einer der Stände. Mit ihr ging im Bereich des Militärs - wie auch im sonstigen gesellschaftlichen Leben - eine mehr oder weniger stark ausgeprägte Privilegierung der Standesangehörigen einher.[9] Notwendige Folge dieser Privilegierung war ein ausgeprägtes System von Exemtionen[10] und die Anwerbung von Ausländern für den Dienst im preußischen Heer.[11]

Bei den Exemtionen unterschied man zwischen unbedingten und bedingten.[12] Ohne Vorliegen von weiteren Gründen, d.h. unbedingt, waren z.B. Adelige[13], höhere Staatsbeamte, Lehrpersonal an Universitäten und die Besitzer adeliger oder mit adeligen Rechten ausgestatteter Güter[14], vom Militärdienst ausgenommen.[15] Bedingte, d.h. an das Vorliegen weiterer Gründe gebundene Ausnahmen bestanden ferner für einen Großteil der Beamtenschaft, Söhne von Rentiers, wenn deren Vermögen 10.000 Reichstaler[16] überstieg und für Kaufleute und Fabrikanten, die einen Jahresumsatz von mehr als 5.000 Reichstalern[17] hatten und weiterhin für Angehörige einzelner Gewerbe.[18] Darüber hinaus waren die Bewohner ganzer Städte und die Angehörigen vieler Handwerkszweige exeminiert. Eindeutig lässt sich hierbei eine wirtschaftliche Ausrichtung der Wehrdienstausnahmen erkennen.[19] Durch die Freistellung wichtiger Berufszweige sollte die Aufrechterhaltung der Wirtschaft gesichert werden.[20] Für diejenigen, die zum Dienst herangezogen wurden, betrug die Dienstzeit zunächst drei Monate pro Jahr. Für die restliche Zeit waren sie vom Dienst befreit. Im Laufe der Zeit wurde die Dienstzeit nochmals auf zwei und schließlich auf

---

9 *Nitschke*, Militärreformen, S. 13.

10 Der Begriff „Exemtion“ beschreibt das damalige System von Wehrdienstausnahmen. *Huber*, Heer und Staat, S. 95, *Wahsner*, S. 18; bei einer Gesamtbevölkerung von 8,7 Millionen waren Ende des 18. Jahrhunderts 1,7 Millionen von Kriegsdienst befreit, *Wohlfeil* in: Handbuch zur deutschen Militärgeschichte, Bd. 1, S. 86 f.

11 *Stübig* in: Foerster, S. 40.

12 Geregelt in den Art. 9 – 28 des Kantonreglements vom 12. Februar 1792, abgedruckt bei *Frauenholz*, Heerwesen, Bd. 4, S. 311.

13 Art. 9 des Kantonreglements, abgedruckt bei *Frauenholz*, Heerwesen, Bd. 4, S. 311.

14 Art. 10 lit. a des Kantonreglements, abgedruckt bei *Frauenholz*, Heerwesen, Bd. 4, S. 311.

15 *Stübig* in: Foerster, S. 40.

16 Art. 19 des Kantonreglements, abgedruckt bei *Frauenholz*, Heerwesen, Bd. 4, S. 317; *Huber*, Heer und Staat, S. 95.

17 Art. 20 des Kantonreglements, abgedruckt bei *Frauenholz*, Heerwesen, Bd. 4, S. 317.

18 *Stübig* in: Foerster, S. 40 f.; *Huber*, Heer und Staat, S. 95.

19 Hier spiegelt sich das wirtschaftspolitische Verständnis des Absolutismus wieder. Die wirtschaftliche Betätigung des Bürgertums war auf das Erwerbsleben beschränkt, *Nitschke*, Militärreformen, S. 12.

20 Grundlage des Staatsreichtums war im Absolutismus eine starke Bevölkerung. Deshalb sollte das Bürgertum nicht mit militärischer Ausbildung im Frieden und den Gefahren des Krieges belastet werden, *Nitschke*, Militärreformen, S. 14.

1,5 Monate reduziert.[21] Die Dienstpflicht bestand zunächst das ganze Leben lang. 1792 wurde die Dienstzeit aber auf 20 Jahre beschränkt.[22]

De facto wurde in Preußen der Kriegsdienst im Bereich der Mannschaften somit nur von Angehörigen der unteren Schicht und von Straffälligen geleistet.[23] Dies stand im Missverhältnis zum Offiziersstand, zu dem lediglich der Adel Zugang hatte. Durch den Eintritt in den Offiziersstand war dem Adel eine der wenigen Möglichkeiten zur Erfüllung seiner Standespflichten eröffnet.[24]

Da ein großer Teil der preußischen Bevölkerung auf Grund der Exemtionen als Rekruten entfiel, wurde der Bedarf der Streitkräfte in dieser Zeit im Wesentlichen durch Ausländerwerbung gedeckt.[25] Fast die Hälfte[26] der Rekruten waren Ausländer[27]. Aus diesem hohen Ausländeranteil resultierten verschiedenste Probleme für die Streitkräfte. Signifikant war insbesondere das Problem der Desertation von angeworbenen Ausländern.[28] Diese war Folge der mangelnden Bindung der Ausländer an Staat und Armee[29], der man mit einem ausgeklügelten System von Sanktionsmaßnahmen versuchte entgegenzuwirken.[30]

2. Einführung der allgemeinen Wehrpflicht 1814

Erstmals eingeführt wurde eine allgemeine Wehrpflicht „auf deutschem Boden" in Preußen durch das „Gesetz über die Verpflichtung zum Kriegdienste"[31] vom 3. September 1814. Die Verabschiedung dieses Gesetzes stellte den Höhepunkt einer lang andauernden Umstrukturierung des preußischen Heeres dar.

---

21 *Huber*, Heer und Staat, S. 95.

22 Eingeführt durch die Art. 90 und 91 des Kantonreglements vom 12. Februar 1792; *Stübig* in: Foerster, S. 40; Artikel 90 und 91 des Reglements abgedruckt bei: *Frauenholz*, Heerwesen, Bd. 4, S. 332.

23 *Stübig* in: Foerster, S. 41; *Thoß* in: Thiele, S. 14.

24 Nach dem Allgemeinen Preußischen Landrecht war es Aufgabe des Adels, für die Verteidigung des Staates und für seine Organisation und Repräsentation nach Außen zu sorgen. Somit gab es neben der höheren Beamtenlaufbahn nur die Möglichkeit, in den Offiziersdienst einzutreten. *Nitschke*, Militärreformen, S. 11.

25 *Stübig* in: Foerster, S. 41; mit den Ausländern wurden regelmäßig Verträge über eine Laufzeit von 10 – 12 Jahren geschlossen. *Huber*, Verfassungsgeschichte, Bd. I, S. 223, *Wahsner*, S. 18.

26 *Huber*, Heer und Staat, S. 95 f., *Wahsner*, S. 18, *Holm*, Allgemeine Wehrpflicht, S. 130.

27 Der Begriff Ausländer ist dabei nicht in seinem heutigen Sinne zu verstehen, vielmehr handelte es sich bei ihnen um Deutsche aus Gebieten außerhalb Preußens. *Huber*, Verfassungsgeschichte, Bd. I, S. 223.

28 Auf Grund der Gewalt und des ausgefeilten Militärstrafrechts, das eingeführt wurde, um die Soldaten bei der Armee zu halten, waren ein großer Teil von ihnen unzuverlässig und unternahmen regelmäßige Fluchtversuche, *Nitschke*, Militärreformen, S. 16.

29 *Wahsner*, S. 19.

30 *Stübig* in: Foerster, S. 42.

31 Gesetz-Sammlung für die Königlichen Preußischen Staaten 1850, S. 79; abgedruckt bei *Frauenholz*, Heerwesen, Bd. 5, S. 180.

Anstoß für die durchgeführten Reformen war die vernichtende Niederlage Preußens gegen *Napoleon* in Jena und Auerstedt 1806.[32] Daraufhin wurde im Juli 1807 von König *Friedrich Wilhelm III.* eine Militär-Reorganisationskommission (MRK) eingesetzt[33], zu deren Vorsitzenden *Scharnhorst*[34] gewählt wurde. Aufgabe dieser Kommission war es, die Ursachen für die Niederlage 1806 herauszustellen. Auf der Basis dieser Ergebnisse sollte die MRK dann Vorschläge für die Änderung der Heeresorganisation, der Auswahl der Offiziersbewerber und auch der Ausbildung abgeben.[35]

Scharnhorst hatte sich im März 1808 das Ziel gesetzt, mit der Heeresreform ein Bündnis zwischen Regierung und Nation zu schaffen. Die unterschiedlichsten Bevölkerungsschichten sollten integriert werden. Den ersten Vorschlag zu einer Reform unterbreitete die MRK mit dem „Vorläufigen Entwurf der Verfassung der Reserve Armeen" vom 31. August 1807. Dieser Entwurf bezog sich jedoch ausschließlich auf die für den Krieg vorgesehenen Truppen (eben die Reserve Armeen) und nicht schon auf die gesamte Armee. Dieser erste Entwurf wurde in der Folgezeit von der MRK mehrmals überarbeitet und schließlich am 15. März 1808 an *Friedrich Wilhelm III.* übergeben. Der Entwurf folgte dem Gebot, dass alle Bewohner des Staates die geborenen Verteidiger desselben sind.[36] Dennoch wurden die Bewohner in der Armee wieder getrennt, in ein stehendes Heer und in die Provinzialtruppen. Es war keine Zusammenfassung aller Staatsbürger in einer Armee vorgesehen. Ausschlaggebend für diese Trennung waren befürchtete gesellschaftspolitische Konflikte innerhalb einer Armee. Man befürchtete, dass das Bürgertum mit seinen Freiheitsvorstellungen und seinem politischen Bewusstsein sich nicht mit einer allgemeinen Wehrpflicht aller Stände in einer Armee einverstanden erklären würde. Die dem Bürgertum adäquate Armee (dies sollten die Provinzialtruppen sein) musste demnach eben jenen Freiheitsvorstellungen und dem politischen Bewusstsein entsprechen. Deshalb richtete man die Qualifikationsvoraussetzungen für den Offizier der Provinzialtruppen ausschließlich an bürgerlichen Bildungsvoraussetzungen[37] aus. Das Adelsprivileg auf die Offiziersstellen, selbst bis in die höchsten Ränge, bestand nicht mehr. Fortan waren in Friedenszeiten Kenntnis und Bildung und in Kriegszeiten die Tapferkeit maßgebliche Kriterien für die Ernennung zum Offizier.[38]

Mit Abschluss der Konventionen von Paris am 8. September 1808 wurden alle diese bis jetzt ausgearbeiteten Vorschläge jedoch zunächst hinfällig. Die Konvention beinhaltete ein Verbot der Aushebung von Miliztruppen und Bürgergarden. *Scharnhorsts*

---

32 *Wahsner*, S. 19.

33 *Craig*, Die preußisch-deutsche Armee, S. 57.

34 *Stübig* in: Foerster, Die Wehrpflicht, S. 42.

35 *Craig*, Die preußisch-deutsche Armee, S. 57.

36 *Huber*, Heer und Staat, S. 131.

37 Reglement über die Besetzung der Stellen der Portepée-Fähnriche und über die Wahl zum Offizier bei der Infanterie, Kavallerie und Artillerie v. 6. August 1808; Gesetzessammlung für die Königlich Preußischen Staaten 1806 – 1810, Nr. 45, abgedruckt bei *Frauenholz*, Heerwesen, Bd. 5, S. 121.

38 Geregelt durch das Reglement vom 6. August 1808, siehe Fn. 37.

Grundgedanke vom Bürger als geborenem Verteidiger des Staates konnte sich allerdings teilweise mit der Bekanntgabe der „Kriegs-Artikel für die Unter-Officiere und gemeinen Soldaten“[39] vom 3. August 1808 und der „Verordnung wegen der Militärstrafen“[40] durchsetzen. Durch diese wurden die rechtlichen und sozialen Rahmenbedingungen für die Soldaten und die innere Organisation der Streitkräfte neu geordnet. Hervorzuheben ist besonders die Abschaffung der Prügelstrafe.[41] Die gesetzlichen Regelungen betrachteten nun auch den gemeinen Soldaten als einen Mann von Ehre.[42]

Weiterhin sahen die Pariser Konventionen eine Beschränkung der Gesamtstärke der preußischen Armee auf 42.000 Soldaten vor.[43] Unter diesem Postulat war es nicht ohne weiteres möglich, die Truppenstärke beliebig zu erhöhen. Die Lösung bot hier das von *Scharnhorst* entwickelte Krümpersystem[44]. Dieses ermöglichte eine formale Erfüllung der Auflagen der Pariser Konvention bei einem gleichzeitigen Aufbau verdeckter Kriegsreserven.[45]

Im Juni 1809 wurde, ebenfalls unter dem Vorsitz *Scharnhorsts*, die Kommission „allgemeine Militär-Konscription“ eingerichtet. Aufgabe dieser war es zu begutachten, ob und unter welchen Rahmenbedingungen eine allgemeine Wehrpflicht eingeführt werden kann. Mit dem Hinweis auf die grundsätzlich gleichen staatsbürgerlichen Rechte sprachen sich die Mehrheit der Kommissionsmitglieder für die Ausdehnung der Konscription aus. Heftig umstritten war innerhalb der Kommission jedoch das Institut der Stellvertretung[46]. *Scharnhorst* selbst war ein Gegner der Stellvertretung. Seiner Meinung nach bestand zwischen der allgemeinen Wehrpflicht und dem Institut der Stellvertretung ein Widerspruch, d.h. es kann auf der einen Seite nicht eine allgemeine Dienstpflicht festgeschrieben, auf der anderen Seite aber einigen Bürgern, die finanzstark genug sind, die Möglichkeit der Stellvertretung eingeräumt werden. Vielmehr sah er in der allgemeinen Konscription die Chancen positiver gesellschaftspolitischer Auswirkungen, so z.B. den Abbau von ständischen Schranken und mit diesen

---

[39] Abgedruckt bei *Frauenholz*, Heerwesen, Bd. 5, S. 101.

[40] Gesetz-Sammlung für die Königlich Preußischen Staaten, 1896 – 1810, Nr. 43, abgedruckt bei *Frauenholz*, Heerwesen, Bd. 5, S. 113.

[41] Art. 3 des Kriegs-Artikels vom 3. August 1808, abgedruckt bei *Frauenholz*, Heerwesen, Bd. 5, S. 101.

[42] *Wagemann*, Bd. 1, S. 443.

[43] *Wahsner*, S. 19.

[44] Bei diesem System wurde die Gesamtstärke der Armee dadurch erhöht, dass es nur einen geringen Anteil an länger dienenden Soldaten gab. Durch eine kurzfristige Ausbildung und den frühzeitigen Wechsel zwischen ausgebildeten und nicht ausgebildeten Soldaten erreichte man einen erheblich über der festgesetzten Stärke liegen tatsächlichen Truppenumfang, *Holm*, Allgemeine Wehrpflicht, S. 131 f.

[45] Eingeführt wurde das Krümpersystem durch die Kabinetsordre betreffend die Ausbildung einer Kriegsreserve (Krümpersystem) vom 6. August 1808, abgedruckt bei *Frauenholz*, Heerwesen, Bd. 5, S. 120.

[46] Die Stellvertretung erlaubt es einem an sich Wehrpflichtigen, statt der Ableistung des geforderten Dienstes einen bestimmten Geldbetrag zu zahlen. Mit Hilfe dieses Geldes wird dann ein anderer Soldat angeworben.

einhergehenden Vorurteilen. Deshalb setzte er sich dafür ein, dem Bürgertum durch eine kurze Dienstzeit einen Anreiz für den Militärdienst zu schaffen. Die Vorschläge *Scharnhorsts* wurden allerdings während der Reformdebatte nicht umgesetzt.

Der Beginn der Befreiungskriege gegen *Napoleon* im Frühjahr 1813 führte dann allerdings zu einer Wehrsituation, die den Vorstellungen der MRK entsprach. Für die Dauer des Krieges wurden mit Gesetz vom 9. Februar 1813[47] alle Exemtionen aufgehoben und mit Gesetz vom 22. Februar 1813 der Versuch der Dienstpflichtentziehung unter Strafe gestellt. Am 3. Februar 1813 wurden freiwillige Jägerdetechements aufgestellt[48]. In den Jägerdetechements wurden diejenigen Bürger zusammengefasst, die bisher von einer der zahlreichen Exemtionen erfasst waren, d.h. im Wesentlichen das Bildungsbürgertum. Dieses war in der Lage, sich selbst mit Bekleidung und Pferden zu versorgen. Man traute ihnen den Kriegsdienst auf Grund ihrer zivilen Bildung ohne vorherige militärische Ausbildung zu und versprach ihnen rasche Aufstiegschancen in Unteroffiziers- und Offiziersränge. Damit wurde Rücksicht auf die Mentalität und das politische Bewusstsein[49] des Bürgertums[50] genommen.

Die Idee der allgemeinen Wehrpflicht fand aber erst in der Aufstellung der Landwehr am 17. März 1814 ihre Umsetzung.[51] In der Landwehr bestand eine Dienstpflicht von drei Jahren als Aktiver und von zwei Jahren als Reservist. Mit 26 Jahren wechselte der Wehrpflichtige in das erste Aufgebot der Landwehr, um mit 32 schließlich in deren zweites Aufgebot zu gehen. Der Landwehr gehörte der Wehrpflichtige vom 40. bis zum 50. Lebensjahr an, gleichfalls gehörten ihr die Wehrpflichtigen vor ihrer aktiven Dienstzeit, im Alter von 17 bis 20 Jahren an.[52]

3. Bestand auch eine allgemeine Wehrpflicht?

Eine allgemeine Wehrpflicht besteht nur dann, wenn zu der für alle gleichen Verpflichtung zum Wehrdienst auch die für alle gleiche Heranziehung tritt. Die Entwicklung der 1814 eingeführten allgemeinen Wehrpflicht im Laufe des 19. Jahrhunderts zeigt, dass es sich nicht mehr um eine allgemeine, d.h. für alle Wehrpflichtigen gleich

---

47 Verordnung über die Aufhebung der bisherigen Exemtionen von der Kantonspflicht für die Dauer des Krieges vom 9. Februar 1813, Gesetzsammlung für die Königlich Preußischen Staaten 1813, Nr. 3, S. 13 – 14, abgedruckt bei: *Frauenholz*, Heerwesen, Bd. 5, S. 143.

48 Bekanntmachung in Betreff der zu errichtenden Jägerdetechements vom 3. Februar 1813, Gesetzsammlung für die Königlichen Preußischen Staaten 1813, Nr. 4, S. 15 – 17, abgedruckt bei: *Frauenholz*, Heerwesen, Bd. 5, S. 141.

49 Man folgte der Vorstellung, dass gebildete Bürger die militärische Ausbildung schneller durchlaufen könnten und es ihnen im Staatsinteresse nicht zuzumuten sei, sie länger als nötig aus ihrem Zivilberuf herauszunehmen.

50 Voraussetzung für den Eintritt war der Besuch einer „höheren Schule", heute in etwa mit dem Realschulabschluss zu vergleichen.

51 Verordnung über die Organisation der Landwehr vom 17. März 1813, Gesetz-Sammlung für die Königlich Preußischen Staaten 1813, Nr. 163, S. 36, abgedruckt bei *Frauenholz*, Heerwesen, Bd. 5, S. 148; Vollständige Verordnung über die Organisation der Landwehr, deren Einleitung sich bereits im 7ten Stück der diesjährigen Gesetzessammlung unter Nr. 163 S. 36 abgedruckt findet vom 17. März 1813, abgedruckt bei *Frauenholz*, Heerwesen, Bd. 5, S. 149.

52 *Holm*, Allgemeine Wehrpflicht, S. 131.

bestehende Pflicht, handelte.[53] Auf Grund der zunehmenden finanziellen Probleme Preußens konnte die allgemeine Wehrpflicht nur zum Teil in die Tat umgesetzt werden.

Die Friedensstärke des Heeres stieg bis 1819 auf lediglich 127.000 Mann an und blieb bis weit in die 50iger Jahre des 19. Jahrhunderts auf diesem Niveau. Das starke Bevölkerungswachstum[54] in Preußen wurde somit nicht auf die Heeresstärke übertragen[55]. Von den jährlich ca. 82.000 Wehrpflichtigen wurden nach Abzug der Untauglichen nur ca. 28.000 bis 30.000 Rekruten tatsächlich eingezogen. 20.000 Wehrpflichtige blieben so ungedient.[56] Maßgebliches Kriterium für die Heranziehung war seit 1817 das Lebensjahr[57]. Die jüngeren Wehrpflichtigen wurden vor den älteren eingezogen, innerhalb eines Jahrgangs der Ältere vor dem Jüngeren[58]. Dieses Auswahlsystem wurde im Jahr 1825 durch ein Lossystem ersetzt. Dadurch bestand wenigstens für alle Wehrpflichtigen eine gleiche Chance auf Wehrdienstbefreiung. Ferner wurde die Höchstzahl der jährlichen einberufbaren Rekruten durch die Einführung der zweijährigen Dienstzeit im Jahr 1837 auf ca. 45.000 Mann erhöht. Aber auch diese Maßnahmen konnten dem starken Bevölkerungswachstum nicht Rechnung tragen, sodass immer nur die Hälfte der Wehrpflichtigen auch tatsächlich Dienst leistete.[59] Das Exemtionssystem, welches früher in Preußen Anwendung gefunden hatte, wurde aber 1817 bis 1825 durch ein nicht weniger ungerechtes Geburtssystem und danach durch ein Lossystem ersetzt, d.h. der kodifizierten allgemeinen, d.h. gleichen Wehrpflicht, stand ein selektiver, d.h. ungleicher Wehrdienst, gegenüber.[60]

4. Einführung der allgemeinen Wehrpflicht als Ausdruck eines demokratischen Staatsverhältnisses?

Mit Blick auf die Demokratieadäquanz der allgemeinen Wehrpflicht stellt sich die Frage des damaligen Verhältnisses von Wehrform und Staatsform. War die Einführung ein Ausdruck demokratischen Wandels in Preußen oder erfolgte sie auf Grund anderer Beweggründe?

Preußen wurde zu den Heeresreformen, insbesondere zur Einführung der allgemeinen Wehrpflicht, eher durch die außenpolitischen und finanziellen Rahmenbedingun-

---

53 *Wahsner*, S. 20; Holm, Allgemeine Wehrpflicht, S. 131.

54 Die Bevölkerungszahl stieg in den Jahren 1820 bis 1857 von 10 auf 18 Millionen an.

55 Die gesetzliche Regelung sah lediglich vor, dass die Stärke des stehenden Heeres den Staatsverhältnissen angepasst wird und sich eben nicht als ein prozentualer Teil der Bevölkerungszahl bestimmt; vgl. § 3 des Wehrgesetzes v. 3. September 1814.

56 *Holm*, Allgemeine Wehrpflicht, S. 131.

57 So bestimmten es die Ersatzinstruktionen von 1817.

58 Auf Grund dessen wurden diejenigen, die von Januar bis Juli geboren wurden, einberufen, die von August bis September geborenen aber freigestellt; *Huber*, Verfassungsgeschichte, Bd. I, S. 246.

59 *Wahsner*, S. 20.

60 vgl. *Huber*, Verfassungsgeschichte, Bd. I, S. 246.

gen als durch demokratische Tendenzen veranlasst. Die allgemeine Wehrpflicht ermöglichte es *Friedrich Wilhelm III.*, ein günstiges Massenheer aufzustellen.[61] Dies kam ihm angesichts leerer Staatskassen entgegen. So konnte die Wehrpflichtarmee, die sich im Kampf gegen Frankreich bewährt hatte, zur Festigung und Verteidigung der Monarchie eingesetzt werden.[62] Die begrüßenswerte Idee des Staatsbürgers in Uniform[63], wie sie *Scharnhorst* formuliert hatte, entsprach nicht dem Staatsverständnis des Monarchen. *Scharnhorst* verstand den Begriff des „Staatsbürgers in Uniform" im Sinne einer bürgerlichen Armee. Ihm kam es darauf an, die ständische Struktur der preußischen Armee aufzulösen und als Gemeinschaft freier wehrhafter Bürger, unter dem Primat der Identität von Bürger und Soldat in Staat und Armee, neu zu gliedern.[64] Dagegen kam es dem Monarchen wesentlich auf die Durchdringung der Bevölkerung mit militärischem Geist an.

Die Organisation der preußischen Armee als Wehrpflichtarmee war also gerade kein Zeugnis demokratischer Veränderungen in der konstitutionellen Monarchie. Der Landwehr als Wehrpflichtarmee stand die Linienarmee als stehendes Heer und Machtinstrument des Königs gegenüber.[65] Oberster Befehlshaber der beiden Armeeteile war der Monarch, eine parlamentarische Kontrolle dieser Armee gab es nicht.[66] Monarchisten sahen in der Wehrpflichtarmee allerdings eine Gefahr für die Monarchie, weil von ihr zu viele demokratische Tendenzen ausgingen.[67]

Zwar zeugen die von den Heeresreformern formulierten Ideen, die hinter der Einführung der allgemeinen Wehrpflicht standen, von einem demokratischen Verständnis eines modernen Staates, aber in der Umsetzung dieser Ideen in die preußische Wirklichkeit sind eindeutig überkommene monarchistische Traditionen zu erkennen, die es nicht zulassen, von einer demokratischen Wehrform zu sprechen.

II. Verfassung des Norddeutschen Bundes vom 16. April 1867 und Verfassung des Deutschen Reiches vom 16. April 1871

Die Verfassung des Norddeutschen Bundes vom 16. April 1867 ist fast wörtlich in die Verfassung des Deutschen Reiches vom 16. April 1871 übergegangen. Die in der Verfassung von 1867 verwendeten Begriffe „Bund" und „Bundespräsidium" wurden in der Verfassung von 1871 durch „Reich" und „Kaiser" ersetzt. Die Regelungen zur Wehrpflicht in Art. 57 ff. der beiden Verfassungen sind bis auf diese Begriffe iden-

---

61 *Opitz* in: Groß/Lutz, S.106.

62 Ebd.

63 Der Begriff „Bürger in Uniform" wurde zu jener Zeit zweifach gedeutet. Zum einen drückte er aus, dass der Bürger auch während seines Militärdienstes seine Bürgereigenschaft behalten sollte, andererseits wurde von ihm auch die Ausstrahlung von Wehrgesinnung und Wehrbereitschaft in den zivilen Bereich erfasst. *Huber*, Verfassungsgeschichte, Bd. I, S. 241.

64 *Huber*, Verfassungsgeschichte, Bd. I, S. 240 f.

65 *Opitz* in: Groß/Lutz, S. 106.

66 Ebd.

67 *Nitschke*, Militärreformen, S. 104.

tisch. Deshalb bietet es sich an, an dieser Stelle nur auf die Entwicklung der allgemeinen Wehrpflicht im Deutschen Reich einzugehen.

1. Ausgestaltung der allgemeinen Wehrpflicht im Kaiserreich

Das gesamte Kriegswesen war im XI. Abschnitt (Reichskriegswesen) der Reichsverfassung von 1871 geregelt. Gem. Art. 57 unterlag jeder Deutsche der Wehrpflicht.[68] Eine Stellvertretung war ausgeschlossen. Die weitere Ausgestaltung fand nicht durch ein einfaches Gesetz statt, sondern die Verfassung selbst traf bereits solche Bestimmungen. Art. 59 regelte die Dauer der Wehrpflicht. Diese betrug zunächst 9 Jahre, vom 20. bis zum 28. Lebensjahr. Zuerst hatte der Wehrpflichtige drei Jahre bei den aktiven Truppen, den Fahnen, zu dienen, daran schloss sich eine Dienstzeit von vier Jahren bei der Reserve an. Die letzten fünf Jahre gehörte er der Landwehr an.

Verlängert wurde diese Dienstpflicht durch Gesetz vom 11. Februar 1888.[69] Dieses ordnete eine längere Angehörigkeit zur Landwehr an. Die Landwehr wurde in ein erstes und ein zweites Aufgebot eingeteilt. An die bisherige fünfjährige Zugehörigkeit zur neu eingeführten Landwehr ersten Aufgebots schloss sich ein Dienst in der Landwehr zweiten Aufgebots bis zur Vollendung des 39. Lebensjahres an.

Die weiteren Ausgestaltungen des Wehrdienstes fanden durch einfaches Gesetz statt.[70] Dieses Gesetz des Norddeutschen Bundes galt gem. Gesetz vom 24. November 1871 auch im Deutschen Reich.[71]

2. Außen- und innenpolitische Rahmenbedingungen

Die Tatsache, dass es im Kaiserreich eine fast vollständige Ausschöpfung des Potenzials an Wehrpflichtigen gab, wurde durch viele Faktoren, sowohl auf der innen-, wie auch auf der außenpolitischen Ebene, bedingt. So sollte die Armee im Inneren im Wesentlichen dem Kaiser zum Erhalt des bestehenden Systems dienen. Sie wurde als Bollwerk gegen die vermeintlichen Gefahren des Parlamentarismus und des Liberalismus sowie der Sozialdemokratie eingesetzt.[72] Um diese ihr zugedachten Aufgaben wahrnehmen zu können, musste sie politisch zuverlässig sein und eine soziale Homogenität aufweisen, die Kaisertreue sicherstellte. Mittel zur Erreichung dieses Ziels war die konsequente Bekämpfung sozialdemokratischer Tendenzen in der Armee.[73] Erreicht wurde dies durch zweierlei: Zum einen durch eine systematische

---

68 Art. 57 der Reichsverfassung von 1871: „Jeder Deutsche ist wehrpflichtig und kann sich in Ausübung dieser Pflicht nicht vertreten lassen".

69 Gesetz, betreffend die Änderung der Wehrpflicht vom 11. Februar 1888, abgedruckt bei *Frauenholz*, Heerwesen, Bd. 5, S. 606.

70 Gesetz, betreffend die Verpflichtung zum Kriegsdienste vom 9. November 1867, Reichsgesetzblatt 1867, Nr. 22, S. 131, abgedruckt bei *Frauenholz*, Heerwesen, Bd. 5, S. 575.

71 Gesetz, über die Einführung des Gesetzes des Norddeutschen Bundes, betreffend die Verpflichtung zum Kriegsdienste, vom 9. November 1871, RBGl. 1871, S. 398, abgedruckt bei *Frauenholz*, Heerwesen, Bd. 5, S. 589.

72 *Opitz* in: Groß/Lutz, S. 108.

73 *Opitz* in: Groß/Lutz, S. 109.

Diskriminierung sozialdemokratischer Rekruten bei der Einstellung und zum anderen durch repressive Maßnahmen innerhalb der Armee. Durch diese Einstellungspolitik sollte sichergestellt werden, dass es ein überwiegend aristokratisches Offizierskorps und ein kleinbürgerlich-ländliches Unteroffizierskorps neben vornehmlich bäuerlichen Rekruten gab.[74] Zunehmende Urbanisierung und demographische Veränderungen gegen Ende des 19. Jahrhunderts erschwerten jedoch zusehends diese Rekrutierungspolitik.[75] Im Bereich der Offiziere sollte die 1890 ausgerufene Politik der „erwünschten Kreise" ein konservatives und kaisertreues Offizierskorps sichern.[76] Neben dem „Adel der Geburt" sollte von nun an auch der „Adel der Gesinnung", sprich konservative Bürgerliche, Zugang zum Offizierskorps haben.[77] Zum anderen sollten bei den aktiven Soldaten patriotischer Unterricht sowie das Verbot politischer Diskussionen die Ausbreitung sozialdemokratischer Tendenzen verhindern.[78]

Außenpolitisch beeinflusste ein zunehmendes Wettrüsten in Europa die Entwicklung der allgemeinen Wehrpflicht. Nach der Reichsgründung 1871 hatten immer mehr Staaten das Wehrpflichtsystem Preußens übernommen.[79] Folge dieser Nachahmung war ein zusehends sich gegenseitig aufschaukelndes Wettrüsten in Europa.[80] Verhängnisvoll für das deutsche Reich war allerdings, dass die anderen europäischen Mächte für dieses Wettrüsten auf Grund ihrer Einwohnerzahlen das größere Potenzial an Menschen hatten. Die Armee des Kaiserreiches geriet, verglichen mit den Armeen Russlands und Frankreichs, in Rückstand.[81]

Zu Beginn des Kaiserreiches konnte die Bündnispolitik und die geschickte Konferenzdiplomatie *Bismarcks* mögliche Gefahren für das Reich aus diesem Wettrüsten noch verhindern. Nach dem Wegfall dieser Politik durch *Bismarcks* Abgang trat jedoch eine baldige Änderung der politischen Lage ein. Die Gefahren des Zweifrontenkrieges, hervorgerufen durch das sich abzeichnende französisch-russische Bündnis, bedrohten das Reich. *Moltke* hatte schon früh vor einer solchen Bedrohung gewarnt und die Schwierigkeit eines erneuten Krieges im Zeitalter der Massenheere aufgezeigt.[82] Nach seiner Ansicht würde ein deutsches Aufrüsten zu Gegenmaßnahmen anstacheln.

---

74 Im Jahr 1911 kamen 64,1% der eingezogenen Rekruten aus ländlichen Gebieten, obwohl nur 42% der damaligen Bevölkerung auf dem Land lebte, dagegen stammte nur 7% der Rekruten aus mittleren und 6% aus Großstädten. 22,3% kamen aus Kleinstädten, Zahlen nach: *Wehner*, Kaiserreich, S. 162.

75 *Förster* in: Foerster, S. 59.

76 Erlass Wilhelms II. über die Ergänzung des Offizierskorps anlässlich der Vergrößerung der Armee vom 23. September 1890, *Wagemann*, Bd. 2, S. 402.

77 *Craig*, Die preußisch-deutsche Armee, S. 260.

78 *Förster* in: Foerster, S. 59.

79 *Wagemann*, Bd. 2, S. 401.

80 *Holm*, Allgemeine Wehrpflicht, S. 151.

81 *Förster* in: Foerster, S. 61; *Thoß* in: Thiele, S. 21.

82 *Craig*, Die preußisch-deutsche Armee, S. 302.

Der im Januar 1906 aufgestellte *Schlieffen*[83]-Plan machte eine vollständige Durchsetzung der allgemeinen Wehrpflicht unumgänglich. *Schlieffen* war der Auffassung, man könne Frankreich in einer großen Kesselschlacht mit quantitativer Überlegenheit angreifen.[84] Grundlage des *Schlieffen*-Plans war somit eine deutliche zahlenmäßige Überlegenheit Deutschlands an der Westfront zu Frankreich. Der überraschende Angriff Frankreichs mit einem quantitativ überlegenen Heer sollte weit in die Tiefe des französischen Raumes eindringen, sogar weit über Paris hinaus.[85] Diese dem Plan zu Grunde liegende Überlegenheit war aber mit der damaligen Heeresstärke nicht umzusetzen.[86] So forderte der Generalstab Sylvester 1912 in einer dem Kriegsministerium vorgelegten „Großen Denkschrift" die Erhöhung der Friedensstärke um 300.000 Mann, um der sich abzeichnenden Bedrohung entgegentreten zu können. Eine weitere Aufrüstung und somit auch die volle Durchführung der Wehrpflicht wurde außenpolitisch also immer unabwendbarer[87]. Zur Gewährleistung sozialer Homogenität und politischer Zuverlässigkeit wurde im Kaiserreich aber auf eine vollständige Verwirklichung der allgemeinen Wehrpflicht bis zum Ausbruch des Ersten Weltkrieges verzichtet, da diese als Bedrohung für die Armee als Machtinstrument des Kaisers angesehen wurde. Die Angst vor einer Durchsetzung der Armee mit Sozialdemokraten war zu groß.

Erst der Ausbruch des Ersten Weltkrieges und der durch die Massenschlachten erhöhte Bedarf an Rekruten brachten eine Änderung der Einberufungspraxis. Die bestehenden Vorbehalte gegenüber den früher als „Brutstätte" der Sozialdemokratie angesehenen Bevölkerungsschichten wurden aufgegeben. Im Rahmen der verstärkten wirtschaftlichen Rüstung und für die Bedienung der modernen, hoch technisierten Waffensysteme war nun das Spezialwissen der Arbeiterschaft gefragt.[88] Ferner war man durch die hohen Verluste, insbesondere seit Mitte des Krieges, auf eine immer höhere Zahl von neuen Rekruten angewiesen. So haben bis zum Ende des Ersten Weltkrieges insgesamt 13,25 Millionen Menschen im Heer gedient.[89] Eine allgemeine Wehrpflicht hat es also im Kaiserreich bis zum Ausbruch des Ersten Weltkrieges nicht gegeben, erst der hohe Personalbedarf der Armee im Krieg sorgte für die vollständige Durchsetzung der allgemeinen Wehrpflicht.

---

83 *Alfred Graf von Schlieffen* wurde am 7. Februar 1891 von *Kaiser Friedrich Wilhelm II.* zum Chef des Generalstabes des Heeres ernannt. Er war damit Nachfolger des *Grafen Waldersee* geworden. Entgegen seinen Vorgängern war von Schlieffen nicht von seinem Vorgänger vorgeschlagen worden, sondern wurde auf eigenen Wunsch des Kaiser ernannt. *Wagemann*, Bd. 2, S. 409.

84 *Wagemann*, Bd. 2, S. 422.

85 Ebd.

86 *Förster* in: Foerster, S. 62

87 *Förster* in: Foerster, S. 63.

88 *Thoß* in: Thiele, S. 23.

89 Ebd.

III. Weimarer Reichsverfassung von 1919

Nach der Niederlage des Deutschen Reiches im Ersten Weltkrieg setzten sich die Alliierten als ein Ziel für die Verhandlungen zum Versailler Friedensvertrag[90] die umfassende Entmilitarisierung Deutschlands.[91] Sie sahen in Deutschland trotz Verlust des Krieges immer noch eine starke Kriegsmacht und rechneten mit der Möglichkeit einer schnellen Armeeaufstellung.[92] Die Beweggründe der Alliierten für die Regelungen des Versailler Friedensvertrages waren unterschiedlich. In England wurde die Wurzel des deutschen Militarismus in der allgemeinen Wehrpflicht gesehen, sie sei der Grundstein für die Militarisierung der Gesellschaft, welche ihrerseits von einer expansiven Regierung für eine Kriegspolitik missbraucht werden könnte. Ein Berufsheer war ihrer Meinung nach einer ständigen parlamentarischen Kontrolle zugänglich. Somit erhoffte sich England gleichzeitig mehr Sicherheit für die Alliierten.[93] Frankreich konnte sich mit seiner Ansicht, Deutschland eine 200.000 Mann Wehrpflichtarmee mit einjähriger Dienstzeit zuzugestehen, letztendlich nicht durchsetzen. Zwar war primäres Ziel der Franzosen ebenfalls die Zerschlagung des deutschen Militarismus, jedoch versuchten sie dies auf anderem Wege zu erreichen. Sie gingen davon aus, dass bei einer nur einjährigen Ausbildung die deutschen Soldaten für einen Angriff zu schlecht ausgebildet seien und so von ihnen keinerlei Gefahr für die Alliierten mehr ausgehen könne.[94]

Durch die Bestimmungen des Friedensvertrages musste ihrer Ansicht nach ein zukünftiger, von Deutschland ausgehender Krieg verhindert werden. Deswegen sah der Versailler Friedensvertrag eine Abschaffung der allgemeinen Wehrpflicht vor.[95] Künftig sollte die deutsche Armee auf Freiwilligkeit basieren (Art. 173 Abs. 2[96]). Dieses Freiwilligensystem wurde durch eine Festlegung der Dienstzeiten für die Freiwilligen ergänzt. Mannschaften und Unteroffiziere mussten zwölf Jahre Dienst leisten (Art. 174 Abs. 1). Ehemalige Offiziere hatten bis zum 45. Lebensjahr Dienst zu leisten, neue Offiziere waren zu einem fünfundzwanzigjährigen Dienst verpflichtet (Art. 175 Abs. 1, Abs. 2). Um eine Umgehung der festgesetzten Höchststärke des Heeres durch gezielte frühzeitige Entlassungen zu verhindern, durften gem. Art. 174 Abs. 2 des Friedensvertrages Mannschaften maximal in Höhe von 5% der

---

90 Vertragstext abgedruckt im RGBl. 1919, S. 687

91 *Wette* in: Foerster, S. 95.

92 Den Berechnungen eines britischen Offiziers zufolge verfügte Deutschland durch die umfassende militärische Ausbildung immer noch über ca. 4,7 Millionen Menschen, die eine militärische Ausbildung erhalten hatten, siehe: „Das heutige Deutschland. Ausarbeitungen eines englischen Offiziers von der Kontrollkommission in Berlin, die dem englischen Kriegsministerium eingereicht wurde" Bundesarchiv-Militärarchiv, N 42/23, Bl. 21a.

93 *Wette* in: Foerster, S. 94 f.

94 *Wette* in: Foerster, S. 94.

95 Art. 173 Abs. 1 des Versailler Friedensvertrages: „Die allgemeine Wehrpflicht wird in Deutschland abgeschafft.".

96 Art. 173 Abs. 2 des Versailler Friedensvertrages: „Das deutsche Heer darf nur im Wege freiwilliger Verpflichtung aufgestellt und ergänzt werden.".

Höchststärke jährlich vor Ablauf der Dienstzeit entlassen werden. Des Weiteren durften gem. Art. 175 Abs. 3 nicht wieder verwendete Offiziere keinen Wehrdienst mehr leisten und sich auch sonst in keiner Form militärisch betätigen. Nach Maßgabe des Art. 160 Abs. 2 war die Höchststärke des Heeres auf 100.000 Mann begrenzt. Die Marine verfügte über lediglich 15.000 Mann. Zur Durchsetzung der geplanten umfassenden Entmilitarisierung Deutschlands wurde die Bestimmung des Art. 177[97] in den Versailler Friedensvertrag aufgenommen, die außerhalb der Reichswehr jegliche Waffenausbildung[98] und darüber hinaus auch die Verbindung von Militär und zivilen Vereinen untersagte[99].

Auf nationaler Ebene wurden die Bestimmungen des Versailler Vertrages durch das Gesetz über die Abschaffung der allgemeinen Wehrpflicht und die Regelung der Dauer der Dienstverpflichtung vom 21. August 1920[100] umgesetzt. In § 2 S. 1 dieses Gesetzes wurde die Begrenzung der Höchststärke auf 100.000 Mann im Heer und 15.000 Mann in der Marine festgeschrieben. § 1 S. 3 setzte die Abschaffung der allgemeinen Wehrpflicht und § 1 S. 1 die Einführung des Freiwilligensystems fest. Die durch den Friedensvertrag angeordnete Mindestdienstzeit regelte auf einfachgesetzlicher Ebene § 3.

Die Weimarer Reichsverfassung vom 11. August 1919[101] statuierte in Art. 133 Abs. 1 WRV[102] eine für alle Bürger bestehende Dienstpflicht für die Gemeinschaft. Die von dieser Dienstpflicht mitumfasste Wehrpflicht wurde in Art. 133 Abs. 2 WRV[103] ausdrücklich genannt, welcher für deren Art und Weise auf das Reichswehrgesetz verwies. Dieses Reichswehrgesetz wurde vom Reich am 23. März 1921 auf Grund des

---

97 Art. 177 des Versailler Friedensvertrages: „Abs. 1: Unterrichtsanstalten, Hochschulen, Kriegervereinen, Schützenvereinen, Sport- oder Wandervereinen, überhaupt Vereinigungen jeder Art, ohne Rücksicht auf das Alter ihrer Mitglieder, dürfen sich nicht mit militärischen Dingen befassen. Abs. 2: Es ist ihnen namentlich untersagt, ihre Mitglieder im Waffenhandwerk oder im Gebrauch von Kriegswaffen auszubilden oder zu üben oder auszubilden oder üben zu lassen. Abs. 3: Diese Vereine, Gesellschaften, Unterrichtsanstalten und Hochschulen dürfen in keinerlei Verbindung mit dem Kriegministerium oder irgendeiner anderen militärischen Behörde stehen.".

98 Gem. Art. 177 Abs. 1 war Schulen und Vereinen eine Betätigung im Bereich der militärischen Ausbildung versagt.

99 Die in Art. 177 Abs. 1 genannten Institutionen hatten gem. Art. 177 Abs. 3 jegliche Verbindung zum Kriegministerium und auch zu allen anderen militärischen Behörden zu unterlassen.

100 RGBl. 1920, S. 1608.

101 Die Verfassung des Deutschen Reiches vom 11. August 1919 (RGBl. 1919, S. 1383).

102 Art. 133 Abs. 1 WRV: „Alle Staatsbürger sind verpflichtet, nach Maßgabe der Gesetze persönliche Dienste für den Staat und die Gemeinde zu leisten.".

103 Art. 133 Abs. 2 WRV: „Die Wehrpflicht richtet sich nach den Bestimmungen des Reichswehrgesetzes. Diese bestimmt auch, wieweit für Angehörige der Wehrmacht zur Erfüllung ihrer Aufgaben und zur Erhaltung der Manneszucht einzelne Grundrechte einzuschränken sind.".

Kompetenztitels in Art. 6 Nr. 4 WRV[104] erlassen.[105] Auch hier wurden die Ausführungen des Friedensvertrages zu Höchststärken[106] und Dienstzeiten[107] übernommen.

Auf Grund der o.g. Regelungen im Versailler Vertrag hatten die Ausführungen zur allgemeinen Wehrpflicht in der Weimarer Reichsverfassung jedoch bis 1935 keine Bedeutung.[108] Eine allgemeine Wehrpflicht hat es in der Weimarer Republik bis 1935 nicht gegeben.

Zu Beginn der Verhandlungen der verfassungsgebenden Nationalversammlung im Frühjahr 1919 setzten sich die Vertreter fast aller teilnehmenden Parteien für eine Beibehaltung der Wehrpflicht ein.[109] Von der Mehrheit wurde sie als die demokratieadäquateste Wehrform eingestuft.[110] Nach dem Zusammentreten des Kabinetts *Scheidemann* fand jedoch ein Umdenken statt.[111] Durch die starke Antikriegsstimmung nach dem verheerenden Ersten Weltkrieg in Deutschland war die Bereitschaft des Volkes zu einem erneuten Wehrbeitrag auf absehbare Zeit nicht zu erkennen.[112] Weiterhin rechnete Deutschland bereits mit umfassenden Einschränkungen im militärischen Bereich.[113]

Deutschland wollte die internationale Abrüstung unter dem Dach des geplanten Völkerbundes vorantreiben.[114] Zukünftige deutsche Außenpolitik sollte sich am Gedanken der internationalen Verständigung und Abrüstung orientieren. Die deutschen Politiker erhofften sich von einem deutschen Eingeständnis im Bereich der Abrüstung ein Signal für die anderen Staaten.[115] Als positive Auswirkungen für Deutschland selbst erhoffte man sich eine mögliche Rückkehr in die internationale Staatengemeinschaft und die Entlastung des Haushaltes durch weitaus geringere Militärausgaben.[116] In einem Kabinettsbeschluss vom 14. April 1919 wurde deshalb festgelegt, dass die deutsche Friedensdelegation in eine umfassende Abrüstung und die Abschaffung der Zwangsdienste einwilligen solle.[117] Im Anschluss daran bot die deutsche Regierung den Siegermächten an, den anderen Staaten mit der eigenen Entwaffnung voranzugehen.[118]

---

104 Art. 6 WRV: „Das Reich hat die ausschließliche Gesetzgebung über: ... 4. die Wehrverfassung.".

105 Wehrgesetz vom 23. März 1921, RGBL. 1921, Nr. 35, S. 329.

106 §§ 2 S. 1, 5 S. 1 Wehrgesetz vom 23. März 1921.

107 §§ 19 Abs. 1, 25 Abs. 1 S. 2 Wehrgesetz vom 23. März 1921.

108 *Wahsner*, S. 49.

109 Lediglich die Vertreter der USPD wandten sich schon zu diesem Zeitpunkt von der Einführung einer allgemeinen Wehrpflicht ab. *Wette* in: Foerster, S. 96.

110 *Thoß* in: Thiele, S. 25.

111 *Wette* in: Foerster, S. 96; *Thoß* in: Thiele, S. 25.

112 *Wette* in: Foerster, S. 98.

113 *Wette* in: Foerster, S. 97 f.

114 *Thoß* in: Thiele, S. 25.

115 *Wette* in: Foerster, S. 98.

116 *Thoß* in: Thiele, S. 25.

117 Kabinettsbeschluss vom 14. April 1919, abgedruckt bei *Schulze*, Akten der Reichskanzlei, Dok. Nr. 48, S. 190 ff.

118 Regierungsnote vom 29. Mai 1919.

IV. Das „Dritte Reich"

1. Wiedereinführung der allgemeinen Wehrpflicht 1935

Die allgemeine Wehrpflicht wurde durch das Wehrgesetz vom 21. Mai 1935[119] wieder eingeführt. Vorangegangen war dem der Wiederaufbau der Wehrmacht durch Gesetz vom 16. März 1935.[120] Nach Maßgabe dieses Gesetzes war die allgemeine Wehrpflicht die grundlegende Dienstform der Wehrmacht.[121] Die gesetzliche Regelung sah eine Wehrpflicht vom 18. bis zum vollendeten 45. Lebensjahr[122] vor. Der Wehrpflichtige hatte ab dem 18. Lebensjahr zunächst ein Jahr aktiven Dienst zu leisten. Danach wurde er Reservist[123] oder Angehöriger der Ersatzreserve[124]. Ab dem 35. Lebensjahr wechselte er gem. § 11 Wehrgesetz zur Landwehr, wo er noch weitere 10 Jahre, d.h. bis zum 45. Lebensjahr, der Wehrpflicht unterlag. Die Wehrmacht hatte gem. § 2 Wehrgesetz die Stellung als „Schule für die militärische Erziehung des deutschen Volkes". Sie war der parlamentarischen Kontrolle entzogen. Nach Maßgabe des § 3 Abs. 1 Wehrgesetz unterstand sie direkt dem „Führer" *Hitler*. Besonders deutlich wurde die Ausrichtung der Wehrmacht auf *Hitler* durch den Eid, den die Wehrmachtssoldaten zu leisten hatten. Dieser erfolgte seit 1935 nicht mehr auf die Verfassung, sondern musste auf *Hitler* selbst geleistet werden.[125]

Bereits vor dem Ausbruch des Krieges stand *Hitler* durch eine geschickte Umgehung der Bestimmungen des Versailler Vertrages ein Heer mit weit über einer Millionen Soldaten zur Verfügung.[126] Ermöglicht hatte diese Umgehung des Versailler Friedensvertrages der recht frühe Abzug der alliierten Kontrollkommission im Jahr 1927 und die nicht sonderlich strenge Kontrolle der Auflagen des Versailler Friedensvertrages durch die kontrollierenden Staaten.[127] Dies ermöglichte es der Reichswehr, insbesondere die Mannschaftssoldaten schon vor der gesetzlich vorgeschriebenen Dienstzeit zu entlassen. Dies führte zu einer Erhöhung des zukünftig benötigten Reservistenpotenzials. Zusätzlich dazu wurden bewaffnete Polizeitruppen und andere paramilitärische Truppen gebildet.[128] *Hitler* hatte somit schon damals ein Potenzial von ca. 10 Millionen Soldaten in der Hinterhand. Dieses setzte sich aus verschiedenen Komponenten zusammen. Zum einen waren es die Jahrgänge 1914 bis 1919, die während der Jahre 1934 bis 1939 eine 24-monatige Ausbildung erhalten hatten

---

119 Wehrgesetz vom 21. März 1935 (RGBl. 1935, Teil I, S. 609).
120 Gesetz für den Aufbau der Wehrmacht vom 16. März 1935 (RGBl. 1935, Teil I, S. 375).
121 § 1 Gesetz für den Aufbau der Wehrmacht vom 16. März 1935.
122 § 4 Wehrgesetz vom 21. Mai 1935.
123 Reservist war derjenige, der aus dem aktiven Dienst entlassen worden war, § 9 Wehrgesetz vom 21. Mai 1935.
124 Angehöriger der Ersatzreserve war, wer nicht zum aktiven Wehrdienst einberufen worden war, § 10 Wehrgesetz vom 21. Mai 1935.
125 *Grimm*, S. 24; *Holm*, Allgemeine Wehrpflicht, S. 175.
126 *Wahsner*, S. 57.
127 *Holm*, Allgemeine Wehrpflicht, S. 173.
128 Ebd.

und die Fronttruppen bildete. Ferner gab es eine Reserve von 7 Millionen, die sich aus den Jahrgängen 1900 bis 1913 zusammensetzte, welche eine 3-monatige Ausbildung erhalten hatten. Diejenigen, die vor 1914 ihre militärische Ausbildung erhalten hatten und den Jahrgängen 1893 bis 1899 angehörten, bildeten eine weitere Reserve für *Hitlers* Massenheer.[129]

Während des Zweiten Weltkrieges gelang es *Hitler*, trotz kontinuierlich hoher Verluste, die Stärke der Wehrmacht weiter auszubauen. Von 1941 bis 1944 stieg die Heeresstärke von 7,2 Millionen auf 9,1 Millionen Soldaten an bei gleichzeitigem Anstieg der Verluste von 200.000 im Jahr 1941, auf 3,3 Millionen im Jahr 1944.[130] Eine nochmalige Ausweitung erfuhr die Wehrdienstpflicht durch die Aufstellung des Volkssturmes 1944[131], der aus allen waffenfähigen Männern im Alter von 16 bis 60 Jahren gebildet wurde.[132] Somit wurden im Laufe des Zweiten Weltkrieges ca. 20 Millionen Menschen zum Kriegsdienst eingezogen, dies entspricht in etwa der Hälfte der männlichen Bevölkerung.[133]

2. Politische und ideologische Hintergründe der Wiedereinführung

Die Wiedereinführung der Wehrpflicht verschaffte *Hitler* die Möglichkeit, ein Massenheer aufzubauen. Nur so konnte er die „deutsche Volksgemeinschaft" im Ganzen für seine Kriegsabsichten einsetzen, sie war Voraussetzung für die Wiedererlangung der Weltmachtstellung Deutschlands.[134] Eine Rede, die *Hitler* 1933 kurz vor der Machterlangung vor Befehlshabern von Heer und Marine hielt, macht seine Absichten und die Rolle der Wehrpflicht dabei deutlich. *Hitler* hatte vor, den „Wehrwillen des deutschen Volkes mit allen Mitteln zu stärken".[135] Ziel seines Planes war es, „neuen Lebensraum im Osten zu erobern und diesen rücksichtslos zu germanisieren".[136] Es galt, die Möglichkeiten eines Wehrpflichtsystems konsequent für den Aufbau eines Kriegsheeres auszunutzen.[137]

Während seiner „Rede an die Soldaten"[138] auf dem NSDAP-Parteitag 1935 konkretisierte *Hitler* den durch das Wehrgesetz vom 21. Mai 1935 wieder eingeführten Wehrdienst weiter. Schon immer sei dieser Dienst an der Waffe kein Zwangsdienst, sondern höchster Ehrendienst gewesen. In einem Rückblick auf die vergangenen Jahrhunderte zeige sich, dass dieser Dienst stets freiwillig geleistet worden sei und

---

129 *Holm*, Allgemeine Wehrpflicht, S. 173 f.

130 Zahlen nach: *Ploetz*, Geschichte des Zweiten Weltkrieges, 2. Teil:, S. 5, Tab. 2.

131 Erlass des Führers über die Bildung des Deutschen Volkssturmes vom 25. September 1944 (RGBl. 1944, Teil I, S. 253).

132 *Wahsner*, S. 57 f.

133 *Thoß* in: Thiele, S. 27; *Wette* in: Foerster, S. 103.

134 *Wette* in: Foerster, S. 101.

135 Ebd.

136 Ebd.

137 Ebd.

138 Rede Hitlers vom 15. September 1935; abgedruckt bei: *Domarus*, Hitlers Reden, Bd. 1, S. 539.

diejenigen, die ihn geleistet hätten, immer stolz auf ihre Leistungen gewesen seien.[139] Durch diese Einstufung des Wehrdienstes erreichte er sowohl die Abschreckung potenzieller Kriegsdienstverweigerer durch eine Brandmarkung als ehrlose Pazifisten und Vaterlandsverräter als auch ihre Verbannung in das gesellschaftliche Abseits.[140] Die 27-jährige Wehrpflicht wurde daher als „Ehrendienst am Deutschen Volke"[141] verstanden. Der Soldat sollte seinen Dienst unter das Postulat der „Idee der Blut- und Schicksalsgemeinschaft aller deutschen Menschen"[142] stellen.

Trotz der eindeutigen Bestimmungen des Versailler Vertrages gelang es *Hitler*, die Reichswehr zum „Aggressor" Wehrmacht auszubauen. Das Verhältnis der Reichswehr zu *Hitler* war während der gesamten Phase seines politischen Aufstiegs nicht von Zustimmung und Loyalität geprägt.[143] Viele andere Revolutionäre hatten versucht, die Reichswehr für ihre Zwecke zu gewinnen. Zu nennen ist hier neben dem *Kapp*-Putsch[144] auch der Reichswehroffizier *von Lossow*[145]. Erst mit seiner Legitimation durch die im Jahr 1933 gewonnene Wahl stellte sich die Reichswehr auf *Hitlers* Seite. Dies war ihre verfassungsrechtlich vorgesehene Verhaltensweise.[146]

In der Zeit des Nationalsozialismus ist das Institut der allgemeinen Wehrpflicht zum raschen Aufbau eines Millionenheeres benutzt worden. Mit Hilfe dieses Heeres hat *Hitler* versucht, seine Expansionspläne durchzusetzen. Die Grundidee vom Staatsbürger, der sein Land in Notzeiten verteidigt, die hinter der allgemeinen Wehrpflicht steht, ist in der NS-Zeit zu einer Massenrekrutierung für einen rücksichtslosen Angriffskrieg pervertiert worden. Dies wird besonders deutlich durch die Verpflichtung von Kindern und Greisen für den „Volkssturm" zum Ende des Krieges. Diese menschenverachtende und demokratiefeindliche Perfektionierung der Wehrpflicht im Dienste eines Vernichtungskrieges ist wohl am deutlichsten in dem Zitat von *Manfred Messerschmidt* charakterisiert worden: „Im Rahmen der allgemeinen Wehrpflicht sind Soldat und Bürger in beiden Weltkriegen für expansive Ziele missbraucht und als Material in den Materialschlachten verbraucht worden, die ohne das von der allgemeinen Wehrpflicht bereitgestellte „Menschenmaterial" nicht hätten geschlagen werden können. Allgemeine Wehrpflicht und Demokratie, so der historische Befund, sind in Deutschland Gegensätze gewesen, nie krasser als in der nationalsozialistischen

---

139 *Wette* in: Foerster, S. 102.

140 Ebd.

141 Dies legte das Wehrgesetz selbst fest in § 1 Abs. 1 Wehrgesetz vom 21. Mai 1935.

142 So die Auffassung des Oberbefehlshabers der Wehrmacht, *Generalfeldmarschall von Blomberg*. Bundesarchiv-Militärgeschichte II L 51/7, Erlass vom 24. Mai 1934.

143 *Holm*, Allgemeine Wehrpflicht, S. 169.

144 Bei diesem Putsch hatte ein höherer preußischer Beamter versucht, die sozialdemokratische Regierung zu stürzen. Hierfür hatte er den Kommandeur der Berliner Garnison gewonnen. Zwar hatte die Regierung Berlin verlassen; durch einen organisierten Generalstreik legte sie allerdings die Revolutionsregierung lahm und beendete den Staatsstreich.

145 *v.Lossow*, der Reichswehrkommandeur Bayerns hatte 1923 versucht, sich zum Chef einer bayerischen Militärregierung zu machen. Die Revolution wurde aber ohne große militärische Aktionen durch den Reichswehrchef *v.Seeckt* beendet.

146 *Holm*, Allgemeine Wehrpflicht, S. 171.

„Volksgemeinschaft“. Die allgemeine Wehrpflicht wirkte sich in Deutschland bis 1945 als Katalysator der gesellschaftlichen Militarisierung aus.“[147]

V. Besatzungszeit

Nach der Kapitulation Deutschlands am 8. Mai 1945 und der Übernahme der Regierungsgewalt durch die Alliierten am 5. Juni 1945 setzten die Besatzungsmächte die vollständige Entmilitarisierung durch die Proklamation Nr. 2 vom 20. September 1945 durch.[148] Die allgemeine Wehrpflicht wurde durch Art. III des Kontrollratsgesetzes Nr. 34 vom 20. August 1946 abgeschafft. Dies war Teil der geplanten vollständigen Entmilitarisierung Deutschlands. Bedingt durch die sich abzeichnende Spaltung Europas in Ost und West wurden jedoch schon bald Pläne aufgestellt, die sich mit einem westdeutschen Verteidigungsbeitrag im Rahmen eines westlichen Bündnisses befassten.[149]

VI. Grundgesetz

1. Ausgestaltung der allgemeinen Wehrpflicht in der Bundesrepublik

Das Grundgesetz sah bei seinem in Kraft treten zunächst nicht den Aufbau einer Armee und somit auch nicht die Einführung oder verfassungsrechtlichen Zulassung der Wehrpflicht vor. Das Grundgesetz stand damit in Einklang mit dem Petersberger Abkommen[150] vom 22. November 1949 sowie dem „Gesetz zur Beseitigung des Militarismus“[151] vom 16. Dezember 1949 und dem „endgültigen Gesetz zur Verhinderung einer deutschen Wiederaufrüstung“ [152] vom Mai 1950.[153] Später wurde dann durch das 4. Gesetz zur Änderung des Grundgesetzes vom 26. März 1954[154] in den Kompetenzkatalog des Art. 73 Nr.1 GG die Gesetzgebungskompetenz des Bundes für die Verteidigung, einschließlich der Wehrpflicht für Männer vom vollendeten 18. Lebensjahr an, eingeführt.[155] Im Jahr 1956 wurde auf Grund dieses Kompetenztitels das Wehrpflichtgesetz erlassen.[156] Dies geschah im Zusammenhang mit dem Erlass des Soldatengesetzes, der Wehrbeschwerde- und der Wehrdisziplinarordnung und des

---

147 *Manfred Messerschmidt*, Der Staatsbürger muss sich nicht über die Uniform legitimieren, in: Frankfurter Rundschau, 31. August 1993.

148 Die Proklamation ordnete an, dass alle deutschen Streitkräfte vollständig und endgültig aufzulösen seien. Abgedruckt im Amtsblatt des Kontrollrats in Deutschland, Nr. 1 vom 29. Oktober 1945, S. 8 f.

149 *Grimm*, S. 25.

150 Abgedruckt bei *Barth/Pfau/Streif*, S. 167 ff.

151 Abgedruckt im Amtsblatt der Alliierten Hohen Kommission 1949, Nr. 1 – 7, Gesetz Nr. 16, S. 72 ff.

152 Abgedruckt bei *Barth/Pfau/Streif*, S. 149.

153 *Epping* in: Pieroth, Verfassungsrecht, S. 189.

154 BGBl. 1954, Teil I, S. 45.

155 *Frank* in: Alternativkommentar, hinter Art. 87, Rn. 78.

156 Wehrpflichtgesetz vom 7. Juli 1956 (BGBl. 1956, Teil I, S. 651).

Wehrstrafgesetzes[157], welche die in das Grundgesetz eingefügte Wehrverfassung[158] auf einfachgesetzlicher Ebene umsetzen sollte. Das BVerfG sah bereits in dieser nur kompetenzrechtlichen Verankerung der Wehrpflicht im Grundgesetz eine Grundentscheidung des Grundgesetzgebers für eine wirksame Landesverteidigung, die nur die Erscheinungsform einer Kompetenznorm habe.[159] Erst im Rahmen der Einführung der Notstandsverfassung durch das 17. Gesetz zur Änderung des Grundgesetzes[160] im Jahre 1968 wurde die allgemeine Wehrpflicht im Grundrechtsteil verankert[161] und damit die bestehenden Zweifel an der verfassungsrechtlichen Grundentscheidung endgültig ausgeräumt. Art. 12a Abs. 1 GG bestimmt, dass Männer ab 18 Jahren zum Dienst in den Streitkräften herangezogen werden können. Diese Kannbestimmung eröffnete dem einfachen Gesetzgeber die Möglichkeit, über die Einführung oder Abschaffung der Wehrpflicht zu entscheiden. Aus Art. 12a Abs. 1 GG ergibt sich jetzt die früher aus dem Kompetenztitel des Art. 73 Nr. 1 GG hergeleitete verfassungsrechtliche Grundentscheidung.[162] Die seit 1968 bestehende Wehrverfassung wurde seit ihrer letztmaligen Änderung durch die Notstandsverfassung nicht geändert, auch nicht durch den Einigungsvertrag.[163]

Zurzeit bestehen für den Wehrpflichtigen folgende Dienstpflichten: Gem. § 4 Abs. 1 Nr. 1 WPflG hat er zunächst Grundwehrdienst von zehn Monaten (§ 5 Abs. 1 S. 4 1. HS WPflG) zu leisten. Daran schließt sich ein Dienst in der Verfügungsbereitschaft von zwei Monaten an (§ 4 Abs. 1 Nr. 2 WPflG). Außerdem hat er Wehrübungen zu leisten (§ 4 Abs. 1 Nr. 3 WPflG), die aber einen Umfang von höchstens neun Monaten bei Mannschaften nicht überschreiten dürfen (§ 6 Abs. 2 WPflG). Im Verteidigungsfall unterliegt der Wehrpflichtige gem. § 4 Abs. 1 Nr. 4 WPflG einem unbeschränkten Wehrdienst. Die Wehrpflicht erstreckt sich bis zur Vollendung des 45. Lebensjahres (§ 3 Abs. 3 S. 1 WPflG) und im Verteidigungsfall gem. § 3 Abs. 5 WPflG bis zum vollendeten 60. Lebensjahr.

Wesentliche Änderungen am Inhalt der allgemeinen Wehrpflicht wurden im Laufe der Jahrzehnte nicht vorgenommen, lediglich die Dauer des Grundwehrdienstes wurde wiederholt verändert. Betrug die Dauer bei seiner Einführung noch 12 Monate, so wurde sie bereits im Jahre 1962 wegen der durch den Mauerbau angespannten si-

---

157 Soldatengesetz vom 19. März 1956 (BGBl. 1956, Teil I, S. 114); Wehrbeschwerdeordnung vom 23. November 1956 (BGBl. 1956, Teil I, S. 1066); Wehrdisziplinarordnung vom 15. März 1957 (BGBl. 1957, Teil I, S. 189); Wehrstrafgesetz vom 30. März 1957 (BGBl. 1957, S. 298).

158 Die Wehrverfassung wurde durch das 7. Gesetz zur Ergänzung des Grundgesetzes vom 19. März 1956 eingeführt (BGBl. 1956, Teil I, S. 111). Zu den einzelnen Änderungen des Grundgesetzes durch die eingefügte Wehrverfassung siehe *Epping* in: Pieroth, Verfassungsrecht, S. 195.

159 BVerfGE 12, 45 (50); *Frank* in: Alternativkommentar, hinter Art. 87, Rn. 78.

160 BGBl. 1968, Teil I, S. 709. Die weiteren Änderungen des Grundgesetzes durch die Einführung der Notstandsverfassung sind beschrieben bei *Epping* in: Pieroth, Verfassungsrecht, S. 196.

161 *Ipsen/Ipsen* in: Dolzer/Vogel, Art. 12a, Rn. 10.

162 *Frank* in: Alternativkommentar, hinter Art. 87, Rn. 78.

163 *Epping* in: Pieroth, Verfassungsrecht, S. 196; *Dau*, NZWehrr 1990, 221 (228 ff.).

cherheitspolitischen Lage in Europa auf 18 Monate angehoben. Nach einer Verkürzung auf 15 Monate 1972 erfolgte 1986 wieder eine Anhebung auf die schon vorher bestehenden 18 Monate. 1989 wurde die beschlossene Verlängerung aber ausgesetzt. Die sicherheitspolitische Entspannung in Europa nach dem Mauerfall Ende 1989 und der Wegfall des Ost-West-Konfliktes führte 1990 zu einer Grundwehrdienstdauer von zwölf Monaten, die dann sechs Jahre später auf die z.Zt. noch geltenden zehn Monate gekürzt wurde. Ab dem Jahr 2002 wird die Dauer des Grundwehrdienstes nur noch neun Monate betragen.[164]

2. Politischer Hintergrund der Wiederbewaffnung der Bundesrepublik

Für die Wiedereinführung der allgemeinen Wehrpflicht im Jahr 1956 waren verschiedene außen- sowie innenpolitische Aspekte ausschlaggebend.

Auf der außenpolitischen Ebene gab die sich zuspitzende Situation in der Ost-West-Beziehung den entscheidenden Impuls zum Umdenken der Alliierten. Deutliche Signale für die Krise der Ost-West-Beziehungen waren zum einen die Blockade Berlins im Jahre 1949 und zum anderen der Ausbruch des Koreakrieges 1950.[165] Hatten sich die Alliierten noch Anfang des Jahres 1950 klar und unnachgiebig gegen eine Wiederbewaffnung der Bundesrepublik eingesetzt, so sprachen sie sich nun für einen deutschen Beitrag zu einem gemeinsamen Verteidigungsbündnis aus.[166] Mitursächlich für die aufkommende Frage nach einem deutschen Wehrbeitrag war die damaligen NATO-Strategie der Vorwärtsverteidigung.[167] Diese sah vor, einem Angriff durch die Warschauer Vertragsorganisation so weit östlich wie möglich entgegenzutreten, um die Verteidigung aller europäischen Mitgliedsländer zu Gewähr leisten. Konsequenz war, dass die Verteidigung auf dem Gebiet der Bundesrepublik erfolgen musste, die zum damaligen Zeitpunkt kein Mitglied der Allianz war.[168] Ein weiterer Grund war das wegen der großen Bevölkerungszahl der Bundesrepublik hohe Wehrpotenzial.[169] Im Rahmen der geplanten gemeinsamen westlichen Verteidigung war ein großer Wehrbeitrag Westdeutschlands für die Abschreckung des Ostens[170] unbedingt notwendig. Um mögliche Risiken für die Alliierten durch eine neue deutsche Armee zu verhindern, wollte man die für einen deutschen Wehrbeitrag notwendige Souveränität der Bundesrepublik durch den sog. Generalvertrag[171] und die Begleit-

---

164 BMVg, Eckpfeilerpapier, Ziff. 61; BMVg, Grobausplanung, Abschnittsweiser Wehrdienst.

165 *Seidler/Reindl*, Wehrpflicht, S. 38.

166 Ebd.

167 Die „Forward Strategy" (NATO Dokument MC 14/1) wurde im Jahr 1950 aufgestellt, siehe dazu Gliederungspunkt C.III.2.e)aa), Seite 59.

168 Wörterbuch Sicherheitspolitik, Stichwort „NATO-Strategie".

169 *Epping* in: Pieroth, Verfassungsrecht, S. 189.

170 Das damals beschlossene Prinzip der NATO beruhte auf der Vorneverteidigung und machte ein großes Aufgebot an Soldaten notwendig, *Opel* in: Auslaufmodell Wehrpflichtarmee, S. 23.

171 Vertrag über die Beziehungen zwischen der Bundesrepublik und den drei alliierten Westmächten (Generalvertrag). Die Begleitverträge bestehen aus dem Truppenvertrag, dem Finanzver-

verträge mit einem gleichzeitigen Beitritt der Bundesrepublik zur Europäischen Verteidigungsgemeinschaft verbinden. Beide Verträge sollten zusammen in Kraft treten.[172] Der im EVG-Vertrag vom 27. Mai 1952 vorgesehene Umfang des deutschen Verteidigungsbeitrags von 500.000 Mann gestaltete immer wieder die Wehrpflichtdebatte.[173] Es herrschte weitgehend Einigkeit darüber, dass ab einem bestimmten Truppenumfang dieser nur noch durch eine Wehrpflichtarmee und nicht mehr durch ein Freiwilligenkontingent erreicht werden kann.[174] Eine Entscheidung für eine Freiwilligenarmee durch Unterschreitung der im EVG-Vertrag festgesetzten Zahlen hätte als notwendige Konsequenz einen Verlust von Ansehen und Vertrauen der Bundesrepublik innerhalb des Bündnisses sowie nicht auszudenkende Folgen für die Qualität der Bündnisverteidigung gehabt. Wollte Westdeutschland nicht seinen Einfluss innerhalb des Bündnisses aufgeben und das entgegengebrachte Vertrauen so kurz nach Kriegsende enttäuschen, musste die Bundeswehr mehr oder weniger zwangsweise als Wehrpflichtarmee organisiert werden.[175] Der EVG-Vertrag wurde aber auf Grund des Widerstandes der französischen Nationalversammlung abgelehnt, die geplante Verknüpfung von Souveränität und Verteidigungsbeitrag zunächst nicht umgesetzt.[176] Durch die Pariser Verträge vom Oktober 1954 kam es dann schließlich doch noch zu einer Aufnahme der Bundesrepublik in die Bündnisse NATO und WEU bei gleichzeitigem Zugeständnis der Souveränität. Diese Verträge traten am 5. Mai 1955 in Kraft. Bestandteile waren zum einen der angepasste Generalvertrag (sog. Deutschland-Vertrag), das Protokoll über das Ende der Besatzung und die Auflösung der Alliierten Hohen Kommission[177], der veränderte WEU Vertrag und das Protokoll zur Aufnahme der Bundesrepublik in die NATO[178]. Die Bundesrepublik erhielt bis auf die „ausgeübten oder innegehabten Rechte und Verantwortlichkeiten in Bezug auf Berlin und auf Deutschland als Ganzes einschließlich der Wiedervereinigung Deutschlands und einer friedensvertraglichen Regelung" seine Souveränität zurück (Art. 2 des Deutschland-Vertrages).[179] Die Truppen der Besatzungsmächte wurden zu Schutztruppen und erfüllten die für die Bundesrepublik abgegebene Sicherheitsgarantie der Westalliierten.[180] Die Bundesrepublik sollte die zu ihrem Schutz notwendigen Truppenkontingente der USA nur bei einem entsprechend großen eigenen Truppenbeitrag erhalten.[181] Ohne Einbindung der Bundeswehr in ein NATO-Verteidigungskonzept hätten die Westmächte einer bewaffneten Macht in der Bun-

---

trag und dem Überleitungsvertrag. Alle Vertragstexte sind abgedruckt bei *v.Münch*, Dokumente, Bd. I, S. 229 ff.

172 *Epping* in: Pieroth, Verfassungsrecht, S. 189.

173 *Seidler/Reindl*, Wehrpflicht, S. 52.

174 *Opel* in: Auslaufmodell Wehrpflichtarmee, S. 23; *Opitz* in: Groß/Lutz, S. 114.

175 *Meier-Dörnberg* in: Foerster, S. 110.

176 *Epping* in: Pieroth, Verfassungsrecht, S. 190.

177 Abgedruckt im BGBl. 1955, Teil II, S. 215.

178 Abgedruckt im BGBl. 1955, Teil II, S. 257.

179 *Epping* in: Pieroth, Verfassungsrecht, S. 190.

180 Siehe hierzu die Regelungen des Truppenvertrages (BGBl. 1955, Teil II, S. 253).

181 *Meier-Dörnberg* in: Foerster, S. 112 f.

desrepublik nicht zugestimmt.[182] Mit entscheidend war die Kontrollmöglichkeit der Westmächte über die Bündnisarmee der Bundesrepublik. Die für die Bereitstellung des geforderten Verteidigungsbeitrages notwendige Organisation der Bundeswehr als Wehrpflichtarmee sorgte für eine fast einheitliche Wehrform der Armeen in den Nato-Staaten.[183]

Innenpolitisch wurde die Debatte um einen deutschen Verteidigungsbeitrag und somit um die Wiederbewaffnung von Anfang an von teilweise erheblichen Protesten begleitet. Die Bevölkerung hatte wenige Jahre nach Beendigung des Zweiten Weltkriegs noch die Schreckensbilder eines den ganzen Kontinent umspannenden Krieges vor Augen.[184] In der Öffentlichkeit[185] wurde darüber hinaus die Gefahr des Einhergehens von Berufsarmee und deren Abspaltung von der übrigen Gesellschaft, d.h. die Bildung eines „Staates im Staate", aufgezeigt. In der Bevölkerung machte sich eine „Nie-wieder-Krieg-Stimmung" breit. Im Parlament setzte sich die SPD[186] gegen einen deutschen Verteidigungsbeitrag in der geplanten Form und die damit einhergehende Wiederbewaffnung Deutschlands ein.[187] Zwar lehnte die SPD in den 50er-Jahren eine Landesverteidigung nicht grundsätzlich ab, ihr primäres Ziel war jedoch die Wiedervereinigung Deutschlands.[188] Die im Rahmen der Wiederbewaffnung der Bundesrepublik in der Bevölkerung und im Parlament geführte Diskussion ging als „Kampf um den Wehrbeitrag" in die Geschichte ein.

Insgesamt kann also auch die Wiedereinführung der Wehrpflicht in Westdeutschland nicht als Ausdruck eines modernen Demokratieverständnisses gesehen werden. Vielmehr war die Wehrpflichtarmee zur Sicherung der eingeräumten Stellung innerhalb des Bündnisses zwingend notwendig. Die junge Republik wollte wieder ein starker und einflussreicher Partner sein und die in ihn gesetzten Hoffnungen und das Vertrauen nicht enttäuschen. Mit der Notwendigkeit einer umfangreichen Verteidigungsarmee wurde über all die Jahrzehnte die Aufrechterhaltung der allgemeinen Wehrpflicht begründet.

---

182 Die Westalliierten hatten auf der Außenministerkonferenz in New York im September 1950 beschlossen, dass die Bundesrepublik ihre Souveränität nur im Gegenzug zum deutschen Verteidigungsbeitrag zurückerhalten sollte.

183 Mit der Ausnahme Kanadas waren alle NATO-Armeen damit Wehrpflichtarmeen, *Thoß* in: Thiel, S. 31; *Opel* in: Auslaufmodell Wehrpflichtarmee, S. 23.

184 *Epping* in: Pieroth, Verfassungsrecht, S. 191.

185 Die Bundesregierung hat zur Einführung der allgemeinen Wehrpflicht eine Denkschrift herausgegeben: Warum brauchen wir die Wehrpflicht? Eine Denkschrift der Bundesregierung, Presse- und Informationsamt der Bundesregierung, Bonn 1956.

186 Siehe zum Widerstand der SPD nur die Rede von *Carlo Schmid* vor der Beratenden Versammlung des Europarates am 10. August 1950, abgedruckt bei *Tönnies*, Geschichte der Wiederbewaffnung, S. 68.

187 *Epping* in: Pieroth, Verfassungsrecht, S. 191.

188 *Seidler/Reindl*, Wehrpflicht, S. 39.

VII. Verfassung der DDR

1. Ausgestaltung des Wehrdienstes

Die erste Verfassung der DDR von 1949[189] sah keine Regelung über eine Wehrpflicht vor.[190] Erst die geänderte Verfassung von 1955[191] statuierte in Art 5 Abs. 3[192] einen Pflichtdienst zum Schutz der DDR. Dennoch basierte die Organisation der DDR-Volksarmee bei ihrer Gründung im Januar 1956 alleine auf dem Prinzip der Freiwilligkeit.[193] Eine allgemeine Wehrpflicht wurde zunächst nicht eingeführt. Mit ihrem Freiwilligensystem wich die NVA damit von der Wehrverfassung der ehemaligen UdSSR und den anderen „sozialistischen Bruderländern" ab, welche auf einem Wehrpflichtsystem aufbauten.[194] Erst 1962 wurde auch in der DDR eine allgemeine Wehrpflicht eingeführt[195]. Nach diesem Gesetz organisierte sich die NVA durch ein gemischtes System von Wehrpflicht (§ 1 Abs. 1 Wehrpflichtgesetz) und freiwilligem Wehrdienst (§ 1 Abs. 2). Wehrpflichtig waren demnach alle männlichen Bürger vom 18. bis zum vollendeten 50. Lebensjahr (§ 3 Abs. 1 S. 1), Offiziere bis zum vollendeten 60. Lebensjahr (§ 3 Abs. 1 S. 2). Die Wehrpflichtdauer war gem. § 3 Abs. 2 Wehrpflichtgesetz im Verteidigungsfall für alle Laufbahngruppen auf das vollendete 60. Lebensjahr ausgedehnt. Für den Wehrpflichtigen bestanden verschiedene Verpflichtungen, die sowohl der Vorbereitung und Durchführung des Wehrdienstes als auch der Wehrüberwachung im Reservistenstatus dienten. Der Wehrpflichtige hatte sich zur Erfassung zu melden (§ 2 lit. a), musste zur Musterung und Diensttauglichkeitsuntersuchung erscheinen (§ 2 lit. b). Schließlich musste er den eigentlichen aktiven Wehrdienst ableisten und den anschließenden Reservedienst (§ 2 lit. c). Darüber hinaus hatte er Veränderungen zu seiner Person mitzuteilen (§ 2 lit. d). Gem. § 21 Abs. 1 Wehrpflichtgesetz war die Dauer des Grundwehrdienstes auf 18 Monate festgesetzt. Im Umfang von maximal 21 Monaten hatten Mannschaften und Unteroffiziere, Offiziere maximal 24 Monate, Reservedienst zu leisten[196].

Eine verfassungsrechtliche Verankerung der Wehrpflicht[197] fand sich erstmals in der (zweiten) DDR-Verfassung von 1968[198]. Fortan war jeder Bürger zur Verteidigung

---

189 Verfassung der Deutschen Demokratischen Republik vom 7. Oktober 1949.

190 *Wenzke* in: Foerster, S. 126.

191 Geändert durch Gesetz vom 6. Oktober 1955.

192 Der eingefügte Absatz lautet: „Der Dienst zum Schutz des Vaterlandes und der Errungenschaften der Werktätigen ist eine ehrenvolle nationale Pflicht der Bürger der Deutschen Demokratischen Republik.".

193 *Wenzke* in: Foerster, S. 123.

194 *Thoß* in: Thiele, S. 32.

195 Eingeführt durch das Gesetz über die allgemeine Wehrpflicht (Wehrpflichtgesetz) vom 24. Januar 1962 (Gesetzblatt der DDR 1962, Teil I, S. 2).

196 § 29 Abs. 3 Wehrpflichtgesetz.

197 Art. 23 Abs. 1 der DDR-Verfassung vom 9. April 1968.

198 Verfassung der Deutschen Demokratischen Republik vom 9. April 1968.

der DDR verpflichtet[199]. Die eindeutige Formulierung dieses Artikels erlaubte somit auch die Heranziehung von Frauen zum Wehrdienst im Mobilmachungs- und Verteidigungsfall.[200] Durch die Verabschiedung des Wehrdienstgesetzes 1982[201] wurde der Inhalt des Wehrdienstes im Wesentlichen nicht verändert. Jedoch wurde der Wehrdienst stärker politisch und ideologisch ausgerichtet und in das System der SED eingebunden.[202] Inhaltlich neu war, dass nun auch die Möglichkeit eines Alternativdienstes bestand[203]. Damit war allerdings kein Recht auf Kriegsdienstverweigerung gemeint. Der Wehrpflichtige konnte statt des aktiven Dienstes in der NVA oder den Grenztruppen der DDR seiner Dienstpflicht auch im Ministerium für Staatssicherheit, bei den kasernierten Einheiten der Volkspolizei, in der Zivilverteidigung oder bei den Baueinheiten nachkommen.[204]

Dem Wehrdienst zeitlich vorgelagert war der neu eingeführte Vorbereitungsdienst[205]. Dieser war gem. § 5 Abs. 2 Wehrdienstgesetz Bestandteil der Ausbildung der Schüler und Studenten an allen Schulen und Hochschulen. Daneben waren alle staatlichen Organe und Betriebe dazu verpflichtet, die Bürger auf den Wehrdienst vorzubereiten (§ 5 Abs. 1). Mit der vorbereitenden militärischen Ausbildung der Jugendlichen war darüber hinaus die „Gesellschaft für Sport und Technik“[206] beauftragt.[207] So wurden die angehenden Wehrpflichtigen im Schulunterricht, in speziellen Lagern mit militärischer Ausbildung, bei technischen Zirkeln und durch Wehrsport auf ihren zukünftigen Wehrdienst vorbereitet.

2. Politischer Hintergrund dieser Entwicklung

Mit dem zunächst gewählten Freiwilligensystem hatte sich die DDR ein von den Systemen der ehemaligen UdSSR und den anderen „sozialistischen Brüderländern“ abweichendes Wehrsystem gegeben.[208] Beweggrund für diese Entscheidung war eine bewusst gewollte Absetzung vom „Zwang der imperialistischen Wehrpflicht“ in der Bundesrepublik.[209] Neben einer politischen und moralischen Aufwertung des DDR-

---

199 Art. 23 Abs. 1 lautet: „Der Schutz des Friedens und des sozialistischen Vaterlandes und seiner Errungenschaften ist Recht und Ehrenpflicht der Bürger der Deutschen Demokratischen Republik. Jeder Bürger ist zum Dienst und zu Leistungen für die Verteidigung der Deutschen Demokratischen Republik entsprechend den Gesetzen verpflichtet.“.

200 *Wenzke* in: Foerster, S. 126.

201 Gesetz über den Wehrdienst in der Deutschen Demokratischen Republik – Wehrdienstgesetz – (Gesetzblatt der DDR 1982, Teil I, S. 221).

202 *Wenzke* in: Foerster, S. 127.

203 § 3 Abs. 2 lit. c Wehrdienstgesetz.

204 *Wenzke* in: Foerster, S. 127.

205 Vorbereitung auf den Wehrdienst, § 5 Wehrdienstgesetz; *Wenzke* in: Foerster, S. 127.

206 Die Gesellschaft für Sport und Technik wurde 1952 gegründet und unterstand dem Ministerium für Nationale Verteidigung. Sie war Massenorganisation zur vormilitärischen und wehrsportlichen Ausbildung der DDR-Jugend und bereitete diese im vorwehrpflichtigen Alter auf den Wehrdienst vor. DDR Handbuch, S. 468.

207 § 5 Abs. 3 Wehrdienstgesetz; *Thoß* in: Thiele, S. 33.

208 *Wenzke* in: Foerster, S. 123.

209 *Thoß* in: Thiele, S. 32.

Systems wollte die DDR-Führung auf die dem Sozialismus zugeneigten Menschen in der Bundesrepublik einwirken und gleichzeitig für die dortigen Kriegsdienstverweigerer einen Anreiz für eine Übersiedlung in die DDR schaffen.[210] Außenpolitisch wollte die DDR damit die Bereitschaft zu Abrüstung und Entspannung ausdrücken.[211] Entscheidend war aber wohl eher die so gegebene Möglichkeit der Durchsetzung des sozialistischen Klassenprinzips.[212] Die DDR-Führung hoffte, dass sich nur die dem Sozialismus besonders zugewandten, und dort hauptsächlich die Angehörigen der Arbeiterklasse, für den freiwilligen Dienst in der NVA melden würden.[213] Aus der so zusammengesetzten NVA auf Freiwilligenbasis wollte man später die Grundlage für eine SED-treue Wehrpflichtarmee bilden.[214]

Bis zur Einführung der allgemeinen Wehrpflicht im Jahr 1962 hat die NVA jedoch nie ihre Sollstärke erreicht.[215] Dies lag zu einem großen Teil an der bis zum Mauerbau 1961 sehr starken Abwanderung[216] von Jugendlichen über die noch offene Grenze nach Westdeutschland.[217] Auf Grund des durch die Abwanderungen zusehends geschwächten Wehrpotenzials[218] der DDR hätten sich theoretisch zwei Drittel eines jeden Jahrgangs für den Freiwilligendienst melden müssen.[219] Da dies jedoch nicht der Fall war, wurde versucht, mit Überzeugung und Einschüchterung auf die potenziellen Freiwilligen einzuwirken. Eine immer stärker werdende Abwehrhaltung zur NVA war das Resultat. Deshalb wurden durch Beschluss[220] vom 17. März 1955 alle SED-Mitglieder im Alter von 18 bis 22 Jahren zum Eintritt in die bewaffneten Organe verpflichtet.[221]

Die Einführung des Wehrpflichtgesetzes im Jahr 1962 wurde mit dem wachsenden Bedrohungspotenzial, welches von der „aggressiven Politik des westdeutschen Unrechtsstaates" ausging, begründet.[222] In der NVA, als einer vom und für das Volk geschaffenen Armee, sollte der Wehrpflichtige seinem eigenen Staat, dem Volk und der gerechten Sache des Sozialismus und Friedens dienen.[223] Die allgemeine Wehr-

---

210 *Wenzke* in: Foerster, S. 124.

211 *Thoß* in: Thiele, S. 32; *Wenzke* in: Foerster, S. 124.

212 *Wenzke* in: Foerster, S. 124.

213 *Wenzke* ebd.; *Thoß* in: Thiele, S. 32.

214 *Thoß* in: Thiele, S. 32; *Wenzke* in: Foerster, S. 124.

215 *Thoß* in: Thiele, S. 33; *Wenzke* ebd.

216 So verließen nach SED-Angaben im Jahr 1961 ca. 35.000 Jugendliche im Alter von 15 – 25 Jahren die DDR; Entwurf einer Beschlussvorlage für den Nationalen Verteidigungsrat vom 12. Juni 1961, Stiftung Archiv der Parteien und Massenorganisationen der DDR im Bundesarchiv, Zentrales Parteienarchiv, IV 2/12/58, Bl. 187.

217 *Thoß* in: Thiele, S. 33; *Wenzke* in: Foerster, S. 125.

218 Im Vergleich zum Jahrgang 1943, in dem noch ca. 127.000 Wehrpflichtige zur Verfügung standen, waren es im Jahrgang 1945 nur noch ca. 83.000; *Wenzke* in: Foerster, S. 125.

219 *Wenzke* ebd.

220 Beschluss der Sicherheitskommission des ZK der SED über die Werbung für die kasernierte Volkspolizei vom 17. März 1955, Bundesarchiv, Militärisches Zwischenarchiv Potsdam, Pt 2062, Bl. 1 ff.

221 *Thoß* in: Thiele, S. 33.

222 *Wenzke* in: Foerster, S. 125.

223 Ebd.

pflicht in der DDR orientierte sich nicht an den grundlegenden marxistisch-leninistischen Auffassungen zur Wehrform und war auch kein Ausdruck von Demokratie. Vielmehr ist sie politisch und ideologisch missbraucht worden. Sie wurde von der DDR-Führung dazu benutzt, sich gegenüber der Bundesrepublik positiv abzusetzen, obwohl es der DDR auch nur mit einem subtilen System von Zwang und Einschüchterung gelang, die gesetzten Ziele zu erreichen. Weiterhin wurde die Militarisierung der DDR-Gesellschaft in der NVA dazu genutzt, den Bürger im Sinne der SED-Ideologie zu beeinflussen. Ein besonderes Verhältnis der Wehrpflicht in der DDR zu einer demokratischen Staatsform kann nicht festgestellt werden.

VIII. Fazit der historischen Betrachtungen

Die Betrachtung der Wehrpflichtentwicklung in Deutschland seit ihrer erstmaligen Einführung hat gezeigt, dass sie in Deutschland nie Ausdruck demokratischen Staatsdenkens gewesen ist. In den großen traditionellen Demokratien wie Frankreich, den USA oder Großbritannien ist die Wehrpflicht im Wesentlichen ein Instrumentarium des Notstandes und der Staatsverteidigung gewesen. In Großbritannien hat es lediglich zwischen 1947 und 1963 eine allgemeine Wehrpflicht gegeben.[224] Begründet wurde die Einführung durch die Labour-Regierung mit den Herausforderungen eines globalen Imperiums und der Notwendigkeit einer großen Anzahl ausgebildeter Soldaten.[225] Die Dienstzeit der vom 18. bis zum 26. Lebensjahr Wehrpflichtigen wurde kontinuierlich von zwölf über 18 auf 24 Monate angehoben. An diese aktive Dienstzeit schlossen sich 42 Monate in der Reserve an. Die allgemeine Wehrpflicht wurde 1963 vor dem Hintergrund einer geringeren NATO-Verpflichtung Großbritanniens und einer Verkleinerung der Streitkräfte abgeschafft.[226] Auch in den Vereinigten Staaten[227] gab es eine allgemeine Wehrpflicht nur während der beiden Weltkriege und während des Kalten Krieges.[228] Im Jahr 1973 wurde sie endgültig abgeschafft und die Streitkräfte wurden nach dem Prinzip einer *„All-Voluteer Force“* organisiert.[229] Dieser Befund gilt auch im Wesentlichen für Frankreich. Eingeführt wurde die allgemeine Wehrpflicht hier im August 1793 durch den Nationalkonvent.[230] Im Jahre 1818 wurde die bis dahin bestehende allgemeine Wehrpflicht relativiert und durch ein System ersetzt, dass aus einer Lotterie und der anschließenden Möglichkeit des Freikaufs bestand.[231] Dieses System bestand mit kleinen Änderungen bis zum Jahr 1905 fort. Vor dem Hintergrund des beginnenden Wettrüstens in Europa

---

224 Siehe zur Geschichte der Wehrpflicht in Großbritannien nur *Bond* in: Foerster, S. 207 ff.
225 *Bond* in: Foerster, S. 207.
226 *Bond* in: Foerster, S. 210.
227 Siehe zur Wehrpflicht in den USA nur *Unterseher* in: Opitz/Rödiger, S. 108 ff.
228 *Unterseher* in: Opitz/Rödiger, S. 116.
229 *Unterseher* in: Opitz/Rödiger, S. 117.
230 Eingeführt wurde die *levée en masse* durch Dekret vom 23. August 1793, *Krumeich* in: Foerster, S. 137; *Unterseher* in: Opitz/Rödiger, S. 109.
231 *Unterseher* in: Opitz/Rödiger, S. 110.

wurde die allgemeine Wehrpflicht 1905 wieder eingeführt.[232] Sie wurde erst im Jahr 2001 vollkommen abgeschafft.[233] Neben der Wehrpflichtarmee bestand jedoch in Frankreich seit 1831 die Fremdenlegion als eine reine Freiwilligenarmee.[234] Dagegen wurde die allgemeine Wehrpflicht in Deutschland auch außerhalb von Notzeiten beibehalten und für die Militarisierung von Staat und Gesellschaft instrumentalisiert. Sie war vor der Gründung der Bundesrepublik über die Jahrhunderte immer wieder Mittel zur Wahrung von Macht und Durchsetzung deutscher Expansionspolitik.

Während der konstitutionellen Monarchie sind deutsche Heere trotz vorhandenem Parlament und Demokratisierungstendenzen stets ein Machtinstrument der Könige und Kaiser geblieben und eben keine Volksarmee, die von dem Volk als Souverän getragen und auch kontrolliert wird. Im Kaiserreich wurde systematisch eine Armee aufgebaut, die dem Kaiser als Instrument seines Machterhalts dienen sollte. Konsequent wurden ganze Bevölkerungsschichten, insbesondere solche, die mit Demokratie und Parlamentarismus in Verbindung gebracht wurden, aus der Armee fern gehalten. Es wurde stets versucht, den Einfluss der Parlamentarier so gering wie möglich zu halten. Nur nach und nach konnte sich das Parlament Mitbestimmung im Bereich des Militärs erkämpfen. Erst als man die Bevölkerungsmassen für Kriegszwecke benötigte, gestand man den sozialdemokratischen Schichten den Dienst in der Armee zu. Die zwangsweise Aussetzung der Wehrpflicht während der Weimarer Zeit konnte nicht verhindern, dass schon früh versucht wurde, die Beschränkungen zu umgehen und so den Grundstein für den raschen Aufstieg der Wehrmacht unter *Hitler* zu legen. Während der NS-Zeit ist das Institut der Wehrpflicht von *Hitler* machtpolitisch missbraucht worden und sollte ihm zur Durchsetzung seiner größenwahnsinnigen „Germanisierungspläne" für Europa dienen. Durch die konsequente Umgehung der Vorschriften des Versailler Friedensvertrages gelang ihm eine vollständige Ausschöpfung des Wehrpotenzials und der Aufbau eines bis dahin noch nicht da gewesenen Massenheeres. Das Verhältnis von ausnahmsloser Rekrutenaushebung auf der einen und der massenhaften Verluste auf der anderen Seite ist in keinem Krieg höher gewesen. Besonders deutlich wurde die Instrumentalisierung der Volksmassen durch die Aufstellung des „Volkssturmes", in dem Kinder und alte Männer als „letztes Aufgebot" gegen die näherrückenden Alliierten eingesetzt wurden. Das Verbot jeglicher militärischer Betätigungen durch die Alliierten nach Ende des Zweiten Weltkrieges brachte für Deutschland nur eine kurze Phase ohne Armee und ohne Wehrpflicht. Vor dem Hintergrund des sich abzeichnenden Ost-West-Konfliktes entschied man sich in der Bundesrepublik trotz der heftig geführten politischen und öffentlichen Diskussion für die Wiederaufrüstung und eine Wehrpflichtarmee. Die Bundesrepublik wollte in dem sich neu formierenden Europa sicherheitspolitisch angemessen vertre-

---

232 *Krumeich* in: Foerster, S. 143; *Unterseher* in: Opitz/Rödiger, S. 110.

233 Siehe hierzu ausführlicher Gliederungspunkt C.III.2.e)cc), Seite 81.

234 *Louis Philippe I.* ordnete am 10. März 1831 die Aufstellung einer „Legion gebildet aus Ausländern" an. *Unterseher* in: Opitz/Rödiger, S. 111.

ten sein. Dies war nur über einen genügend großen Beitrag zur Bündnisverteidigung möglich. Auch die DDR nutzte das Wehrpflichtsystem letztlich zur Demonstration von Macht und zur Abschreckung des Klassenfeindes im Westen. Die zunächst freiwillige Dienstleistung in der NVA diente der Rekrutierung systemfreundlicher Soldaten, die später die Basis für eine Wehrpflichtarmee bilden sollten.

Alleine während der Befreiungskriege 1814, als die allgemeine Wehrpflicht erstmalig eingeführt wurde, war sie notwendige Maßnahme zur Befreiung von fremder Herrschaft. Danach hatte sie jedoch für die folgende Zeit ihre sicherheitspolitische Legitimation schon wieder verloren und streng genommen auch nie wiedererlangt. Ihre Beibehaltung nach Beendigung dieser Kriege bis in die heutige Zeit hat sie aber zu einem gleichsam selbstverständlichen Organisationssystem deutscher Streitkräfte werden lassen. Die gerne aufgestellte These, dass ein demokratischer Staat untrennbar mit einer Wehrpflichtarmee einhergehen muss, ist nicht haltbar. Die allgemeine Wehrpflicht ist gerade nicht das legitime Kind der Demokratie.

C. Verfassungsmäßigkeit der allgemeinen Wehrpflicht unter den veränderten sicherheitspolitischen Rahmenbedingungen

I. Art. 12a Abs. 1 GG als verfassungswidrige Verfassungsnorm

In den siebziger Jahren wurde die Ansicht vertreten, dass es sich bei Art. 73 Nr. 1 GG, auf dessen Grundlage die Wehrpflicht eingeführt wurde, um eine verfassungswidrige Verfassungsnorm handelt.[1]

Es stellt sich die Frage, ob der Gesetzgeber durch die Verankerung der Wehrpflicht in Art. 12a Abs. 1 GG eine verfassungswidrige Verfassungsnorm geschaffen hat. Wäre dies der Fall, dann würde sich die Frage nach der Verfassungsmäßigkeit der Wehrpflicht auf Grund der geänderten sicherheitspolitischen Lage nicht mehr stellen. Eine strenge Verhältnismäßigkeitsprüfung würde entfallen, denn die Verfassungswidrigkeit der Wehrpflicht würde sich schon aus der Schaffung dieser verfassungswidrigen Norm durch den verfassungsändernden Gesetzgeber ergeben. Art. 12a Abs. 1 GG ist zwar selbst Verfassungsrecht. Das Bundesverfassungsgericht hat indes die grundsätzliche Denkbarkeit verfassungswidrigen Verfassungsrechts und somit die Denkmöglichkeit einer notwendigen Verfassungsänderung aus verfassungsrechtlichen Gründen in mehreren Entscheidungen anerkannt.[2] Sie ist danach gegeben, wenn verfassungsrechtliche Normen dem unabänderbaren Gehalten des Art. 79 Abs. 3 GG zuwiderlaufen.[3]

1. Verstoß gegen den Menschenwürdegehalt des Art. 1 Abs. 1 S. 1 GG

Es ließe sich argumentieren, dass es mit dem Menschenwürdegehalt nicht vereinbar sei, dem Bürger zum Schutz der Gemeinschaftsrechte, dessen Träger auch er ist, aufzutragen, diese Gemeinschaft gegen Angriffe von außen, notfalls auch mit dem Einsatz seines eigenen Lebens, zu verteidigen.[4] Man könnte es als unvereinbar ansehen, von dem Bürger die Bereitwilligkeit zur Preisgabe seines höchsten Rechtsgutes – des Lebens – zu verlangen, weil nur so der Staat seine Rechte (die des Bürgers) schützen kann.[5] Der Menschenwürdegehalt beinhaltet einen Wert- und Achtungsanspruch, der jedem Menschen allein auf Grund seines Daseins zukommt.[6] Jeder Mensch ist als gleichberechtigtes Glied mit Eigenwert zu sehen[7] und ist nicht als Objekt, sondern als Subjekt zu betrachten.[8] Eine Verletzung der Menschenwürde

---

1 *Hamann/Lenz*, Art. 12a, Anm. B 8 u. 9; *Wahsner*, 249.
2 Zuletzt BVerfGE 94, 49 ff.; 115 ff.; 166 ff.
3 *Pieroth* in: Jarass/Pieroth, Art. 79, Rn. 5.
4 *Baldus*, NZWehrr 1993, 92 (99).
5 Ebd.
6 BVerfGE 87, 209 (228); *Schmidt-Bleibtreu* in: Schmidt-Bleibtreu/Klein, Art. 12, Rn. 1a; *Podlech* in: Alternativkommentar, Art. 1 Abs. 1, Rn. 70.
7 BVerfGE 45, 187 (228).
8 BVerfGE 30, 1 (26); 50, 166 (175).

ist daher nach der st. Rspr. des BVerfG gegeben, wenn der Mensch zum bloßen Objekt des staatlichen Handelns gemacht wird.[9]

Eine Verobjektivierung des wehrdienstleistenden Bürgers könnte sich auf Grund der Situation der Menschen innerhalb bewaffneter Konflikte ergeben. Der Mensch ist auch im Zeitalter der modernen Kriegsführung immer noch zwangsläufig der Schutzlosigkeit und der Gefahr eines gewaltsamen Todes ausgeliefert. Dies hat auch die Bundeswehr in ihrer Armeeorganisation hinreichend berücksichtigt, indem sie im Verteidigungsfall einen maßgeblichen Teil der Reservisten für den Ersatz gestorbener Soldaten benötigt.[10] Zwar liefert die Bundesrepublik ihre Soldaten in einem bewaffneten Konflikt nicht der vollständigen Schutzlosigkeit aus, sondern sie reduziert den Schutz nur, weil die Soldaten eine Ausbildung erhalten haben, die es ihnen in einem gewissen Maße ermöglicht, zu überleben. Dennoch kann der Staat im Kriegsfall nicht in dem Umfang Schutz gewähren, wie dies im Frieden der Fall ist.[11] Zu berücksichtigen ist allerdings, dass zwar der Schutz der Menschenwürde und der Freiheit des Einzelnen der oberste Zweck des Grundgesetzes ist, dieser Schutzzweck jedoch leer laufen würde, wenn es keinen Staat gibt, der diesen auch im Falle äußerster Not gewähren kann. Das Menschenbild des Grundgesetzes ist demzufolge auch nicht das eines selbstherrlichen, von der Gemeinschaft losgelösten Individuums, sondern einer fest in der Gesellschaft verwurzelten und ihr auf vielfältige Weise verpflichteten Persönlichkeit.[12] Somit ist es nur legitim und nicht verfassungswidrig, den Bürger zum Schutz und zur Verteidigung der obersten Gemeinschaftsrechtsgüter, deren personaler Träger er ist, einzusetzen. Der Staat kann auch nur mit der Hilfe der Bürger und ihres Eintretens für den Bestand des Gesamten dieser Schutzverpflichtung nachkommen. Es besteht eine enge Verknüpfung zwischen dem Schutzanspruch des Einzelnen und seiner Einstandspflicht für die Gemeinschaft.[13] Ein Verstoß gegen den

---

9 BVerfGE 9, 89 (95); 27, 1 (6); 28, 386 (391); 45, 187 (228); 50, 166 (175); 50, 205 (215); 57, 250 (275); 72, 105 (116); 87, 209 (228); *Kannengießer* in: Schmidt-Bleibtreu/Klein, Art. 1, Rn. 1.

10 *Grimm*, Menschenwürde, S. 66; vgl. dazu auch die Aussage der Bundesregierung im Zuge der Diskussion um die Einführung der Wehrpflicht: „Kleine Berufsheere ermöglichen es nicht, Reserven ausreichend und gut auszubilden. Im Falle eines Krieges können deshalb die Verluste der Kampftruppen nicht in kurzer Zeit ersetzt werden" in: *Klaus Schubert*, Sicherheit der Bundesrepublik Deutschland, Dokumentation 1945 bis 1977, Teil II, 1978, S. 104 f.

11 *Baldus*, NZWehrr 1993, 92 (101).

12 BVerfGE 12, 45 (51).

13 So auch BVerfGE 69, 1 (22). Die Verbindung zwischen Schutzgewährung des Staates und der Einstandspflicht des Bürgers geht auf *Thomas Hobbes* zurück. Diesen staatstheoretischen Gedanken beschreibt er in seinem Werk Leviathan in Kap. 21: „Erfordert die Verteidigung des Staates die Hilfe sämtlicher Bürger, so ist nicht bloß jeder Waffenfähige, sondern auch wer nur das Geringste zum Siege beitragen kann, zum Kriegsdienst verpflichtet: sonst wäre die Errichtung des Staates, zu dessen Erhaltung die Bürger weder Willen noch Mut hätten, vergeblich.", *Hobbes*, Leviathan, S. 195. In der jüngeren deutschen Staatsrechtsgeschichte findet sich dieser Denkansatz auch bei *Paul Laband*: „Die Wehrpflicht ... ist das Korrelat des staatsbürgerlichen Rechts auf Schutz... . Damit der Staat seine wesentlichste Aufgabe, nämlich Schutz gegen äußere Feinde und Aufrechterhaltung der Rechtsordnung im Inneren, wirksam erfüllen kann, fordert er von allen dazu geeigneten Untertanen die Militärleistung. Die wahre Gegen-

durch Art. 1 Abs. 1 S. 1 GG geschützten Menschenwürdegehalt kann nicht festgestellt werden.

2. Verstoß gegen das Demokratieprinzip des Art. 20 Abs. 1 GG

In der Wehrpflicht könnte auch ein Verstoß gegen das in Art. 20 Abs. 1 GG festgeschriebene Demokratieprinzip gesehen werden, wenn die Wehrpflicht als Organisationsform einer Armee nicht mit der Demokratie als Staatsform vereinbar wäre. Wie jedoch schon die geschichtliche Aufarbeitung der Wehrpflicht in Deutschland gezeigt hat, ist das Verhältnis von Armeeform und Staatsform indifferent.[14] Ein besonderes Verhältnis zwischen einer bestimmten Staatsform und einem Wehrsystem lässt sich nicht feststellen. Insbesondere kann nicht von vornherein gesagt werden, dass eine besondere Beziehung zwischen der Wehrpflicht und demokratischen Staaten besteht. Wehrpflichtarmeen hat es in Staaten mit allen vorkommenden Staatsformen gegeben.[15] Umgekehrt kann aber auch nicht festgestellt werden, dass sich Wehrpflicht und Demokratie *a priori* ausschließen. In der Geschichte hat es viele demokratischen Staaten gegeben, die zeitweise eine Wehrpflichtarmee aufgestellt haben.[16] Die Einführung und Aufrechterhaltung einer Wehrpflichtarmee stellt folglich auch keinen Verstoß gegen das Demokratieprinzip dar.[17]

Eine allgemeine Wehrpflicht, wie sie in das Grundgesetz eingeführt wurde, verstößt somit nicht gegen den Menschenwürdegehalt des Grundgesetzes sowie gegen das Demokratieprinzip und ist keine verfassungswidrige Verfassungsnorm.[18]

II. Grundrechtseingriffe durch die allgemeine Wehrpflicht

Durch die allgemeine Wehrpflicht, wie sie das Grundgesetz in Art. 12a Abs. 1 vorsieht, wird in unterschiedliche Grundrechte der Wehrpflichtigen eingegriffen. Dabei ist zwischen den verschiedenen möglichen Einsatzarten eines Wehrpflichtigen zu differenzieren, denn diese führen auf Grund ihrer unterschiedlichen Ausgestaltungen zu verschiedenen Grundrechtseingriffen bei den Wehrpflichtigen.

1. Denkbare Einsatzarten für Wehrdienstleistende

In Betracht kommen hierbei die Ausbildung im Frieden und die Heranziehung zum Wachdienst während des Grundwehrdienstes. Weiter ist an eine Teilnahme an Aus-

---

leistung des Staates für dieselben ist eben dieser Schutz nach Außen und Innen", *Laband*, Staatsrecht, Bd. 4, S. 135, 161.

14 Siehe Gliederungspunkt B.VIII, Seite 34.

15 *Fröhler*, S. 311.

16 So z.B. die USA, Großbritannien oder Frankreich, siehe hierzu auch Gliederungspunkt B.VIII, Seite 34.

17 So im Ergebnis, aber mit anderer Fragestellung auch *Fröhler*, S. 311.

18 Anders *Ekardt*, DVBl. 2001, 1171 (1179). Er kommt, leider ohne eingehende Begründung, zu dem Ergebnis, dass es sich bei Art. 12a I GG wegen Verstoßes gegen den speziellen Gleichheitssatz des Art. 3 Abs. 2 S. 2, Abs. 3 GG um verfassungswidriges Verfassungsrecht handelt. Siehe dazu ausführlicher unter Gliederungspunkt D.IV.2, Seite 131.

landseinsätzen sowie letztendlich an den Einsatz im Verteidigungsfall zu denken. Bestimmendes Element und hauptsächliche Einsatzart der Grundwehrdienstleistenden ist die militärische Ausbildung im Frieden. Dem Wehrdienstleistenden werden hier die grundlegenden militärischen Kenntnisse vermittelt, die ihn zu einem Einsatz der Bundeswehr im Rahmen der Landes- und Bündnisverteidigung befähigen sollen. Während dieser Phase erfolgt vornehmlich die Ausbildung an den verschiedenen teilstreitkraftübergreifenden Waffensystemen (Pistole, Maschinengewehr, Maschinenpistole, Handgranaten, Panzerfaust). Weiterhin sollen grundlegende Fähigkeiten zum Leben und Überleben im Felde sowie infanteristisches Grundwissen vermittelt werden. Nach Abschluss der Grundausbildung werden Wehrdienstleistende innerhalb der Bundeswehr zum Wachdienst herangezogen. Sie haben im Rahmen dieses Dienstes ihre eigenen militärischen Anlagen zu überwachen, vor Angriffen und Überfällen zu schützen und die Ordnung innerhalb dieser Bereiche zu kontrollieren.

Die Verwendungsmöglichkeit von Wehrpflichtigen bei Auslandseinsätzen ist stark eingeschränkt. Auf Grund der geltenden Gesetzeslage können Wehrpflichtige zu Auslandseinsätzen nur auf Grund freiwilliger Bereiterklärung verwendet werden. § 6a WPflG regelt in Abs. 1, dass gediente Wehrpflichtige im Ausland nur verwendet werden können, wenn sie sich schriftlich dazu bereit erklärt haben. Weitere Modifikationen für den Einsatz von Wehrpflichtigen finden sich in den Abs. 2 – 4 des § 6a WPflG. Die Dauer der Auslandsverwendung ist auf sieben Monate beschränkt (§ 6a Abs. 2 S. 1 WPflG), und der Wehrpflichtige hat vor Bestandskraft des Einberufungsbescheides jederzeit die Möglichkeit, seine Erklärung zur Teilnahme an Auslandseinsätzen zu widerrufen (§ 6a Abs. 3 S. 1 WPflG).

Denkbar, wenn auch auf Grund der sicherheitspolitischen Lage heute immer unwahrscheinlicher, ist ein Einsatz der Wehrdienstleistenden im Rahmen der Landes- und Bündnisverteidigung. Aufgabe ist es dann, einen bewaffneten Überfall auf das Bundesgebiet oder das Gebiet eines Bündnispartners abzuwenden oder zurückzuschlagen.

2. Betroffene Grundrechte

Durch die Verpflichtung zur Ableistung des Wehrdienstes wird in die Grundrechte der Wehrpflichtigen auf freie Entfaltung der Persönlichkeit aus Art. 2 Abs. 1 GG, Leben und körperliche Unversehrtheit aus Art. 2 Abs. 2 S. 1 GG, Freiheit der Person aus Art. 2 Abs. 2 S. 2 GG, Schutz von Ehe und Familie aus Art. 6 Abs. 1 GG, Freizügigkeit aus Art. 11 Abs. 1 GG und Berufsfreiheit aus Art. 12 Abs. 1 S. 1 GG eingegriffen:

- Das Recht auf freie Entfaltung der Persönlichkeit aus Art. 2 Abs. 1 GG, welches die allgemeine Handlungsfreiheit umfassend schützt, unabhängig davon, welches Gewicht der Betätigung für die Persönlichkeitsentfaltung zukommt[19]

---

19 BVerfGE 80, 137 (152); *Jarass* in: Jarass/Pieroth, Art. 2, Rn. 3; *Dreier* in: Dreier, Art. 2 Abs. 1, Rn. 20; *Kannengießer* in: Schmidt-Bleibtreu/Klein, Art. 2, Rn. 4; *Kunig* in: v.Münch/Kunig,

und ohne Begrenzung durch qualitativ wertende Merkmale[20], wird durch die Wehrpflicht verletzt, indem der Wehrpflichtige während seines Dienstes nicht frei in dem ist, was er machen möchte. Auf Grund des Systems von „Befehl und Gehorsam" bestimmt nicht der Wehrpflichtige, was er tun möchte, sondern der jeweilige Vorgesetzte.

- Leben und körperliche Unversehrtheit (Art. 2 Abs. 2 S. 1 GG) der Wehrpflichtigen werden durch eine grundrechtlich relevante Gefährdung durch die Gefahr von Verletzung und Tod beeinträchtigt.[21] Das Schutzgut „Leben" umfasst die biologisch-physische Existenz.[22] Das „Recht auf körperliche Unversehrtheit" schützt vor denjenigen Beeinträchtigungen, welche die Gesundheit im biologisch-physischen Sinn berühren.[23] Das Recht auf Leben wird durch jede Maßnahme beeinträchtigt, die den Tod des Menschen herbeiführt, unabhängig davon, ob sie final ist oder nicht, ob sie einen direkten oder indirekten Eingriff darstellt oder ob sie durch ein Tun oder Unterlassen erfolgt.[24] Die körperliche Unversehrtheit wird durch Maßnahmen der öffentlichen Gewalt verletzt, die in erheblicher Weise in den menschlichen Körper eingreifen.[25] Mit der Ausbildung von Wehrpflichtigen und ihrer evtl. Verwendung in einem bewaffneten Konflikt geht keine unmittelbare Verletzung der beiden Grundrechte einher. Ein Eingriff kann aber nicht nur durch die Verletzung der beiden Rechtsgüter erfolgen, vielmehr kann auch eine der Verletzung gleichstehende Gefährdung der Schutzgüter eine Beeinträchtigung dieser Grundrechte darstellen.[26] Für die Abgrenzung zwischen einer grundrechtlich nicht relevanten und damit unbeachtlichen Rechtsgutsgefährdung und einer i.S.d. Grundrechtschutzes beachtlichen Rechtsgutgefährdung gibt es keine klaren Kriterien.[27] Abzustellen ist hierbei auf Art, Nähe und Ausmaß der Gefährdung und dem Rang des verfassungsrechtlich geschützten Rechtsguts sowie der Möglichkeit,

---

Art. 2, Rn. 12; *Leibholz/Rinck/Hesselberger*, Art. 2, Rn. 21; *Gornig* in: v.Mangoldt/Klein/Starck, Art. 2, Rn. 13; *Murswiek* in: Sachs, Art. 2, Rn. 52.

20 *Dreier* in: Dreier, Art. 2 Abs. 1, Rn. 20.

21 LG Potsdam, Vorlagebeschluss v. 19. März 1999 – 23 (H) Ns 72/98, NJ 1999, 660 L; a.A. BVerfGE 12, 45 (50 f.); *Starck* in: v.Mangoldt/Klein/Starck, Art. 2 Abs. 2, Rn. 207; *Jarass* in: Jarass/Pieroth, Art. 2, Rn. 59 u. 69; *Lorenz* in: Isensee/Kirchhof, Hdb. StaatsR, Bd. VI, § 128, Rn. 33.

22 *Jarass* in: Jarass/Pieroth, Art. 2, Rn. 52.; *Schulze-Fielitz* in: Dreier, Art. 2 Abs. 2, Rn. 15; *Starck* in: v.Mangoldt/Klein/Starck, Art. 2, Rn. 176; *Murswiek* in: Sachs, Art. 2, Rn. 141.

23 *Jarass* in: Jarass/Pieroth, Art. 2, Rn. 53; *Starck* in: v.Mangoldt/Klein/Starck, Art. 2, Rn. 176; *Murswiek* in: Sachs, Art. 2, Rn. 147 f.

24 *Jarass* in: Jarass/Pieroth, Art. 2, Rn. 56; *Schulze-Fielitz* in: Dreier, Art. 2 Abs. 2, Rn. 28; *Murswiek* in: Sachs, Art. 2, Rn. 152.

25 *Schulze-Fielitz* in: Dreier, Art. 2 Abs. 2, Rn. 30; *Murswiek* in: Sachs, Art. 2, Rn. 154.

26 BVerfGE 49, 89 (141); 51, 324 (346 f.); 66, 39 (58); *Schulze-Fielitz* in: Dreier, Art. 2 Abs. 2, Rn. 27; *Jarass* in: Jarass/Pieroth, Art. 2, Rn. 59; *Murswiek* in: Sachs, Art. 2, Rn. 160 f.

27 Das BVerfG hat bisher nicht abschließend über Kriterien für diese Unterscheidung entschieden, BVerfGE 77, 170 (220) unter Verweis auf BVerfGE 51, 324 (346) und 6, 39 (57 f.), siehe auch *Lorenz* in: Isensee/Kirchhof, Hdb. StaatsR, Bd. VI, § 128, Rn. 30.

etwaige Verletzungen zu beheben.[28] Es ließe sich argumentieren, dass vor dem Hintergrund der Gewährleistung einer effektiven Landes- und Bündnisverteidigung[29] - die ja gerade auch dem Schutz der die Grundrechte gewährenden freiheitlich-demokratischen Grundordnung dienen soll - solche Gefahren und daraus resultierende Schäden für die Wehrpflichtigen nicht vermieden werden könnten und im Ergebnis eine grundrechtrelevante Gefährdung abzulehnen sei.[30] Der verfassungsändernde Gesetzgeber habe durch die Entscheidung für eine militärische Landesverteidigung verdeutlicht, dass Art. 2 Abs. 2 GG Auswirkungen einer verfassungs- und völkerrechtsmäßigen Verwendung der Wehrpflichtigen nicht umfasse und somit auch keine grundrechtsrelevante Gefährdung vorliege.[31] Die hier in Frage stehenden Schutzgüter gebieten jedoch eine andere Schlussfolgerung. Bei diesen Schutzgütern ist eine erfolgte Beeinträchtigung im Nachhinein nicht wieder zu beheben. In einem solchen Fall ist der Schutzbereich aber weit vorzulagern und muss sich auch auf Gefährdungen erstrecken, die sich auch nur als geringes Risiko darstellen. Art. 2 Abs. 2 S. 1 GG ist demzufolge nicht lediglich bei einer nahe liegenden konkreten Gefahr betroffen, sondern bereits dann, wenn nur die entfernteste Wahrscheinlichkeit eines Schadenseintritts besteht.[32]

- Der Wehrpflichtige ist während seiner Dienstzeit dazu gezwungen, sich an den Orten aufzuhalten, die ihm sein Vorgesetzter befiehlt. Er kann über seinen Aufenthaltsort nicht selbst bestimmen, daher wird das Recht auf Freiheit der Person (Art. 2 Abs. 2 S. 2 GG) verletzt. Verletzt ist dieses Grundrecht, das nur die körperliche Bewegungsfreiheit schützt[33], wenn es dem Betroffenen verwehrt ist, einen Ort aufzusuchen oder zu verlassen, der ihm grundsätzlich – auf Grund tatsächlicher oder rechtlicher Möglichkeit - zugänglich ist.[34] Die körperliche Bewegungsfreiheit muss für eine gewisse Mindestdauer völlig eingeschränkt oder auf einen engen Raum begrenzt sein. Eine Beeinträchtigung findet auch durch auferlegte Verhaltenspflichten statt, die eine Aufenthaltspflicht an einem bestimmten Ort zwangsweise mit sich bringen.[35]

---

28 BVerfGE 49, 89 (142); 51, 324 (347).

29 Siehe zum gesetzgeberischen Zweck C.III.2.c)dd), Seite 57.

30 *Starck* in: v.Mangoldt/Klein/Starck, Art. 2 Abs. 2, Rn. 207; *Lorenz* in: Isensee/Kirchhof, Hdb. StaatsR, Bd. VI, § 128, Rn. 33. *Lingens*, S. 34.

31 So auch das BVerfG, allerdings im Zusammenhang mit der Lagerung chemischer Waffen auf dem Gebiet der Bundesrepublik. BVerfGE 77, 170 (121).

32 BVerfGE 49, 89 (124); 51, 324 (346); 52, 214 (220); 53, 30 (57); *Lorenz* in: Isensee/Kirchhof, Hdb. StaatsR, Bd. VI, § 128, Rn. 31, der jedoch in Bezug auf dem Kriegsdienst eine Gefährdung verneint (a.a.O., Rn. 33).

33 *Jarass* in: Jarass/Pieroth, Art. 2, Rn. 74; *Schulze-Fielitz* in: Dreier, Art. 2 Abs. 2, Rn. 60; *Leibholz/Rinck/Hesselberger*, Art. 2, Rn. 580; *Starck* in: v.Mangoldt/Klein/Starck, Art. 2, Rn. 180; *Murswiek* in: Sachs, Art. 2, Rn. 228.

34 *Jarass* in: Jarass/Pieroth, Art. 2, Rn. 74; *Schulze-Fielitz* in: Dreier, Art. 2 Abs. 2, Rn. 60; *Leibholz/Rinck/Hesselberger*, Art. 2, Rn. 580.

35 Pieroth/Schlink, Rn. 416; a.A. *Murswiek* in: Sachs, Art. 2, Rn. 239.

- Bei verheirateten Wehrpflichtigen und Familienvätern findet durch die Trennung von der Familie und der Ehefrau ein Eingriff in den Schutz von Ehe und Familie (Art. 6 Abs. 1 GG) statt. Geschützt ist zum einen die Ehe, d.h. das auf Dauer angelegte und staatlich beurkundete Zusammenleben von Mann und Frau in einer umfassenden und grundsätzlich unauflöslichen Lebensgemeinschaft.[36] Von der Eheschließung über die Entscheidung für oder gegen Kinder bis zur Ehescheidung unterfällt alles dem umfassenden Schutzbereich dieses Grundrechtes. Zum anderen wird aber auch die Familie, d.h. die Gemeinschaft zwischen Eltern und Kindern geschützt.[37] Gleichgültig ist hierbei, ob es sich um eheliche oder nicht eheliche, um Adoptiv-, Stief- oder Pflegekinder oder um voll- oder minderjährige Kinder handelt.[38] Sowohl die Entscheidung über die Familiengründung als auch alle Fragen des familiären Zusammenlebens fallen in den Schutzbereich.[39]
- Der Wehrpflichtige ist während des Grundwehrdienstes zum Wohnen in der Gemeinschaftsunterkunft verpflichtet und kann so seinen Aufenthaltsort nicht eigenständig bestimmen und begründen. Er ist in seiner Freizügigkeit beschränkt. Freizügigkeit (Art. 11 Abs. 1 GG) garantiert die Möglichkeit, an jedem Ort im Bundesgebiet seinen Aufenthalt und Wohnsitz zu haben.[40]
- Durch die zwangsweise Ableistung des Wehrdienstes ist dem Wehrpflichtigen die Wahl und Ausübung seines frei gewählten Berufes verwehrt. Beruf im Sinne dieses Grundrechtes ist dabei jede erlaubte, d.h. nicht schlechthin gemeinschädliche Tätigkeit, die auf gewisse Dauer angelegt ist und der Schaffung und Erhaltung einer Lebensgrundlage dient.[41] Die Freiheit der Berufswahl schützt die Entscheidung, überhaupt einen Beruf zu ergreifen oder dies zu lassen.[42] Die eigentliche berufliche Tätigkeit, d.h. Inhalt und Umfang sowie Form und Mittel der konkreten Betätigung werden durch die Freiheit der Berufsausübung geschützt.[43] Hat der Wehrdienstleistende noch keinen Beruf ausgeübt, wie dies i.d.R. bei Abiturienten der Fall sein wird, so kann er für die Dauer des Grundwehrdienstes keinen Beruf ergreifen. Ein bereits Berufstätiger kann dagegen während des Grundwehrdienstes seinen frei gewählten Beruf nicht mehr ausüben. Für die Dauer des Dienstes muss er einen Einkommensausfall hinnehmen, der durch den gezahlten Wehrsold i.d.R. nur unzu-

---

36 BVerfGE 10, 59 (66); 62, 323 (330); 76, 17 (19).

37 BVerfGE 10, 59 (66); 80, 81 (90); *Robbers* in: v.Mangoldt/Klein/Starck, Art. 6, Rn. 77; *Coester-Waltjen* in: v.Münch/Kunig, Art. 6, Rn. 11.

38 *Pieroth* in: Jarass/Pieroth, Art. 6, Rn. 4; *Robbers* in: v.Mangoldt/Klein/Starck, Art. 6, Rn. 77.

39 *Pieroth* in: Jarass/Pieroth, Art. 6, Rn. 5.

40 BVerfGE 2, 266 (273); 43, 203 (211); 80, 137 (150); *Jarass* in: Jarass/Pieroth, Art. 11, Rn. 1; *Gusy* in: v.Mangoldt/Klein/Starck, Art. 11, Rn. 24; *Krüger* in: Sachs, Art. 11, Rn. 14.

41 BVerfGE 7, 377 (397); 50, 290 (362); 54, 301 (313); 68, 272 (281); *Kokott* in: Sachs, Art. 12, Rn. 29.

42 BVerfGE 58, 358 (364); 68, 256 (267).

43 *Jarass* in: Jarass/Pieroth, Art. 12, Rn. 8.

reichend aufgefangen werden kann. Außerdem ergeben sich für die Wehrpflichtigen Berufsplanungsrisiken. Die Lehrstellensituation kann sich nach Beendigung des Wehrdienstes bedeutend schlechter darstellen. Art. 12 Abs. 1 GG schützt die Berufsfreiheit und enthält einen einheitlichen Schutzbereich.[44] Die Aufnahme einer beruflichen Tätigkeit macht die Berufswahl nach außen hin sichtbar und verdeutlicht den Beginn der Berufsausübung, während die nachfolgende Berufsausübung die vorangegangene Berufswahl fortdauernd bestätigt.[45]

III. Rechtfertigung der Grundrechtseingriffe

Die oben festgestellten Grundrechtseingriffe bedürfen einer verfassungsrechtlichen Rechtfertigung. Eine solche Rechtfertigung liegt vor, wenn die jeweiligen Eingriffe in die Grundrechte eine verfassungsmäßige Konkretisierung der jeweiligen Grundrechtsschranken oder der einschlägigen Regelungs- und Ausgestaltungsvorbehalte darstellen.

1. Anwendbarkeit der allgemeinen Schrankensystematik

Zweifelhaft ist jedoch, ob die allgemeine Schrankensystematik des Grundgesetzes im Fall der allgemeinen Wehrpflicht überhaupt anwendbar ist. Dies hängt entscheidend von der rechtlichen Einordnung der allgemeinen Wehrpflicht ab.

Bei der allgemeinen Wehrpflicht, wie sie in Art. 12a Abs. 1 GG vorgesehen ist, könnte es sich um eine Grundpflicht handeln. Grundpflichten sind Pflichten des Bürgers gegenüber dem Staat.[46] Sie verpflichten den einzelnen Bürger und berechtigen somit den Staat, vom Bürger ein bestimmtes Verhalten zu fordern.[47] Begrifflich werden sie als Gegenstück zu den Grundrechten verstanden, welche den Einzelnen in die Lage versetzen, vom Staat ein Tun, Dulden oder Unterlassen einzufordern.[48] Hervorzuheben ist, dass diese Verpflichtung schon auf Grund des Verfassungstextes besteht und es nicht erst der Konkretisierung oder Ausgestaltung durch ein einfaches Gesetz bedarf. Konsequenz der Einordnung als Grundpflicht wäre die Nichtanwendbarkeit der allgemeinen Grundrechte im Bereich der allgemeinen Wehrpflicht und somit auch ein Ausschluss der allgemeinen Schrankensystematik.[49] Grundpflichten sind ein verfassungsrechtliches Gestaltungsmittel, welches nicht zur Disposition des einfachen Gesetzgebers steht und losgelöst von dem System der Schranken und Schranken-Schranken bei partieller, zeitweiliger oder okkasioneller Kollision mit den Grundrechten einen generellen Vorrang der Pflicht statuiert.[50] Der Verhältnismäßigkeitsgrund-

---

44 BVerfGE 7, 377 (401 f.); 33, 303 (329 f.); 92, 140 (151).
45 *Kokott* in: Sachs, Art. 12, Rn. 8; *Jarass* in: Jarass/Pieroth, Art. 12, Rn. 1.
46 *Gusy*, JZ 1982, 657 (657).
47 *Schmidt*, Grundpflichten, S. 36.
48 *Merten*, BayVBl. 1978, 554 (555).
49 *Hofmann*, VVDStRL 41 (1983), 42 (76 f.).
50 *Hofmann*, VVDStRL 41 (1983), 42 (77).

satz würde auf die Grundrechtseingriffe durch die allgemeine Wehrpflicht keine Anwendung finden.

a) Existenz von Grundpflichten unter dem Grundgesetz

Es stellt sich zunächst einmal die grundsätzliche Frage, ob unter der Herrschaft des Grundgesetzes überhaupt Grundpflichten als solche existieren. Die Weimarer Reichsverfassung als „Vorgängerin" des Grundgesetzes ging explizit von der Existenz von Grundpflichten neben den Grundrechten aus. Schon in den Beratungen zur WVR wurde insbesondere durch *Friedrich Naumann* die unauflösliche Verbindung von Rechten und Pflichten der Bürger hervorgehoben.[51] Nach seinem Verständnis ist der Bürger dem Staat gegenüber nicht nur Berechtigter, sondern auch Verpflichteter.[52] Dieses macht die Normierung von Pflichten neben den Rechten erforderlich, wenngleich der Begriff „Grundpflichten" in den Verfassungsverhandlungen noch nicht verwendet wurde.[53] Später wurde der „Zweite Hauptteil" der WRV (Art. 109 ff.) dann mit der Überschrift „Grundrechte und Grundpflichten der Deutschen" überschrieben. Diesem Weimarer Modell haben sich nach 1945 auch viele Landesverfassungen angeschlossen und Grundpflichten ausdrücklich aufgenommen.[54] In den vorgrundgesetzlichen Verfassungen der Länder Baden[55], Bayern[56], Bremen[57], Hessen[58], Mecklenburg[59], Rheinland-Pfalz[60], Saarland[61], Sachsen[62], Sachsen-Anhalt[63] und Württemberg-Hohenzollern finden sich Abschnitte zu Grundrechten und Grundpflichten nach dem Vorbild der WRV. Den Grundpflichten in den Landesverfassungen[64], wie der Sozialpflichtigkeit des Eigentums, der Eigentumsabtretungspflicht, den Dienstpflichten sowie der Pflicht zur Sozialisierung und zur Bodenreform kommt wegen der Art. 31, 123 Abs. 1 und 142 GG nur noch eine geringe Bedeutung zu.[65] Auch die Kompetenzregelungen des Grundgesetzes lassen viele Landesgrundpflichten leer

---

51 *Götz*, VVDStRL 41 (1983), 7 (10).

52 Verhandlungen der Verfassungsgebenden Deutschen Nationalversammlung, Stenographische Berichte, Bd. 325, S. 117; *Stein*, StaatsR, Bd. III/2, S. 1009.

53 Nach Erkenntnissen von *Luchterhand* wurde der Begriff „Grundpflichten" anfangs auch von *Naumann* nicht verwendet. Dies geschah erst durch einen in der Kölnischen Volkszeitung vom 25. März 1919 erschienen Artikel mit dem Titel „Grundpflichten der Deutschen. Eine Lücke im Verfassungsentwurf", *Luchterhand*, Grundpflichten, S. 295.

54 *Hofmann* in: Isensee/Kirchhof, Hdb. StaatsR, Bd. V, § 114, Rn. 27.

55 Verfassung der Landes Baden vom 19. Mai 1947, dort: Zweiter Hauptabschnitt, Art. 21 ff.

56 Verfassung des Freistaates Bayern vom 2. Dezember 1946, dort: 2. Hauptteil, Art. 98 ff.

57 Landesverfassung der Freien Hansestadt Bremen vom 21. Oktober 1947, dort: 1. Hauptteil, Art. 1 ff.

58 Verfassung des Landes Hessen vom 1. Dezember 1946, dort: Abschnitt III, Art. 27 ff.

59 Verfassung des Landes Mecklenburg vom 16. Januar 1947, dort: Abschnitt II, Art. 7 ff.

60 Verfassung für Rheinland-Pfalz vom 18. Mai 1947, dort: 1. Hauptteil, Art. 1 ff.

61 Verfassung des Saarlandes vom 15. Dezember 1947, dort: 1. Hauptteil, Art. 1 ff.

62 Verfassung des Landes Sachsen vom 28. Februar 1947, dort: Abschnitt B, Art. 7 ff.

63 Verfassung der Provinz Sachsen-Anhalt vom 10. Januar 1947, dort: Abschnitt B, Art. 8 ff.

64 Eine Übersicht über die Grundpflichten der Landesverfassungen findet sich bei *Luchterhand*, Grundpflichten, S. 365 ff.

65 *Hofmann* in: Isensee/Kirchhof, Hdb. StaatsR, Bd. V, § 114, Rn. 27.

laufen. So liegt diese für die Notstandspflicht, die allgemeine Steuerpflicht sowie die Verpflichtung zur Übernahme von Ehrenämter jeweils ganz oder teilweise beim Bund, sodass entsprechende Grundpflichten der Landesverfassungen schon aus Kompetenzgründen unanwendbar bleiben. Alleine für die Schulpflicht kommt entsprechenden landesrechtlichen Pflichten wegen der hierfür bei den Ländern liegenden Kompetenz Bedeutung zu.[66] Aus diesem Grund enthalten die jüngeren Länderverfassungen, die nach dem Grundgesetz entstanden sind, kaum noch Grundpflichten.[67]

Dagegen findet sich im Grundgesetz kein so eindeutiges Bekenntnis zu den Grundpflichten, da der Abschnitt I des Grundgesetzes mit „Die Grundrechte" überschrieben ist. Auch im weiteren Grundgesetz findet sich keine Erwähnung der Grundpflichten, sei es in einer Überschrift oder in einem Artikel. Darauf hatte der Grundsatzausschuss des Parlamentarischen Rates verzichtet, da er die eindeutige Verankerung der nach seiner Meinung schon in der Weimarer Republik umstrittenen Grundpflichten mit großen Schwierigkeiten verbunden sah.[68] Nach der Auffassung des Grundsatzausschuss sollten die Grundrechte im System des Grundgesetzes nicht lediglich als Rechtsgrundsätze oder Programmsätze verstanden werden, sondern sich als alle drei Staatsgewalten unmittelbar bindendes Recht präsentieren.[69] Das neue Grundgesetz sollte sich deutlich von dem pflichtenbezogenen Weltbild des Nationalsozialismus abwenden und das liberale Prinzip der Sicherung individueller Freiheit hervorheben.[70] Dies forderte aber eine möglichst konkrete und eindeutige Formulierung der freiheitlichen Grundrechte, die mit den Grundpflichten im Sinne der WRV als zwangsweise durchsetzbare Rechtspflichten nicht in Einklang zu bringen war.[71] Eine bewusste Abkehr des Grundgesetzes vom Institut der Grundpflichten ist aber auch nicht ersichtlich.[72] Der Rückschluss, dass unter dem Grundgesetz die Existenz von Grundpflichten völlig zu verneinen ist, kann nicht gezogen werden. Anerkannt ist vielmehr, dass auch unter dem Grundgesetz Grundpflichten existieren.[73] Die Väter und Mütter des Grundgesetzes sahen die Notwendigkeit, dass sich die Freiheit des Einzelnen auch in das gesamte Sozialgefüge einreihen muss und haben

---

66 *Hofmann* in: Isensee/Kirchhof, Hdb. StaatsR, Bd. V, § 114, Rn. 28.

67 *Hofmann*, VVDStRL 41 (1983), 42 (52).

68 So der Vorsitzende des Grundsatzausschusses *v.Mangoldt*, 3. Sitzung des Grundsatzausschusses des Parlamentarischen Rates vom 21. September 1948, Stenographische Berichte, S. 43; 26. Sitzung des Grundsatzausschuss des Parlamentarischen Rates vom 30. November 1948, Stenographische Berichte, S. 18 f.

69 *Stern*, StaatsR, Bd. III/2, S. 1016 m.w.N.

70 *Stern*, StaatsR, Bd. III/2, S. 1016, *Klein*, Der Staat 1975, 153 (158); *Hofmann*, VVDStRL 41 (1983), 42 (52).

71 26. Sitzung des Grundsatzausschusses des Parlamentarischen Rates vom 30. November 1948, Stenographische Berichte, S. 18 ff.

72 *Götz*, VVDStRL 41 (1983), 7 (12).

73 *Stern*, StaatsR, Bd. III/2, S. 1017; *Hofmann*, VVDStRL 41 (1983), 42 (45).

dies im Rahmen jeder einzelnen Grundrechtsvorschrift berücksichtigt.[74] Eine Verfassung wie das Grundgesetz kann individuelle Freiheit nicht ohne eine gewisse Verpflichtung des Einzelnen Gewähr leisten, denn die freiheitlich-demokratische Grundordnung und bestimmte (Grund-) Pflichten bedingen und legitimieren sich insoweit.[75] Das Grundgesetz versteht die Freiheit des Einzelnen aber nicht als von der Gemeinschaft losgelöste Freiheit, sondern als Freiheit im Miteinander, Zueinander und Gegeneinander mit anderen gleich freien Menschen. Das Grundgesetz kann die Freiheit des Einzelnen und die Sicherung der Gemeinschaftsaufgaben nur Gewähr leisten, wenn es im Gegenzug bestimmte elementare Unterlassungs-, Duldungs-, und Leistungspflichten an den Einzelnen richtet.[76] Diese Sichtweise spiegelt sich auch in der Rspr. des BVerfG wieder, in der immer wieder das Menschenbild des Grundgesetzes als eines des gemeinschafts- und sozialgebundenen Menschen charakterisiert wird.[77] Grundpflichten sind daher als Spiegelbild der Grundrechte zu verstehen.[78] Auch wenn das grundsätzliche Bestehen von Grundpflichten nicht geleugnet wird, so sind doch Anzahl und Reichweite der einzelnen möglichen Grundpflichten Gegenstand umfangreicher Diskussionen.[79] Soweit ersichtlich, werden dabei im Wesentlichen folgende Grundpflichten als unter dem Grundgesetz existent anerkannt: Verfassungstreuepflicht, Gesetzesgehorsamspflicht, Friedens- und Nichtstörungspflicht und die Wehrpflicht.[80] Als weitere Grundpflichten im Grundgesetz werden die Steuerpflicht, die Sozialpflichtigkeit des Eigentums[81], die Schulpflicht[82], die Dienstleistungspflicht sowie von einigen auch die allgemeine Solidaritätspflicht des Individuums und die Sozialpflichtigkeit von Verbänden[83] angesehen.[84] Damit beschränken

---

74 So *v.Mangoldt* im Parlamentarischen Rat, Stenographische Berichte des Parlamentarischen Rates, Parlamentarischer Rat-Plenum, Anlage S. 6.

75 *Isensee*, DÖV 1982, 609 (616); *Stern*, StaatsR, Bd. III/2, S. 1020.

76 *Hofmann*, VVDStRL 41 (1983), 42 (74); BVerfGE 28, 36 (48); 48, 127 (161).

77 St. Rspr. seit BVerfGE 4, 7 (15 f.): „Das Menschenbild des Grundgesetzes ist nicht das eines isolierten souveränen Individuums; das Grundgesetz hat vielmehr die Spannung Individuum-Gemeinschaft im Sinne der Gemeinschaftsbezogenheit der Person entschieden, ohne dabei deren Eigenwert anzutasten. Dies ergibt sich insbesondere aus einer Gesamtsicht der Art. 1, 2, 12, 14, 15, 19 und 20 GG."; siehe danach BVerfGE 6, 389 (422); 12, 45 (51); 27, 344 (351); 30, 1 (20); 32, 373 (379); 65, 1 (44).

78 *Stern*, StaatsR, Bd. III/2, S. 1023; *Badura*, DVBl. 1982, 861 (862).

79 Zurückhaltend z.B. *Gusy*, JZ 1982, 658 (661 ff.); *Merten*, BayVBl. 1978 554 (559); *Klein*, Der Staat 1975, 153 (158 f.); *Doehring*, VVDStRL 41 (1983), S. 100 – Diskussionsbeitrag; *Martens*, S. 32 f.; dagegen für eine eher umfassendere Existenz von Grundpflichten z.B.: *Luchterhand*, Grundpflichten, S. 463 ff. Weitere Nachweise dazu bei *Stern*, StaatsR, Bd. III/2, S. 1017.

80 *Götz*, VVDStRL 41 (1983), 7 (21 ff., 118 u. 148); *Hofmann*, VVDStRL 41 (1983), 42 (66 ff.); *Badura*, DVBl. 1982, 861 (876 f.); *Isensee*, DÖV 1982, 609 (612, 616 ff.); *Bethge*, JA 1985, 249 (254 ff.).

81 *Hofmann* in: Isensee/Kirchhof, Hdb. StaatsR, Bd. V, § 114, Rn. 18.

82 *Isensee*, DÖV 1982, 609 (617); *Hofmann* in: Isensee/Kirchhof, Hdb. StaatsR, Bd. V, § 114, Rn. 19.

83 *Hofmann* in: Isensee/Kirchhof, Hdb. StaatsR, Bd. V, § 114, Rn. 18.

84 *Stern*, StaatsR, Bd. III/2, S. 1018.

sich die Grundpflichten im Ergebnis auf einen eher traditionellen Kerngehalt.[85] Dennoch ist die Annahme von Grundpflichten gerade wegen der nicht vorhandenen ausdrücklichen Erwähnung restriktiv zu handhaben.[86] Somit kann von der grundsätzlichen Existenz von Grundpflichten unter der Herrschaft des Grundgesetzes ausgegangen werden.

b) Allgemeine Wehrpflicht als Grundpflicht

Es stellt sich jedoch die Frage, ob die in Art. 12a Abs. 1 GG vorgesehene Wehrpflicht – wie von weiten Teilen des Schrifttums angenommen - eine Grundpflicht ist.

aa) Wortlautauslegung

Nach dem Wortlaut des Art. 12a Abs. 1 GG („Männer können vom vollendeten 18. Lebensjahr an zum Dienst in den Streitkräften, im Bundesgrenzschutz oder in einem Zivilschutzverband verpflichtet werden") könnte es sich lediglich um eine vom verfassungsändernden Gesetzgeber geschaffene Möglichkeit für den einfachen Gesetzgeber handeln, eine allgemeine Wehrpflicht für den dort näher definierten Personenkreis einzuführen. Dafür spricht zunächst einmal die Formulierung „können".[87] Diese besagt, dass es sich gerade nicht um eine von der Verfassung selbst ausgehende Verpflichtung handelt, sondern um eine vom Gesetzgeber zu aktualisierende.

Ausreichend könnte es jedoch sein, wenn die betreffende Grundpflicht im Grundgesetz lediglich institutionell verankert ist und noch nicht selbst begründet wird und somit noch der einfachgesetzlichen Konkretisierung bedarf.[88] Dagegen spricht allerdings die übliche Terminologie, die der Gesetzgeber verwendet. Die Verwendung des Begriffs „kann" deutet immer auf ein Ermessen hin. Im Unterschied dazu liegt bei Formulierungen wie „hat" oder „ist" stets eine gebundene Entscheidung vor. Bei solchen Kannbestimmungen ist der Normadressat gerade nicht dazu verpflichtet, die im Gesetz vorgesehene Rechtsfolge herbeizuführen, sondern dieses steht in seinem Ermessen, d.h. er kann in gewissen Grenzen selbst entscheiden, ob die Rechtsfolge eintritt oder nicht.[89] Übertragen auf die Frage nach der Wehrpflicht als Grundpflicht bedeutet dies, dass die grundlegende Anerkennung dieser im Grundgesetz für die Einordnung als Grundpflicht nicht ausreicht. Es mag zwar sein, dass der Gesetzgeber bei der Schaffung des Art. 12a Abs. 1 GG von dem Willen beseelt war, die Grundlagen für eine funktionsfähige Landesverteidigung zu schaffen, umgesetzt

---

85 *Stern*, StaatsR, Bd. III/2, S. 1026.

86 *Heckel*, VVDStRL 41 (1983), S. 113 – Diskussionsbeitrag; *Kirchhof*, VVDStRL 41 (1983), S. 128 – Diskussionsbeitrag; *Rauschning*, VVDStRL 41 (1983), S. 141 – Diskussionsbeitrag.

87 *Frank* in: Auslaufmodell Wehrpflichtarmee, S. 9.

88 So die überwiegende Meinung: *Scholz* in: Maunz/Dürig, Art. 12a, Rn.18; *Gornig* in: v.Mangoldt/Klein, Art. 12a, Rn; *Schmidt*, Grundpflichten, S. 213; *Bethge*, JA 85, 249 (257); *Heun* in: Dreier, Art 12a, Rn. 6.

89 *Creifelds*, Stichwort „Ermessen", S. 378; Beispiele für Ermessensvorschriften im Grundgesetz: Art. 8 Abs. 2, 12 Abs. 1 S. 2, 24 Abs. 1, Abs. 2, 60 Abs. 3 GG.

wurde dieser Wille dem Wortlaut nach aber als eine Ermächtigungsgrundlage und nicht als eigenständige normative Grundentscheidung.[90]

Die Untersuchung des Wortlauts des Art. 12a Abs. 1 GG spricht gegen die Einordnung der allgemeinen Wehrpflicht als Grundpflicht, ermöglicht aber keine eindeutige Aussage bezüglich der Auslegungshypothese.

bb) Systematik

Die systematische Auslegung des Art. 12a Abs. 1 GG spricht ebenfalls gegen die Einordnung als Grundpflicht. Art. 12a GG befindet sich im ersten Abschnitt des Grundgesetzes, welcher mit der Überschrift „Die Grundrechte" überschrieben ist. Der besagte Abschnitt ist geprägt von der Normierung der Grundrechte und deren gerichtlicher Durchsetzung. Ganz bewusst hat sich der Grundgesetzgeber gegen die durchgängige Normierung von Pflichten ausgesprochen. Dies sollte die ausdrückliche Abkehr von den individualrechtsfeindlichen Bestrebungen der Nationalsozialisten verdeutlichen.[91] Im Unterschied zur Weimarer Reichsverfassung, deren zweiter Hauptteil mit der Überschrift „Grundrechte und Grundpflichten der Deutschen" versehen war, wurde dieser Begriff nicht in das Grundgesetz aufgenommen.[92] Das Grundgesetz hat sich deutlich von dem Begriffpaar der WRV Grundrechte - Grundpflichten abgewandt. Der Staat des Grundgesetzes soll dem Bürger dienen, ihn nicht beherrschen. Er besitzt gegenüber dem Bürger keinen Selbstzweck oder Eigenwert.[93]

Die Stellung der Norm hinter dem Grundrecht auf Berufsfreiheit aus Art. 12 lässt einen deutlichen Zusammenhang zu diesem Grundrecht erkennen. Im Zusammenhang mit Art. 12 Abs. 2 GG spricht die Systematik für eine Einordnung als Schranke zu Art. 12 Abs. 1 GG.[94] Der verfassungsändernde Gesetzgeber wollte durch den Art. 12a Abs. 1 GG die bisher in Art. 73 Nr. 1 GG geregelten Grenzen der Wehrpflicht in den Grundrechtsteil, systematisch korrekt hinter dem Grundrecht auf Berufsfreiheit, einpassen.[95] Art 12a Abs. 1 GG bindet den einfachen Gesetzgeber folglich in der Weise, bei der Aufstellung einer Wehrpflichtarmee nur Männer vom vollendeten 18. Lebensjahr an zu verpflichten.[96]

Der Vergleich mit anderen im Grundgesetz aufgestellten Grundpflichten, wie z.B. Art. 6 Abs. 2 (Elternpflicht) oder Art. 26 Abs. 1 (Friedenspflicht), macht deutlich, dass die allgemeine Wehrpflicht hinter diesen in Art und Ausprägung weit zurückbleibt.[97]

---

90 So auch die Richter *Mahrenholz* und *Böckenförde* in ihrem abweichenden Votum, BVerfGE 69, 1 (61).

91 *Hofmann*, VVDStRL 41 (1983), 42 (49).

92 *Lutz* in: Groß/Lutz, S. 8 f.

93 *Lutz* in: Groß/Lutz, S. 9.

94 *Jarass* in: Jarass/Pieroth, Art. 12a, Rn. 1; *Frank* in: Alternativkommentar, hinter Art. 87a, Rn. 79; *Scholz* in Maunz/Dürig, Art. 12a, Rn. 21; *Lutz* in: Groß/Lutz, S. 10.

95 BT-Drs. zu IV/3494, S.8.

96 *Baldus*, NZWehrr 1992, 92 (97).

97 *Gusy*, JZ 1982, 657 (660).

So fehlt die Sanktionierung bei Nichtbeachtung bei der allgemeinen Wehrpflicht vollkommen.[98]

Bei den einschlägigen Verfassungsnormen handelt es sich eben nicht um eine normative Grundentscheidung für die allgemeine Wehrpflicht, sondern um bundesstaatliche Kompetenznormen (Art. 73 Nr. 1, 87a GG), Ermächtigungsnormen (Art. 12a GG) und um Organisationsregeln (Art. 115b GG).[99]

cc) Sinn und Zweck

Sinn und Zweck der Einbettung der allgemeinen Wehrpflicht in den Grundrechtsteil war nur die Verbesserung der Systematik des Grundgesetzes. Vor dieser Grundgesetzänderung waren das Recht auf Kriegsdienstverweigerung in Art. 12 Abs. 2 S. 2 u. 3 GG a.F. geregelt und die Grenzen der Wehrpflicht in Art. 73 Nr. 1. Diese weite Streuung an sich zusammengehöriger Regelungsbereiche wurde als systematisch wenig befriedigend empfunden. Insbesondere wurde die Regelung der materiellrechtlichen Seite des Wehrdienstes innerhalb einer Kompetenznorm bemängelt. Eine sachliche Änderung des bereits bestehenden Rechtszustandes war nicht bezweckt worden.[100]

dd) Historie

Die historische Betrachtung des Art. 12a Abs. 1 GG unterstützt dieses Ergebnis.

(1) Historische Auslegung

Bei Art. 133 WRV ist zunächst zu beachten, dass dessen Regelungen bezüglich der allgemeinen Wehrpflicht in der Weimarer Republik faktisch ohne Bedeutung waren, da es auf Grund der Bestimmungen des Versailler Friedensvertrags eine allgemeine Wehrpflicht nicht gegeben hat. Im Übrigen ließ sich aus der Vorgängernorm zu Art. 12a Abs. 1 GG in der Weimarer Reichsverfassung die Verpflichtung zur Dienstleistung bereits unmittelbar aus der Verfassungsnorm entnehmen. Art. 133 WRV (Abs. 1: Alle Staatsbürger sind verpflichtet, nach Maßgabe der Gesetze persönliche Dienste für den Staat und die Gemeinde zu leisten. Abs. 2: Die Wehrpflicht richtet sich nach den Bestimmungen des Reichswehrgesetzes.) begründete selbst die Verpflichtung, wofür weiterhin auch die Überschrift dieses Abschnittes „Grundrechte und Grundpflichten der Deutschen" spricht. Lediglich die nähere Ausgestaltung des Wehrdienstes sollte durch das Reichswehrgesetz vorgenommen werden. In der Weimarer Republik war die Wehrpflicht durch Grundpflicht ausgestaltet.[101]

---

98 Ebd.

99 So auch die Richter *Mahrenholz* und *Böckenförde* in ihrem abweichendem Votum, BVerfGE 69, 1 (59).

100 BT-Drs. zu IV/3494, S. 8; BT-Drs. V/2873, S. 5.

101 Zu diesem Ergebnis gelangt auch das LG Potsdam in seinem Vorlagebeschluss v. 19. März 1999 – 23 (H) Ns 72/98, NJ 1999, 660 L.

(2) Entwicklungsgeschichte der Norm

In der ursprünglichen Fassung des Grundgesetzes fand die allgemeine Wehrpflicht keine Erwähnung und war auch nicht Gegenstand der Verfassungsberatungen.[102] Die Konzeption der Alliierten für das zukünftige Deutschland stand noch zu sehr unter dem Postulat der vollständigen Entwaffnung und Entmilitarisierung, sodass eine Aufnahme von Normen, welche die Wehrpflicht betreffen, wohl zu einer offenen Konfrontation mit den Siegermächten geführt hätte.[103]

Erstmalig fand die allgemeine Wehrpflicht wieder Einzug ins Grundgesetz durch Gesetz vom 26. März 1954. Die Kompetenznorm des Art. 73 Nr. 1 GG wurde um die Verteidigung sowie die Wehrpflicht ergänzt. Durch die Notstandsverfassung hat die Wehrpflicht dann durch Gesetz vom 24. Juni 1968 ihre heutige Stellung im Grundrechtsteil des Grundgesetzes gefunden. Gleichzeitig wurde sie wieder aus der Kompetenznorm des Art. 73 Nr. 1 GG gestrichen. Durch die Einbettung der Wehrpflicht in den Grundrechtsteil des Grundgesetzes sollte aber nach dem Willen des verfassungsändernden Gesetzgebers keine Änderung an deren rechtlichen Charakter vorgenommen werden.[104] Dieser war aber geprägt von der Stellung innerhalb eines Kompetenztitels und nicht als eigenständige Grundpflicht.

Das BVerfG hat in der Einbettung der Wehrpflicht in die Kompetenznorm des Art. 73 GG stets mehr als einen reinen Kompetenztitel gesehen.[105] Eine vom einfachen Gesetzgeber eingeführte, den Anforderungen des Art. 12a Abs. 1 GG entsprechende allgemeine Wehrpflicht, soll nach seiner Ansicht stets auch materiell mit der Verfassung in Einklang stehen.[106] In der Gesamtschau der Art. 12a Abs. 1, 73 Nr. 1, 87a Abs. 1 S. 1 GG sieht es die Wehrpflicht als verfassungsrechtliche Pflicht und damit letztlich als Grundpflicht an.[107] Wenn es in einer späteren Entscheidung[108] den für das Verteidigungswesen zuständigen Organen zubilligt, in verfassungsrechtlich unbedenklicher Weise dem Postulat der militärischen Landesverteidigung auch durch eine Freiwilligenarmee gerecht werden zu können, so setzt es sich in Widerspruch zu den vorhergegangenen Entscheidungen.[109] Die allgemeine Wehrpflicht kann nicht einerseits als in der Verfassung verankerte Pflicht, mithin als Grundpflicht angesehen, andererseits aber in verfassungsrechtlich unbedenklicher Weise durch ein grundlegend anderes Wehrsystem ersetzt werden.[110] Auch mit Einführung der Wehr-

---

102 *Hofmann* in: Isensee/Kirchhof, Hdb. StaatsR, Bd. V, § 114, Rn. 20.
103 *Luchterhand*, Grundpflichten, S. 417.
104 BT-Drs. IV/3494, S.8.
105 BVerfGE 12, 45 (50); 28, 243 (261); 48, 127 (161); 69, 1 (21).
106 BVerfGE 12, 45 (50).
107 BVerfGE 28, 243 (261); *Gubelt* in: v.Münch/Kunig, Art. 12a, Rn. (1).
108 BVerfGE 48, 127 (160).
109 *Merten*, BayVBl. 1978, 554 (558).
110 *Hailbronner*, VVDStRL 41 (1983), S. 109 - Diskussionsbeitrag.

pflichtoption in den Grundrechtsteil des Grundgesetzes durch die Wehrverfassung sind in das Grundgesetz keine Grundpflichten integriert worden.[111]

Durch die Kannbestimmung des Art. 12a Abs. 1 GG ist die Wehrpflicht nur in abgeschwächter Form in die Verfassung aufgenommen worden. Der einfache Gesetzgeber ist lediglich ermächtigt, eine allgemeine Wehrpflicht nach Maßgabe der verfassungsrechtlichen Entscheidung für eine wirksame militärische Landesverteidigung zu statuieren.[112] Der diese Ermächtigung ausfüllende einfache Gesetzgeber erfüllt demnach keinen an ihn durch die Verfassung direkt gerichteten Auftrag, sondern macht von einer durch die Verfassung geschaffenen Möglichkeit Gebrauch und konkretisiert und aktualisiert auf diesem Wege die in ihr lediglich potenziell vorgesehene Pflichtenlage.[113] Die eigentliche Pflicht zum Wehrdienst ergibt sich dann aus dem einfachen Gesetz. Diese durch den einfachen Gesetzgeber aufgestellte Pflicht ist für den Staat auch ausreichend, denn für den Staat besteht auch ohne Verankerung einer Pflicht in der Verfassung die Möglichkeit, Pflichten gegenüber dem Bürger durchzusetzen. Es bedarf keiner verfassungsrechtlichen Verstärkung der Pflichten, so wie dies bei den Grundrechten der Fall ist.[114] Dem Bürger müssen dagegen erst die Mittel zur (Grund-) Rechtsdurchsetzung gegenüber dem Staat, wie gerichtlicher Rechtsschutz, an die Hand gegeben werden. [115]

Bei der Wehrpflicht handelt es sich folglich nicht um eine Grundpflicht. Die Verpflichtung zur Ableistung des Wehrdienstes ergibt sich nicht schon aus dem Verfassungstext des Art. 12a Abs. 1 GG selbst, sondern erst aus der einfachgesetzlichen Konkretisierung dieser durch die §§ 1, 3 WPflG.[116] Die allgemeine Schrankensystematik des Grundgesetzes ist daher anwendbar.

2. Verhältnismäßigkeit der allgemeinen Wehrpflicht

Entscheidende Bedeutung für die rechtmäßige Einschränkung von Grundrechten kommt dem Verhältnismäßigkeitsgrundsatz zu. Dieser stellt eine Schranken-Schranke, wenn nicht die Schranken-Schranke schlechthin[117] dar und ist grundsätzlich bei jeder Grundrechtseinschränkung durch den Gesetzgeber zu beachten.[118]

---

111 *Lutz* in: Groß/Lutz, S. 11.

112 Abweichendes Votum der Richter *Mahrenholz* und *Böckenförde*, BVerfGE 69, 1 (60); so im Ansatz auch *Luchterhand*, Grundpflichten, S. 521.

113 *Merten*, BayVBl. 1978, 554 (558); *Gusy*, JZ 1982, 657 (660); *Frank* in: Alternativkommentar, hinter Art. 87; Rn. 79; *Berg*, VVDStRL 41 (1983), S. 108 - Diskussionsbeitrag.

114 *Grimm*, VVDStRL 41 (1983), S. 102 - Diskussionsbeitrag.

115 *Grimm*, VVDStRL 41 (1983), S. 106 - Diskussionsbeitrag.

116 *Fröhler*, S. 181.

117 Für *Stern* gehört der Verhältnismäßigkeitsgrundsatz daher zum „Standardrepertoire des Gerichts in seiner grundrechtlichen Rechtsprechung", *Stern*, StaatsR, Bd. III/2, S. 788 m.w.N. in der Fn. 159.

118 *Stern*, StaatsR, Bd. III/2, S. 788; *Jarass* in: Jarass/Pieroth, Art. 20, Rn. 82.

a) Anwendbarkeit des Verhältnismäßigkeitsgrundsatzes im Bereich der Wehrpflicht

Das BVerfG hat sich allerdings in einer Entscheidung zu Art. 73 Nr. 1 GG a.F. gegen die Anwendung des Verhältnismäßigkeitsgrundsatzes ausgesprochen. Im Bereich der Wehrpflicht sei dieser unanwendbar.[119] Eine tragende Begründung für die Nichtanwendbarkeit dieses Grundsatzes liefert das Gericht jedoch nicht.[120]

Aus den vorangehenden Ausführungen lässt sich zwar entnehmen, dass das BVerfG die Entscheidung über ein bestimmtes Wehrsystem als „Entscheidung von hohem staatspolitischem Rang" ansieht. Es sei eine Abwägung „allgemeinpolitischer, wirtschafts- und gesellschaftspolitischer Gründe" [121] notwendig. Diese Begründung rechtfertigt es aber nicht, den tragenden Grundsatz der Verhältnismäßigkeit gerade im Bereich der Wehrpflicht unanwendbar zu lassen. Der Verhältnismäßigkeitsgrundsatz ist ein allgemeiner Grundsatz, der im gesamten Bereich der staatlichen Gewalt anwendbar ist[122] und alle drei staatlichen Gewalten bindet.[123] Er wird aus dem Rechtsstaatsprinzip, welches in Art. 20 Abs. 2 S. 2, Abs. 3 GG verankert ist, hergeleitet.[124] Ihm liegt der Gedanke zu Grunde, dass der Staat die Freiheitssphäre des Bürgers nur so weit beschränken darf, wie dies im Interesse der Allgemeinheit erforderlich ist.[125] Die Prüfung der Verhältnismäßigkeit des Eingriffs ist daher seit jeher Bestandteil der Rechtfertigungsprüfung bei Grundrechtseingriffen und findet auf alle Arten von Eingriffen Anwendung. So ist dieser Grundsatz auch bei Eingriffen angewendet worden, die im Verhältnis zu den Grundrechtsbeeinträchtigungen durch die Wehrpflicht als eher geringfügig anzusehen sind. Eine Verhältnismäßigkeitsprüfung fand so z.B. beim Verbot des Reitens im Walde[126], bei der Prüfung der Anforderungen an eine Falknerprüfung[127] sowie bei der Einschränkung des Rechts auf informationelle

---

119 BVerfGE 12, 48 (52): „Das Prinzip der „Verhältnismäßigkeit" ist hier kein adäquater Maßstab."

120 So auch *Baldus*, nach dessen Ansicht die Gründe für die Unanwendbarkeit im „dogmatischen Dunkel" bleiben. *Baldus*, NZWehrr 1993, 92 (96).

121 BVerfGE 12, 48 (52).

122 *Stern* bringt diese herausragende Bedeutung des Verhältnismäßigkeitsgrundsatzes in einer Kurzformel treffend zum Ausdruck: „Eingriffe in grundrechtliche Tatbestände sind dem Gesetzgeber nur erlaubt, wenn sie durch die Verfassung gedeckt und nicht gegen den Grundsatz des Übermaßverbotes (Verhältnismäßigkeitsgebot) verstoßen.", *Stern*, StaatsR, Bd. III/2, S. 791.

123 *Jarass* in: Jarass/Pieroth, Art. 20, Rn. 81; *Schultze-Fielitz* in: Dreier, Art. 20, Rn. 175.

124 *Sachs* in: Sachs, Art. 20, Rn. 146; *Stern*, StaatsR, Bd. III/2, S. 771 ff.; *Herzog* in: Maunz/Dürig, Art. 20 Abs. 7, Rn. 72.

125 BVerfGE 19, 342 (348 f.); 61, 126 (134); 69, 1 (35); 76, 256 (359); 80, 109 (120); *Schultze-Fielitz* in: Dreier, Art. 20, Rn. 167; *Stern*, StaatsR, Bd. III/2, S. 789.

126 BVerfGE 80, 137 (153): „In materieller Hinsicht bietet der Grundsatz der Verhältnismäßigkeit den Maßstab, nach dem die allgemeine Handlungsfreiheit eingeschränkt werden darf [BVerfGE 17, 306 (314); 55, 159 (165); 75, 108 (154 f.)]".

127 BVerfGE 55, 159 (165): „Das Gebot der Rechtsstaatlichkeit verlangt, wenn es in Verbindung mit der allgemeinen Freiheitsvermutung in Art. 2 Abs. 1 GG zu Gunsten des Bürgers gesehen wird, dass der Einzelne vor unnötigen Eingriffen der öffentlichen Gewalt bewahrt bleibt. Ist ein gesetzlicher Eingriff unerlässlich, so müssen die Mittel zur Erreichung des gesetzgeberischen

Selbstbestimmung durch das Volkszählungsgesetz von 1982[128] statt. Dies muss somit erst Recht bei solch starken Einschränkungen gelten, wie sie im Bereich der Wehrpflicht auftreten. Wenn der Wehrpflichtige letzten Endes das Leben – sein höchstes Rechtsgut – für den Staat einsetzt, dann muss sich der staatliche Eingriff am erforderlichen Minimum orientieren.[129] Auch im Bereich der Wehrpflicht ist somit der Verhältnismäßigkeitsgrundsatz anwendbar.

b) Prüfungsdichte im Bereich der Wehrpflicht

Der Verhältnismäßigkeitsgrundsatz ist im Bereich der allgemeinen Wehrpflicht jedoch nicht streng anzuwenden. Im Bereich der abstrakt-generellen Regelungen, wie dies beim Wehrpflichtgesetz der Fall ist, genießt der Gesetzgeber einen großen Einschätzungs- und Gestaltungsspielraum.[130] Die Prüfungsdichte ist nach Auffassung des BVerfG hier geringer als bei anderen Grundrechtseingriffen. Die für die militärische Landesverteidigung zuständigen Organe haben die Entscheidung, ob und in welchem Umfang Streitkräfte eingerichtet werden, nach „weitestgehend politischen Erwägungen in eigener Verantwortung zu entscheiden“.[131] Die Frage nach der Verhältnismäßigkeit der derzeitigen Wehrpflicht beschränkt sich demnach auf eine materielle Evidenzkontrolle. Zu prüfen ist, ob die Entscheidungsträger diese Grenze der evidenten Unverhältnismäßigkeit überschritten haben, oder ob trotz geänderter sicherheitspolitischer Lage die Aufrechterhaltung der Wehrpflicht noch als von dieser Entscheidungskompetenz gedeckt angesehen werden kann.

c) Gesetzgeberischer Zweck

Der Gesetzgeber muss mit der Verpflichtung zum Wehrdienst einen legitimen Zweck verfolgen. Dieser Zweck ist durch Auslegung der einschlägigen Artikel des Grundgesetzes herauszuarbeiten. Zu berücksichtigen sind dabei insbesondere die Art. 12a Abs. 1, 73 Nr. 1 und 87a Abs. 1 GG[132]. Gesetzgeberischer Zweck könnte insoweit die Sicherstellung der wirksamen Landes- und Bündnisverteidigung sein.

Ziels geeignet sein und dürfen den Einzelnen nicht übermäßig belasten [BVerfGE 17, 306 (313 f.)].“

128 BVerfGE 65, 1 (44): „Bei seinen Regelungen hat der Gesetzgeber ferner den Grundsatz der Verhältnismäßigkeit zu beachten. Dieser mit Verfassungsrang ausgestattete Grundsatz folgt bereits aus dem Wesen der Grundrechte selbst, die als Ausdruck des allgemeinen Freiheitsanspruchs des Bürgers gegenüber dem Staat von der öffentlichen Gewalt jeweils nur so weit beschränkt werden dürfen, als es zum Schutz öffentlicher Interessen unerlässlich ist.“ (BVerfGE 19, 342 (348); st. Rspr.).

129 *Frank* in: Auslaufmodell Wehrpflichtarmee, S. 10.

130 *Schultze-Fielitz* in: Dreier, Art. 20, Rn. 178; *Jarass* in: Jarass/Pieroth, Art. 20, Rn. 87; *Sachs* in: Sachs, Art. 20, Rn. 151.

131 BVerfGE 48, 127 (160); LG Potsdam, Vorlagebeschluss v. 19. März 1999 – 23 (H) Ns 72/98, NJ 1999, 660 L.

132 Eingefügt durch das 7. Gesetz zur Ergänzung des Grundgesetzes vom 6. März 1956 (BGBl. 1956, Teil I, S. 111), geändert und neu gefasst durch das 17. Gesetz zur Ergänzung des Grundgesetzes vom 24. Juni 1968 (BGBl. 1968, Teil I, S. 709).

aa) Wortlautauslegung

Der Wortlaut des Art. 12a Abs. 1 GG lässt keinen eindeutigen Rückschluss auf den Auftrag der Bundeswehr zu. Mit der Formulierung „Männer können vom vollendeten achtzehnten Lebensjahr an zum Dienst in den Streitkräften, im Bundesgrenzschutz oder in einem Zivilschutzverband verpflichtet werden", ist diese Norm hinsichtlich des Auftrages der dort genannten Streitkräfte völlig offen. Er trifft lediglich die Aussage, dass die näher bezeichneten Männer u.a. zum Dienst in den nicht näher umschriebenen Streitkräften herangezogen werden können. Insoweit setzt Art. 12a Abs. 1 GG eine Definition der Streitkräfte und ihres Auftrages an anderer Stelle voraus. Aus dem Wortlaut des Art. 12a Abs. 1 GG lässt sich demnach keine Aussage bezüglich der Auslegungshypothese treffen. Dagegen findet sich in der Kompetenznorm des Art. 73 Nr. 1 GG schon ein deutliche Eingrenzung hin zur Verteidigung. Auf Grund dieser Norm hat der Bund die ausschließliche Gesetzgebungskompetenz über die auswärtigen Angelegenheiten sowie die Verteidigung einschließlich des Schutzes der Zivilbevölkerung. Die Beschränkung des gesetzgeberischen Zwecks auf Verteidigungsaufgaben wird auch durch den Wortlaut des Art. 87a GG unterstrichen. Nach Art. 87a Abs. 1 S. 1 GG stellt der „Bund Streitkräfte zur Verteidigung" auf. Diese dürfen gem. Art. 87a Abs. 2 GG außer zur Verteidigung nur eingesetzt werden, soweit dieses Grundgesetz es ausdrücklich zulässt. Auf Grund des Wortlauts ist der Aufstellungszweck der Streitkräfte nicht auf die Verteidigung beschränkt. Der Abs. 2 des Art. 87a GG lässt sprachlich betrachtet auch andere Einsatzarten der Streitkräfte als die Verteidigung zu, soweit dies grundgesetzlich gestattet ist.

Nun stellt sich die Frage, wie weit der Begriff der Verteidigung reicht. Bei einem weiten Verständnis könnte der Begriff Verteidigung sowohl die Landes- als auch die Bündnisverteidigung umfassen. Bei einem engen Verständnis müsste man jedoch zu dem Ergebnis gelangen, dass mit Verteidigung lediglich die Landesverteidigung gemeint sein kann. Dies wäre der Fall, wenn man dem Begriff Verteidigung die Definition des Verteidigungsfalls aus Art. 115a GG zu Grunde legt. Der Verteidigungsfall liegt vor, wenn das Bundesgebiet mit Waffengewalt angegriffen wird oder ein solcher Angriff unmittelbar bevorsteht (Art. 115a Abs. 1 S.1 GG). Gegen die Verwendung der Definition des Verteidigungsfalls spricht jedoch, dass Art. 87a GG selbst zwischen Verteidigung und Verteidigungsfall differenziert.[133] Nennt er in seinem Abs. 1 u. 2 den Begriff Verteidigung, so macht er in Abs. 3 jedoch von dem Begriff Verteidigungsfall Gebrauch. Dies ist ein Argument dafür, dass der Begriff Verteidigung weiter sein muss als der des Verteidigungsfalls und auch den Fall der Bündnisverteidigung umfasst.[134] Die Wortlautauslegung lässt sich für ein weites Verständnis der Verteidi-

---

133 *Baldus* in: v.Mangoldt/Klein/Starck, Art. 87a, Rn. 36; *Kokott* in: Sachs, Art. 87a, Rn. 18; *Heun* in: Dreier, Art. 87a, Rn. 11, 16.

134 *Heun* in: Dreier, Art. 87a, Rn. 16.

gung anführen. Danach könnte man sowohl die Landes- als auch die Bündnisverteidigung als gesetzgeberischen Zweck ansehen.

bb) Systematik

Aus der Systematik der verteidigungsbezogenen Verfassungsnormen lassen sich präzisere Erkenntnis bezüglich der Auslegungshypothese treffen. Der Art. 87a Abs. 2 GG ist im Zusammenhang mit Art. 24 Abs. 2 GG zu sehen, nach dem sich der Bund zur Wahrung des Friedens in ein System gegenseitiger kollektiver Sicherheit einordnen kann.[135] Unter einem System gegenseitiger kollektiver Sicherheit werden nicht nur Systeme verstanden, die zur Wahrung des Friedens und zur Vermeidung von Angriffskriegen die jeweiligen Gegner einbeziehen, sodass Streitigkeiten innerhalb des Bündnisses ausgetragen werden – z.B. die VN[136] -, sondern auch solche Bündnisse, die potenzielle Angreifer mit Hilfe einer gegenseitigen Beistandspflicht abschrecken (z.B. die NATO[137]). Unerheblich ist es in diesem Zusammenhang nach der Auffassung des BVerfG, ob die Bündnispartner die Friedenswahrung untereinander oder als kollektive Selbstverteidigung gegen Angreifer von außen wahrnehmen.[138] Der Wortlaut des Art. 24 Abs. 2 lässt sowohl die Sicherheit der Bundesrepublik und ihrer Verbündeten vor Angriffen untereinander zu als auch die Sicherheit der Bündnispartner gegenüber Angriffen Dritter. Somit sind auch Einsätze der Bundeswehr im Rahmen eines Bündnisses gegenseitiger kollektiver Sicherheit zulässig. Mit Blick auf Art. 24 Abs.2 GG hat das BVerfG in einer Entscheidung im Jahr 1994 letztlich die Frage offen gelassen, wie weit der Begriff der Verteidigung letztlich zu fassen ist und ob eine Beschränkung des Art. 87a GG auf den inneren Einsatz der Bundeswehr vorliegt. Nach seiner Auffassung sind Einsätze der Bundeswehr im Rahmen eines Systems gegenseitiger kollektiver Sicherheit jedenfalls über den Art. 24 Abs.2 GG zugelassen, wodurch sich für das Gericht auch die Möglichkeit zum Einsatz im Rahmen der Bündnisverteidigung ergibt.[139] Die systematische Auslegung unterstützt die aus dem Wortlaut gewonnene Erkenntnis, dass neben der Landes- auch die Bündnisverteidigung als gesetzgeberischer Zweck anzusehen ist.

cc) Sinn und Zweck

Sinn und Zweck des Aufstellungspostulats in Art. 87a Abs. 1 S. 1 GG ist es, eine Streitkraft zum Zwecke der Verteidigung aufzubauen. Wie bereits erarbeitet, erschöpft sich der Zweck der Verteidigung jedoch nicht in der reinen Landesverteidigung.[140] Diese Auslegung wird auch durch Art. 87a Abs. 2 und Art. 24 Abs. 2 GG

---

135 *Kokott* in: Sachs, Art. 87a, Rn. 13; *Leibholz/Rinck/Hesselberger*, Art. 87a, Rn. 3; *Frank* in: Alternativkommentar, hinter Art. 87a, Rn. 23.
136 BVerfGE 90, 286 (349 f.).
137 BVerfGE 90, 286 (350).
138 BVerfGE 90, 286 (349).
139 BVerfGE 90, 286 (345, 349 f.).
140 *Heun* in: Dreier, Art. 87a, Rn. 11.

bestätigt. Ziel dieser Normen ist es, einen Mechanismus der Friedenswahrung zu schaffen. Diese Friedenswahrung beschränkt sich aber nicht auf die Sicherung des eigenen Staatsgebietes, sondern soll auch im Rahmen der schon bei Schaffung des Art. 87a GG bestehenden Bündnisverpflichtungen erfolgen. Auch die teleologische Auslegung unterstreicht das bisher gewonnene Ergebnis.

dd) Historische Auslegung

Entstehungsgeschichtlich könnte man argumentieren, dass sich der Art. 87a Abs. 2 GG nur auf den Einsatz der Streitkräfte im Inneren bezieht und keine Aussage bezüglich eines Auslandseinsatzes treffen will. Dafür ließe sich anführen, dass durch den Art. 87a GG der bis dahin geltende Art. 143 GG ersetzt worden ist. Dieser hat die Verwendung der Streitkräfte im Inneren geregelt. Wurde nun Art. 143 GG durch Art. 87a GG ersetzt, so kann er sich aber nur auf den Anwendungsbereich des alten Art. 143 GG beziehen.[141] Aus der historischen Betrachtung könnte man aber auch folgern, dass sich der Abs. 2 des Art. 87a GG auf alle denkbaren Einsätze der Streitkräfte bezieht.[142] Man könnte dabei an die Verhandlungen im Rechtsausschuss bei der Beratung zur Einführung des Art. 87a GG anknüpfen. In Art. 87a GG sollten nach Auffassung des Rechtsausschusses alle Bestimmungen über den Einsatz der Streitkräfte zusammengefasst und dabei auch die Regelungen über den Einsatz der Streitkräfte im Inneren einbezogen werden.[143] Wenn in Art. 87a GG alle Einsatzarten zusammengefasst werden sollten und der Einsatz im Inneren eine der möglichen Arten sein sollte, so kann Art. 87a GG nur von einem weiten Verständnis des Verteidigungsbegriffs geprägt sein.[144] Ferner muss berücksichtigt werden, dass der verfassungsändernde Gesetzgeber im Jahr 1968 vor dem Hintergrund der im Jahr 1955 eingegangenen Beistandspflicht im Rahmen des NATO-Vertrages gehandelt hat.[145] Ohne eine Einbeziehung der Streitkräfte in die NATO wäre ihre Aufstellung nicht möglich gewesen.[146] Es ist nicht ersichtlich, dass der verfassungsändernde Gesetzgeber die Erfüllung dieser Verpflichtung durch Art. 87a GG behindern wollte.[147] Die Entstehungsgeschichte spricht ebenfalls für die Ausweitung des gesetzgeberischen Zwecks auf die Landes- und Bündnisverteidigung.

---

141 *Dürig* in: Maunz/Dürig, Art. 87a, Rn. 32; *Kirchhof* in: Isensee/Kirchhof, Hdb. StaatsR, Bd. III, § 78, Rn. 29; *Kokott* in: Sachs, Art. 87a, Rn. 12a.

142 *Frank* in: Alternativkommentar, hinter Art. 87a, Rn. 23; *Jarass* in: Jarass/Pieroth, Art. 87a, Rn. 4; *Tomuschat* in: Dolzer/Vogel, Bonner Kommentar, Art. 24, Rn. 185; *Stern*, StaatsR, Bd. II, S. 1477 ff.

143 BT-Drs. V/2873, S. 12.

144 *Heun* in: Dreier, Art. 87, Rn. 16; *Stern*, StaatsR, Bd. II, S. 1477 f.; *Frank* in: Alternativkommentar, hinter Art. 87a, Rn. 23; *Tomuschat* in: Dolzer/Vogel, Bonner Kommentar, Art. 24, Rn. 185.

145 Siehe zum NATO-Vertrag und allgemein zum geschichtlichen Hintergrund der Wiederbewaffnung Gliederungspunkt B.VI.2, Seite 28.

146 *Kokott* in: Sachs, Art. 87a, Rn. 18.

147 *Baldus* in: v.Mangoldt/Klein/Starck, Art. 87a, Rn. 37.

Die Auslegung der verteidigungsbezogenen Normen des Grundgesetzes ergibt, dass es erstrebter Zweck des Gesetzgebers ist, eine Armee aufzubauen, die der Landes- und Bündnisverteidigung dient.

d) Geeignetheit

Damit die allgemeine Wehrpflicht dem Postulat der Verhältnismäßigkeit gerecht wird, muss sie zunächst dem Teilgebot der Geeignetheit genügen.

Ein gesetzgeberisches Mittel ist dann geeignet, wenn es die Erreichung des legitimen gesetzgeberischen Zwecks auch nur fördert.[148] Dabei muss sich der Gesetzgeber aber gerade nicht des bestmöglichen oder geeignetsten Mittels bedienen[149], sondern es genügt ein Beitrag zur Zweckerreichung.[150] Beim Teilgebot der Geeignetheit wird dem Gesetzgeber ein großer Prognosespielraum zuteil.[151] Auf Grund mangelnder Geeignetheit ist eine gesetzgeberische Maßnahme nur dann als verfassungswidrig anzusehen, wenn sie offensichtlich oder schlechthin ungeeignet ist.[152] Es muss folglich die Evidenzgrenze überschritten werden.

Die Heranziehung junger Staatsbürger zum Wehrdienst in einer Armee, die der Bündnis- und Landesverteidigung dienen soll, erscheint nicht von vornherein als ungeeignet. Durch die bei der Bundeswehr erfolgende Ausbildung erhalten die Grundwehrdienstleistenden militärisches Grundwissen und Grundfähigkeiten, die durchaus dem Aufbau einer der Landesverteidigung dienenden Armee zuträglich sind. Der Vergleich mit anderen Armeen in militärsportlichen Wettkämpfen und bei Einsätzen im Bündnisrahmen hat die hohe Qualität der Ausbildung der Grundwehrdienstleistenden bestätigt. Vor dem Hintergrund der großen Einschätzungsprärogative des Gesetzgebers ist die derzeitige allgemeine Wehrpflicht geeignet, um den Zweck der Landes- und Bündnisverteidigung zumindest zu fördern.

e) Erforderlichkeit

Auf Grund des dem Gesetzgeber zukommenden Prognosespielraums und der regelmäßig nur schwer nachweisbaren evidenten Ungeeignetheit ist zentraler Punkt der Verhältnismäßigkeitsprüfung der Maßstab der Erforderlichkeit. Die Erforderlichkeit eines Mittels ist dann gegeben, wenn es kein milderes, die Grundrechte weniger intensiv beschränkendes Mittel gibt, welches das gesetzgeberische Ziel ebenso effektiv erreicht.[153] Zentraler Punkt ist hierbei, dass das mildere Mittel zur Zweckerreichung genauso geeignet ist.[154] Die allgemeine Wehrpflicht müsste im Verhältnis zu

---

148 BVerfGE 30, 292 (316); 33, 171 (187); 67, 157 (173); 96, 10 (23).

149 *Stern*, StaatsR, Bd. III/2, S. 776 f.

150 Jarass in: Jarass/Pieroth, Art. 20, Rn. 84; *Herzog* in: Maunz/Dürig, Art. 20 VII, Rn. 74.

151 BVerfGE 25, 1 (12 f.); 30, 250 (263); 39, 210 (230 ff.).

152 BVerfGE 30, 250 (263 ff.); 39, 210 (230); 47, 109 (117); 65, 116 (126).

153 BVerfGE 17, 269 (279 f.); 53, 135 (145 f.); 68, 193 (219); 81, 156 (192 ff.); 90, 145 (172 f.); 92, 262 (273).

154 *Jarass* in: Jarass/Pieroth, Art. 20, Rn. 85.

anderen möglichen Wehrformen vor dem Hintergrund der geänderten sicherheitspolitischen Lage die einzig geeignete Wehrform sein, um den Zweck der effektiven Landesverteidigung zu erreichen. Nur wenn die Wehrpflichtarmee *a priori* die einzig geeignete Wehrform wäre, könnten die grundrechtlichen Eingriffe verfassungsrechtlich gerechtfertigt werden.[155]

Zur Beantwortung der Frage, ob die z.Zt. bestehende Wehrpflicht noch erforderlich ist, bedarf es einer gründlichen Analyse der bestehenden und der zu erwartenden sicherheitspolitischen Lage in Europa.[156] Anschließend sind die zur Verfügung stehenden alternativen Wehrformmodelle auf ihre Eignung hin zu untersuchen.

aa) Veränderte sicherheitspolitische Rahmenbedingungen

Seit dem Ende des Zweiten Weltkrieges bestimmte eine politische und ideologische Teilung das Bild auf dem Kontinent Europa. Es standen sich die zwei großen Blocksysteme NATO und Warschauer Vertragsorganisation[157] gegenüber. Die Verteidigungsstrategie der NATO wurde vom Ende des Zweiten Weltkrieges bis Anfang der neunziger Jahre durch drei strategische Konzepte, die Strategie der Vorwärtsverteidigung, die Strategie der massiven Vergeltung und die Strategie der flexiblen Reaktion bestimmt. Die 1954 aufgestellte Strategie der Vorwärtsverteidigung (*Forward Strategy*, NATO-Dokument MC 14/1) sah vor, jedem Angriff durch die Warschauer Vertragsorganisation so weit östlich wie möglich entgegenzutreten, um die Verteidigung aller europäischen Mitglieder zu Gewähr leisten. Diese Antwort auf einen Angriff hätte sich auf dem Gebiet der Bundesrepublik abgespielt, die damals noch kein Mitglied der NATO war.[158] Abgelöst wurde dieses Modell durch die im Jahr 1954 von den USA formulierte Strategie der massiven Vergeltung (*Massive Retaliation*, NATO-Dokument MC 14/2), die 1957 als „Schwert-Schild-Doktrin" modifiziert von der NATO übernommen wurde. Bei dieser Strategie sollten die konventionellen Streitkräfte zusammen mit taktischen Nuklearwaffen den Schild zur Abwehr begrenzter oder lokaler Angriffe bilden. Durch einen derartigen Schild sollte der potenzielle Angreifer zu umfangreichen Vorbereitungsmaßnahmen gezwungen werden, die eine groß angelegte Aggression klar erkennen lassen sollten. Einen solchen konventionellen Großangriff hätte die NATO durch einen massiven Einsatz strategischer Nuklearwaffen, dem

---

155 *Steinkamm* in: Steinkamm/Schössler, S. 53.

156 *Heydrich* in: Heydrich/Lemke/Rohde, S. 13; dieser Ansicht ist auch das LG Potsdam in seinem Vorlagebeschluss v. 19. März 1999 – 23 (H) Ns 72/98, NJ 1999, 660 L. Es stellt klar, dass sich das BVerfG seit Ende des Kalten Krieges und der Verbesserung der sicherheitspolitischen Lage durch die Osterweiterung der NATO noch nicht zur Rechtmäßigkeit, insbesondere zur Verhältnismäßigkeit der Wehrpflicht geäußert hat.

157 „Ehemaliges Militärbündnis der Staaten des kommunistischen Machtbereichs in Europa (Bulgarien, DDR, Polen, Rumänien, Sowjetunion, Tschechoslowakei, Ungarn) unter Führung der Sowjetunion. 1955 in Warschau gegründet und am 1. Juli 1991 aufgelöst.", Wörterbuch zur Sicherheitspolitik, Stichwort: Warschauer Vertragsorganisation.

158 Wörterbuch Sicherheitspolitik, Stichwort: NATO-Strategie"; zum geschichtlichen Hintergrund s.a. Gliederungspunkt B.VI.2, Seite 28.

Schwert, zurückgeschlagen. [159] Bis zur Aufstellung des Neuen Strategischen Konzepts der NATO im Jahr 1991 und 1999 wurde seit 1967 die Strategie der flexiblen Reaktion (*Flexible Response*, NATO-Dokument MC 14/3) angewendet. Maßgebliches Kriterium war der Verbund der Elemente der NATO-Triade. Zur NATO-Triade gehörten interkontinentalstrategische Nuklearstreitkräfte, nukleare Kurz- und Mittelstreckenwaffen, sowie konventionelle Streitkräfte.[160] Vorgesehen waren drei Reaktionsarten. Die Direktverteidigung sollte dem Angreifer das Ziel seines Angriffs auf der Eskalationsstufe unmöglich machen, auf der sein Angriff lag. Dazu wäre sein Angriff entweder an der Vorneverteidigung gescheitert oder er wäre mit dem Risiko der nuklearen Eskalation konfrontiert worden. Die zweite Reaktionsart der vorbedachten Eskalation sollte durch Androhung oder Anwendung der politisch kontrollierten Eskalation der militärischen Mittel die Einschränkung der Aggression und die Beendigung des Konflikts bewirken. Die letzte Reaktionsart, die der allgemeinen nuklearen Reaktion, hatte das strategische Nuklearpotenzial des Angreifers zum Ziel und war auf Grund des Einsatzes des Nuklearpotenzials der NATO als *ultima ratio* vorgesehen.[161]

Seit dem Zusammenbruch der Warschauer Vertragsorganisation und der allgemeinen Entspannung in Europa im Jahr 1990 existiert diese zweigeteilte Konfrontation nicht mehr.[162] Deutschland ist, abgesehen von der neutralen Schweiz, nur noch von Bündnis- und Integrationspartnern umgeben.[163] Die Bundesrepublik ist z.Zt. und in der absehbaren Zukunft keiner äußeren und existenziellen Bedrohung durch Nachbarstaaten mehr ausgesetzt.[164] Die Staaten in Europa arbeiten in vielen Bereichen zusammen und streben eine einheitliche Politik an. Insbesondere sind viele der ehemaligen Ostblockstaaten an einer raschen und reibungslosen Integration in die westlichen Bündnisse interessiert. [165] Somit findet auch im Bereich der Sicherheits- und Verteidigungspolitik eine Angleichung an die und Kooperation mit den westlichen Staaten statt. Postulat der gemeinsamen Politik ist es nun, die Ergebnisse der jahr-

---

159 Wörterbuch Sicherheitspolitik, Stichwort: „NATO-Strategie“.

160 Wörterbuch Sicherheitspolitik, Stichwort, „NATO-Triade“.

161 Wörterbuch Sicherheitspolitik, Stichwort: „NATO-Strategie“.

162 *Harun*, IFDT 1/1998, 26 (27).

163 Zu dieser Erkenntnis gelangte auch der ehemalige Verteidigungsminister *Volker Rühe* im Jahr 1992: „Deutschland ist nicht länger Frontstaat. Stattdessen ist es heute ausschließlich von verbündeten und befreundeten Partnern umgeben.“, Der Bundesminister der Verteidigung, Verteidigungspolitische Richtlinien, Bonn, 26. November 1992, S. 10 f.; siehe auch BMVg, Generalinspekteurbrief 1/96 v. 16. Juli 1996; *Hungerbühler*, Schweizer Soldat 4/1998, 15 (17); *Jonas*, Schweizer Soldat 1/1998, 24 (24).

164 Bericht der Wehrstrukturkommission 2000, S. 23; LG Potsdam, Vorlagebeschluss v. 19. März 1999 – 23 (H) Ns 72/98, NJ 1999, 660 L; *Rose*, F.A.Z. v. 15. November 2000, S. 15.

165 So auch die Einschätzung der NATO in ihrem neuen strategischen Konzept vom 8. November 1991, Art. 1: „All the countries that were formerly adversaries of NATO have dismantled the Warsaw Pact and rejected ideological hostility to the West. They have, in varying degrees, embraced and begun to implement policies aimed at achieving pluralistic democracy, the rule of law, respect for human rights and a market economy. The political division of Europe that was the source of the military confrontation of the Cold War period has thus been overcome.“; *Heydrich* in: Heydrich/Lemke/Rohde, S. 13; *Stahel*, Schweizer Soldat 2/1999, 22 (22).

zehntelangen Blockkonfrontation gemeinsam zu überwinden.[166] Dazu ist es im Wesentlichen notwendig, das Wohlstandsgefälle zu verringern und den europäischen Raum politisch und wirtschaftlich zu stabilisieren.[167] Als Folge dieser politischen Entwicklung ist die für beide Seiten eindeutig gewesene sicherheitspolitische Situation einer bipolaren Konfrontation nicht mehr vorhanden.[168] Die ehemalige, im Mittelpunkt stehende Bedrohung durch den Gegner auf der anderen Seite, die auch in ihren wesentlichen Ausmaßen bekannt und kalkulierbar war, ist einem anderen Risikospektrum gewichen.[169] Deutschland und seine Bündnispartner werden nicht mehr von den Risiken eines klassischen großen zwischenstaatlichen Konfliktes bedroht.

Welche sicherheitspolitischen Rahmenbedingungen werden nun aber die bevorstehende Epoche bestimmen? Wie der Anfang der neunziger Jahre ausgebrochene Krieg im ehemaligen Jugoslawien gezeigt hat, ist sicher, dass es keine Phase des vollkommen Friedens nicht einmal auf dem europäischen Kontinent geben wird.[170]

(1) Zu erwartende Risikopotenziale und Bedrohungsmuster

Die Möglichkeit eines überraschenden, gleichzeitigen Angriffs auf alle Bündnisstaaten durch Staaten der ehemaligen Warschauer Vertragsorganisation ist denkbar gering geworden.[171] Dagegen hat sich ein weites Feld vieler kleinerer und größerer Risiken und Bedrohungen aufgebaut, die in ihren Dimensionen schwer vorherzubestimmen sind und vielfach wechselseitige Beziehungen zueinander haben.[172] Die klar erkennbaren Systemgrenzen des Kalten Krieges[173] sind einem verschwommenen Bild verschiedener Stabilitätszonen gewichen.[174] Gefahren werden in Zukunft im Wesentlichen von den Folgen gewaltsamer Auseinandersetzungen zwischen ethnischen Gruppen und Nationalitäten, Wirtschaftskatastrophen, die zu Verzweiflungstaten und

---

166 *Heydrich* in: Heydrich/Lemke/Rohde, S. 13.

167 Ebd.

168 *v.Sandrart* in: Heydrich/Lemke/Rohde, S. 37; *v.Müller* in: Heydrich/Lemke/Rohde, S. 93.

169 *Frank*, Auftrag 1/1999, 25 (25).

170 *Rose*, F.A.Z. v. 15. November 2000, S. 15.

171 BMVg, Eckpfeilerpapier, S. 4; Einschätzung der NATO in Art. 7 des Neuen strategischen Konzepts vom 8. November 1991: „The threat of a simultaneous, full-scale attack on all of NATO's European fronts has effectively been removed and thus no longer provides the focus for Allied strategy. Particularly in Central Europe, the risk of a surprise attack has been substantially reduced, and minimum Allied warning time has increased accordingly."; Bericht der Wehrstrukturkommission 2000, S. 23.

172 BMVg, Eckpfeilerpapier, S. 4; *v.Müller* in: Heydrich/Lemke/Rohde, S. 93; so auch Art. 8 des Neuen strategischen Konzepts der NATO 1991: „In contrast with the predominant threat of the past, the risks to Allied security that remain are multi-faceted in the nature and multi-directional, which makes them hard to predict and asses."; Bericht der Wehrstrukturkommission 2000, S. 24; *Jonas*, Schweizer Soldat 1/1998, 24 (24).

173 „Konfrontationszustand zwischen den Siegermächten des Zweiten Weltkrieges nach 1945, den USA, Frankreich und Großbritannien einerseits und der UdSSR andererseits. Der Kalte Krieg wurde zwischen den Nuklearmächten USA und der UdSSR im Macht- und Ideologiekonflikt unterhalb der Schwelle des bewaffneten Konflikts in einem militärischen Pattzustand ausgetragen, der auf der Grundlage der gegenseitigen nuklearen Abschreckung beruhte.", Wörterbuch zur Sicherheitspolitik, Stichwort: Kalter Krieg.

174 *Frank*, Auftrag 1/1999, 25 (25); *v.Sandrart* in: Heydrich/Lemke/Rohde, S. 37.

Massenfluchten führen, Technologiekatastrophen mit regionalen oder globalen Auswirkungen ausgehen sowie von Neidreaktionen der Staaten, die hinter der Entwicklung der Industrieländer zurückgeblieben sind.[175] Des Weiteren gefährden sich neu formierende paramilitärische[176] Bürgerkriegsarmeen und internationale Terrororganisationen sowie das organisierte Verbrechen die Sicherheit der Bündnisstaaten.[177] Ferner sind die gewaltsamen Folgen und ausufernden Konsequenzen regional begrenzter Konflikte und Katastrophen als Bedrohung für Europa einzustufen.[178] Diese drohenden militärischen Konflikte werden sich anders als zur Zeit des Kalten Krieges eher auf regionaler oder lokaler Ebene abspielen.[179] Weiterhin ist damit zu rechnen, dass sich diese Konflikte eher am Rande des europäischen Kontinents abspielen werden.[180]

Als Klassifizierung dieser zu erwartenden Risiken lassen sich aber bekannte Einteilungen wie Nord-Süd und Ost-West weiterhin heranziehen. Auch in Zukunft kann man eine Unterteilung in die Ost-West-Dimension und das Verhältnis Nord-Süd vornehmen. Hinzugekommen sind neue Risiken, die sich durch globales Zusammenwachsen ergeben und daher als „*Global-Village*"[181]-Risiken bezeichnet werden.[182]

(a) Ost-West-Dimension

In der Ost-West-Dimension wird für die dauerhafte Stabilisierung dieses Raumes die Festigung und Weiterentwicklung der eingeleiteten wirtschaftlichen und politischen

---

175 BMVg, Eckpfeilerpapier, S. 4; Prognose der NATO: „Risks to Allied security are less likely to result from calculated aggression against the territory of the Allies, but rather from the adverse consequences of instabilities that may arise from the serious economic, social and political difficulties, including ethnic rivalries and territorial disputes, which are faced by many countries in central and eastern Europe." Art. 9 des Neuen strategischen Konzepts der NATO 1991, bestätigt durch Art. 3 des Neuen strategischen Konzept der NATO 1999: „The last ten years have also seen, however, the appearance of complex new risks to Euro-Atlantic peace and stability, including oppression, ethnic conflict, economic distress, the collapse of political order, and the proliferation of weapons of mass destruction."; Bericht der Wehrstrukturkommission 2000, S. 24; *v.Sandrart* in: Heydrich/Lemke/Rohde, S. 37.

176 „Einheiten und Verbände, die regulären Streitkräften ähnlich, aber nicht integraler Teil dieser sind und vorwiegend zu Spezialaufgaben herangezogen werden.", Wörterbuch zur Sicherheitspolitik, Stichwort: Paramilitärische Kräfte.

177 Einschätzung der NATO im Neuen strategischen Konzept 1999, Art. 24: „Alliance security interests can be affected by other risks of a wider nature, including acts of terrorism, sabotage and organised crime, and by the disruption of the flow of vital resources."; *v.Sandrart* in: Heydrich/Lemke/Rohde, S. 37.

178 *v.Sandrart* in: Heydrich/Lemke/Rohde, S. 37.

179 *Heydrich* in: Heydrich/Lemke/Rohde, S. 15; *Hungerbühler*, Schweizer Soldat 4/1998, 15 (18).

180 So auch die Einschätzung der NATO im Neuen strategischen Konzept 1999, Art. 20: „These risks include uncertainty and instability in and around the Euro-Atlantic area and the possibility of regional crises at the periphery of the Alliance, which could evolve rapidly. Some countries in and around the Euro-Atlantic area face serious economic, social and political difficulties."; *Hungerbühler*, Schweizer Soldat 4/1998, 15 (18).

181 „Von dem kanadischen Medientheoretiker *Marshall McLuhan* 1967 geprägter Begriff. Das globale Dorf bzw. das globale Mediendorf wird von ihm als eine neue Gemeinschaft von weltweiten Medienkonsumenten verstanden, die alle traditionellen Grenzen von Staaten und Kulturen überschreitet.", Wörterbuch zur Sicherheitspolitik, Stichwort: Global Village.

182 *v.Müller* in: Heydrich/Lemke/Rohde, S. 94.

Reformprozesse in der ehemaligen UdSSR und den anderen osteuropäischen Staaten notwendig sein. Nicht zu verkennen ist aber, dass selbst bei einem insgesamten Erfolg der Integration der osteuropäischen Staaten sich große regionale und geographische Asymmetrien ergeben können, die wiederum Wanderungsbewegungen, Spannungen und Verteilungskonflikte bewirken können.[183]

Die wichtigsten Risiken resultieren hierbei aus ethnischen, religiösen und nationalistischen Konflikten und Anarchien, frustrationsbedingten politischen Radikalisierungen, Erpressungen von Hilfeleistungen durch ABC-Waffen, der Proliferation[184] von ABC-Waffen und dazugehörigem *Know-How*[185] sowie unkontrollierbaren Migrationswellen.[186] Dabei handelt es sich nicht um isolierte Risiken, sondern um solche, die in einem Gegenseitigkeitsverhältnis stehen, d.h. sich gegenseitig bedingen und verstärken. Besondere Beachtung gehört dem Risikopotenzial der Proliferation biologischer Waffen. Die Gefahr, die von biologischen Waffen ausgeht, ist vergleichbar mit der atomarer Waffen. Es ist aber nur ein verhältnismäßig geringer technologischer Aufwand zu deren Herstellung und Verbreitung notwendig.[187] Erschwerend kommt noch hinzu, dass die Produktion wesentlich kostengünstiger ist als die atomarer Waffen.

Mit Wegfall der großen Blockkonfrontation ist auch die Bedrohung Europas durch einen den ganzen Kontinent umfassenden Krieg unwahrscheinlich geworden.[188] Dagegen hat sich aber die Wahrscheinlichkeit des Eintritts dieser regionalen Konflikte im Vergleich zu einem früheren großen militärischen Konflikt in Europa erhöht.[189] Auf Grund der Möglichkeit einer Vernichtung und Einbeziehung des ganzen Kontinents in einen Krieg der beiden Blöcke war die Wahrscheinlichkeit für den Ausbruch eines solchen eher gering. Während des Kalten Krieges wurden diese Konfliktpotenziale durch die über allem schwebende Gefahr eines großen kontinentalen Krieges unterdrückt.[190] Diese Hemmschwelle ist nun weggefallen und gibt der Austragung regionaler Konflikte freie Bahn. Diese Prognose wird durch die andauernden und ständig neu ausbrechenden Unruhen und Konflikte auf dem Balkan und in einigen der ehemaligen Sowjetrepubliken seit 1990 bestätigt.[191] Erschwerend kommt hinzu, dass die

---

183 Ebd.

184 „Die Verbreitung und Weitergabe von Massenvernichtungswaffen und ihrer Trägersysteme (Waffensysteme, Komponenten, Technologien und Herstellungsverfahren), einschließlich des wissenschaftlich-technischen Know-hows und Personals. Wörterbuch zur Sicherheitspolitik, Stichwort: Proliferation.

185 *Hansen* in: Thiele, S. 75; BMVg, Eckpfeilerpapier, S. 4; *Stahel*, Schweizer Soldat 2/1999, 22 (22); *Steinkamm*, Loyal 7/1998, 34 (34).

186 *v.Müller* in: Heydrich/Lemke/Rohde, S. 93 f.

187 Gesellschaft für Wehr- und Sicherheitspolitik, Aufgaben zukünftiger Streitkräfte, S. 11.

188 *Lutz* in: Groß/Lutz, S. 15; *v.Sandrart* in: Heydrich/Lemke/Rohde, S.45.

189 *Heydrich* in: Heydrich/Lemke/Rohde, S. 15.

190 Ebd.

191 Diese regionalen Konflikte waren schon mehrmals Einsatzgrund für die Bundeswehr in dieser Region gewesen. Als wichtigste Einsätze sind hier IFOR von Dez. 1995 – Dez. 1996, SFOR

Verhältnisse in den jungen Nachfolgestaaten der ehemaligen UdSSR noch nicht als gefestigt angesehen werden können.[192] Auch in Zukunft wird daher die Wahrscheinlichkeit für den Ausbruch solcher militärisch ausgetragenen Krisen und Konflikte sehr hoch sein, unverhältnismäßig höher als seinerzeit die eines kontinentalen Krieges.[193]

(b) Nord-Süd-Verhältnis

Wie auch vor der politischen Entspannung ist das Fortbestehen und die Verstärkung der Unterentwicklung und Überbevölkerung maßgeblich für die Gefahren, die von diesem Risikopotenzial ausgehen.

Bestimmend für die Risiken, die vom Verhältnis Nord-Süd ausgehen, sind sowohl Faktoren, die ihre Ursachen innerhalb der jeweiligen Region haben, wie z.B. mangelnde Qualifikation der Bevölkerung oder eine hohe Korruption innerhalb der örtlichen Führungseliten, als auch von solchen, die außerhalb der Krisenregion liegen, wie z.B. eine nachteilige An- und Einbindung in die Weltwirtschaft.[194] Die zu erwartenden Risiken und Bedrohungen sind in diesem Bereich elendsbedingte Migrations- und Flüchtlingswellen[195], zwischenstaatliche Konflikte, die durch Rüstungsexporte aus den Industrienationen und Schwellenländern verschärft werden[196], politisch-religiöse Fanatisierungsbewegungen in großem Ausmaß, neue Formen des Terrorismus[197] und Staatsterrorismus[198] sowie instrumentalisierte „*Pressure-Groups*" in den Industrieländern.[199]

(c) „*Global-Village*"-Risiken

Hierbei handelt es sich um einen Risikokomplex, der sich durch die immer schneller fortschreitende, funktionale Integration des Weltganzen ergibt.[200]

---

seit Dez. 1996 und KFOR, an der die Bundeswehr seit Dez. 1998 beteiligt ist. Angaben nach: BMVg, Bestandsaufnahme, S. 30.

192 *Stahel*, Schweizer Soldat 2/1999, 22 (22).

193 *Hansen* in: Thiele, S. 74.

194 *v.Müller* in: Heydrich/Lemke/Rohde, S. 95.

195 Bericht der Wehrstrukturkommission 2000, S. 24.

196 Ebd.

197 Als Beispiel für das Gefahrenpotenzial solcher nichtstaatlicher Akteure kann der Anschlag mit dem Nervengas Sarin in der Tokioter U-Bahn im März 1995 durch die Sekte Aum Shinrikyo dienen. Diese Sekte ist ebenfalls mit der Beschaffung der biologischen Kampfstoffe Anthrax und Botulismus involviert. Gesellschaft für Wehr- und Sicherheitspolitik, Aufgaben zukünftiger Streitkräfte, S. 11.

198 Die Terrorangriffe auf die USA vom 11. September 2001, bei dem Mitglieder der Terrororganisation Al-Qaida des Terroristen *Osama Bin Laden* mit vier entführten Flugzeugen das World Trade Centre in New York, das Verteidigungsministerium des U.S.A. (Pentagon) und den Landsitz des US-Präsidenten (Camp David) attackierten bzw. es versuchten, können als Beispiel für den (Staats-) Terrorismus angeführt werden. Siehe zu der umfangreichen Berichterstattung nur http://www.spiegel.de oder http://www.welt.de.

199 *v.Müller* in: Heydrich/Lemke/Rohde, S. 95; *Steinkamm*, Loyal 7/1998, 34 (34).

200 Ebd.

Die Risiken und Bedrohungen bestehen in dieser Gruppe im Wesentlichen aus der Verknappung kritischer Ressourcen, Rohstoffe und Vorprodukte, einseitiger technologischer Abhängigkeit, der Destabilisierung der internationalen Finanzmärkte, der Behinderung der internationalen Verkehrs- und Handelsströme, der Drogenproduktion und des internationalen Handels mit ihnen, der Schädigung und Destabilisierung des globalen Klimasystems, einer emissiven oder immissiven Schädigung von Luft, Wasser und Boden, der Verringerung des Artenbestandes und Gen-Pools, einer störfallbedingten Gesundheitsgefährdung und deren Folgekosten, der Ausbreitung infektiöser Krankheiten sowie Erpressungen mit Androhung von ökotoxischen Maßnahmen.[201]

Diese aufgezeigten Risiken und Bedrohungen in den drei Gruppen spielen sich weitüberwiegend außerhalb Europas ab, nehmen aber unmittelbaren Einfluss auf die Sicherheit Deutschlands und seiner Bündnispartner.[202] Erkennbar ist, dass in Zukunft deutsche und europäische Sicherheitsinteressen stärker als früher durch Krisen und Konflikte in weiter entfernten Ländern und Kontinenten bedroht werden.[203] Zur Sicherung der europäischen und internationalen Stabilität müssen sich deutsche Streitkräfte mehr an internationalen militärischen Maßnahmen auch außerhalb des Kontinents beteiligen. Obwohl auch bei der Lösung dieser Probleme militärische Fähigkeiten die Grundlage für nicht- oder vormilitärische Maßnahmen des Krisenmanagements und der Konfliktprävention sind, wird eine Bewältigung alleine mit militärischen Mitteln nicht möglich sein.[204] Der Schwerpunkt der deutschen und europäischen Sicherheitspolitik muss daher in Zukunft auf der Prävention und Beendigung solcher Krisen und Konflikte liegen. Die früher bestehende eindeutige Trennung der aufgezeigten Konfliktfelder Ost-West und Nord-Süd wird dabei zukünftig aufweichen. Daher müssen auf beiden Gebieten Entwicklungs- und Strukturbildungsprozesse angeregt, gefördert und konsolidiert werden.[205]

Dennoch ist die Gefahr einer erneuten, z.B. von Russland ausgehenden Bedrohung des ganzen Kontinents nicht völlig ausgeschlossen.[206] Dies ist jedoch zum jetzigen Zeitpunkt sehr unwahrscheinlich. Für die Entstehung einer solchen unmittelbaren Bedrohung wären einschneidende, langfristige und durch dem Westen deutlich

---

201 *v.Müller* in: Heydrich/Lemke/Rohde, S. 95 f.

202 *Heydrich* in: Heydrich/Lemke/Rohde, S. 16.

203 Diese Einschätzung teilt auch die NATO in Art. 9 des Neuen strategischen Konzepts 1991: „They could, however, lead to crises inimical to European stability and even to armed conflicts, which could involve outside powers or spill over into NATO countries, having a direct effect on the security of the Alliance.".

204 *v.Müller* in: Heydrich/Lemke/Rohde, S. 97.

205 Bericht der Wehrstrukturkommission 2000, S. 24.

206 Das Neue strategische Konzept der NATO 1991, Art. 43: „While in the new security environment a general war in Europe has become highly unlikely, it cannot finally be ruled out.", bestätigt durch Art. 12 des Neuen strategischen Konzepts der NATO 1999: "Developments in recent years have been generally positive, but uncertainties and risks remain which can develop into acute crises."; *Heydrich* in: Heydrich/Lemke/Rohde, S. 16; *Hansen* in: Thiele, S. 73 f.; *Frank*, Auftrag 1/1999, 25 (25).

wahrnehmbare Veränderungen der derzeitigen politischen und militärischen Situation notwendig, die sich nur über einen längeren Zeitraum vollziehen könnten.[207] Diese Veränderungen würden sich über einen eher in Jahren als in Monaten zu messenden Zeitraum erstrecken.[208] Schätzungen belaufen sich hier auf zehn Jahre.[209]

(2) Zukünftige Einsatzarten für die Bundeswehr

(a) Frühere Situation der deutschen Streitkräfte

Vor den radikalen politischen Veränderungen in Europa war das geteilte Deutschland direkter Anlieger der zwischen Ost und West verlaufenden Trennungslinie. Ein möglicher Konflikt zwischen den beiden Blockstaaten wäre unmittelbar auf deutschem Territorium verlaufen.

Die deutsche Verteidigungspolitik war auf diese „Frontstaatlage" ausgerichtet. Die damals nur eingeschränkte Souveränität Westdeutschlands und die starke Einbindung in die NATO ließen eine eigenständige deutsche Verteidigungspolitik gar nicht erst aufkommen.[210] Unter dem Schutz der NATO war Deutschland und Westeuropa in hohem Maße vor einem Angriff durch die Warschauer Vertragsorganisation sicher. Schwerpunkt des damaligen sicherheitspolitischen Interesses war die Sicherstellung der Verteidigung des nationalen Territoriums gegen einen Angriff nach kurzer Vorwarnzeit sowie der Region Mitteleuropas.[211] Als notwendige Konsequenz war auch die Ausbildung, Struktur und Ausrüstung der Bundeswehr allein auf den zwar unwahrscheinlichen, aber sehr bedrohlichen Angriff des Ostens auf Deutschland und seine Bündnispartner ausgerichtet. [212]

(b) Zu erwartende Aufgaben für deutsche Streitkräfte

Mit der Erlangung der vollständigen Souveränität im Jahre 1990 hat Deutschland einen wesentlich größeren politischen Handlungsspielraum erhalten. Als Folge wird von ihm in Zukunft die Übernahme von mehr sicherheitspolitischer Verantwortung

---

207 *Lemke* in: Heydrich/Lemke/Rohde, S. 84; *Heydrich* in: Heydrich/Lemke/Rohde, S. 16; *v.Sandrart* in: Heydrich/Lemke/Rohde, S. 46; Von einer längeren Vorwarnzeit geht auch die NATO aus: „Any major aggression in Europe is much more unlikely and would be preceded by significant warning time.", Art. 31 des Neuen strategischen Konzepts der NATO 1991; *Wellershoff*, Die Welt v. 2. Februar 1999, S. 10.

208 *Lutz* in: Groß/Lutz;, S. 15; *Lemke* in: Heydrich/Lemke/Rohde, S. 85; Griephan Special Wehrdienst, 4/1998, S. 5.

209 So die Einschätzung der Wehrstrukturkommission „Gemeinsame Sicherheit und Zukunft der Bundeswehr". Bericht der Wehrstrukturkommission 2000, S. 23; zur gleichen Lageeinschätzung gelangt die NATO in ihrer Studie „MC 161/96 B Geheimdienstvoraussagen zu Russland", danach ist Russland in den kommenden zehn Jahren nicht zu einer Militäroffensive gegen Europa oder China fähig. Nach Einschätzungen der NATO bräuchte die russischen Armee zur Vorbereitung einer militärischen Konfrontation mindestens 18 Monate.

210 *Heydrich* in: Heydrich/Lemke/Rohde, S. 21.

211 *v.Krause* in: Klein/Zimmermann, S. 13; *Hungerbühler*, Schweizer Soldat 4/1998, 15 (17).

212 *Heydrich* in: Heydrich/Lemke/Rohde, S. 21.

erwartet.[213] Die früher zentrale Aufgabe der Landesverteidigung, die ebenfalls die zentrale Legitimation für die Wehrpflicht darstellt, muss auch in Zukunft als ein Aufgabenbereich der Bundeswehr sowie der anderen europäischen Streitkräfte erhalten bleiben.[214] Auch wenn ein Angriff auf das deutsche Territorium bis weit über das Jahr 2000 nur schwer vorstellbar ist, so darf das Herstellen der Verteidigungsbereitschaft nicht völlig vernachlässigt werden.

(aa) Zukünftiges Einsatzspektrum

Künftig wird sich das Einsatzspektrum der Bundeswehr und der anderen Bündnisarmeen aber eher auf die nachfolgenden Bereiche[215] konzentrieren:

- Krisen, die wegen ihrer Komplexität, Aussichtslosigkeit externer Lösungsansätze oder räumlicher Ferne lediglich politisch eingegrenzt werden können. Sie ziehen i.d.R. wirtschaftliche Sanktionen nach sich. Streitkräfte können in diesem Rahmen zu überwachenden und logistischen sowie sanitätsdienstlichen Aufgaben eingesetzt werden.
- Krisen, die im Wesentlichen politisch-diplomatische, wirtschaftliche und friedensstiftende Aktionen vorbeugender Art nach sich ziehen. Truppen können in diesem Bereich nur begrenzt in überwiegend indirekten Einsätzen, wie etwa zur Aufklärung und Überwachung, zur Demonstration militärischer Präsenz, zur Unterstützung von Beobachtungsmissionen, zu humanitärer Hilfe und zur Grenzüberwachung und Friedenssicherung eingesetzt werden.
- Begrenzte gewaltsame Konflikte, die gefahrvoll für die internationale Sicherheit und Ordnung sind und zugleich lebenswichtige Interessen Europas oder der Allianz bedrohen. Zur Bewältigung dieser Konflikte können militärische Mittel beim Scheitern von präventiven Maßnahmen angewendet werden.
- Bedrohungen Deutschlands oder des Bündnisgebiets, Aggressionen und selektive Angriffe mit weit reichenden Waffen. Hier wäre der Einsatz der Streitkräfte zur Landes- und Bündnisverteidigung notwendig.
- Not- und Katastrophenfälle, Fälle von internationaler, organisierter Kriminalität mit regionalen oder globalen Auswirkungen.[216] Solche Fälle können internationale oder nationale Hilfs- oder Ordnungseinsätze erfordern.

Die oben dargestellten Bereiche lassen sich zu drei Kerneinsatzarten zusammenfassen: Nicht kombattante Einsätze, die eine helfende, rettende und ordnende Funktion haben, daneben Einsätze mit Schutzauftrag, bei denen bewaffneter Schutz für Men-

---

213 *Heydrich* in: Heydrich/Lemke/Rohde, S. 22.

214 *v.Sandrart* in: Heydrich/Lemke/Rohde, S. 47.

215 Aus den einschlägigen Analysen lassen sich diese Kernrisiken zusammenfassen. Siehe hierzu insbesondere Art. 1 ff. des Neuen strategischen Konzepts der NATO von 1991, Art. 12 ff. des Neuen strategischen Konzepts der NATO von 1999; *v.Sandrart* in: Heydrich/Lemke/Rohde, S. 42 f.

216 *Hofstetter*, Schweizer Soldat 3/1998, 18 (18).

schen, Material und Operationen Gewähr leistet werden muss, sowie die Sicherung örtlicher kritischer Infrastruktur und kombattante Einsätze bei denen der Einsatz von militärischer Gewalt notwendig ist.[217]

Auch die Bundesregierung beurteilt die zu erwartende Auftragslage für die Bundeswehr ähnlich. Deshalb hat sie ein vergleichbares Aufgabenprofil aufgestellt. Danach „schützt die Bundeswehr Deutschland und seine Staatsbürger vor politischer Erpressung und äußerer Gefahr, verteidigt Deutschland und seine Verbündeten, trägt zur Sicherung von Frieden und Stabilität im europäischen Raum bei, fördert den Weltfrieden und die internationale Sicherheit im Einklang mit der Charta der Vereinten Nationen, hilft bei Katastrophen, rettet aus Notlagen und unterstützt humanitäre Aktionen"[218].

(bb) Einsatz der Bundeswehr im Rahmen einer gemeinsamen europäischen Armee

Eine besondere Herausforderung für die Bundeswehr wird die Beteiligung an der von der EU geplanten gemeinsamen Eingreiftruppe im Rahmen der Gemeinsamen Europäischen Sicherheits- und Verteidigungspolitik (GESVP) sein. Die GESVP soll es der EU ermöglichen, künftig die gemeinsame Außenpolitik auch durch gemeinsame militärische Aktionen in die Wirklichkeit umzusetzen. Vorgänger waren die Europäische Politische Zusammenarbeit (EPZ) und die Gemeinsame Außen- und Sicherheitspolitik (GASP). Die Mitgliedsstaaten der EU haben seit Oktober 1970 unter dem Dach der EPZ bei wichtigen weltpolitischen Fragen zusammengearbeitet. Eine förmliche Grundlage erhielt diese Zusammenarbeit 1986 in der Einheitlichen Europäischen Akte. Das Ziel einer gemeinsamen Außenpolitik (GASP) wurde erstmals durch den Maastrichter Vertrag, der am 1. November 1993 in Kraft trat, in den Vertrag aufgenommen. Dies ermöglichte der EU erstmals, sich als solche zu Krisen, Konflikten und anderen außen- und sicherheitspolitischen Fragen zu äußern. Die GASP-Bestimmungen des Maastrichter Vertrages wurden durch den am 1. Mai 1999 in Kraft getretenen Vertrag von Amsterdam revidiert. Nun enthält der EU-Vertrag in den Art. 11 – 28 spezielle Bestimmungen zur GASP. Schon jetzt ist im EU-Vertrag in Art. 17 Abs. 1 EU eine militärische Komponente vorgesehen. Danach kann die Union im Bedarfsfall auf militärische Kapazitäten der WEU zurückgreifen. In den zurzeit geltenden Bestimmungen zur GASP ist bereits der Wille zur Schaffung einer gemeinsamen Verteidigungspolitik angelegt (Art. 17 Abs. 1 S. 1 EU). Eine Erneuerung bringt auf diesem Gebiet der Vertrag von Nizza, der am 26. Februar 2001 unterzeichnet wurde. Wirksam werden diese allerdings erst mit in Kraft treten nach der Ratifizierung durch die Mitgliedsstaaten.

---

217 *v.Sandrart* in: Heydrich/Lemke/Rohde, S. 43 f.

218 BMVg, Die Bundeswehr – sicher ins 21. Jahrhundert, S. 8.

Auf der Tagung des Europäischen Rates in Köln vom 3. - 4. Juni 1999 wurde beschlossen, dass Aufgaben der Krisenbewältigung zu den zentralen Aufgaben der GESVP werden sollen.[219] Zur Krisenbewältigung soll die GESVP in der Lage sein, Aufgaben im gesamten Spektrum „Petersberg-Aufgaben" zu handeln, d.h. Aufgaben der Konfliktprävention und der Krisenbewältigung wahrzunehmen. Bei den Petersberg-Aufgaben handelt es sich um das am 19. Juni 1992 auf dem Petersberg in Bonn in der Petersberg-Erklärung[220] festgelegte Einsatzspektrum der militärischen Einheiten der Mitgliedsstaaten der WEU. Neben der Einsatzmöglichkeit im Rahmen von Artikel 5 des Nordatlantikvertrages vom 4. April 1949[221], bzw. Artikel V des Brüsseler Vertrages vom 24. Oktober 1954[222] können militärische Einheiten der WEU danach auch für humanitäre Aufgaben und Rettungseinsätze, friedenserhaltende Aufgaben, Kampfeinsätze bei der Krisenbewältigung einschließlich Maßnahmen zur Herbeiführung des Friedens eingesetzt werden.[223] Hierzu benötige die EU militärische Einheiten, die in der Lage sind, internationale Krisen losgelöst von der NATO zu bewältigen, einerseits für den Fall, dass sich die NATO in einer Krise für nicht zuständig erklärt, andererseits für den unwahrscheinlichen Fall schwindenden Zusammenhalts innerhalb der NATO.[224] In der Erklärung des Europäischen Rates von Köln[225] setzten die Teilnehmer das Ziel, bis Ende des Jahres 2000 eine Entscheidung bzgl. einer gemeinsamen Verteidigung zu treffen. Eine genaue Festlegung der Anforderungen an die Bewältigung dieser Aufgaben wurde in Köln noch nicht getroffen.

Weiter verfolgt wurden diese Absichten auf dem Gipfel in Helsinki vom 10. - 11. Dezember 1999, auf dem eine Erklärung zur gemeinsamen europäischen Sicherheits- und Verteidigungspolitik und zwei Berichte der Präsidentschaft über die Entwicklung

---

219 Europäischer Rat (Köln). Anhang III der Schlussfolgerungen des Rates. Tagung des Europäischen Rates am 3. und 4. Juni 1999 in Köln, http://ue.eu.int/pesc/military/de/DECologne.htm,

220 Bulletin des Presse- und Informationsamtes der Bundesregierung vom 23. Juni 1992, Nr. 68, S. 649.

221 Art. 5 des Nordatlantikvertrages lautet: „Die Parteien vereinbaren, dass ein bewaffneter Angriff gegen eine oder mehrere von ihnen in Europa oder Nordamerika als ein Angriff gegen sie alle angesehen wird; sie vereinbaren daher, dass im Falle eines solchen bewaffneten Angriffes jede von ihnen in Ausübung des in Artikel 51 der Satzung der Vereinten Nationen anerkannten Rechts der individuellen oder kollektiven Selbstverteidigung der Partei oder den Parteien, die angegriffen wurden, Beistand leistet, indem jede von ihnen unverzüglich für sich und im Zusammenwirken mit den anderen Parteien die Maßnahmen, einschließlich der Anwendung von Waffengewalt, trifft, die sie für erforderlich erachtet, um die Sicherheit des nordatlantischen Gebiets wieder herzustellen und zu erhalten.", BGBl. 1955, Teil II, S. 289. Dieser Bündnisfall i.S.d. Art. 5 wurde in der Geschichte der NATO zum ersten Mal am 4. Oktober 2001 nach den Angriffen auf die USA vom 11. September 2001 festgestellt, NATO-Pressemitteilung vom 4. Oktober 2001, http://www.nato.int/docu/speech/2001/s011004b.hmt.

222 BGBl. 1954, Teil II, S. 283.

223 Wörterbuch Sicherheitspolitik, Stichwort: „Petersberg-Aufgaben".

224 *Dembinski*, HFSK-Report 11/2000, S. 1.

225 Erklärung des Europäischen Rates von Köln (3. - 4. Juni 1999) abgedruckt unter: http://www.weu.int/eng/info/d990603a.htm.

der Fähigkeit der Union zur militärischen[226] und nichtmilitärischen Krisenbewältigung[227] abgegeben wurden. Nach den Berichten der Präsidentschaft ist es Ziel der Mitgliedsstaaten, vor dem Hintergrund des Entschlusses für die Entwicklung einer effizienteren militärischen Komponente und der Einführung neuer politischer und militärischer Strukturen für die genannten Aufgaben, autonome Verbände zu haben, die von der EU geführte militärische Operationen zur Bewältigung internationaler Krisen aufbauen und leiten können, für die Fälle, dass die NATO insgesamt nicht involviert ist.[228] Die EU soll über das gesamte Spektrum militärischer und ziviler Mittel zur Konfliktbewältigung verfügen. Diese sollen diplomatische Bemühungen, humanitäre Hilfe, wirtschaftliche Maßnahmen und Einsätze militärischer Konfliktbewältigung umfassen. Damit würde die EU mit der ESVP über ein umfassendes Instrumentarium der Krisenprävention und –bewältigung aus einer Hand verfügen, welches neben militärischen Instrumenten auch diplomatische, wirtschaftliche, humanitäre, administrative und polizeiliche Funktionen umfasst.[229]

Die militärische Komponente soll dabei sowohl eigenständig unter Leitung der EU handeln, als auch potenzieller Teilnehmer an von der NATO geführten Operationen sein können. Um den Anforderungen eines gemeinsamen Einsatzes zur Bewältigung einer internationalen Krise gewachsen sein zu können, muss die geforderte militärische Komponente folgende Eigenschaften haben: Aufwuchsfähigkeit, Durchhaltefähigkeit, Kompatibilität, Flexibilität, Mobilität, Überlebensfähigkeit.[230] Diese Streitkräfte müssen sich selbst versorgen können und über die notwendigen Führungs-, Kontroll- und Aufklärungseinheiten verfügen. Als Ziel für die militärischen Fähigkeiten der GESVP wurde in Helsinki festgelegt, dass die Union bis zum Jahr 2003 in der Lage sein muss, innerhalb von 60 Tagen die geforderten Truppen bis zur Korpsstärke, d.h. bis zu 15 Brigaden, also rund 60.000 Soldaten, zur Verfügung zu stellen. Die Streitkräfte sollen einen Einsatz für mindestens ein Jahr absolvieren können. Diese Streitkräfte sollen in der Lage sein, alle Petersberg-Aufgaben bei rascher Verlege- und Einsatzfähigkeit wahrzunehmen. Besonderes Augenmerk ist dabei auf die militärische Durchhaltefähigkeit, die Fähigkeit zur Streitkräfteführung sowie die strategische Aufklärung, Logistik und andere Kampfunterstürzungsdienste zu richten. Dazu ist es

---

226 Anlage 1 zu Anlage IV. Zwischenbericht des Vorsitzes an den Europäischen Rat (Helsinki) über die Stärkung der Gemeinsamen Europäischen Sicherheits- und Verteidigungspolitik, abgedruckt unter http://ue.eu.int/pesc/military/de/DEHelsinki.htm.

227 Anlage 2 zu Anlage IV. Bericht des Vorsitzes zur nichtmilitärischen Krisenbewältigung der Europäischen Union, abgedruckt unter: http://ue.eu.int/pesc/military/de/DEHelsinki.htm.

228 Europäischer Rat (Helsinki). Anlage IV der Schlussfolgerungen der Vorsitzes. Tagung des Europäischen Rates am 10. und 11. Dezember 1999 in Helsinki. http://ue.eu.int/pesc/military/de/DEHelsinki.htm.

229 *Dembinski*, HFSK-Report 11/2000, S. 2; Europäischer Rat (Helsinki). Anlage IV der Schlussfolgerungen der Vorsitzes. Tagung des Europäischen Rates am 10. und 11. Dezember 1999 in Helsinki. http://ue.eu.int/pesc/military/de/DEHelsinki.htm.

230 Anlage 1 zu Anlage IV. Zwischenbericht des Vorsitzes an den Europäischen Rat (Helsinki) über die Stärkung der Gemeinsamen Europäischen Sicherheits- und Verteidigungspolitik, abgedruckt unter http://ue.eu.int/pesc/military/de/DEHelsinki.htm.

notwendig, Reserveeinheiten zu bilden, die bei geringerer Vorwarnzeit in der Lage sind, die primären Truppenteile auszutauschen.[231]

Auf der Tagung in Nizza vom 7. – 11.Dezember 2000 hat der Rat beschlossen, zur politischen Kontrolle und strategischen Leitung bei Krisen neue ständige politische und militärische Strukturen einzurichten. Diese Strukturen umfassen zum einen das Politische und Sicherheitspolitische Komitee (PSK), zum anderen den Militärausschuss der Europäischen Union (EUMC) sowie den Militärstab der Europäischen Union (EUMS). Das Politische und Sicherheitspolitische Komitee (PSK) befasst sich mit sämtlichen in Artikel 25 EU vorgesehenen Aufgaben. Es besteht aus nationalen Vertretern auf der Ebene der hohen Beamten/Botschafter. Unter Aufsicht des Rates führt das PSK im Fall einer Krise die politische Kontrolle und die strategische Leitung der Operation durch. Dem Militärausschuss gibt das PSK Leitlinien an die Hand.[232] Eingesetzt wurde dieser durch Beschluss des Rates vom 22. Januar 2001.[233] Der Militärstab (EUMS) hat dabei die Aufgabe, allgemein und bei der Durchführung EU-geführter militärischer Operationen der Krisenbewältigung den militärischen Sachverstand und die militärische Unterstützung bereitzustellen, sich mit der Frühwarnung, der Lagebeurteilung und der strategischen Planung im Hinblick auf die Ausführung der Petersberg-Aufgaben, einschließlich der Bestimmungen der jeweiligen europäischen nationalen und multinationalen Streitkräfte, zu befassen. Weiterhin soll er die Politiken und Beschlüsse gemäß den Vorgaben des Militärausschusses (EUMC) durchführen.[234] Eingesetzt wurde der Militärstab ebenfalls durch den Beschluss des Rates vom 22. Januar 2001.[235] Dieser Beschluss wurde am 8. Juni 2001 durch den Generalsekretär/Hohen Vertreter für anwendbar erklärt.[236] Dagegen soll der Militärausschuss (EUMC) das Politische und Sicherheitspolitische Komitee (PSK) in allen militärischen Angelegenheiten im Rahmen der Union militärisch beraten und diesem gegenüber Empfehlungen abgeben sowie militärische Leitvorgaben für den Militärstab festlegen. Er wird aus den Stabchefs der Mitgliedsstaaten zusammengesetzt, die von ihren Delegierten vertreten werden. Der Militärausschuss nimmt darüber hinaus die militärische Leitung aller militärischen Aktivitäten im Rahmen der Union war.

---

231 Anlage 1 zu Anlage IV. Zwischenbericht des Vorsitzes an den Europäischen Rat (Helsinki) über die Stärkung der Gemeinsamen Europäischen Sicherheits- und Verteidigungspolitik, abgedruckt unter http://ue.eu.int/pesc/military/de/DEHelsinki.htm.

232 Bericht des Vorsitzenden. Anlage III. Politisches und Sicherheitspolitisches Komitee (PSK), http://ue.eu.int/pesc/military/de/Depsc.htm.

233 Beschluss des Rates vom 22. Januar 2001 zur Einsetzung des Politischen und Sicherheitspolitischen Komitees (2001/78/GASP), ABl. EG 2001 Nr. L 27/1.

234 Bericht des Vorsitzes. Anlage V. Organisation des Militärstabs der Europäischen Union (EUMS). http://ue.eu.int/pesc/military/de/Deeums.htm.

235 Beschluss des Rates vom 22. Januar 2001 zur Einsetzung des Militärstabs der Europäischen Union (2001/80/GASP), ABl. EG 2001 Nr. L 27/7.

236 Beschluss des Generalsekretärs des Rates/Hohen Vertreters für die Gemeinsame Außen- und Sicherheitspolitik vom 8. Juni 2001 zur Anwendung des Beschlusses des Rates zur Einsetzung des Militärstabs der Europäischen Union (2001/442/GASP), ABl. EG 2001 Nr. L 155/18.

Der Vorsitzende des EUMC nimmt bei Beschlüssen mit verteidigungspolitischem Bezug an den Tagungen des Rates teil.[237] Er wurde durch Beschuss des Rates vom 22. Januar 2001 eingesetzt.[238]

Zusammengefasst sind im Rahmen der GESVP im Wesentlichen die folgenden Felder vorgesehen: [239]

- Einrichtung eines ständigen Politischen und Sicherheitspolitischen Komitees (PSK) in Brüssel, das aus nationalen Vertretern auf der Ebene der Hohen Beamten oder Botschafter besteht;
- Etablierung eines Militärausschusses (EUMC), der sich aus den Stabchefs oder militärischen Delegierten zusammensetzt;
- Einsetzung eines Militärstabes (EUMS) innerhalb der Ratsstruktur;
- Aufstellung von Krisenreaktionskräften in einer Stärke von 50.000 bis 60.000 Soldaten bis 2003, die innerhalb von 60 Tagen komplett verlegbar sind und eine Durchhaltefähigkeit von mindestens einem Jahr haben;
- Ausarbeitung und regelmäßige Überprüfung von Leit- und Fähigkeitszielen durch den Rat Allgemeine Angelegenheiten;
- Einrichtung eines Adhoc-Ausschusses der beitragenden Länder im Falle einer von der EU geführten Operation;
- Bildung eines Ausschusses für nichtmilitärische Aspekte der Krisenbewältigung;
- Einrichtung eines Koordinierungsmechanismus für nichtmilitärische Krisenbewältigung;
- Bereitstellung von bis zu 5.000 Polizisten für internationale Missionen bis 2003, wovon 1000 Polizisten innerhalb von 30 Tagen einsatzbereit sein sollen.

Die Mitgliedsstaaten der EU haben sich am 20. November 2000 in Brüssel zu einer Beitragskonferenz getroffen. Auf dieser Konferenz wurden die nationalen Beiträge zur Bewältigung der Aufgaben der GESVP festgehalten. Die Mitgliedsstaaten haben sich auf dieser Konferenz bereit erklärt, mittel- und langfristig ihre operativen und strategischen Fähigkeiten zu verbessern.[240]

---

237 Bericht des Vorsitzes. Anlage IV. Militärausschuss der Europäischen Union (EUMC). http://ue.eu.int/pesc/military/de/Deeumc.htm.

238 Beschluss des Rates vom 22. Januar 2001 zur Einsetzung des Militärausschusses der Europäischen Union (2001/79/GASP), ABL. EG 2001 Nr. L 27/4.

239 *Ehrhart*, ÖMZ 1/2001, S. 28.

240 Die Militärstrukturen der Europäischen Union, http://ue.eu.int/pesc/military/de/homede.htm.

(3) Konsequenzen für die Streitkräftestruktur

Entscheidender Bezugspunkt für die Neustrukturierung müssen die in der Zukunft wahrscheinlichsten Einsätze sein.[241] Eine vergleichsweise stabile Lage, wie zu Zeiten des Kalten Kriegs, wird es im Europa des 21. Jahrhunderts nicht mehr geben. Nicht nur die Lage in Europa wird von enormen wirtschaftlichen, politischen und insbesondere sicherheitspolitischen Instabilitäten geprägt sein.[242] Deutschland muss deshalb mit sehr kurzen Reaktionszeiten für die oben beschriebenen Aufgaben außerhalb des nationalen Territoriums rechnen.[243] Insbesondere die für kurzfristige Hilfs- und Rettungsmaßnahmen vorgesehenen Truppenteile müssen ständig abrufbar sein.[244] Die für solche Einsätze vorgesehenen Truppenteile müssen daher jederzeit einsatzbereit, permanent präsent und immer vollständig ausgebildet sein.[245]

Dagegen wird es, wie noch zur Zeit des Kalten Krieges, in Zukunft nicht mehr möglich sein, für deutsche Streitkräfte ein klar vorgegebenes Aufgabengebiet zu umreißen und sich auf eine Bedrohungssituation zu konzentrieren.[246] Die Möglichkeit einer zügigen und unproblematischen Anpassung an neu auftretende Aufgaben und Entwicklungen muss künftig eines der maßgeblichen Leitmotive bei der konzeptionellen Planung der Streitkräftestruktur sein.

Weiterhin müssen sich die Fähigkeiten des Militärs den veränderten Rahmenbedingungen anpassen. Nur wenige der aufgezeigten zukünftigen Aufgaben werden alleine mit militärischen Mitteln zu bewältigen sein.[247] Dabei wird die Rolle des Militärs aber nicht an Bedeutung verlieren, sondern lediglich ihren Charakter verändern. Aufgaben der Landes- und Bündnisverteidigung, ehemals der maßgebliche Einsatzzweck für die Bundeswehr, wird insbesondere für den durchaus noch denkbaren Fall einer erneuten Bedrohung durch Russland zwar erhalten bleiben müssen, deckt aber nur einen kleinen Teil ab. Ehemals außermilitärische Komplementäraufgaben werden zukünftig zu neuen Kernaufgaben der Bundeswehr aufsteigen.[248] Die Einsatzwahr-

---

241 *Heydrich* in: Heydrich/Lemke/Rohde, S. 25.

242 *Heydrich* in: Heydrich/Lemke/Rohde, S. 26.

243 *Heydrich* in: Heydrich/Lemke/Rohde, S. 29.

244 Die Bundeswehr hat schon an vier solcher Einsätze teilgenommen, am 14. März 1997 in Albanien zur Evakuierung deutscher u. ausländischer Staatsbürger, in Eritrea am 6. / 7. Juni 1998 ebenfalls zur Evakuierung deutscher u. ausländischer Staatsbürger, bei der Schneekatastrophe im österreichischen Galtür von 23. – 27. März 1999 sowie seit Apr. 1999 bei der Verteilung von Hilfsgütern u. dem Aufbau von Zeltlagern in Albanien u. Mazedonien. Angaben nach: BMVg, Bestandsaufnahme, S. 31.

245 *Hansen* in: Thiele, S. 78; *Heydrich* in: Heydrich/Lemke/Rohde, S. 29 f.

246 *Heydrich* in: Heydrich/Lemke/Rohde, S. 28.

247 BMVg, Die Bundeswehr – sicher ins 21. Jahrhundert, S. 6; *v.Müller* in: Heydrich/Lemke/Rohde, S. 97; Bericht der Wehrstrukturkommission 2000, S. 25; *Hungerbühler*, Schweizer Soldat 4/1998, 15 (17).

248 *v.Müller* in: Heydrich/Lemke/Rohde, S. 97; *Jonas*, Schweizer Soldat 1/1998, 24 (24).

scheinlichkeit für diese Aufgaben wird im Vergleich zu den klassischen militärischen Aufgaben sehr hoch sein.[249]

Die deutschen Streitkräfte müssen die Fähigkeit haben, verstärkt an Maßnahmen der NATO[250] und WEU oder der VN[251] und OSZE[252] teilzunehmen.[253] Einsätze dieser Art werden sich stets teilstreitkraftübergreifend im multinationalen Rahmen abspielen.[254] Für solche Einsätze vorgesehene Einheiten müssen fähig sein, in multinationalen Strukturen zu arbeiten.[255] Die Bundeswehr hat seit 1990 schon an insgesamt 23 Einsätzen der NATO, der VN oder der OSZE teilgenommen.[256] Dieser Befund wird durch die Analyse der geplanten GESVP der EU bestätigt. Auch bei der Teilnahme der Bundeswehr an Einsätzen der schnellen Eingreiftruppe wird es sich um Einsätze innerhalb multinationaler Strukturen handeln. Zwar stehen seitens der EU noch keine

---

249 So auch die Einschätzung der NATO für die Situation aller Bündnispartner: „The end of East-West confrontation has, however, greatly reduced the risk of major conflict in Europe. On the other hand, there is a greater risk of different crises arising, which could develop quickly and would require a rapid response, but they are likely to be of a lesser magnitude.", Art. 13 des Neuen Strategischen Konzepts der NATO 1991; *v.Sandrart* in: Heydrich/Lemke/Rohde, S. 44, 51.

250 Bisher hat die Bundeswehr im Rahmen der NATO an folgenden Einsätzen teilgenommen: SHARP GUARD in der Zeit von 1992 – 1996 (Überwachung des Handels- u. Wirtschaftsembargos in der Adria), DENY FLIGHT 1993 – 1995 (Luftraumüberwachung durch NATO-Flugzeuge auf dem Balkan), IFOR Dezember 1995 – Dezember 1996 (Unterstützung der I-FOR-Truppen sowie Überwachung von Seetransporten in der Adria), SFOR seit Dezember 1996 (Friedenssicherung, Überwachung der Rüstungskontrolle sowie zur Unterstützung ziviler Implementierungen in Bosnien u. Herzegowina), seit Dezember 1998 an KFOR (Überwachung u. Unterstützung des Friedensabkommens für das Kosovo in Mazedonien), Allied Forces seit dem 24. März 1999 auf dem Balkan zur Abwehr einer humanitären Katastrophe im Kosovo. Angaben nach: BMVg, Bestandsaufnahme, S. 30.

251 Die Bundeswehr war auch an verschiedenen Einsätzen unter der Führung der VN beteiligt. So unter anderem 1992 – 1993 in Kambodscha im Rahmen von UNTAC (Unterhaltung eines Hospitals), mit der Unterhaltung einer Luftbrücke zur Versorgung ruandischer Flüchtlinge 1994 bei der Mission UNAMIR, bei UNOSOM 1992 – 1994 zur logistischen Unterstützung der VN-Truppen und mit einer Luftbrücke zur Versorgung der Bevölkerung, von 1992 – 1996 mit einer Luftbrücke für Sarajevo zur Versorgung der Bevölkerung mit Hilfsgütern, im Rahmen von UNSCOM 1991 – 1996 im Bahrain u. Irak zur Transportunterstützung der VN-Abrüstungsexperten sowie seit 1994 bei UNOMIG in Abchasien u. Georgien mit sanitätsdienstlichen Versorgungsleistungen für das VN-Kontingent u. zur Überwachung des Waffenstillstandes. Angaben nach: BMVg, Bestandsaufnahme, S. 28.

252 Bisher hat die Bundeswehr auch an vier OSZE-Missionen teilgenommen. In der Zeit von September 1995 – August 1996 in Tschetschenien im Rahmen einer Beobachtungsmission, seit Dezember 1992 bei einer Beobachtungs- u. Vermittlungsmission in Georgien, in Lettland zur Überwachung beim Abbau russischer Radarfrühwarnanlagen vom Mai 1995 – August 1998 sowie bei einer Beobachtungsmission von Dezember 1998 – März 1999 im Kosovo. Angaben nach: BMVg, Bestandsaufnahme, S. 29.

253 *Jonas*, Schweizer Soldat 1/1998, 24 (25).

254 So auch der Generalinspekteur der Bundeswehr, *General Kujat*, in einem Interview mit IFDT, http://www.ifdt.de/0007/Artikel/Interview.htm; Griephan Special Wehrdienst, 4/1998, S. 6.

255 Eine weit reichende Verlagerung der Krisen- und Konfliktbewältigung auf multinationale Verbände sieht auch die NATO als zukunftsweisend an, Art. 51 des Neuen strategischen Konzepts 1991: „Integrated and multinational European structures, as they are further developed in the context of an emerging European Defense Identity, will also increasingly have a similarly important role to play in enhancing the Allies' ability to work together in the common defense."; *v. Sandrart* in: Heydrich/Lemke/Rohde, S. 51.

256 BMVg, Bestandsaufnahme, S. 28 ff.

konkreten Pläne für die genaue Struktur der Eingreiftruppe fest, jedoch steht zu erwarten, dass sich diese an denen anderer multinationaler Verbände orientieren werden. Die oben beschriebenen Aufgaben sind jedenfalls mit denen anderer multinationaler Verbände vergleichbar.

Innerhalb der Bundeswehr wird die Bedeutung der einzelnen Teilstreitkräfte und Truppengattungen sich ändern müssen.[257] Für die wahrscheinlichsten Einsatzfälle der humanitären Hilfe und Katastrophenhilfe werden in großem Maße Pionier-, ABC-Abwehr- und Sanitätstruppen benötigt werden.[258] Zu diesem Zweck ist das Heer sehr gut einsetzbar, ebenso im Bereich der friedenschaffenden und –erhaltenden Maßnahmen. Marine und Luftwaffe eignen sich dagegen sehr gut für Maßnahmen der Überwachung und Machtdemonstration. Aber auch innerhalb der einzelnen Truppengattungen müssen neue Schwerpunkte gebildet werden. So werden Fähigkeiten auf dem Gebiet der Wasseraufbereitung, des Brunnenbaus, der Trümmerbeseitigung, des Brückenbaus, Minenräumens, der Fernmeldeweitverbindung und auch des Lufttransports erheblich an Bedeutung gewinnen.[259] Um diese Aufgaben bewältigen und mit den anderen Bündnispartnern zusammenarbeiten zu können, müssen die Truppenteile, die für solche Einsätze vorgesehen sind, mit moderner Technologie ausgerüstet werden. Zu nennen sind hier nur: Mittel für die strategische und operative Aufklärung, weit reichende Kommunikationsmittel, Arbeitsgeräte für die neuen pioniertechnischen Schwerpunktaufgaben, Gerät zur präzisen Zielaufklärung und –bekämpfung, Gerät zur Sicherstellung der strategischen und operativen Beweglichkeit sowie Mittel zum Aufbau der ATBM-Fähigkeit und der Luftverteidigung.[260]

(4) Fazit der sicherheitspolitischen Analyse

Die Analyse der veränderten sicherheitspolitischen Lage hat gezeigt, dass die Anforderungen an die Bundeswehr nicht mehr diejenigen sind, die es noch vor 1990 waren. Eine Armee, die zusammen mit Bündnispartnern einen großen, existenziell bedrohlichen Angriff wie seinerzeit durch die Warschauer Vertragsorganisation abwehren kann, wird in Zukunft nicht mehr benötigt. Daran ändert für den Bedarf der nächsten Zeit auch die Möglichkeit einer erneuten Erstarkung Russlands nichts. Vielmehr braucht die Bundesrepublik eine Armee, die vorwiegend außerhalb des klassischen Auftrags der Landes- und Bündnisverteidigung tätig wird.[261] Sie muss in der Lage sein, im Wesentlichen regionale Krisen und Konflikte im Zusammenwirken mit Bündnispartnern zu bewältigen. Dazu bedarf es einer modern ausgerüsteten Armee, die permanent ausgebildet und einsatzbereit sein muss.[262]

---

257 *v.Sandrart* in: Heydrich/Lemke/Rohde, S. 54.
258 Ebd.
259 Ebd.
260 *v.Sandrart* in: Heydrich/Lemke/Rohde, S. 56.
261 Griephan Special Wehrdienst, 4/1998, S. 6.
262 *Rose*, F.A.Z. v. 15. November 2000, S. 15.

Ob die Bundeswehr als Wehrpflichtarmee diesen Anforderungen gerecht werden kann, muss anhand eines Vergleichs mit alternativen Wehrformen festgestellt werden.

bb) Mögliche Wehrsysteme

(1) Freiwilligen- oder Berufsarmee

Bei der Freiwilligen- oder Berufsarmee handelt es sich um eine Armee, die ausschließlich aus Berufs- und Zeitsoldaten besteht. Eine Wehr- oder Dienstpflicht auf Grund gesetzlich vorgeschriebener Wehrpflicht gibt es bei dieser Wehrform nicht.[263]

Der vielfach für diese Wehrform verwendete Begriff der Berufsarmee ist in diesem Zusammenhang unpassend. In einer Berufsarmee müssten genau genommen alle Soldaten auch Berufssoldaten sein. Dies ist jedoch in keiner Armee der Fall, vielmehr gibt es immer eine Mischung aus Berufs- und Zeitsoldaten.[264] Zu viele Probleme, wie z.B. die rasche Überalterung, gehen mit ihr einher.[265] In einer Freiwilligenarmee finden sich daher zwei Typen von Soldaten. Die einen haben sich für eine bestimmte Dienstzeit verpflichtet (Zeitsoldaten), die anderen dienen ihr ganzes Leben lang in der Armee (Berufssoldaten).[266] In den meisten Armeen geht dem Status des Berufssoldaten der des Zeitsoldaten voran.

Die Kommission „Gemeinsame Sicherheit und Zukunft der Bundeswehr" (sog. Weizsäcker-Kommission) hat nicht nur ein Wehrpflichtmodell vorgestellt, sondern auch eine mögliche Bundeswehrstruktur für eine Freiwilligenarmee erarbeitet. Auf Grund der höheren Effizienz einer Freiwilligenarmee geht die Kommission hier von einer Gesamtstärke von 220.000 Mann aus. Auch in diesem Rahmen würden dann 140.000 Mann für Einsatzkräfte zur Verfügung stehen.[267] Da die Kommission den Verteidigungsfall zwar für unwahrscheinlich, aber nicht ganz ausgeschlossen hält, hat sie auch die Aufwuchsfähigkeit einer Freiwilligenarmee mitbedacht. Bei entsprechender gesetzlicher Verpflichtung und angepassten Dienstzeiten wäre auch eine Freiwilligenarmee in der Lage, Reservisten hervorzubringen. Selbst wenn die Wehrpflicht ohne Übergangszeit ausgesetzt werden sollte, könnte die Bundeswehr noch bis 2015 auf Grund der bis dahin schon hervorgebrachten Reservisten den anvisierten Verteidigungsumfang von mindestens 400.000 Mann problemlos erreichen.[268]

---

263 Wörterbuch zur Sicherheitspolitik, Stichwort: Berufsarmee.
264 *Hahn*, ÖMZ 1/1998, 62 (62).
265 *Hahn* in: Steinkamm/Schössler, S. 82; *Klein* in: Haltiner/Kühner, S. 17.
266 *Straubhaar* in: Thiele, S. 102.
267 Bericht der Wehrstrukturkommission 2000, S. 60.
268 Ebd.

(2) Milizsystem

Hierbei handelt es sich strikt genommen um eine Form der Wehrpflichtarmee und nicht um eine eigenständige Kategorie.[269] Solche Armeen bestehen regelmäßig aus einem kleinen Kern an längerdienenden Soldaten[270] und einer sehr großen Anzahl von Grundwehrdienstleistenden.[271] Der Kernbestand der Armee wird i.d.R. nur für verwaltende und führende Aufgaben benötigt. Es gibt keine stehenden Einheiten und Verbände.[272] Diese Wehrpflichtigen erhalten eine relativ kurze militärische Grundausbildung und werden danach festen Einheiten zugewiesen.[273] Meist wird der Wehrdienst zeitlich aufgeteilt und in über mehrere Jahre verteilte Ausbildungsabschnitte gegliedert.[274] In den späteren Einheiten werden die erworbenen Grundkenntnisse vertieft und aufgefrischt. Die Ausbildungsphase der Soldaten reicht folglich bis weit in die Reservistenzeit hinein. Die in der Miliz dienenden Soldaten bilden sich selbst aus, da die Ausbilder für die Grundausbildung und die weitere Ausbildung und Fortbildung aus den eigenen Reihen stammen.[275]

(3) Wehrpflichtarmee

Die Wehrpflichtarmee wird überwiegend durch Wehrpflichtige aufgebaut. Der Begriff ist jedoch verwirrend. Auch die Wehrpflichtarmee muss einen mehr oder weniger großen Anteil von Zeit- oder Berufssoldaten für den Ausbildungsbetrieb und die Verwaltung haben. Deshalb gibt es keine reine Wehrpflichtarmee. Schon während ihres i.d.R. länger dauernden Grundwehrdienstes erhalten die Wehrpflichtigen ihre vollständige Ausbildung.[276] Durch die nachfolgenden Wehrübungen, die i.d.R. selten vorkommen, werden die bereits erworbenen Kenntnisse lediglich aufgefrischt.[277] Das Ausbildungs- und Führungspersonal entstammt bei Wehrpflichtarmeen aus den freiwillig Dienenden.

(a) Modell der Kommission „Gemeinsame Sicherheit und Zukunft der Bundeswehr"

Die Kommission „Gemeinsame Sicherheit und Zukunft der Bundeswehr" unter der Leitung des Altbundespräsidenten *Richard von Weizsäcker* (sog. Weizsäcker-Kommission) hat mehrere Modelle für eine zukünftige Bundeswehrstruktur erarbeitet.

---

269 In Europa existiert allein in der Schweiz noch eine Armee, die sich durch ein reines Milizsystem auszeichnet.
270 *Straubhaar* in: Thiele, S. 101; *Klein* in: Haltiner/Kühner, S. 13.
271 Bericht der Unabhängigen Kommission 1991, S. 48.
272 *Munz*, S. 74.
273 *Klein* in: Haltiner/Kühner, S.13.
274 Wörterbuch zur Sicherheitspolitik, Stichwort: Miliz.
275 *Klein* in: Haltiner/Kühner, S. 13.
276 *Straubhaar* in: Thiele, S. 101.
277 *Klein* in: Haltiner/Kühner, S. 14.

Hierunter befinden sich sowohl Modelle für eine Wehrpflicht- als auch für eine Freiwilligenarmee.

Von den verschiedenen Wehrpflichtmodellen, welche die *Weizsäcker*-Kommission erarbeitet hat, wurde ein Modell favorisiert[278]. Es handelt sich um bedarfsbezogene Wehrpflichtmodelle, die eine Auswahl unter den zur Verfügung stehenden Wehrpflichtigen notwendig machen. Bei diesem Modell soll die Gesamtstärke der Bundeswehr auf 240.000 Soldaten begrenzt und für Grundwehrdienstleistende sollen hierbei Stellen im Umfang von 25.000 geschaffen werden.

Tabelle 1: Das von der Weizsäcker-Kommission favorisierte Strukturmodell

Personalkategorie	**Bevorzugtes Strukturmodell der Kommission**
Offiziere	34.000
Feldwebel	65.000
Neue Personalkategorie (Unteroffiziere u. Mannschaften SaZ)	109.000
BS/SaZ gesamt	*99.000*
FWDL	5.000
GWDL	25.000
FWDL/GWDL gesamt	*30.000*
Wehrübungsplätze	2.000
Gesamtbestand	*240.000*

Quelle: Bericht der Wehrstrukturkommission 2000, S. 72.

Der Wehrdienst soll zehn Monate betragen. Daneben sollen 5.000 Stellen für freiwillig länger Dienende (FWDL) geschaffen werden. Die Anzahl der Zeit- und Berufssoldaten wird auf 210.000 Mann erhöht.

Die Besonderheit bei diesem Modell ist die bereits erwähnte Auswahl der tatsächlich dienstleistenden Grundwehrdienstleistenden (GWDL) aus dem Potenzial der zur Verfügung stehenden Grundwehrdienstleistenden (GWDL) anhand des Bedarfs der Truppe. Zu diesem Ergebnis kam die *Weizsäcker*-Kommission auf Grund der sich schon in den letzten Jahren abzeichnenden Unmöglichkeit, alle tauglichen Grundwehrdienstleistenden (GWDL) auch tatsächlich einzuberufen. Die Auswahl soll anhand des konkreten jährlichen Bedarfs der Streitkräfte erfolgen. Bei dem favorisierten zehnmonatigen Wehrdienst würden so pro Jahr ca. 30.000 Grundwehrdienstleistende (GWDL) einberufen.

Mit Hilfe dieses Streitkräftemodells sollen 140.000 Einsatzkräfte für die Teilnahme an internationalen und multinationalen Missionen zur Verfügung stehen. Dadurch, dass

278 Im Folgenden als Wehrpflichtmodell der Weizsäcker-Kommission bezeichnet, Bericht der Wehrstrukturkommission 2000, S. 63 f.

weiterhin Wehrpflichtige in der Bundeswehr vertreten sind, soll die Aufwuchsfähigkeit für den Fall der Landesverteidigung gesichert werden. Als Verteidigungsumfang sieht die *Weizsäcker*-Kommission eine Stärke von mindestens 400.000 Soldaten an.

Bei diesem Modell ist ein eindeutiger Trend hin zu einer Armee aus Freiwilligen zu erkennen. Der Anteil der Berufs- und Zeitsoldaten wächst bei gleichzeitiger Senkung der Gesamtstärke der Streitkräfte. Grundwehrdienstleistende (GWDL) und Freiwillig Wehrdienst Leistende (FWDL) werden nur noch jeweils ein viertel ihrer bisherigen Stärke aufweisen.

(b) „Strukturmodell 2000" des Verteidigungsministeriums

Im Oktober 2000 hat das Bundesministerium der Verteidigung ebenfalls ein Strukturmodell[279] für die Bundeswehr vorgestellt[280], welches ab 2002 auch in die Realität umgesetzt werden soll.[281]

Danach soll der Gesamtumfang der Bundeswehr zukünftig nicht mehr 335.000, sondern nur noch 280.000 Soldaten betragen. Von diesen 280.000 Mann entfallen 150.000 auf die neuen Einsatzkräfte und 108.000 auf die militärische Grundorganisation (die ehemaligen Krisenreaktionskräfte (KRK) umfassten nur 60.000 Soldaten, während die frühere Militärische Grundorganisation zusammen mit den Hauptverteidigungskräften (HVK) einen Umfang von 263.000 Mann aufweisen konnten). Weitere 22.000 Dienstposten werden für die Ausbildung und zivilberufliche Qualifikation der Soldaten geschaffen. Dies stellt in diesem Bereich eine Erhöhung um 10.000 Dienstposten dar. Eindeutig lässt sich aus dieser Umstrukturierung der Trend hin zu Einsatzkräften für internationale und multinationale Aktionen erkennen.

Dabei wird die frühere Teilung der Streitkräfte in Krisenreaktionskräfte und Hauptverteidigungskräfte in der neuen Personalstruktur aufgegeben. Zukünftig wird die Einteilung der Streitkräfte in Einsatzkräfte, die Militärische Grundorganisation und die Ausbildungsorganisation erfolgen.

Die neu zu schaffenden Einsatzkräfte werden alle Aufgaben übernehmen, welche die Bundeswehr innerhalb von Maßnahmen der NATO und EU wahrnehmen muss. Im Wesentlichen werden dies die früheren Aufgaben der KRK sein. Die Militärische Grundorganisation hat in Zukunft die nationale Führungsfähigkeit sicherzustellen sowie die logistische und sanitätsdienstliche Unterstützung und die zentrale militärische Ausbildung zu Gewähr leisten. Weiterhin muss sie die Aufwuchsfähigkeit im Rahmen der Landesverteidigung sichern.

---

279 Dieses Modell wird im Folgenden als „Strukturmodell 2000" bezeichnet, wie dies auch im Konzeptpapier des BMVg der Fall ist.

280 Erstmals vorgestellt wurde dieses Konzept in dem Papier „Neuausrichtung der Bundeswehr – Grobausplanung, Ergebnisse und Entscheidungen.", herausgegeben vom Bundesminister der Verteidigung.

281 BMVg, Grobausplanung, Die Personalstruktur der Streitkräfte.

Auch die Ausgestaltung des Grundwehrdienstes wird mit Beginn des Jahres 2002 anders gestaltet. So wird die Dauer des Grundwehrdienstes in Zukunft neun Monate betragen.[282] Neu ist ebenfalls, dass dem Grundwehrdienstleistenden zwei unterschiedliche Dienstmodelle zur Verfügung stehen. Bei dem ersten Modell leistet der Wehrpflichtige seinen Dienst an einem Stück ab, dagegen sieht das zweite Modell eine Zweiteilung vor. Während des ersten Abschnittes von sechs Monaten erwirbt der Grundwehrdienstleistende die notwendigen Grundqualifikationen für den späteren Einsatzdienstposten. Die verbleibenden drei Dienstmonate kann er dann in bis zu zwei Abschnitten leisten. Der abschnittsweise geleistete Wehrdienst muss innerhalb von zwei Jahren erfolgen.

Im Vergleich zu ca. 105.000 Grundwehrdienstleistenden im vorherigen Strukturmodell[283] der Bundeswehr wird es nur noch 53.000 geben. Die Zahl der Berufs- und Zeitsoldaten ist im Wesentlichen gleich geblieben. Ca. 203.000 Berufs- und Zeitsoldaten gab es in der „Struktur 340.000", in der „Struktur 2000" werden es 200.000 sein. Die Zahl der Freiwillig Wehrdienst Leistenden (FWDL) ist gleich geblieben und liegt auch in der „Struktur 2000" bei 27.000 Mann.

Tabelle 2: Vergleich der Strukturmodelle 340.000 und Strukturmodell 2000 des BMVg

Personalkategorie	**Strukturmodell 340.000**	**Strukturmodell 2000**
Offiziere	38.000	38.500
Unteroffiziere	122.000	161.500
Mannschaften (SaZ)	43.250	
BS/SaZ gesamt	*203.250*	*200.000*
FWDL	26.567	27.000
GWDL	105.183	53.000
FWDL/GWDL gesamt	*131.750*	*80.000*
Gesamtbestand	*335.000*	*280.000*

Quelle: BMVg, Grobausplanung, Ergebnisse und Entscheidungen. Nicht eingerechnet sind hierbei 2.000 Wehrübungsplätze.

Auch in der neuen Personalstruktur lässt sich die Umwandlung der Bundeswehr hin zu einer Freiwilligenarmee deutlich erkennen. Bei einer Verkleinerung der Armee von 335.000 auf 280.000 Soldaten ist der Anteil der Berufs- und Zeitsoldaten im Wesentlichen gleich geblieben. Auch der Anteil der Freiwillig Wehrdienst Leistenden (FWDL) wurde kaum verändert. Auf Grund der freiwilligen Ableistung des längeren Dienstes müssen diese Soldaten aber der Gruppe „Freiwilligen", mithin den Berufs- und Zeit-

282 BMVg, Eckpfeilerpapier, Ziff. 61; BMVg, Grobausplanung, Abschnittsweiser Wehrdienst.

283 Diese vorherige Struktur wird im Konzeptpapier des BMVg als „Struktur 340.000" bezeichnet. Diese Bezeichnung wird übernommen.

soldaten, zugeordnet werden. Wehrpflichtige stellen im „Strukturmodell 2000" nur noch einen geringen Anteil an den Soldaten.

cc) Gleiche Eignung zur Erreichung des gesetzgeberischen Zwecks

Die oben dargestellten Alternativen zur jetzigen Form der Wehrpflicht müssten aber gleich geeignet sein, um den gesetzgeberischen Zweck der effektiven Landes- und Bündnisverteidigung zu erfüllen.

Als Mittelweg zwischen Freiwilligenarmee und Miliz gewährt die Wehrpflichtarmee bereits im Frieden eine hohe personelle Präsenz.[284] Anders als die Milizarmee ist sie den Anforderungen an den Ausbildungsstand, welche die Einführung von modernen und komplexen Waffensystemen mit sich bringen, durchaus gewachsen. Sie ist im Vergleich zur Freiwilligenarmee erheblich aufwuchsfähiger, denn sie kann durch Mobilmachung der Reservisten wesentlich vergrößert werden und so Verluste besser verkraften.

Zentrales Problem vieler Wehrpflichtarmeen ist jedoch die Sicherung der Wehrgerechtigkeit. Schon heute ist es für die Bundeswehr problematisch, jeden tauglichen Wehrpflichtigen, der nicht unter eine der Dienstausnahmen fällt, auch tatsächlich einzuberufen.[285] Mittels einer Milizarmee erreicht man ein hohes Maß an Wehrgerechtigkeit und kann im Mobilmachungsfall auf ein sehr großes Potenzial an Soldaten zurückgreifen[286], welches weitaus höher als bei einer Wehrpflichtarmee ist, denn die Einheiten sind latent präsent und können jederzeit aufgebaut werden.[287] Diese nur latente Präsenz verursacht aber zugleich eines der größten Probleme von Milizarmeen. Nur ein gutes Mobilmachungssystem kann eine effektive Landesverteidigung mittels einer Milizarmee Gewähr leisten.[288] Die Soldaten müssen im Falle eines Angriffs rechtzeitig einberufen werden, um reagieren zu können. Auf Grund der sicherheitspolitischen Lage wird eine große Armee zu Zwecken der Landesverteidigung in Zukunft auch nicht mehr notwendig sein.

Die Möglichkeit zur Teilnahme an internationalen oder multinationalen Missionen ist bei Wehrpflichtarmeen wegen des Anteils an Berufs- und Zeitsoldaten gesichert, wenn auch nicht in dem Maße wie bei einer Armee aus freiwillig Dienenden. Die Analyse der sicherheitspolitischen Lage hat aber gezeigt, dass gerade diese Fähigkeit zur Teilnahme an internationalen Maßnahmen das zukünftige Aufgabenspektrum der Bundeswehr maßgeblich mitbestimmen. Durch ihre große Professionalität und Mobilität, den sie durch den hohen Ausbildungsstandard erreicht hat, ist die Freiwilligen-

---

284 *Klein* in: Haltiner/Kühner, S. 14.

285 Zur Frage der derzeitigen Gewährleistung der Wehrgerechtigkeit in der Bundeswehr siehe Gliederungspunkt A, Seite 149, insbesondere die Zusammenfassung unter Gliederungspunkt E.II.3, Seite 163.

286 *Klein* in: Haltiner/Kühner, S. 13; Bericht der Unabhängigen Kommission 1991, S. 48; *Straubhaar* in: Thiele, S. 101.

287 *Munz*, S. 74.

288 *Straubhaar* in: Thiele, S. 101.

armee besonders gut für die Verwendung in schnellen Eingreiftruppen für friedenserhaltende und –schaffende Maßnahmen geeignet.[289] In Armeen mit freiwillig Dienenden besteht eine konstant hohe Zahl von präsenten Truppenteilen[290], die gleichzeitig auch die Kampfstärke[291] ergeben.

Weiterhin spricht für die Freiwilligenarmee, dass das Kriegsbild der Zukunft nicht mehr von der großen Panzerschlacht auf deutschem Territorium, sondern von hoch technisierten[292], personell eher kleinen Gefechten in weiter entfernten Gebieten geprägt sein wird. Ein Soldat in einer modernen Armee, die für die Krisen und Konflikte der Zukunft gerüstet sein will, muss bestmöglich ausgebildet, ständig präsent und schnell verfügbar sein.[293] Er muss nicht nur das infanteristische Grundwissen beherrschen, sondern alle militärischen Fähigkeiten für jede nur denkbare Einsatzart besitzen.[294] Dazu gehört auch der intensive und kräftezehrende Kampfeinsatz. Der normale Bürger, dem als Grundwehrdienstleistender in der immer kürzer werdenden Dienstzeit lediglich infanteristische Grundkenntnisse beigebracht werden können, ist hierfür kaum noch geeignet.[295] In der kurzen Dienstzeit von nunmehr unter einem Jahr kann ein Soldat nur noch Kenntnisse für die Wahrnehmung begrenzter Aufgaben, wie z.B. den Wachdienst oder die Verteidigung eines eng begrenzten Gebietes, erlernen.[296] Die Vermittlung von Spezialwissen, wie es für die Bedienung und den Einsatz von modernen, hochkomplexen Waffensystemen heute notwendig ist, kann in dieser Zeit nicht vermittelt und ausgebaut werden.[297]

Die Dienstzeit der Wehrpflichtigen war und ist immer ein Kompromiss zwischen militärisch notwendiger Ausbildungszeit und gesellschaftlich akzeptierter Dienstdauer.[298] Die Tendenz geht, gerade wegen der schwindenden gesellschaftlichen Akzeptanz des Pflichtdienstes, zu einer geringeren Dienstzeit. Die Erfahrung des Golfkriegs – als Paradigma eines modernen, hoch technisierten Krieges - hat gelehrt, dass Wehrpflichtsoldaten in der heutigen Zeit professionellen Berufsarmeen in vielen Bereichen unterlegen sind.[299] Aus der langen Dienstzeit der Berufs- und Zeitsoldaten und dem daraus resultierenden hohen Ausbildungsstand[300] ergibt sich für solche Armeen eine viel bessere Möglichkeit der Verwendung und Einführung hochmoderner und sehr

---

289 Bericht der Unabhängigen Kommission 1991, S. 45 f.

290 *Munz*, S. 71.

291 *Munz*, S. 72.

292 *Klein* in: Haltiner/Zimmermann, S. 63.

293 *Rose*, F.A.Z. v. 15. November 2000, S. 15; *Trejnis*, Wojsko i Wychowanie 7/1997, 26 (26); *Hansen* in: Thiele, S. 80.

294 *Hansen* in: Thiele, S. 81.

295 *Klein* in: Klein/Zimmermann, S. 64; *Hansen* in: Thiele, S. 80.

296 Auch die Wehrdienstleistenden, die sich freiwillig für die Teilnahme an Einsätzen der Bundeswehr gemeldet haben, wurden lediglich für die Bewachung der Kasernenanlagen und weitere einfache militärische Tätigkeiten eingesetzt; *Klein* in: Haltiner/Zimmermann, S. 63.

297 *Rose*, F.A.Z. v. 15. November 2000, S. 15.

298 *Middlemiss* in: Thiele, S. 183.

299 *Klein* in: Haltiner/Zimmermann, S. 63.

300 *Munz*, S. 71.

komplexer Waffensysteme.[301] Dadurch wird das Maß an Professionalität Gewähr leistet, welches für bevorstehende Einsätze und Missionen verlangt wird. Noch stärker als die Wehrpflichtarmee hat die Milizarmee auf Grund der noch kürzeren Ausbildungszeit Schwierigkeiten, den Anforderungen, welche die immer komplexer werdenden Waffensysteme an die Soldaten stellen, gerecht zu werden.[302]

Weiterhin ist die Personalbewegung erheblich geringer als bei anderen Armeeformen.[303] Die niedrigere Fluktuation bringt Stabilität und Kontinuität in die Einheiten.[304] Wehrpflichtige werden nach der allgemeinen Grundausbildung von zwei Monaten vielfach aus der Grundausbildungseinheit herausgenommen und einem anderen Truppenteil zugeführt. Bleiben die Soldaten jedoch in der Einheit, so werden die Untergliederungen aber auch neu formiert. Nach Ende des Grundwehrdienstes scheiden auch diese aus der Einheit aus, und es kommen neue Rekruten. Dagegen erlaubt eine Freiwilligenarmee die Bildung von Kampfgemeinschaften, in denen sich die Soldaten über längere Zeit kennen und die Eigenarten und Schwächen der anderen einzuschätzen wissen. Treue und Identifikation mit der Einheit und der Armee können nur bei einer Berufsarmee entstehen.[305] Grundwehrdienstleistende können sich oft nur unzureichend mit ihrer Einheit identifizieren und bei ihnen ist meistens eine gleichgültige Einstellung zur Bundeswehr und ihrem Auftrag festzustellen. Freiwillig dienende Soldaten sind dagegen regelmäßig erheblich motivierter[306] als solche, die gesetzlich zum Dienst in den Streitkräften gezwungen werden.

Ferner entsprechen sie den heutigen Vorstellungen von der Spezialisierung der Berufsausbildung und der beruflichen Tätigkeit in einer arbeitsteiligen Industriegesellschaft am besten.[307] In unserer modernen Gesellschaft ist seit langem der Trend erkennbar, Aufgaben, die besondere Kenntnisse erfordern, welche nur durch eine spezielle Ausbildung zu erwerben sind, auf solche Personen zu übertragen, die eben diese Kenntnisse erworben haben und kontinuierlich auffrischen.[308] Im Bereich der Sicherheit lässt sich hierfür ein Beispiel finden. Heutzutage sind Aufgaben der inneren Sicherheit an Spezialisten übertragen worden.[309] Die Polizei sucht für diese Aufgaben besonders geeignete Personen aus, die eine den Anforderungen entsprechende mehrjährige Ausbildung erhalten. Um ihren Beruf dauerhaft angemessen ausüben zu können und der fortschreitenden Entwicklung standhalten zu können,

---

301 Ebd.; *Hahn*, ÖMZ 1/1998, 62 (62).

302 *Klein* in: Haltiner/Kühner, S. 14; *Hahn*, ÖMZ 1/1998, 62 (62).

303 *Munz*, S. 72.

304 *Middlemiss* in: Thiele, S. 183.

305 *Middlemiss* in: Thiele, S. 185.

306 *Klein* in: Klein/Zimmermann, S. 63; *Klein* in: Haltiner/Kühner, S. 16.

307 Bericht der Unabhängigen Kommission 1991, S. 45; *Munz*, S. 72; *König*, S. 34.

308 Die Auswirkungen der arbeitsteiligen Gesellschaft lassen sich in vielen Lebensbereichen erkennen. So käme heute niemand mehr auf die Idee, ein mit hochmoderner Elektronik ausgestattetes Kfz selber zu reparieren oder eine medizinische Behandlung selber vorzunehmen. Auch übertragen viele Menschen die Verwaltung ihres Vermögens an Spezialisten, weil hierfür besondere Fachkenntnis vonnöten ist.

309 *Klein* in: Klein/Zimmermann, S. 64.

müssen Polizisten ihre einmal erworbenen Fähigkeiten immer wieder erweitern. Niemand würde in der heutigen Zeit weite Bereiche der inneren Sicherheit auf eine aus normalen Bürgern bestehende „Bürgerwache" o.ä. übertragen. Es ist aber nicht zu erkennen, warum die Wahrnehmung der äußeren Sicherheit immer noch als eine Aufgabe verstanden wird, die von jedem Bürger nach immer kürzer werdender Ausbildungszeit wahrgenommen werden kann.[310]

Trotz zunehmender Konzentration auf internationale Einsätze darf der Fall der Landesverteidigung nicht völlig vernachlässigt werden. Hier ergeben sich für die Freiwilligenarmee einige Nachteile gegenüber der Wehrpflichtalternative. Auf Grund der festgesetzten Personalstärke in einer Freiwilligenarmee verfügt diese nur über einen statischen Personalumfang.[311] Weiterhin verfügt sie im Falle eines Einsatzes nicht über ausreichende Personalreserven, um aufzuwachsen[312], denn das Potenzial, aus dem Ersatz geschöpft werden könnte, besteht aus einer relativ kleinen Anzahl von ehemaligen Zeit- und Berufssoldaten[313]. Diesem Problem könnte jedoch mit der Einrichtung einer von der eigentlichen Armee losgelösten Reservistenarmee[314] begegnet werden.[315] Ähnlich dem Vorbild der britischen oder amerikanischen Streitkräfte könnte auch in Deutschland eine Art Nationalgarde oder Heimwehr aufgestellt werden.[316] In ihr könnten dann freiwillige Bürger neben ihrem Beruf militärische Fähigkeit erwerben und sie im Verbund mit der aktiven Armee üben und anwenden. Hieraus kann dann im Fall der Landesverteidigung die Aufwuchsfähigkeit gesichert und Ersatz für die reguläre Armee beschafft werden. Ferner würde ein Übergang zu einer Freiwilligenarmee nicht innerhalb eines Jahres vollzogen werden, sondern über einen längeren Zeitraum. Die Bundeswehr hat in der Vergangenheit ein großes Potenzial von Reservisten hervorgebracht und könnte während und nach dieser Übergangszeit noch auf genügend ausgebildete Reservisten zurückgreifen, um die Aufwuchsfähigkeit zu sichern.[317] Andererseits brauchen bei einer Freiwilligenarmee keine gesonderten Personalkapazitäten für die Ausbildung bereitgehalten zu werden.[318] Auf Grund des besseren Verhältnisses von Ausbildungs- und Nutzungszeit[319] können Freiwilligenarmeen kleiner ausfallen[320] und sind insgesamt ökonomischer als Wehrpflichtarmeen.[321] Höher als die Kosten einer Wehrpflichtarmee sind regelmäßig die

---

310 Ebd.

311 *Munz*, S. 72.

312 *Klein* in: Haltiner/Kühner, S. 16.

313 *Munz*, S. 72.

314 Dies ist in den USA (Nationalgarde) und in Großbritannien (Heimwehr) der Fall; *Munz*, S. 72.

315 *Middlemiss* in: Thiele, S. 186.

316 *Klein* in: Klein/Zimmermann, S. 65.

317 *Groß*, Armee der Illusionen, S. 20; *Hansen* in: Thiele, S. 82; anders *Harun*, IFDT 1/1998, 26 (30), der die Aussetzung der Wehrpflicht mit ihrer Abschaffung gleichsetzt und erhebliche Probleme bei der Aktivierung ehemaliger Reservisten sieht.

318 *Munz*, S. 72

319 *Klein* in: Klein/Zimmermann, S. 64.

320 Ebd.

321 *Klein* in: Haltiner/Kühner, S. 16.

einer Milizarmee, da sehr viele Soldaten mit Waffen ausgerüstet werden müssen.[322] Vorherrschend ist deshalb eine eher einfache Bewaffnung und Ausrüstung der Soldaten. Die einmal eingeführten Waffensysteme verweilen verhältnismäßig lange in der Truppe. Viele der Waffen und Geräte werden in Depots gelagert und verursachen hohe Lagerungskosten.[323]

Gegen eine Armee aus Freiwilligen könnten aber die Probleme bei der Gewinnung von qualifiziertem Nachwuchs sprechen.[324] Mit solchen Problemen sehen sich einige europäische Armeen konfrontiert, welche in den letzten Jahren die Wehrpflicht abgeschafft haben.[325] Derzeit gewinnt die Bundeswehr rund 50% des Nachwuchses an Offizieren und 60% des Nachwuchses an Unteroffizieren aus den Wehrpflichtigen.[326] Der gesteigerte Bedarf an längerdienenden Mannschaften, denen oft nur geringe Aufstiegschancen in Aussicht gestellt werden können, hat regelmäßig eine Rekrutierung des Personals aus sozial begrenzten Schichten zur Folge.[327] Eine Freiwilligenarmee muss ihren personellen Nachwuchs genau wie jeder andere Arbeitgeber auch auf dem normalen Arbeitsmarkt gewinnen.[328] Dies sorgt für eine u.U. gefährliche Abhängigkeit vom Arbeitsmarkt[329] und fordert den Dienstherren auf, in direkte Konkurrenz zu zivilen Arbeitgebern[330] zu treten. Diesen Problemen könnte aber durch attraktive Angebote an potenzielle Arbeitnehmer entgegengewirkt werden.[331] Außerdem handelt es sich hierbei um ein tatsächliches Problem, welches kaum in eine rechtliche Würdigung einfließen kann. Mit dem Argument der Rekrutierungsproblematik kann man wohl nicht die bessere Eignung einer alternativen Armeeform verneinen. Für vergleichbare Arbeitgeber im öffentlichen Dienst, wie z.B. Polizei oder Bundesgrenzschutz, werden auch keine Jugendlichen zu einem „Pflichtpraktikum" herangezogen, um dadurch qualifizierten Nachwuchs sicherstellen zu können. Es geht hierbei um Eingriffe in Grundrechte junger Bürger, die man schwerlich mit Personalproblemen rechtfertigen kann.

Im Ergebnis ist somit eine Freiwilligenarmee vor dem Hintergrund der aufgezeigten geänderten sicherheitspolitischen Lage besser geeignet. Sie entspricht eher den Anforderungen, den die veränderten Einsatzfelder an eine moderne Armee stellen.

---

322 *Klein* in: Haltiner/Kühner, S. 14.

323 *Munz*, S. 74.

324 Bericht der Unabhängigen Kommission 1991, S. 46; *Harun*, IFDT 1/1998, 26 (30).

325 So der *General a.D. Klaus Reinhardt* in einem Interview mit dem SPIEGEL in der Ausgabe 19/2001, http://www.spiegel.de/spiegel/0,1518,133365,00.html.

326 *Jonas*, Schweizer Soldat 1/1998, 24 (26); *Harun*, IFDT 1/1998, 26 (30); *Wellershoff*, Die Welt v. 2. Februar 1999, S. 10; *Theyssen*, Die Woche v. 23. April 1999, S. 5; *Weers*, Auftrag 1/1999, 26 (26).

327 Bericht der Unabhängigen Kommission 1991, S. 46; *Theyssen*, Die Woche v. 23. April 1999, S. 5; *General a.D. Klaus Reinhardt* in einem Interview mit dem SPIEGEL in der Ausgaben 19/2001, http://www.spiegel.de/spiegel/0,1518,133365,00.html.

328 *Klein* in: Haltiner/Kühner, S. 16.

329 *Munz*, S. 72.

330 *Munz*, S. 73.

331 *Middlemiss* in: Thiele, S. 187; unter anderen Prämissen auch Harun, IFDT 1/1998, 26 (32).

Zwar ist es nicht völlig auszuschließen, dass in Kontinentaleuropa wieder Verhältnisse wie zu Zeiten des Kalten Krieges eintreten. Diese Unsicherheiten können jedoch nicht die Aufrechterhaltung der Wehrpflicht rechtfertigen. Absolute Sicherheit bzgl. sicherheitspolitischer Prognosen hat es nie gegeben und wird es auch nie geben.[332] Dass die Entscheidung für eine Freiwilligenarmee keine politische Kurzschlussreaktion sein kann, zeigt der Blick auf unsere Nachbarn. In Belgien, Luxemburg, Großbritannien und den USA wurde die Wehrpflicht abgeschafft.[333] Die Niederlande haben seit 1996 keine Wehrpflichtigen mehr einberufen, die spanische Armee soll bis 2003 in eine Freiwilligenarmee überführt werden, in Portugal wird ebenfalls über eine Abschaffung der Wehrpflicht diskutiert. Nachdem die französische Regierung im Jahr 1996 beschlossen hatte, die Streitkräfte bis zum Jahr 2002 in eine Berufsarmee umzuwandeln[334], wurde die Wehrpflicht im Juni 2001 mit sofortiger Wirkung abgeschafft. Die derzeit eingezogenen Wehrpflichtigen wurden bis Ende November 2001 aus dem Dienst entlassen.[335] Beweggrund für diese Umwandlung war in Frankreich auch die Erkenntnis, dass man mit einer Freiwilligen- oder Berufsarmee den Anforderungen internationaler Einsätze wesentlich besser gerecht werden kann.[336] Neuerdings hat auch Italien beschlossen, seine Armee in eine Freiwilligenarmee umzugliedern, ab 2007 wird die Einberufung der Wehrpflichtigen ausgesetzt.[337] Dies zeigt, dass die meisten Staaten die sicherheitspolitische Lage ähnlich gut einschätzen und daher Wehrpflichtarmeen für nicht mehr erforderlich halten.[338] Innerhalb Europas geht also die Entwicklung hin zur Freiwilligenarmee.[339] Da es sich bei der Einschätzung der sicherheitspolitischen Lage in Europa um eine gesamteuropäische Prognose handelt, kann die Voraussage, welche die anderen europäischen Staaten getroffen haben, durch Deutschland nicht anders ausfallen.[340]

Deshalb ist in der heutigen Zeit, in der die Existenz der Bundesrepublik und seiner Verbündeten nicht ernsthaft bedroht ist, eine Freiwilligenarmee zur Erreichung des Zwecks der Landesverteidigung jedenfalls gleich geeignet.[341]

---

332 *Hansen* in: Thiele, S: 79.

333 *Rose*, F.A.Z. v. 15. November 2000, S. 15; Wehrdienst – Kriegsdienstverweigerung – Zivildienst, S. 31.

334 Wehrdienst – Kriegsdienstverweigerung – Zivildienst, S. 31 f.

335 SPIEGEL online v. 27. Juni 2001, http://www.spiegel.de/politik/ausland/0,1518,142106,00.html.

336 Ebd.

337 „Italien setzt Wehrpflicht aus" in: F.A.Z. vom 26. Oktober 2000, S. 6.

338 LG Potsdam, Vorlagebeschluss v. 19. März 1999 – 23 (H) Ns 72/98, NJ 1999, 660 L.

339 *Groß*, Armee der Illusionen, S. 17.

340 LG Potsdam, Vorlagebeschluss v. 19. März 1999 – 23 (H) Ns 72/98, NJ 1999, 660 L.

341 *Klein* in: Klein/Zimmermann, S. 63; a.A. z.B. *Steinkamm* in: Steinkamm/Schössler, S. 55, der die gleiche Eignung einer Freiwilligenstreitkraft apodiktisch verneint, ohne jedoch einen genaueren Vergleich der beiden Wehrformen anzustellen.

dd) Gleiche Eignung zur Erreichung der Nebenziele

Das BVerfG hat schon in einer sehr frühen Entscheidung festgestellt, dass die Wahl des Gesetzgebers zwischen den verschiedenen möglichen Wehrformen, insbesondere denen der Wehrpflicht- oder der Freiwilligenarmee, nicht ausschließlich auf Grund sicherheitspolitischer Entscheidungen zu erfolgen hat.[342] Vielmehr spielen in diesem Bereich allgemeinpolitische, wirtschafts- und gesellschaftspolitische Gründe ebenfalls eine Rolle. Zweifelsohne nimmt dabei die Abwägung auf Grund der geänderten sicherheitspolitischen Lage die Hauptrolle ein.[343]

Mit der Einführung der allgemeinen Wehrpflicht als Organisationsform der Bundeswehr wird nicht nur das Ziel der effektiven Landesverteidigung verfolgt, sondern auch noch eine Reihe von Nebenzielen. Zum einen wird zur Rechtfertigung des Wehrdienstes immer wieder angeführt, dass nur durch die Beibehaltung desselben auch die Versorgung mit den durch Zivildienstleistende erbrachten Dienstleistungen gesichert werden könne. Ferner solle durch eine Wehrpflichtarmee die Entfernung der Armee von der übrigen Gesellschaft verhindert werden. Einer Entwicklung der Armee hin zu einem „Staat im Staate", wie es bei der Reichswehr der Weimarer Reichsverfassung der Fall war, solle durch die von einer Wehrpflichtarmee hervorgerufenen Verknüpfungen zwischen Staat und Gesellschaft entgegengewirkt werden. Zwar befürchtet niemand mehr eine derart starke Abspaltung der Armee von der Gesellschaft, dennoch wird von vielen die mögliche Entfernung einer Freiwilligenarmee von der Gesellschaft prophezeit.[344] Weiterhin wird zur Legitimation eine geringere Haushaltsbelastung für den Bund durch eine Wehrpflichtarmee angeführt.

Die auf Grund der geänderten sicherheitspolitischen Lage geeignete Freiwilligenarmee müsste nun auch geeignet sein, die aufgezeigten Nebenziele zu erreichen. Nur wenn sie auch dieses Kriterium erfüllt, kann sie als milderes Mittel gleich geeignet sein, den gesetzgeberischen Zweck zu erfüllen.

(1) Verhinderung einer Isolation der Armee von der Gesellschaft

Der Gesetzgeber verfolgt mit der Beibehaltung der allgemeinen Wehrpflicht auch das Ziel, eine Isolation der Bundeswehr von der sonstigen Gesellschaft zu verhindern. Als warnendes Beispiel wird im Rahmen dieser Diskussion immer wieder die Stellung der Reichswehr in der Weimarer Republik herangezogen. Die Entwicklung der Absonderung von der Gesellschaft wurde in der Weimarer Republik schon durch die Verfassung begünstigt. Der Reichspräsident konnte auf Grund des Art. 48 Abs. 2 WRV bestimmte Grundrechte[345] außer Kraft setzen und gegebenenfalls die Reichs-

---

342 BVerfGE 12, 45 (52); 48, 127 (160 f.); 80, 354 (360).

343 *Lutz* in: Groß/Lutz, S. 12 f.

344 Griphan spezial Wehrdienst, 4/1998, S. 3; *Wellershoff*, Die Welt v. 2. Februar 1999, S. 10; *Moniac*, Loyal 2/1999, 12 (13); *Frank*, Auftrag 1/1999, 25 (26).

345 Folgende Grundrechte konnten vorübergehend eingeschränkt werden: Art. 114 WRV (Freiheit der Person), Art. 115 WRV (Unverletzlichkeit der Wohnung), Art. 117 WRV (Brief-, Post- u.

wehr einsetzen, um bei einer Gefahr für die öffentliche Sicherheit und Ordnung diese wiederherzustellen.[346] Die Verfassung sah zur näheren Ausgestaltung dieser Einschränkungen die Möglichkeit vor, ein Reichsgesetz zu erlassen (Art. 48 Abs. 5 WRV). Von dieser Steuerungs- und Prüfungsmöglichkeit machte der Reichstag allerdings keinen Gebrauch. Anfang des Jahres 1920 entäußerte sich der Reichspräsident vorübergehend seiner Kontrollmöglichkeit über die Reichswehr, indem er für die in Art. 48 Abs. 2 WRV genannten Ausnahmesituationen die Ausübung der vollziehenden Gewalt auf den Reichswehrminister zur Bewältigung einer solchen Ausnahmesituation übertrug.[347] Dieser Zustand wurde am Ende des Jahres 1920 wieder aufgehoben, da sich dieses Vorgehen während des Kapp-Lüttwitz-Putsches nicht bewährt hatte. Dies ändert sich aber schon recht bald wieder, als im September 1923 im Reich der militärische Ausnahmezustand ausgerufen und die vollziehende Gewalt wieder auf den Reichswehrminister übertragen wurde.[348] Einen vollständigen Verlust der Kontrolle über die Reichswehr verursachte dann die Übertragung der vollziehenden Gewalt auf den Chef der Heeresleitung *General von Seeckt* im November 1923. Neben der Übertragung des Oberbefehls (§ 1 der Verordnung) auf von Seeckt wurde ihm während des Ausnahmezustandes i.S.d. Art. 48 Abs. 2 WRV auch die vollziehende Gewalt übertragen (§ 2 der Verordnung).[349] Resultat dieser Machtübergabe war nun die völlige Kontrolle der politischen Geschicke der Weimarer Republik durch die Reichswehr.[350]

Schon die verfassungsrechtlichen Rahmenbedingungen für deutsche Streitkräfte sind unter dem Grundgesetz grundlegend anders ausgestaltet.[351] Zum einen sind die Kompetenzen des Bundespräsidenten stark eingeschränkt worden. Er hat keine Notverordnungskompetenz (Art. 48 Abs. 2 WRV) und auch nicht mehr den Oberbefehl über die Streitkräfte (Art. 47 WRV). Im Unterschied zur Weimarer Republik ist der Einsatz der Bundeswehr im Inneren (Art. 87a Abs. 4 GG) an verfassungsrechtliche Vorgaben gebunden. Mit der WRV vergleichbare Notstandsregelungen finden sich nur für den Verteidigungsfall in den Art. 115a ff. GG. Über die verfassungsrechtlichen Verankerungen hinaus ist die Bundeswehr unter dem Grundgesetz durch verschiedene Regelungen gesellschaftlich verankert worden und unterliegt einer weit gehenden parlamentarischen Kontrolle[352]. Die Bundeswehr ist an Recht und Gesetz ge-

---

Fernmeldegeheimnis), Art. 118 WRV (Meinungs- u. Pressefreiheit), Art. 123 WRV (Versammlungsfreiheit), Art. 124 WRV (Koalitionsfreiheit), Art. 153 WRV (Gewährleistung des Eigentums).

346 Von der verfassungsrechtlichen Ermächtigung des Art. 48 Abs. 5 WRV hat der Reichspräsident in den Jahren 1919 bis 1924 über 130 mal Gebrauch gemacht; siehe *Fröhler*, S. 275.

347 Ebd.

348 Verordnung vom 26. September 1923, RGBl. 1923, Teil I, S. 905.

349 Verordnung vom 8. November 1923, RGBl. 1923, Teil I, S. 1083.

350 *Fröhler*, S. 275 f.

351 *Koppelin* in: Groß/Lutz, S. 74.

352 BMVg, Innere Führung, S. 14.

bunden und dem Menschenbild des Grundgesetzes verpflichtet.[353] Der Soldat ist dem Selbstverständnis als „Staatsbürger in Uniform"[354] verpflichtet. Im Unterschied zur Weimarer Zeit sind die Stellung des einzelnen Soldaten in Staat und in der Bundeswehr genau so gesetzlich geregelt wie die den Soldaten bindenden Rechte und Pflichten.[355] Das in diesem Rahmen wichtigste Regelungswerk ist das Soldatengesetz.[356] Es regelt, dass auch im täglichen Dienstbetrieb die staatsbürgerlichen Rechte ihre Geltung behalten und die Rechte des Soldaten nur auf Grund dienstlicher Erfordernisse eingeschränkt werden können, so weit dazu eine gesetzliche Grundlage besteht (§ 6 SG).[357] Der Bundeswehrsoldat kann sich insbesondere außerhalb des Dienstes politisch betätigen, nur innerhalb des Dienstes ist dieses Recht eingeschränkt (§ 15 SG). Die Aufrechterhaltung des Rechtes auf Kriegsdienstverweigerung gibt auch aktiven Soldaten die Möglichkeit, jederzeit den Dienst an der Waffe aus Gewissensgründen zu verweigern. Im Unterschied zur WRV behält der Bundeswehrsoldat auch während seiner Dienstzeit das aktive und passive Wahlrecht.[358] Zwar ist der Bundeswehrsoldat, so wie Soldaten anderer Streitkräfte, auch dem System von Befehl und Gehorsam unterworfen, jedoch ist diese Befehlsgewalt den geltenden Gesetzen verpflichtet. Kein Soldat muss einen Befehl befolgen, welcher die Menschenwürde verletzt (§ 11 Abs. 1 S. 2 SG). Darüber hinaus darf er einen Befehl, der eine Straftat beinhaltet, nicht befolgen (§ 11 Abs. 2 S. 1 SG). Der Soldat in der Bundeswehr wird nicht auf eine Person oder eine Regierung verpflichtet, sondern auf die Bewahrung der freiheitlich demokratischen Grundordnung.[359] In der Bundeswehr sind dem Soldaten verschiedene Instrumente zur aktiven Mitgestaltung des täglichen Dienstgeschehens an die Hand gegeben. Das wichtigste ist die Einführung der Vertrauensperson auf jeder Laufbahnstufe.

Daneben steht die parlamentarische Kontrolle über die Bundeswehr, welche die Grundlage für die Bundeswehr als Parlamentsheer schafft.[360] Durch das eingeräumte Budgetrecht (Art. 87a Abs. 1 S. 2 GG) hat der Bundestag eine weite Kontrollmöglichkeit über die Bundeswehr. Der Bundestag kann die Verwendung der für die Bundeswehr vorgesehenen Haushaltsmittel bestimmen und so indirekten Einfluss auf den

---

353 *Opel* in: Auslaufmodell Wehrpflichtarmee, S. 24.

354 Das Leitbild des „Staatsbürgers in Uniform" geht davon aus, dass es keinen verfassungsmäßigen Unterschied zwischen den Grundrechten des Bürgers in Zivil und des Bürgers in Uniform gibt. Alle Soldaten sind voll in das gesellschaftliche, öffentliche und politische Leben integriert. Vom Soldaten wird gefordert, dass er politisch informiert, an seiner Umwelt interessiert und um Wissen bemüht ist. *Raap*, Wehrrecht, S. 34 f.

355 *Opel* in: Auslaufmodell Wehrpflichtarmee, S. 24.

356 Gesetz über die Rechtsstellung der Soldaten.

357 BMVg, Innere Führung, S. 10 f.

358 BMVg, Innere Führung, S. 20.

359 Der Eid der Berufs- und Zeitsoldaten lautet: „Ich schwöre, der Bundesrepublik Deutschland treu zu dienen und das Recht und die Freiheit des deutschen Volkes tapfer zu verteidigen, so wahr mir Gott helfe." § 9 Abs. 1 SG, siehe auch § 7 SG.

360 *Opel* in: Auslaufmodell Wehrpflichtarmee, S. 24; Griephan Special Wehrdienst, 4/1998, S. 4.

Auftrag, die Gliederung und die Struktur der Bundeswehr nehmen.[361] Als weitere parlamentarische Instanz übt der Verteidigungsausschuss des Bundestages (Art. 45a GG) eine direkte Kontrollfunktion über die Streitkräfte aus.[362] Durch den Verteidigungsausschuss soll garantiert werden, dass sich das Parlament jederzeit und nur auf seine Initiative hin mit sämtlichen Vorgängen des Verteidigungswesens befassen kann.[363] Darüber hinaus nimmt das BVerfG für das Parlament aber nicht nur die o.g. grundsätzlichen Kontrollbefugnisse an, sondern gesteht ihm auch die Entscheidung über einen konkreten Einsatz der Streitkräfte zu.[364] Die Wehrverfassung des Grundgesetzes sieht für den Einsatz der Streitkräfte grundsätzlich die Beteiligung des Bundestages vor.[365] Damit soll der Bundestag einen rechtserheblichen Einfluss auf den Aufbau und die Verwendung der Bundeswehr erhalten, um zu verhindern, dass die Bundeswehr zu einem Machtinstrument der Exekutive wird.[366] So hat der Bundestag vor einem bewaffneten Einsatz der Bundeswehr diesem zuzustimmen[367], auch wenn der Bundestag schon grundsätzlich über das nach Art. 59 Abs. 2 GG erforderliche Gesetz der Beistandspflicht, z.B. gegenüber den Bündnispartnern, zugestimmt hat.[368] Eine Ausnahme kann bei Gefahr im Verzug gemacht werden. Kann die Zustimmung des Parlaments vor einem Einsatz nicht mehr rechtzeitig eingeholt werden, so ist die Bundesregierung berechtigt, vorläufig den Einsatz der Bundeswehr zu beschließen.[369] In einem solchen Fall muss die Bundesregierung aber unverzüglich die Einwilligung des Bundestages einholen. Willigt das Parlament nicht ein, so muss die Bundesregierung die entsandten Streitkräfte umgehend abziehen.[370]

Ferner soll durch die Wehrverfassung verhindert werden, dass sich die militärische Führung der Bundeswehr verselbstständigt. Deshalb ist die Befehls- und Kommandogewalt von der Bundeswehr losgelöst und obliegt nicht der militärischen Führung, sondern dem Bundesverteidigungsminister im Frieden (Art. 65a GG) und dem Bundeskanzler im Verteidigungsfall (Art. 115b GG), d.h. der politischen Führung, die dem Parlament voll verantwortlich ist.[371] Diese bisher genannten Kontrollmechanismen stehen nur dem Parlament oder der Regierung zur Verfügung, dagegen hat jeder einzelne Soldat die Möglichkeit, sich direkt an den Wehrbeauftragten des Bundesta-

---

361 *Raap*, Wehrrecht, S. 7; *Opel* in: Auslaufmodell Wehrpflichtarmee, S. 24.

362 Dem Verteidigungsausschuss obliegt die Aufgabe, Sachverhalte auf dem Gebiet der Verteidigung, deren Aufklärung im öffentlichen Interesse liegt und für die der Bund zuständig ist, zu untersuchen. Die Kontrolle findet hauptsächlich unter politischen Gesichtspunkten statt. *Raap*, Wehrrecht, S. 8.

363 BVerfGE 90, 286 (385).

364 BVerfGE 90, 286 (385 f.); *Baldus* in: v.Mangoldt/Klein/Starck, Art. 87a, Rn. 43.

365 BVerfGE 90, 286 (381); *Kokott* in Sachs, Art. 87a, Rn. 28.

366 BVerfGE 90, 286 (382).

367 BVerfG, Beschluss v. 25. März 1999 – 2 BvE 5/99 – (http://www.bverfg.de/entscheidungen/frames/es19990325_2bve000599), mit Bezug auf BVerfGE 90, 286 (381 ff.); *Baldus* in: v.Mangoldt/Klein/Starck, Art. 87a, Rn. 43.

368 BVerfGE 90, 286 (387).

369 BVerfGE 90, 286 (388); *Baldus* in: v.Mangoldt/Klein/Starck, Art. 87a, Rn. 44.

370 Ebd.

371 BMVg, Innere Führung, S. 14; BVerfGE 90, 286 (386).

ges (Art. 45b GG) zu wenden und so ein parlamentarisches Kontrollinstrument auszulösen.[372] Darüber hinaus kann jeder Soldat sein Begehren auch an den Petitionsausschuss des Bundestages richten (Art. 17 GG).

Neben der parlamentarischen Kontrolle der Streitkräfte ist aber die enge Verknüpfung der Gesellschaft mit den Streitkräften ein Garant für eine wirksame gesellschaftliche Integration. So berufen sich die Befürworter der allgemeinen Wehrpflicht darauf, dass gerade diese zu einer wirksamen gesellschaftlichen Integration der Bundeswehr beiträgt.[373] Durch diese Rekrutierungsart finde jährlich zusammen mit dem Personalaustausch im Bereich der Zeit- und Berufssoldaten fast ein hälftiger Wechsel des gesamten Personalbestandes statt.[374] Darüber hinaus wird für die Wehrform der Wehrpflicht angeführt, dass sie die gesamte Bandbreite an Einstellungen und Wertvorstellungen, die in der zivilen Gesellschaft vertreten werden, auch in die Streitkräfte einbringe.[375] Weiterhin würde durch die hohe Anzahl von Wehrdienstleistenden eine Art „Dienstaufsicht von unten" Gewähr leistet, d.h. durch die enge Verbindung der Grundwehrdienstleistenden (GWDL) mit dem zivilen Umfeld würden separatistische Tendenzen frühzeitig erkannt und beseitigt werden können.[376] Anders als bei einer Freiwilligenarmee, in welcher die Mannschaftssoldaten sich fast nur aus gesellschaftlichen Minderheiten zusammensetzten, würden durch die Wehrpflicht alle jungen Männer unabhängig von ihrer Herkunft, ihrem Beruf oder ihrer Bildung zum Dienst in den Streitkräften herangezogen. Außerdem verhindere die Beteiligung von Wehrdienstleistenden eine allzu leichtfertige Verwendung der Bundeswehr für Aufgaben der Außen- und Sicherheitspolitik und lasse die Streitkräfte nicht zu einem Dienstleister auf dem Sicherheitssektor verkommen.[377] Die politisch Verantwortlichen könnten sich auf den Standpunkt stellen, dass es sich bei der Gefährdung eines Berufs- oder Zeitsoldaten lediglich um ein vorher bekanntes und bewusst eingegangenes Berufsrisiko handeln würde.[378]

Die Bundeswehr müsste als Freiwilligenarmee das Ziel einer möglichst umfassenden gesellschaftlichen Integration also genauso gut erreichen können. Bei der Umwandlung einer Wehrpflichtarmee in eine Freiwilligenstreitkraft besteht die latente Gefahr einer Abspaltung der Armee. Die der Wehrpflicht zugeschriebene gesellschaftliche Kontrolle ist aber nicht annähernd so effektiv, wie es von den Befürwortern der

---

372 Im Wesentlichen besteht die Aufgabe des Wehrbeauftragten darin, den Bereich der inneren Truppenführung zu kontrollieren und Einzelfällen nachzugehen. Er dient dem Schutz der Grundrechte der Soldaten und ist Hilfsorgan der parlamentarischen Kontrolle. *Raap*, Wehrrecht, S. 8 f.; BVerfGE 90, 286 (385).

373 *Moniac*, Loyal 2/1999, 12 (13); *Frank*, Auftrag 1/1999, 25 (25).

374 *Groß*, Armee der Illusionen, S. 25 f.

375 *Hausbeck* in: Steinkamm/Schössler, S. 114; *Frank*, Auftrag 1/1999, 25 (26); *Hofstetter*, Schweizer Soldat 3/1998, 18 (19); *Jonas*, Schweizer Soldat 1/1998, 24 (26).

376 *Harun*, IFDT 1/1998, 26 (33).

377 *Frank*, Auftrag 1/1999, 25 (26); *Hausbeck* in: Steinkamm/Schössler, S. 114; *Wellershoff*, Die Welt v. 2. Februar 1999, S. 10; *Jonas*, Schweizer Soldat 171998, 24 (26); *Harun*, IFDT 1/1998, 26 (33).

378 *Klein* in: Klein/Zimmermann, S. 67.

Wehrpflicht oft behauptet wird.[379] Die Masse der Grundwehrdienstleistenden (GWDL) setzt sich aus jungen Männern zusammen, die i.d.R. nur über eine geringe Lebenserfahrung verfügen.[380] Der oft beschriebene Einfluss der Grundwehrdienstleistenden (GWDL) im Rahmen einer „Dienstaufsicht von unten“ ist tatsächlich verschwindend gering, denn als Mannschaftssoldaten befinden sie sich am untersten Ende der Hierarchie, die zum größten Teil von höherangigen Berufs- und Zeitsoldaten bestimmt wird.[381] Das Gewicht der Wehrpflicht als Integrationsfaktor wird überschätzt, weil die politische und gesellschaftliche Ausrichtung einer Armee im Wesentlichen von der Struktur des Führer- und Unterführerkorps beeinflusst wird und gerade nicht von den einberufenen Wehrpflichtigen.[382]

Im Übrigen ist die Wehrpflicht heute schon nicht mehr allgemeinverbindlich, denn es besteht *de facto* ein Wahlrecht zwischen dem Wehrdienst und der Kriegsdienstverweigerung. Durch diese Wahlmöglichkeit entscheiden sich diejenigen Männer mit einer kritischen Einstellung zum Militär eher für den Ersatzdienst.[383] Durch weitere Wehrdienstausnahmen leistet nur noch ein geringer Anteil eines Jahrgangs tatsächlich den Wehrdienst ab.[384] Mit der Wehrpflicht geht deshalb nicht zwangsläufig eine demokratische Gesinnung der Soldaten und ein politischer Pluralismus einher. Dies bedeutet aber auch nicht, dass eine Umwandlung in eine Freiwilligenarmee zwangsläufig eine Verstärkung des rechten Spektrums in der Bundeswehr bedeuten würde. Bereits jetzt Gewähr leisten besondere Auswahlkriterien ein weitgehend extremistenfreies Offizier- und Unteroffizierskorps. Während eine Wehrpflichtarmee alle ihr zur Verfügung stehenden Wehrdiensttauglichen nehmen muss, könnten im Rahmen einer Freiwilligenarmee diese Selektionskriterien auf sämtliche Soldaten, auch auf die Mannschaften, ausgeweitet werden.[385] Durch sachverständige Gutachterausschüsse könnten hier Extremisten sehr viel konsequenter und effektiver fern gehalten werden, als es bei den jetzigen Musterungen der Wehrpflichtigen überhaupt möglich ist.[386] Bestes Beispiel für die Effektivität einer solchen Rekrutierungspraxis ist neben vielen anderen Freiwilligenarmeen die Bundeswehr selbst. Im Rahmen der Personalauswahl für das „Kommando Spezialkräfte“ (KSK) wird ein solches System von Gutachterausschüssen bereits jetzt höchst wirksam eingesetzt. Einer Übertragung dieses Systems auf die gesamte Selektion der Bewerber steht aber nichts entgegen. Somit könnte eine Freiwilligenarmee im Bereich der Personalauswahl eine gesellschaftliche Integration wesentlich besser erreichen, als es eine Wehrpflichtarmee vermag.

---

379 *Opel* in: Auslaufmodell Wehrpflichtarmee, S. 25.

380 *Lippert* in: Opitz/Rödiger, S. 174.

381 Ebd.

382 *Rose* in: Zukunft der Wehrpflicht, S. 14.

383 So wählen überdurchschnittlich viele Abiturienten den Ersatzdienst anstatt des Wehrdienstes, *Klein* in: Klein/Zimmermann, S. 68; *Rose* in: Zukunft der Wehrpflicht, S. 13; *Groß*, Armee der Illusionen, S. 27.

384 Siehe Gliederungspunkt E.II.3, Seite 163; so auch *Lippert* in: Opitz/Rödiger, S. 175.

385 *Klein* in: Klein/Zimmermann, S. 68 f.

386 *Rose* in: Zukunft der Wehrpflicht, S. 13.

Gegen eine zwangsläufige Isolation einer Freiwilligenarmee spricht ferner, dass die heutigen Mitglieder der soldatischen Führungsebene allesamt in einem freiheitlich demokratischen Deutschland aufgewachsen und diesen Werten verpflichtet und ihnen entsprechend erzogen worden sind.[387] Die heutigen Offiziere und Unteroffiziere setzen sich nicht aus ehemaligen Angehörigen der Wehrmacht zusammen. Die Zeitsoldaten der Bundeswehr haben schon alleine wegen ihrer zivilen Zukunft nach dem Ausscheiden aus der Bundeswehr ein lebhaftes Interesse an einer möglichst engen gesellschaftlichen Verknüpfung.[388] Dagegen entstammten in der Weimarer Zeit die Angehörigen der Reichswehr den Resten der kaiserlichen Armee.[389] Das Führerkorps setzte sich großteils aus Angehörigen des preußischen Adels zusammen. Begünstigt durch eine gezielte Rekrutierungs- und Beförderungspolitik wurde die kaiserliche Armee und später auch die Reichswehr schnell zu einem Zentrum der konservativen Gesinnung.[390] In Verwaltung, Justiz und vor allem im Militär konnten sich diese konservativen Führungsschichten, die noch überdurchschnittlich der alten monarchistischen Werteordnung verpflichtet waren, auch während der Weimarer Republik behaupten und so eine Demokratisierung der ganzen Gesellschaft wirksam verhindern.[391] Zu einem großen Teil war ihnen die neue Weimarer Demokratie überaus unliebsam, denn sie hatten vorher nie eine Demokratie erfahren und gelebt; die Führer- und Unterführerebene der Reichswehr war vielmehr noch an den Werten und Vorstellungen des untergegangenen Kaiserreichs ausgerichtet. [392] Vielfach existierte in ihren Köpfen die Vorstellung einer Vergeltung der durch den Versailler Vertrag auferlegten Beschränkungen.[393]

Eine effektive gesellschaftliche Integration kann weiterhin nur durch eine Beibehaltung der schon jetzt bestehenden gesetzlichen und parlamentarischen Kontrollmechanismen erreicht werden. Probleme bei der Fortführung dieser Kontrollen sind nicht ersichtlich, denn die vorhandene Wehrgesetzgebung kann auch für eine Freiwilligenarmee weiter bestehen.[394] Darüber hinaus sollte die Dienstzeit für Mannschaftssoldaten auf eine relativ kurze Zeit begrenzt werden.[395] Sachgerecht wären hier zwei bis vier Jahre.[396] Durch eine weitere Senkung des Anteils der Berufssoldaten könnte die Personalfluktuation einer aus Freiwilligen bestehenden Bundeswehr weiter erhöht werden. Die Ausbildung aller Zeit- und Berufssoldaten könnte stärker mit dem Zivilleben verknüpft werden, indem Ausbildungsabschnitte auch bei zivilen Arbeitgebern

---

387 *Koppelin* in: Groß/Lutz, S. 74.
388 *Klein* in: Klein/Zimmermann, S. 69.
389 Ebd.
390 *Wiesendahl* in: Klein/Zimmermann, S. 31.
391 Ebd.
392 *Klein* in: Klein/Zimmermann, S. 69.
393 Ebd.
394 *Hahn*, ÖMZ 1/1998, 62 (62).
395 *Koppelin* in: Groß/Lutz, S. 74; *Groß*, Armee der Illusionen, S. 27.
396 *Fröhler*, S. 276.

abgehalten würden. Viele Dienstposten könnten im Übrigen für zivile Quereinsteiger geöffnet werden.[397]

Ebenso ist aus heutiger Sicht auch nicht zu erwarten, dass eine Freiwilligenarmee leichtfertiger eingesetzt werden würde, als eine auch aus Wehrpflichtigen bestehende Armee. Zum einen bestehen in der Bundeswehr diejenigen Verbände, welche für internationale Missionen eingesetzt werden, schon heute fast nur aus Freiwilligen. Wehrpflichtige werden im Rahmen solcher Einsätze nur verwendet, wenn sie sich freiwillig für diesen Dienst gemeldet haben.[398] Darüber hinaus besteht der Großteil der Zeit- und Berufssoldaten nicht aus Abenteurern, sondern aus durchschnittlichen Bürgern.[399] Es ist deshalb zu erwarten, dass sich auch die Freiwilligen über die oben beschriebenen Einflussmöglichkeiten gegen eine allzu leichtsinnige Verwendung der Bundeswehr wehren würden. Bei einer Beibehaltung der bestehenden gesetzlichen und parlamentarischen Kontrollmöglichkeiten und dem Aufbau wirksamer Personalauswahlsysteme wäre eine Freiwilligenarmee zur Verwirklichung der gesellschaftlichen Integration der Streitkräfte ebenso geeignet.

(2) Möglichst geringe Belastung des Bundeshaushaltes

Ein weiteres Nebenziel, welches mit der Beibehaltung der allgemeinen Wehrpflicht verfolgt wird, ist die möglichst geringe Belastung des Bundeshaushaltes.

Um der Erfüllung dieses Nebenziels gerecht zu werden, müsste das System der Freiwilligenarmee ökonomisch effizienter sein als das der Wehrpflicht. Dies wäre dann der Fall, wenn eine Freiwilligenarmee das vom Gesetzgeber verfolgte Ziel der effektiven Landes- und Bündnisverteidigung mit geringeren gesamtwirtschaftlichen Kosten erfüllen könnte, als dies eine Wehrpflichtarmee kann.[400] Bei der Untersuchung des Kostenaspekts der unterschiedlichen Wehrformen wird auf bereits vorhandene Untersuchungen zurückgegriffen, auch weil zum einen eigene Analysen zu diesem Themenkomplex gerade den juristischen Rahmen dieser Arbeit übersteigen würden. Zum anderen liegen auch aktuelle Untersuchungen, namentlich von fachkundiger wirtschaftswissenschaftlicher Seite vor. Berücksichtigt werden insbesondere die von *Jürgen Schnell*[401] an der Fakultät für Wirtschafts- und Organisationswissenschaften der Universität der Bundeswehr München durchgeführten Studien zur Zukunft der Bundeswehr und die Arbeit des Wirtschaftswissenschaftlers *Michael Kö-*

---

397 *Groß*, Armee der Illusionen, S. 28.

398 *Klein* in: Klein/Zimmermann, S. 67.

399 *Groß*, Armee der Illusionen, S. 30; *Hahn*, ÖMZ 1/1998, 62 (62); anders aber *Harun*, IFDT 1/1998, 26 (30).

400 *Wandsbeker Kreis* in: Opitz/Rödiger, S. 192; *Straubhaar* in: Thiele, S. 103.

401 *Schnell*, Studien zur Zukunft der Bundeswehr, Teilstudie H – Zur ökonomischen Effizienz der Wehrpflicht am Beispiel der Bundeswehr – Ist eine Wehrpflichtarmee „billiger“ und „effizienter“ als eine Freiwilligenarmee?, http://www.unibw-muenchen.de/campus/WOW/v1054/miloek1.htm, München 2000.

nig[402] zur Effizienz der Wehrpflicht, beide aus dem Jahr 2000, sowie die Analysen von *Michael Schleicher und Thomas Straubhaar*[403] sowie die Arbeit von *Dieter S. Lutz*[404] (jeweils aus dem Jahr 1998).

Zu den gesamtwirtschaftlichen Kosten einer bestimmten Wehrform zählen sowohl die direkten als auch die indirekten Kosten eines jeweiligen Wehrsystems.[405] Die zu leistende Besoldung und die Ausgaben für militärisches Gerät stellen die direkten Kosten dar, diese sind budgetwirksam festgelegt und aus dem Haushaltsplan zu ersehen.[406] Diejenigen Kosten, die dadurch entstehen, dass die Wehrpflichtigen nicht ihrer normalen beruflichen Tätigkeit nachgehen, sind als Opportunitätskosten[407] zu berücksichtigen. Zum einen entstehen dem Staat Opportunitätskosten dadurch, dass er von den Wehrdienstleistenden während des Dienstes keine Steuereinnahmen zu verzeichnen hat, andererseits dem Wehrpflichtigen, weil sein Dienst nicht zu Marktpreisen, sondern durch den wesentlich geringeren Wehrsold vergolten wird.[408] Auf Seiten des Wehrpflichtigen errechnen sich die Opportunitätskosten durch die Differenz zwischen einer gedachten, dem Marktwert entsprechenden Entlohnung und den vom Dienstherren gewährten Geld- und Sachleistungen.[409] Diese Opportunitätskosten sind leider nicht direkt im Bundeshaushalt festzumachen und werden deswegen im Rahmen der Kostendiskussion gerne verschwiegen.[410]

(a) Direkte Kosten

Zunächst ist zu untersuchen, ob die direkten Kosten einer Freiwilligenarmee geringer sind als die einer Wehrpflichtarmee. Unter die direkten Kosten fallen die Zahlungen des Wehrsoldes und sonstiger Geldleistungen, wie z.B. Unterhaltssicherungsleistungen. Weiterhin sind Sachleistungen, wie z.B. Verpflegung, Unterbringung, Bahnfahr-

---

402 *König*, Die gesamtwirtschaftliche Effizienz der Wehrpflicht. Eine Untersuchung am Beispiel der Bundeswehr, Göttingen 2000.

403 *Schleicher/Straubhaar*, Wehrpflicht oder Berufsarmee?, Bern, Stuttgart, Wien 1996.

404 *Lutz*, Ist eine Freiwilligen-Streitkraft billiger in: Groß/Lutz, Wehrpflicht ausgedient?, Hamburger Beiträge zur Friedensforschung und Sicherheitspolitik, Heft 103, Hamburg 1996.

405 *Straubhaar/Schleicher* in: Schleicher/Straubhaar, S. 11; *Straubhaar* in: Thiele, S. 103; *Wandsbeker Kreis* in: Opitz/Rödiger, S. 193.

406 *Schleicher* in: Schleicher/Straubhaar, S. 29.

407 Als Opportunitätskosten werden der Entgang jenes Nutzens verstanden, der dadurch entsteht, dass wirtschaftlich knappe Güter anders hätten verwendet werden können, *Kuhlmann* in: Auslaufmodell Wehrpflichtarmee, S. 16 f.; *Straubhaar* in: Thiele, S. 103.

408 *Straubhaar/Schleicher* in: Schleicher/Straubhaar, S. 15.

409 *Lutz* in: Groß/Lutz, S. 36.

410 Schon die Wehrstrukturkommission des Jahres 1970 kam zu diesem Ergebnis. Sie stellte schon damals fest, dass die volkswirtschaftlichen Gesamtkosten der damaligen Wehrstruktur durch die Budgetbelastungen nicht richtig wieder gegeben werde. Eine Freiwilligenarmee sei bei einer volkswirtschaftlichen Gesamtbetrachtung günstiger, obwohl die Budgetbelastung zunächst höher sei, weil der wesentliche Teil der volkswirtschaftlichen Kosten der Wehrpflichtarmee nicht in Haushaltsansätzen erscheinen würde. *Krelle* in: Wehrstrukturkommission 1970, Analysen und Optionen, S. 357; *Straubhaar/Schleicher* in: Schleicher/Straubhaar, S. 18.

ten und Ausrüstung, einzukalkulieren.[411] Diese Kosten lassen sich budgetmäßig im Bundeshaushalt festmachen.

Oft wird als Berechnungsgrundlage für den Vergleich Wehrpflicht- und Freiwilligenarmee von einem gleichstarken Personalumfang ausgegangen.[412] Zentrales Argument ist dann folgerichtig, dass eine Wehrpflichtarmee erheblich kostengünstiger sei als eine gleich starke Freiwilligenarmee.[413] Diese Behauptung trifft zwar zu, aber die Berechnungsgrundlage ist verfehlt. Eine Freiwilligenarmee kann regelmäßig wesentlich kleiner ausfallen als eine Wehrpflichtarmee, und das bei gleichen Qualitätsstandards. Bei einer Armee, die zu einem großen Teil aus Wehrpflichtigen besteht, ist ein großer Teil des Personals in die Ausbildung involviert, sei es als Ausbilder oder als Auszubildender. Weiterhin herrscht in einer solchen Armee ständig ein sehr großer Personalaustausch. In kurzen Abständen werden die Wehrpflichtigen ausgetauscht und gegen neue, noch nicht Ausgebildete ersetzt. Somit ist der Anteil an einsetzbaren und gefechtsbereit ausgebildeten Soldaten geringer als bei Freiwilligenarmeen.[414] Als sachgerecht hat sich hier ein Verhältnis von 1:2[415] herausgestellt, d.h. ein Freiwilliger kann die Leistungen von zwei Wehrdienstleistenden ersetzen.[416]

Im Rahmen der nun folgenden Kostenvergleiche wird von einer Freiwilligenarmee in einer Stärke von 200.000 Mann (im Folgenden Strukturmodell 200) ausgegangen.[417] Diese Personalstärke erscheint angesichts der Erfahrungen der Nachwuchsgewinnung realistisch. Im Übrigen entspricht diese Zahl in etwa der Anzahl der derzeitigen Berufs- und Zeitsoldaten in der Bundeswehr.[418] Bei einer Umwandlung der Bundeswehr muss jedoch eine Umstrukturierung der verschiedenen Laufbahngruppen vorgenommen werden, denn bei den derzeitigen Berufs- und Zeitsoldaten sind die Laufbahngruppen der Offiziere und Unteroffiziere überdurchschnittlich stark vertreten. Für die Zusammensetzung wird ein Verhältnis von Offizieren zu Unteroffizieren zu Mannschaften von 1:3:4 zu Grunde gelegt.[419] Demnach würde eine solche Armee aus

---

411 *Straubhaar* in: Thiele, S. 103; *Kuhlmann* in: Auslaufmodell Wehrpflichtarmee, S. 16.

412 So z.B. *Harun*, IFDT 1/1998, 26 (30).

413 *Frank*, Auftrag 1/1999, 25 (25); *Stahel*, Schweizer Soldat 2/1999, 22 (22); *Wellershoff*, Die Welt v. 2. Februar 1999, S. 10; *Jonas*, Schweizer Soldat 1/1998, 24 (26).

414 *Schleicher* in: Schleicher/Straubhaar, S. 24.

415 Die Wehrstrukturkommission 1970 ging noch von einem Verhältnis von 1:1,25 aus, siehe *Krelle* in: Wehrstrukturkommission 1970, Analysen und Optionen, S. 357; Dies beruhte auf dem damaligen Konzept der Vorneverteidigung und umfassenden Raumdeckung, welche ein großes Aufgebot an Soldaten notwendig machte. Auf Grund der geänderten sicherheitspolitischen Lage scheint die Heraufsetzung dieses Verhältnisses auf 1:2 angebracht. Mit einem ähnlichen Verhältnis auch *Hahn*, ÖMZ 1/1998, 62 (62).

416 *Kuhlmann* in: Auslaufmodell Wehrpflichtarmee, S. 20; m.w.N.: *Lutz* in: Groß/Lutz, S. 25, 36.

417 Diese Stärke wird auch von der „Kommission Sicherheit und Zukunft der Bundeswehr" des IFSH befürwortet, die das Bundeswehr-Modell „200F" mit einem Umfang von 200.000 Freiwilligen befürworten. IFSH aktuell Nr. 41, Juni 2000; dagegen geht Schnell in seiner Studie zur Effizienz einer Freiwilligenarmee von einem Friedensumfang von 280.000 Freiwilligen aus, *Schnell*, Teilstudie H, S. 5.

418 Zurzeit leisten 203.250 Berufs- und Zeitsoldaten in der Bundeswehr Dienst.

419 Dieses Verhältnis der Laufbahngruppen wird allgemein als sachgerecht angesehen, *Lutz* in: Groß/Lutz, S. 44.

25.000 Offizieren, 75.000 Unteroffizieren sowie 100.000 Mannschaften bestehen. Bei den Berechnungen zum Einsparungspotenzial einer Freiwilligenarmee werden die Prognostizierten Planungswerte (PPW) des BMVg zu Grunde gelegt.[420] Andere Berechnungen zur ökonomischen Effizienz einer Freiwilligenarmee gehen vielfach nur von dem Grundgehalt aus, d.h. von dem ausgezahlten Jahresbruttogehalt. Die PPW berücksichtigen dagegen auch die nicht unbeachtlichen Personalnebenkosten. Diese enthalten z.B. Zuschläge, Beihilfekosten, Kosten für Bekleidung, Verpflegung und truppenärztliche Versorgung, sämtliche Renten- und Sozialversicherungskosten. Dadurch ergeben sich im Vergleich zu anderen Berechnungen erhebliche Abweichungen. Die Berücksichtigung der gesamten Personalkosten ergibt allerdings ein wesentlich realistischeres Bild über das Einsparungspotenzial einer Freiwilligenarmee, da auch die Personalnebenkosten bei einer Umwandlung wegfallen würden.

(aa) Einsparungen durch den Wegfall von Wehrpflichtigen

Bei einer Umwandlung der Bundeswehr in eine Freiwilligenarmee würden an erster Stelle die Personalkosten für die Wehrpflichtigen entfallen.

Nach dem derzeitigen Personalstrukturmodell 340.000 gibt es in der Bundeswehr derzeit 105.183 Grundwehrdienstleistende sowie 26.567 freiwillig länger Dienstleistende. Dies führt zu einem Gesamtbestand von 131.750 Grundwehrdienstleistenden (GWDL) / Freiwillig Wehrdienst Leistenden (FWDL). Nach den PPW belaufen sich die durchschnittlichen jährlichen Kosten für einen Grundwehrdienstleistenden (GWDL) auf € 13.900, die für einen Freiwillig Wehrdienst Leistenden (FWDL) auf € 24.950.[421]

Im Bereich der Grundwehrdienstleistenden (GWDL) käme es zu einer Einsparung von ca. € 1,4 Milliarden. Durch den Wegfall der Freiwillig Wehrdienst Leistenden (FWDL) könnten rund € 664 Millionen an Kosten entfallen. Insgesamt würden Personalkosten von etwa € 2,1 Milliarden durch den Wegfall der Wehrpflichtigen eingespart werden.[422]

---

420 Die im Folgenden verwendeten durchschnittlichen Personalkosten beruhen auf den Prognostizierten Planungswerten für das Jahr 2002 (PPW) des BMVg. Diese PPW wurden dem Autor bei einer persönlichen Anfrage durch das Referat Fü S VI 3 beim BMVg mitgeteilt. Die PPW werden von den jährlich ermittelten tatsächlichen Ist-Ausgaben für alle Personalkategorien abgeleitet. In ihnen sind bereits die Entscheidungen über Lohn- und Gehaltsanpassungen eingerechnet. Auf diese Weise enthalten sie hochgerechnete bzw. prognostizierte Aussagen über die Personalkosten. Die Personalkosten werden in den PPW in DEM gemacht und wurden für diese Arbeit anhand des offiziellen Umrechnungskurses (1 € = 1,95583 DEM) umgerechnet.

421 *König* geht bei seinen Berechnungen von den niedrigeren Werten der Kostenrichtlinie 1998 aus. Als Durchschnittswert für einen Grundwehrdienstleistenden (GWDL) gibt er € 12.445 und für einen Freiwillig Wehrdienst Leitenden (FWDL) € 18.270 an, siehe *König*, S. 149.

422 Auf Grund des Ansatzes der niedrigeren Werte der Kostenrichtlinie 1998 ergeben sich nach den Berechnungen von *König* Einsparungen von rund € 1,78 Milliarden, *König*, S. 150.

(bb) Einsparungen durch den Wegfall von Offizieren und Unteroffizieren

Bei zwar etwa gleich bleibender Anzahl der Berufs- und Zeitsoldaten müsste auch das Verhältnis zwischen Offizieren, Unteroffizieren und Mannschaften korrigiert werden. Im Zuge der Umwandlung in eine Freiwilligenarmee würden folglich auch Stellen im Bereich der Offiziere und Unteroffiziere abgebaut werden müssen.

Von den z.Zt. 38.000 Offizieren würden im Zuge der Umwandlung rund 13.000 Stellen gestrichen werden. Dies würde bei durchschnittlichen Personalkosten von € 62.460 pro Offizier zu Einsparungen i.H.v. € 820 Millionen führen. Einen erheblichen Reduzierungsbedarf gibt es auch bei den Unteroffizieren. In dieser Laufbahngruppe sind im Strukturmodell 340.000 noch 122.000 Stellen vorgesehen. Um das Soll von 75.000 Stellen zu erreichen, müssten 46.000 Dienstposten abgebaut werden. Hier könnten die Personalausgaben um € 1,49 Milliarden gesenkt werden bei durchschnittlichen Personalkosten von € 31.700.

(cc) Einsparungen durch den Wegfall von Zivilpersonal

Eine Reduzierung des Bestandes an Soldaten bei einer Umstellung auf eine Freiwilligenarmee würde eine Herabsetzung des Personalumfangs beim Zivilpersonal nach sich ziehen.

Bei den im Laufe der Bundeswehrgeschichte vorgenommenen Reduzierungen der Soldaten wurde auch stets die Anzahl der Zivilbediensteten angepasst. Ende 1998 verfügte die Bundeswehr über rund 143.500 Mitarbeiter im zivilen Bereich.[423] Von diesen Zivilmitarbeitern sind 44% Arbeiter, 33% Angestellte, 19% Beamte und Richter und 4% Auszubildende.[424] Die durchschnittlichen Personalkosten betragen für einen Arbeiter € 41.260, für einen Angestellten € 46.990, für einen Beamten oder Richter € 33.740 sowie € 10.840 für einen Auszubildenden.[425] Hieraus ergibt sich ein Mittelwert für die Personalkosten der Zivilmitarbeiter von € 40.650[426].

Stellt man die Anzahl der zivilen Bediensteten der Menge der Soldaten gegenüber, so ergibt sich ein Verhältnis von rund 1:2.[427] Überträgt man dieses Verhältnis auf eine angenommene Freiwilligenarmee von 200.000 Soldaten, so würde die Bundeswehr zukünftig mit rund 100.000 Zivilbediensteten auskommen.[428] Im Bereich der

---

423 Zahlen entnommen aus: BMVg, Bestandsaufnahme, S. 121.

424 Verhältnis der Personalgruppen entnommen aus: BMVg, Bestandsaufnahme, S. 120.

425 Diese Durchschnittskosten wurden anhand der Prognostizierten Planungswerte 2002 des BMVg ermittelt.

426 Bei der Ermittlung dieses Mittelwertes wurde berücksichtigt, dass die Arbeiter einen hohen Anteil am Gesamtbestand der Zivilbediensteten haben und die Auszubildenden nur sehr gering vertreten sind.

427 Dagegen legt *König* seinen Berechnungen ein Verhältnis von 1:2,5 zu Grunde, *König*, S. 156.

428 Auch *Schnell* geht bei seinen Berechnungen von rund 100.000 Zivilangestellten aus. Diese stehen bei seinen Berechnungen allerdings 280.000 freiwilligen Soldaten gegenüber. *Schnell*, Ökonomische Effizienz der Wehrpflicht, S. 12.

Zivilbediensteten könnten demnach € 4 Milliarden an Personalkosten eingespart werden.

(dd) Einsparungen durch den Wegfall der Zivildienstleistenden

Der Zivildienst stellt einen Ersatzdienst dar. Bei einem Wegfall der Wehrpflicht würde folglich auch kein Zivildienst mehr geleistet werden müssen, denn die Ableistung des Zivildienstes setzt die Verweigerung des Hauptdienstes Wehrpflicht voraus. In der Diskussion um den Erhalt der Wehrpflicht wird oft angeführt, dass die Sicherstellung der sozialen Dienste ohne den Zivildienst nicht mehr in einem angemessenen Kostenrahmen Gewähr leistet werden könnte. Die Aufrechterhaltung der Wehrpflicht lässt sich juristisch fundiert aber nicht dadurch rechtfertigen, dass ansonsten der angeblich gesellschaftlich notwendige Zivildienst entfallen würde.[429]

Zurzeit bestehen in der Bundesrepublik rund 125.000 Zivildienststellen. Neben den Kosten i.H.v. € 7.160, die dem Anbieter einer Zivildienststelle entstehen, bringt der Staat noch einmal € 10.220 für einen Zivildienstplatz auf. Die jährlichen Gesamtkosten liegen somit bei rund € 17.380. Durch den Wegfall dieser Dienstplätze würden sich weitere Einsparungen von rund € 2,2 Milliarden ergeben.

(ee) Zusätzliche Kosten im Bereich der sozialen Dienste durch den Wegfall der Zivildienstleistenden

Durch den Wegfall der Zivildienstleistenden könnten im Bereich der sozialen Dienste allerdings zusätzliche Kosten entstehen. Im Bereich des Zivildienstes kann ein Verhältnis der Zivildienstleistenden zu vollbeschäftigten Arbeitskräften von 3:2 aufgestellt werden. Auch hier arbeiten professionelle Kräfte demnach effizienter als die zwangsverpflichteten Zivildienstleistenden.[430] Bei den Arbeiten, die ein Zivildienstleistender verrichten soll, handelt es sich um einfache Hilfstätigkeiten, die innerhalb von drei Monaten erlernt werden können. Verteilt man die Kosten von € 52.150 für drei Zivildienstleistende auf zwei Vollbeschäftigte, so steht hier ein Betrag von € 26.560 zur Verfügung. Würde man nun einen Arbeitslosen in einem solchen Tätigkeitsbereich beschäftigen, so würden noch einmal Kosten i.H.v. € 5.620 entfallen, die durchschnittlich für einen Arbeitslosen, der für eine solche Tätigkeit in Frage kommt, jährlich an Sozialleistungen gezahlt werden. Weiterhin kämen für den Staat Steuereinnahmen i.H.v. rund € 3.830 hinzu. Bei einer kostenneutralen Umwandlung könnten demnach pro Arbeitsplatz im Bereich der pflegerischen Hilfstätigkeiten € 35.530 aufgewendet werden.[431] Diese vollbeschäftigten Kräfte könnten darüber hinaus auch

---

[429] LG Potsdam, Vorlagebeschluss v. 19. März 1999 – 23 (H) Ns 72/98, NJ 1999, 660L.

[430] *Hahn*, ÖMZ 1/1998, 62 (62).

[431] Diese Berechnung stimmt in etwa mit dem überein, was das Diakonische Werk Württembergs im Jahr 1999 berechnete. Es kam auf einen Betrag von € 33.080, *Theyssen*, Die Woche v. 23. April 1999, S. 5.

wesentlich effektiver eingesetzt werden, da sie nicht, wie die Zivildienstleistenden, jährlich oder in Zukunft noch öfter ausgewechselt werden.

Berechnungen von *v.Boetticher* aus dem Jahr 1994 ergeben, dass bei einer hälftigen Besetzung der freien Stellen durch Arbeitslose sich die Kosten und Einsparungen bei der Ersetzung der Zivildienstleistenden durch Vollbeschäftigte gegenseitig aufheben würden. Er geht hierbei von 90.000 zu schaffenden Stellen aus. Würde man keine Arbeitslosen auf die frei werdenden Stellen setzen, so ergeben sich nach seinen Nachforschungen Mehrkosten i.H.v. lediglich € 204 Millionen.[432] Es scheint allerdings eher realistisch, von einer Besetzung der frei werdenden Stellen zur Hälfte durch Arbeitslose auszugehen.

Somit wäre auch der Wegfall des Zivildienstes und sich daraus ergebende Besetzung dieser entfallenen Stellen durch Vollbeschäftigte kostenneutral zu bewältigen.

(ff) Mehrkosten durch zusätzliche Mannschaften

Bisher waren in der Laufbahngruppe der Mannschaften im Wesentlichen Wehrdienstleistende vertreten. Da diese im Rahmen einer Umwandlung nicht mehr vorhanden sind, müsste hier der vorhandene Bestand an Zeitsoldaten im Bereich der Mannschaften aufgefüllt werden. Das jetzige Strukturmodell verfügt über lediglich 43.250 Mannschaften im Bereich der Zeitsoldaten. Hier müssten 56.750 zusätzliche Stellen geschaffen werden, um das geforderte Soll von 100.000 Mann zu erreichen. Legt man die durchschnittlichen Kosten für einen Mannschaftssoldaten von € 24.950 zu Grunde, müssten hier zusätzliche Ausgaben i.H.v. € 1,43 Milliarden veranschlagt werden.

(gg) Zwischenergebnis

Die Einsparungen im Bereich der direkten, d.h. budgetwirksamen Kosten, würden sich auf rund € 9,2 Milliarden belaufen.[433] Hierbei ist allerdings zu beachten, dass die Einsparungen nicht sofort wirksam würden, denn der Abbau der bestehenden Dienstposten müsste sozialverträglich geschehen. Als realistischer Zeitrahmen wären hier rund zehn Jahre anzusetzen. Innerhalb dieser Umwandlungszeit würden die jährlichen Ersparnisse kontinuierlich ansteigen. Weitere direkte Kosten würden im Bereich der Wehrerfassung entfallen. Sämtliche Ausgaben für die Erfassung, Muste-

---

432 *v.Boetticher*, „4/3" 2/1994, S. 9.

433 *Schnell* errechnet in seiner Studie eine Einsparung von rund € 3,6 Milliarden. Dies wird zum einen dadurch bedingt, dass er einen höheren Friedensumfang (280.000 Soldaten) annimmt und zum anderen nicht die Einsparungen durch den Wegfall von Zivilpersonal und Zivildienstleistenden sowie die hinfälligen Musterungskosten und Kosten für KDV-Verfahren berücksichtigt, siehe *Schnell*, Teilstudie H, S. 10. Ansonsten gelangen die Berechnungen des Autors für die reinen Personalkosten (Einsparungen von rund € 2,97 Milliarden) zu vergleichbaren Ergebnissen. *König* kommt auf ein Einsparungspotenzial von ca. € 5,42 Milliarden. Dieser geringere Wert ergibt sich aus dem niedrigeren Ansatz für die einzelnen Personalkosten und einen höheren Anteil an Zivilpersonal (1:2,5), *König*, S. 165.

rung und Verwaltung der Wehrpflichtigen wären bei der Umwandlung in eine Freiwilligenarmee hinfällig. Das BMVg gibt die Kosten für die Musterung der Wehrpflichtigen im Jahr 1992 mit € 5,73 Millionen an sowie die Kosten für die Verfahren für die Anerkennung als Kriegsdienstverweigerer mit weiteren € 613 Millionen.[434]

Tabelle 3: Übersicht über den Kostenvergleich zwischen Wehrpflicht- und Freiwilligenarmee

Personalkategorie	**Freiwilligenarmee Strukturmodell 200**	
	Einsparungen	**Mehrausgaben**
Offiziere	820.000.000	
Unteroffiziere	1.490.000.000	
Mannschaften SaZ		1.430.000.000
GWDL	1.400.000.000	
FWDL	664.000.000	
Zivilpersonal	4.000.000.000	
Zivildienstleistende	2.200.000.000	
Gesamt Personalkosten	*10.574.000.000*	*1.430.000.000*
Musterungskosten	5.730.000	
Kosten der KDV-Verfahren	613.000	
Gesamtkosten	*10.580.343.000*	*1.430.000.000*

Angaben in €

(b) Indirekte Kosten

Weiterhin müssten auch die durch eine Freiwilligenarmee entstehenden indirekten Kosten geringer sein.

Zunächst einmal entstehen dem Soldaten private Einbußen, weil er während der Wehrdienstzeit nicht seiner gewohnten beruflichen Tätigkeit nachgehen kann. Er erhält folglich nicht sein übliches, marktgerechtes Entgelt für die geleisteten Dienste, und ihm wird ferner ein Jahr seiner beruflichen Entwicklung genommen. Während des Grundwehrdienstes veraltet das angeeignete berufliche Fachwissen i.d.R., weil Wehrdienstleistende nur in den seltensten Fällen entsprechend ihrer zivilberuflichen Qualifikation eingesetzt werden können.

Daneben entstehen aber auch dem Staat dadurch Kosten, dass er während dieser Zeit keine Steuereinnahmen von den Wehrdienstleistenden einziehen kann. Beide dargestellten Posten zählen zu den Opportunitätskosten. Nach einschlägigen Schätzungen liegen die potenziellen jährlichen Steuereinnahmen bei einem Wehrpflichti-

[434] *v.Boetticher*, „4/3" 2/1994, S. 6.

gen bei rund € 3.010 Lohnsteuer und weiteren € 860 bei den indirekten Steuern.[435] Bei 257.000 Dienstleitenden kämen dem Staat daher steuerliche Mehreinnahmen von € 970 Millionen zugute.

Die Wehrpflichtigen werden während ihres Wehrdienstes nicht marktgerecht entlohnt.[436] Für den Dienstherren besteht dazu auch gar kein Anlass, denn durch die Zwangsverpflichtung sieht sich dieser auch nicht genötigt, eine der zivilen Nachfrage entsprechende Entlohnung vorzunehmen.[437] In einem an Marktgesetzen orientierten Verhältnis von Angebot und Nachfrage würde sich derjenige, der den Faktor Arbeit nachfragt, nur diejenigen Anbieter aussuchen, die für seinen Bedarf passend ausgebildet sind. Keinesfalls würde er auf höherqualifizierte Anbieter zurückgreifen, weil er diese auch ihrer höheren Qualifikation entsprechend entlohnen müsste.[438] Wehrpflichtige leisten aber unabhängig von ihrer Verwendung und ihrer Qualifikation Dienst zu gleichem Lohn.

Der Produktionsfaktor Arbeit ist im Bereich der Wehrpflichtigen folglich wesentlich günstiger als in der Privatwirtschaft. Dies führt zu einer ineffizienten Verwendung dieses Produktionsfaktors[439], denn zu viele Bürger werden auf Grund des künstlich verbilligten Faktors Arbeit und oft nicht ihrer zivilberuflichen Qualifikation entsprechend eingesetzt. [440] In einem freien Markt würde das Zusammenspiel von Angebot und Nachfrage bewirken, dass sich nur bei einer der Arbeitsleistung und dem beruflichen Risiko entsprechenden Entlohnung genügend Arbeitskräfte für den Beruf des Soldaten entscheiden würden. In einem Freiwilligensystem ist dies der Fall, denn dort muss sich der Dienstherr den Produktionsfaktor Arbeit zu marktüblichen Preisen beschaffen.[441] Berechnungen gehen für das Jahr 1994 von einem Einkommensverlust von mindestens € 10.230 für jeden Wehrpflichtigen aus.[442] Bei einem Bestand von 257.000 Dienstpflichtigen, die entweder dem Zivildienst oder dem Wehrdienst zur Verfügung stehen, ergeben sich Einkommensverluste von € 2,6 Milliarden.[443]

---

435 Zahlen nach *v.Boetticher*, „4/3“ 2/1994, S. 8, der sich auf Schätzungen von *Bach* und *Spitznagel* bezieht.

436 *Kuhlmann* in: Auslaufmodell Wehrpflichtarmee, S. 16.

437 *Straubhaar* in: Thiele, S. 104; *Lutz* in: Groß/Lutz, S. 36.

438 *Wandsbeker Kreis* in: Opitz/Rödiger, S. 194; *Kuhlmann* in: Auslaufmodell Wehrpflichtarmee, S. 17.

439 Als Beispiel für solche Verschwendungen des Produktionsfaktors Arbeit kommen Ordonanzdienste in den Offiziers- und Unteroffiziersheimen, unnötige Reinigungs- und Putzdienste oder die nicht notwendige Wartung- und Pflege von Waffen und Gerät, die nur aus Verlegenheit geschieht, in Betracht. *Kuhlmann* in: Auslaufmodell Wehrpflichtarmee, S. 17.

440 *Straubhaar*/Schleicher in: Schleicher/Straubhaar, S. 15; *Kuhlmann* in: Auslaufmodell Wehrpflichtarmee, S. 17; *Straubhaar* in: Thiele, S. 104; *Wandsbeker Kreis* in: Opitz/Rödiger, S. 194.

441 *Schleicher* in: Schleicher/Straubhaar, S. 24.

442 *v.Boetticher*, "4/3" 2/1994, S. 20.

443 *Schnell* ermittelt Einkommensverluste von rund € 1,79 Milliarden. Das von den Kalkulationen des Autors abweichende Ergebnis ergibt sich durch die unterschiedlichen Ansätze. Schnell legt die Differenz zwischen dem Sold eines Grundwehrdienstleitenden und dem Einkommen eines Mannschaftsdienstgrades im ersten Dienstjahr zu Grunde, siehe *Schnell*, Teilstudie H, S. 7.

Weitere Folge der künstlich niedriggehaltenen Personalkosten ist eine starke Verlagerung des Verhältnisses von Soldaten und Waffen hin zu den Soldaten.[444] Während der Staat die Waffen, d.h. den Faktor Kapital, bei zivilen Anbietern zu Marktpreisen erwerben muss, kann er auf den Faktor Arbeit kostengünstig zurückgreifen.[445] Dies führt bei Wehrpflichtarmeen zu einer Konzentration auf den Einsatz von Soldaten, während sich in der privaten Wirtschaft auf Grund immer höher steigender Personalkosten seit Jahren eine Verlagerung hin zum Einsatz von Maschinen abzeichnet.[446] Durch die Umstrukturierung der Bundeswehr in eine Freiwilligenarmee würden diese dargestellten Opportunitätskosten wegfallen. Im Ergebnis betragen die errechneten Opportunitätskosten rund € 3,58 Milliarden.[447]

Eine Freiwilligenarmee ist damit im Ergebnis nicht teurer als eine Wehrpflichtarmee, sondern günstiger.[448] Sie kann kleiner ausfallen als eine vergleichbare Wehrpflichtarmee. In der volkswirtschaftlichen Gesamtschau zeigt sich, dass eine Freiwilligenarmee zwar höhere budgetwirksame direkte Kosten verursacht, aber durch den Wegfall der enormen Opportunitätskosten einer Wehrpflichtarmee günstiger ist. [449] Es besteht eine unterschiedliche Kostenverteilung zwischen den beiden Armeeformen. Bei der Wehrpflichtarmee tragen neben dem Bundeshaushalt auch die einzelnen Wehrpflichtigen die Last der Verteidigung in Form der Opportunitätskosten. Bei einer Freiwilligenarmee hingegen wird die Verteidigungslast vollständig durch den Bundeshaushalt getragen.[450] Die geringere Belastung des Bundeshaushaltes kann – als ein Nebenziel – mit einer Freiwilligenarmee besser erreicht werden als mit der bestehenden Wehrpflichtarmee.

ee) Geringere Belastung

Die Organisation der Bundeswehr nach dem Freiwilligkeitsprinzip stellt auch eine geringere Belastung dar. Es wird nicht mehr durch die Wehrpflicht in die Grundrechte

---

444 Sog. „Overmanning", d.h. ein Missverhältnis zwischen den Produktionsfaktoren Arbeit und Kapital. Der Produktionsfaktor Arbeit (hier: Soldaten) wird im Verhältnis zum Produktionsfaktor Kapital (hier: Waffen, Gerät, Fahrzeuge) überbewertet.

445 *Straubhaar/Schleicher* in: Schleicher/Straubhaar, S. 17; *Wandsbeker Kreis* in: Opitz/Rödiger, S. 194.

446 Sog. „suboptimale Kapitalausstattung", die durch ein nach unten verzerrtes Verhältnis von Kapital und Arbeit hervorgerufen wird. *Wandsbeker Kreis* in: Opitz/Rödiger, S. 194; *Straubhaar* in: Thiele, S. 106 f.

447 Nach Angaben von *Schnell* schwanken die Ergebnisse der Berechnung über Opportunitätskosten je nach den zu Grunde gelegten Einzelwerten erheblich. Nach der Kenntnis von *Schnell* werden in den einzelnen Studien Werte von weniger als € 511 Millionen bis zu rund € 4,6 Milliarden genannt, siehe *Schnell*, Teilstudie H, S. 7. Dagegen errechnet *König* Gesamtopportunitätskosten von rund € 1,46 Milliarden (*König*, S. 196), der hierbei jedoch noch nicht die Steuermehreinnahmen berücksichtigt hat, welche er mit nochmals rund € 955 Millionen angibt (*König*, S. 198).

448 So im Ergebnis auch: *Schnell*, Teilstudie H, S. 10; *Rhode*, Loyal 2/1999, 20 (20); *Hahn*, ÖMZ 1/1998, 62 (62).

449 *Hahn* in: Steinkamm/Schössler, S. 83.

450 *Straubhaar/Schleicher* in: Schleicher/Straubhaar, S. 18.

der zwangsrekrutierten Bürger eingegriffen. Die Soldaten einer Freiwilligenarmee treffen die Entscheidung für und wider eine militärische Tätigkeit aus freien Stücken.

Eine aus Freiwilligen bestehende Bundeswehr stellt daher ein gleich geeignetes, aber die Wehrpflichtigen weniger belastendes Mittel zur Erreichung des vom Gesetzgeber verfolgten Zwecks der Landesverteidigung dar.

ff) Ergebnis des Vergleichs der Wehrsysteme

Die Prüfung der Erforderlichkeit der derzeitigen Wehrpflicht und der durchgeführte Vergleich zwischen der Wehrpflichtarmee und der Freiwilligenarmee als relevante Organisationsmodelle für die Bundeswehr hat gezeigt, dass eine Freiwilligenarmee sowohl zur Erreichung des gesetzgeberischen Hauptzwecks der Landes- und Bündnisverteidigung[451], als auch zur Entlastung des Bundeshaushaltes zumindest gleich geeignet ist. Eine Freiwilligenarmee ist zur Bewältigung der sich stellenden Aufgaben gleich geeignet und stellt einen weniger belastenden Eingriff für die Wehrpflichtigen dar. Die sicherheitspolitische Lage hat sich innerhalb des letzten Jahrzehnts so sehr verändert, dass die zwangsweise Rekrutierung von jungen Bürgern zum Zweck der Landesverteidigung nicht mehr erforderlich ist. Deutschland sieht sich zusammen mit seinen Bündnispartnern nicht mehr mit der Gefahr eines großen Angriffs durch die Staaten der Warschauer Vertragsorganisation konfrontiert. Die Analyse der derzeitigen und zu erwartenden zukünftigen sicherheitspolitischen Lage hat ergeben, dass diese frühere Gefährdung durch einen großen, den ganzen Kontinent umspannenden Krieg auf absehbare Zeit ausgeschlossen werden kann. Dagegen muss in der Zukunft vermehrt mit kleinen, regional begrenzten Konflikten und Krisen gerechnet werden. Auch wenn sich diese Konflikte und Krisen eher am Rande und außerhalb Europas abspielen werden, sind diese aber durchaus geeignet, die sicherheitspolitischen Interessen Deutschlands und seiner Bündnispartner zu gefährden.

Wenn der Fall der Landes- oder Bündnisverteidigung nun aber sehr unwahrscheinlich geworden ist, dann bedarf es auch nicht mehr der Massen an Wehrpflichtigen. Primäres Ziel einer Wehrpflichtarmee ist es, kontinuierlich Soldaten auszubilden und diese als Reservisten zu schulen, um im Verteidigungsfall einen raschen Aufwuchs der Streitkräfte sicherstellen zu können. Für die zu erwartenden Einsatzarten bedarf es aber dieser Aufwuchsfähigkeit nicht mehr so sehr, wie es zu Zeiten des Kalten Krieges noch der Fall war. Vielmehr sind gut ausgebildete Spezialisten vonnöten, um die anstehenden Aufgaben zu bewältigen. Dafür sind Freiwilligenstreitkräfte jedoch besser geeignet als Wehrpflichtarmeen. Darüber hinaus lassen sich mit einer Freiwilligenarmee auch die Nebenziele besser erreichen. Eine Freiwilligenarmee ist bei angemessener Stärke deutlich günstiger als eine Wehrpflichtarmee. Eine Streitkraft aus Freiwilligen muss nur rund halb so groß sein wie eine gleich einsatzfähige Wehrpflichtarmee. Auch die oft gefürchteten gesellschaftspolitischen Entwicklungen einer

---

[451] Siehe zum gesetzgeberischen Zweck Gliederungspunkt C.III.2.c), Seite 54.

Freiwilligenarmee sind kontrollierbar. Die erwartete gesellschaftliche Abspaltung der Freiwilligenarmee ist auszuschließen, wenn die schon jetzt bestehenden verfassungsrechtlichen und gesetzlichen Kontrollmechanismen auch bei einer Umwandlung der Bundeswehr erhalten bleiben. Es ist auch mit einer Freiwilligenarmee möglich, eine gesunde Verbindung zwischen Gesellschaft und Militär zu erhalten und die parlamentarische und demokratische Kontrolle des Militärs zu Gewähr leisten. Weiterhin ist es bei freiwilligen Bewerbern wesentlich besser möglich, extremistische Personen auszuschließen als dies bei der Musterung von Wehrpflichtigen je der Fall war.

f) Auswirkung dieses Ergebnisses auf die Frage der Verfassungsmäßigkeit

Im Weiteren stellt sich nun die Frage, welche Auswirkungen das erarbeitete Ergebnis auf die Feststellung der Verfassungsmäßigkeit der Wehrpflicht hat. Die durchgeführte Verhältnismäßigkeitsprüfung hat aufgezeigt, dass nach den heutigen sicherheitspolitischen Prognosen und dem sich daraus ergebenden zukünftigen Einsatzspektrum der Bundeswehr eine Wehrpflichtarmee zur Erreichung des gesetzgeberischen Zwecks zwar gleich geeignet, jedoch nicht mehr erforderlich ist. Auch der Vergleich zwischen Wehrpflichtarmee und Freiwilligenarmee unter gesellschaftspolitischen und ökonomischen Gesichtspunkten hat gezeigt, dass letztere auch zur Erreichung dieser gesetzgeberischen Nebenziele zumindest gleich geeignet ist. Eine gleiche Eignung der weniger belastenden Alternative zur Erreichung des vom Gesetzgeber verfolgten Zwecks hat jedoch nicht zwangsläufig die Verfassungswidrigkeit der belastenden Alternative zur Folge. Dem gewählten Gesetzgeber kommt gerade nach der Rspr. des BVerfG ein weiter Gestaltungsspielraum zu. Hat eine alternative Maßnahme lediglich „gewisse Vorzüge" gegenüber der bestehenden gesetzlichen Maßnahme, so führt dies nicht zum Verdikt der Verfassungswidrigkeit.[452] Eine belastendere Maßnahme überschreitet die Grenze des weiten gesetzgeberischen Ermessensspielraums nur dann, wenn die gefundene Alternative sachlich dasselbe leistet und die sachliche Gleichwertigkeit eindeutig festgestellt ist.[453]

Im Rahmen der hier zu treffenden Entscheidung sind daher die Wertigkeit der vom Gesetzgeber verfolgten Gemeinwohlinteressen mit dem Maß an Freiheitsverlust abzuwägen.[454] Dabei müssen die Gemeinwohlinteressen, denen die Maßnahme dienen soll, umso gewichtiger sein, je empfindlicher der Einzelne in seiner Freiheit betroffen ist.[455] Je mehr der Eingriff elementare Äußerungsformen der menschlichen Handlungsfreiheit berührt, umso sorgfältiger müssen die zur Rechtfertigung vorgebrachten

---

452 BVerfGE 25, 1 (20).

453 BVerfGE 30, 292 (319).

454 *Stern*, StaatsR, Bd. III/2, S. 789.

455 *Stern*, StaatsR, Bd. III/2, S. 790; BVerfGE 17, 306 (313 f.); 20, 150 (159); 36, 47 (59); 37, 210 (225); 40, 196 (227).

Gründe gegen den grundsätzlichen Freiheitsanspruch abgewogen werden.[456] Durch die Pflicht zur Ableistung der Wehrpflicht und der damit verbundenen Gefahr, in einem bewaffneten Konflikt sein Leben – die vitale Basis der Grundrechte – einzubüßen, greift der Gesetzgeber in einem besonders hohen Maße in die Grundrechte der jungen Wehrpflichtigen ein, denn das Leben stellt das höchste Rechtsgut des Menschen dar. Gegenüber stehen sich hier das Gemeinwohlinteresse in Form der äußeren Sicherheit der Bundesrepublik und seiner Bündnispartner auf der einen Seite und die Individualinteressen der Wehrpflichtigen in Form von Leben, körperlicher Unversehrtheit, freier Entfaltung der Persönlichkeit und freier Berufsausübung auf der anderen Seite. Berücksichtigt man im Rahmen der Abwägung insbesondere die Intensität des Eingriffs, Gewicht und Dringlichkeit der Gemeinwohlinteressen sowie die in den Grundrechten verankerten Individualinteressen, so erscheinen vor dem Hintergrund der durch die entspannte sicherheitspolitische Lage auf absehbare Zeit kaum noch bedrohten Gemeinwohlinteressen und der hohen Schutzwürdigkeit der genannten Individualrechtsgüter die Interessen der einzelnen Wehrpflichtigen eindeutig schützenswerter. Eine Aufrechterhaltung der allgemeinen Wehrpflicht lässt sich auf Grund der durchgeführten Abwägung nicht mehr rechtfertigen. Eine Freiwilligenarmee leistet somit sachlich dasselbe, und die erforderliche sachliche Gleichwertigkeit ist damit festgestellt. Der Gesetzgeber überschreitet daher durch die Aufrechterhaltung der Wehrpflicht trotz der nicht mehr bestehenden existenziellen Bedrohung der Bundesrepublik und seiner Bündnispartner die Grenzen des ihm eingeräumten Ermessens. Die zurzeit bestehende Wehrpflicht, wie sie in den §§ 1 Abs. 1, S. 3 u. Abs. 1 S. 1 WPflG festgeschrieben ist, ist mithin verfassungswidrig.

IV. Zeitlicher Rahmen für eine Umgestaltung der Bundeswehr in eine Freiwilligenarmee

Die Umwandlung der jetzigen Bundeswehr in eine Freiwilligenarmee muss in einem angemessenen zeitlichen Rahmen vollzogen werden. Schon aus dienstrechtlichen Gründen könnte eine sofortige Umstellung nicht erfolgen. Viele der überzähligen Zeitsoldaten haben noch eine längere Dienstzeit vor sich, und auch die Verpflichtungszeiten der Zeitsoldaten laufen oft erst in vielen Jahren aus. Auch im Bereich der Zivilangestellten muss die Umstrukturierung sozialverträglich vollzogen werden und mit den arbeitsrechtlichen und tarifvertraglichen Bestimmungen im Einklang stehen. Durch eine langsame und kontinuierliche Umwandlung könnte ferner der Möglichkeit einer Änderung der sicherheitspolitischen Lage begegnet werden. Wird die Zahl der Wehrpflichtigen allmählich abgesenkt und gleichzeitig die Zahl der Berufs- und Zeitsoldaten erhöht, so könnten in dieser Phase der Umstrukturierung noch ein ausreichendes Reservistenpotenzial aufgebaut werden, um für den unwahrscheinlichen, aber nicht ausgeschlossenen Fall einer erneuten groß angelegten Bedrohung des

---

[456] *Stern*, StaatsR, Bd. III/2, S: 790; BVerfGE 17, 306 (313 f.); 20, 150 (159); 49, 24 (58 ff.).

Kontinents zu begegnen. Angesichts der heutigen Personalstruktur, insbesondere im Bereich der Offiziere und Unteroffiziere, wäre ein Zeitraum von zehn Jahren für diese Umwandlung anzusetzen.[457]

---

457 So auch Groß in: Groß/Lutz, S. 49.

D. Auswirkungen der Öffnung der Bundeswehr für Frauen ab 2001 auf die Verfassungsmäßigkeit der allgemeinen Wehrpflicht

I. Frühere Situation für Frauen in der Bundeswehr

Für das Verständnis der möglichen Probleme der Öffnung aller Verwendungen in der Bundeswehr für Frauen muss in einem ersten Schritt die Frage des verfassungsrechtlichen und tatsächlichen Hintergrundes der Zugangsbeschränkung für Frauen zum Waffendienst beantwortet werden. Bis Anfang des Jahres 2001 durften Frauen gem. § 1 Abs. 2 S. 3 SG[1] und §§ 3a, 5 Abs. 3 SLV[2] nur auf Grund freiwilliger Verpflichtung und nur im Sanitäts- oder Militärmusikdienst verwendet werden.

Verfassungsrechtlicher Anknüpfungspunkt für diese beschränkte Zugangsmöglichkeit für Frauen war der Art. 12a Abs. 4 GG in der Fassung von 1968.[3] Die Auslegung dieses Verfassungsartikels war seit jeher umstritten. Die Rechtsprechung des BVerwG[4] und tendenziell auch die des BVerfG[5] sowie gewichtige Stimmen innerhalb der Literatur[6] kamen aber zu dem Ergebnis, dass der Art. 12a Abs. 4 S. 2 GG (1968) auch eine auf freiwilliger Verpflichtung beruhende Verwendung von Frauen an der Waffe ausschließt. Dieser S. 2 des Art. 12a Abs. 4 GG 1968 stelle eine dem allgemeinen Gleichheitssatz vorgehende Sonderregelung dar, die lediglich einen waffenlosen

---

1 § 1 Abs. 2 S. 3 SG: „In ein Wehrdienstverhältnis nach den Sätzen 1 und 2 können auch Frauen für Verwendungen im Sanitäts- und Militärmusikdienst berufen werden". Soldatengesetz in der Fassung der Bekanntmachung vom 15. Dezember 1995 (BGBl. 1995, Teil I, S. 1737), zuletzt geändert durch Artikel 4 des Gesetzes vom 29. Juni 1998 (BGBl. 1998, Teil I, S. 1666, 3128).

2 § 3a SLV: „Frauen können nur auf Grund freiwilliger Verpflichtung und nur in Laufbahnen des Sanitäts- und des Militärmusikdienstes eingestellt werden. § 5 Abs. 3 SLV: Für Frauen in Laufbahnen des Sanitäts- und des Militärmusikdienstes ist der Wechsel in Laufbahnen des Truppendienstes und militärgeographischen Dienstes ausgeschlossen; Laufbahnwechsel aus dem Sanitätsdienst in den Militärmusikdienst und umgekehrt sind nur mit Zustimmung der Betoffenen zulässig." Verordnung über die Laufbahnen der Soldaten (Soldatenlaufbahnverordnung – SLV) vom 21. März 1958 (BGBl. 1958, Teil I, S. 148) in der Fassung der Bekanntmachung vom 28. Januar 1998 (BGBl. 1998, Teil I, S. 326).

3 Art. 12a Abs. 4 GG in der Fassung, die er durch das 17. Gesetz zur Ergänzung des Grundgesetzes vom 24. Juni 1968 (BGBl. 1968, Teil I, S. 709) erhalten hat: „Kann im Verteidigungsfalle der Bedarf an zivilen Dienstleistungen im zivilen Sanitäts- und Heilwesen sowie in der ortsfesten Lazarettorganisation nicht auf freiwilliger Grundlage gedeckt werden, so können Frauen vom vollendeten achtzehnten bis zum vollendeten fünfundfünfzigsten Lebensjahr durch Gesetz oder auf Grund eines Gesetzes zu derartigen Dienstleistungen herangezogen werden. Sie dürfen auf keinen Fall Dienst mit der Waffe leisten."

4 St. Rspr. BVerwG NJW 1996, 2173 (2174); DÖV 1999, 914.

5 Abschließend hat das BVerfG bisher noch nicht zur Zulässigkeit eines freiwilligen Waffendienstes für Frauen Stellung genommen. Jedoch hat es mit Beschluss vom 5. September 1997 eine diesbezügliche Beschwerde als unzulässig abgewiesen. BVerfG NJW 1998, 57.

6 *Dau*, NZWehrr 1990, 45 (51); *Gubelt* in: v.Münch/Kunig, Art 12a, Rn. 20; *Grimm*, ZRP 1987, 394; *Heun* in: Dreier, Art. 12a, Rn. 294; *Jarass* in: Jarass/Pieroth, Art. 12a, Rn. 13; *Raap*, BayVBl 1998, 301; Scholz in: Maunz/Dürig, Art. 12a, Rn. 199, 203; *Frank* in: Alternativkommentar, Abschn. Xa., Rn. 117; *Gornig* in: v.Mangoldt/Klein/Starck, Art. 12a, Rn. 164; *Ipsen/Ipsen* in: Dolzer/Vogel, Bonner Kommentar, Art. 12a, Rn. 294; *Steinkamm*, NZWehrr 1994, 133 (136).

Dienst von Frauen in der Bundeswehr erlaube. Seit Ende der siebziger Jahre kamen jedoch vermehrt Stimmen in der Literatur auf, die sich zumeist für einen unbeschränkten Waffendienst für Frauen aussprachen.[7] Im Rahmen der Auslegung des Art. 12a Abs. 4 S. 2 GG (1968) wurden folgende Argumentationslinien verfolgt:

- **Wortlaut**

Schon aus dem Wortlaut des Art. 12a Abs. 4 S. 2 GG (1968) könnte gefolgert werden, dass sich aus dem Grundgesetz ein absolutes Waffendienstverbot für Frauen ergibt. Anknüpfungspunkt dafür könnten die Begriffe „auf keinen Fall" und „dürfen" sein. Das Verbot des Dienstes mit der Waffe könnte sich auf Grund der weit gefassten Formulierung auch auf den freiwilligen Dienst mit der Waffe erstrecken.

Über die Reichweite des Begriffs „Dienst an der Waffe" herrschte weit gehende Einigkeit. Dieser Begriff war bewusst vom Verfassungsgesetzgeber und auch vom verfassungsändernden Gesetzgeber nicht definiert worden, um den Erfordernissen einer sich kontinuierlich verändernden Waffentechnik gerecht werden zu können.[8] Das Schrifttum verfolgte hier eine sehr weite Auslegung des Waffendienstes, so zählten z.B. auch die Bedienung von Kommandogeräten und Radareinrichtungen zum Waffendienst.[9] Maßgebliches Kriterium war die Eignung zur Tötung von Menschen mittels militärischer Aktionen.[10] Auch das BVerwG ging in seiner Rechtsprechung von einem weiten Verständnis des Waffendienstes aus. Ausgangspunkt für die Auslegung des Begriffs war für das BVerwG das Merkmal „Kriegsdienst mit der Waffe" in Art. 4 GG.[11] Dies war nach seiner Auffassung jedes Tun, das unmittelbar darauf gerichtet ist, mit Hilfe von Waffen Menschen im Krieg zu töten. Zum Spektrum möglicher Waffeneinsätze gehörten daher sowohl die Abwehr von Störern mit der Waffe im Rahmen des Wachdienstes, Einsätze gem. Art. 87a Abs. 4 GG zur Bekämpfung organisierter und militärisch bewaffneter Aufständischer als auch ein Kampfeinsatz bei einem bewaffneten Konflikt.[12] Die weit reichenden Konsequenzen dieses Verständnisses vom Waffendienst sind recht deutlich von *Repkewitz* aufgezeigt worden: Da auch der Wachdienst im Frieden[13] unter den Waffendienstbegriff fällt, sei Frauen auch der Zugang zu hohen politischen Ämtern, wie das des Bundeskanzlers, des

---

7 *Berg*, NZWehrr 1979, 81; *Brocker*, ZRP 1996, 127; *Doehring*, NZWehrr 1997, 45; *Jahn*, NZWehrr 1988, 177; *Kokott* in: Sachs, Art. 12a, Rn. 5; *Poretschkin*, NZWehrr 1990, 196; *Repkewitz*, NJW 1997, 506; *Repkewitz*, NZWehrr 1990, 177; *Slupik*, ZRP 1990, 305; *Zuleeg*, DÖV 1997, 1017; *Epping*, DÖD 2000, S. 188.

8 BVerwGE 49, 71 (72 ff.); *Jahn*, NZWehrr 1988, 177 (184).

9 *Scholz* in: Maunz/Dürig, Art. 12a, Rn. 204; *Frank* in: Alternativkommentar, Abschn. Xa, Rn. 117; *Jahn*, NZWehrr 1988, 177 (184); *Gornig* in: v.Mangoldt/Klein/Starck, Art. 12a, Rn. 159; *Ipsen/Ipsen* in: Dolzer/Vogel, Bonner Kommentar, Art. 12a, Rn. 294; *Heun* in: Dreier, Bd. I, Art. 12a, Rn. 33; so auch schon Hamann/Lenz, Art. 12a, Anm. B 7.

10 *Scholz* in: Maunz/Dürig, Art. 12a, Rn. 204; *Gornig* in: v.Mangoldt/Klein/Starck, Art. 12a, Rn. 159.

11 Siehe nur BVerwGE 49, 71 (74 ff.); 44, 313 (317).

12 *Dau*, NZWehrr 1990, 45 (54 f.).

13 Insoweit zutreffend formuliert von *Dau*: „Wachdienst mit der Waffe ist der Ernstfall im Frieden.", *Dau*, NZWehrr 1990, 45 (55).

Bundesverteidigungsministers oder das des beamteten Staatssekretärs im Verteidigungsministerium verwehrt, da diese Wachvorgesetzte sind oder in bestimmten Situationen sein können.[14]

Die dargestellte Auslegung des Wortlauts des Art. 12a Abs. 4 S. 2 GG (1968) war jedoch keineswegs zwingend. Dagegen ließ sich anführen, dass man bei einer isolierten Betrachtung des S. 2 des Art. 12a Abs. 4 (1968) zwar zu einem solchen Ergebnis gelangen konnte, nahm man aber den S. 1 hinzu und betrachtete den S. 2 nun in diesem Zusammenhang, kann man zu einem anderen Schluss kommen. Der Satz 2 sprach aus sich heraus kein Waffenverbot für Frauen aus, denn in ihm war nur die Rede von „Sie" und nicht ausdrücklich von „Frauen".[15] Das Personalpronomen „Sie" im Satz 2 sollte nur eine wiederholte Benutzung eines Substantivs verhindern und hatte somit eine Stellvertreterfunktion für eine Person oder Sache. Sinnvoll konnte eine solche stellvertretende Benutzung aber nur in den Fällen sein, in denen nicht nur das Substantiv ersetzt wurde, sondern das Substantiv in seinem jeweiligen Zusammenhang.[16] In Art. 12a Abs. 4 GG wurde durch das Personalpronomen „Sie" in S. 2 demnach nicht nur das Substantiv „Frauen" aus dem S. 1 ersetzt, sondern die durch die genannten Altersgrenzen und Rechtsfolgen genauer beschriebenen Frauen.[17] Daher musste der S. 2 vollständig gelesen werden als: „Frauen vom vollendeten achtzehnten bis zum vollendeten fünfundfünfzigsten Lebensjahr, die zu Dienstleistungen nach Satz 1 herangezogen werden, dürfen auf keinen Fall Dienst mit der Waffe leisten".[18] Schlussfolgerung aus dieser Wortlautinterpretation war, dass nur für zwangsverpflichtete Frauen der Waffendienst ausgeschlossen war.[19] Bedenken gegen diese Wortlautauslegung konnten sich aus der Wahrscheinlichkeit der Waffenanwendung in der ortsfesten Lazarettorganisation ergeben. Man konnte anführen, dass es in der ortsfesten militärischen Lazarettorganisation gar nicht notwendig ist, Waffen einzusetzen und damit die eben vorgenommene Auslegung sinnlos war.[20] Denklogische Folge war dann aber, dass Art. 12a Abs. 4 S. 2 GG (1968) eben nicht nur Aussagen über dienstverpflichtete Frauen treffen wollte, sondern auch einen allgemein gültigen Aussagegehalt hatte.[21] Diese allgemeine Aussage bestand gerade in dem Waffendienstverbot auch für freiwillig dienstleistende Frauen.[22] Dem konnte aber wiederum entgegengesetzt werden, dass ein Waffengebrauch auch in der ortsfesten Lazarettorganisation nicht *a priori* auszuschließen war, denn der Verfas-

---

14 *Repkewitz*, NJW 1997, 506 (507).
15 *Poretschkin*, NZWehrr 1990, 196 (198); *Brocker*, ZRP 1996, 127 (127).
16 *Repkewitz*, NZWehrr 1990, 177 (180).
17 *Brocker*, ZRP 1996, 127 (127); *Repkewitz*, NZWehrr 1990, 177 (180); *Poretschkin*, NZWehrr 1990, 196 (198).
18 *Repkewitz*, NZWehrr 1990, 177 (180).
19 *Jahn*, NZWehrr 1988, 177 (179); *Poretschkin*, NZWehrr 1990, 196 (198); *Brocker*, ZRP 1996, 127 (128); *Repkewitz*, NZWehrr 1990, 177 (180).
20 *Gornig* in: v.Mangoldt/Klein/Starck, Art. 12a, Rn. 164; *Dau*, NZWehrr 1990, 45 (53).
21 *Dau*, NZWehrr 1990, 45 (53).
22 Ebd.

sungsgeber und der verfassungsändernde Gesetzgeber musste auch entferntere Möglichkeiten mit in seine Überlegungen einbeziehen.[23] Dies hatte er durch die Normierung eines Waffenverbotes für zwangsverpflichtete Frauen getan.

- **Systematik**

Mit Hilfe der Systematik dieser Norm konnte belegt werden, dass ein freiwilliger Waffendienst von Frauen eben nicht verboten war. Betrachtete man das Verhältnis des Art. 12a Abs. 4 GG (1968) zum Art. 12 GG, ließ sich hieraus keine Einschränkung der Berufsfreiheit entnehmen. Art. 12a GG umfasst von seinem Regelungsbereich her nur Sachverhalte, die im Zusammenhang mit der Wehrpflicht oder sonstigen Dienstpflichten stehen.[24] Dies wurde insbesondere durch einen Blick auf die systematischen Änderungen durch die Einführung der Notstandsverfassung im Jahr 1968 deutlich. Die früher in Art. 12 Abs. 3 GG in der Fassung von 1956[25] geregelte Dienstverpflichtung für Frauen wurde aus dem Kontext des Art. 12 GG herausgenommen und mit anderen Dienstpflichten mit Verteidigungsbezug im neuen Art. 12a GG geregelt.[26] Durch die Regelung der Berufsfreiheit und ihrer Schranken in Art. 12 GG einerseits und der Normierung der verteidigungsgerichteten Dienstpflichten und ihrer Schranken in Art. 12a andererseits hat der verfassungsändernde Gesetzgeber im Jahr 1968 eine deutliche Abgrenzung zwischen den Beschränkungsmöglichkeiten der Berufsfreiheit unter normalen gesellschaftlichen und politischen Bedingungen und den verfassungsrechtlich gebotenen Schranken der Berufsfreiheit im Falle des Staatsnotstandes vorgenommen.[27] Diese für den Staatsnotstand getroffenen Regelungen dürften konsequenterweise auch nur für diesen Geltung beanspruchen und nicht auch auf die Normallage übertragen werden, denn die Rechtfertigung für die besonders intensiven Eingriffe ergibt sich aus den geänderten Anforderungen in einem äußeren Staatsnotstand.[28] Dies ist die Notwendigkeit, Vorsorge für die Abwehr einer existenziellen Bedrohung der staatlichen und gesellschaftlichen Ordnung von außen her zu treffen. Der Anwendungsbereich des Art. 12a Abs. 4 S. 2 GG (1968) war somit deutlich festgelegt, nämlich auf den Fall des Staatsnotstandes und kann nicht auf Friedenszeiten ausgedehnt werden.[29]

Des Weiteren ließ sich gegen ein Waffendienstverbot das Verhältnis des Art. 12a Abs. 4 S. 2 GG (1968) zu den anderen Absätzen des Art. 12a GG anführen. Durch den Satz 2 des Art. 12a Abs. 4 GG (1968) sollte die Dienstpflicht aus

---

23 *Poretschkin*, NZWehrr 1990, 196 (198).
24 *Repkewitz*, NZWehrr 1990, 177 (183).
25 Art. 12 Abs. 3 GG in der Formulierung, die er durch das Ergänzungsgesetz zum Grundgesetz vom 19. März 1956 (BGBl. 1956, Teil I, S. 11) erhalten hat: „Frauen dürfen nicht zu einer Dienstleistung im Verband der Streitkräfte durch Gesetz verpflichtet werden. Zu einem Dienst mit der Waffe dürfen sie in keinem Fall verwendet werden."
26 *Jahn*, NZWehrr, 1988, 177 (182).
27 Ebd.; *Berg*, NZWehrr 1979, 81 (88 f.).
28 *Berg*, NZWehrr 1979, 81 (88 f.).
29 *Poretschkin*, NZWehrr 1990, 196 (199).

Art. 12a Abs. 4 S. 1 GG lediglich in der Form eingeschränkt werden, dass ein Waffendienst im Rahmen einer Dienstverpflichtung ausgeschlossen war.[30] Der S. 2 des Art. 12a Abs. 4 GG (1968) hatte daher die Aufgabe, die Dienstpflicht, die in S. 1 aufgestellt wurde, einzugrenzen.[31] Verfolgte man die andere Auslegungshypothese, so wurde Art. 12a Abs. 4 S. 2 GG (1968) zu einer die Berufsfreiheit beschränkenden Berufswahlregel und nahm ihm somit zu einem großen Teil seinen begünstigenden Charakter.[32] Besonders deutlich wären die Widersprüche dieser Auslegung bei einer Aufhebung des Art. 12a Abs. 4 S. 1 GG (1968) geworden. Als Berufswahlregel hätte der S. 2 des Art. 12a Abs. 4 GG (1968) dann einen Fremdkörper im sonstigen Regelungszusammenhang des Art. 12a GG dargestellt, denn ansonsten stellte dieser nur positive Dienstpflichten auf.[33]

- **Sinn und Zweck**

Im Rahmen der teleologischen Auslegung ließ sich argumentieren, dass es Normzweck des Art. 12a Abs. 4 S. 2 GG (1968) war, die aktive Teilnahme von Frauen an kriegerischen Kampfhandlungen zu verhindern.[34] Dieser Zweck bestand losgelöst von der Ursache der Gefährdung, sei es durch die Benutzung eigener Waffen oder durch feindliche Waffen in Frontnähe, denn Frauen sollten weder an der Tötung von Menschen in einem Krieg mitwirken noch selbst der Gefahr des Todes durch feindliche Waffeneinwirkungen ausgesetzt sein.[35] Legte man das oben aufgezeigte Verständnis vom Waffendienst zu Grunde, so wurden von dieser teleologischen Auslegung sehr viele Verwendungen innerhalb der Streitkräfte erfasst, denn sowohl der Kampfeinsatz innerhalb eines bewaffneten Konfliktes als auch der Wachdienst mit der Waffe ist mit einem hohen Maß an Selbstgefährdung behaftet, da bei allen diesen Einsätzen Waffen bei militärspezifischen Handlungen eingesetzt werden. Vor dem Hintergrund dieser *ratio legis* führte insbesondere das moderne Kriegsbild zu einem umfassenden Waffendienstverbot für Frauen. Heute lässt sich keine klare Trennung zwischen Front und Hinterland mehr vornehmen. Die modernen Waffentechnologien und die geänderten taktischen Rahmenbedingungen lassen die Grenzen zwischen den unterschiedlichen Gefährdungsbereichen verschwinden, die Folgen der Kriegshandlungen werden weit in das Hinterland des Gegners hineingetragen.[36]

---

30 *Doehring*, NZWehrr 1997, 45 (51); *Brocker*, ZRP 1996, 127 (128).

31 *Repkewitz*, NJW 1997, 506 (508); *Brocker*, ZRP 1996, 127 (128).

32 *Brocker*, ZRP 1996, 127 (128).

33 Ebd.

34 *Scholz* in: Maunz/Dürig, Art. 12a, Rn. 201; *Steinkamm*, NZWehrr 1994, 133 (137); *Jahn*, NZWehrr 1988, 177 (183).

35 *Scholz* in: Maunz/Dürig, Art. 12a, Rn. 201; *Gornig* in: v.Mangoldt/Klein/Starck, Art. 12a, Rn. 158; *Walter*, NZWehrr 1992, 89 (95); *Dau*, NZWehrr 1990, 45 (54); *Jahn*, NZWehrr 1988, 177 (183); BVerwGE 72, 241 (246).

36 Die Erkenntnis bestand schon in den 50-iger Jahren bei der Beratung im Rechtsauschuss zu Art. 12 Abs. 3 GG (1956), Protokoll der 106. Sitzung des Rechtsausschusses v. 6. Febru-

- **Entstehungsgeschichte**

Argumentativer Anknüpfungspunkt in der historischen Auslegung für ein absolutes Waffenverbot für Frauen war die Auslegung der Vorgängernorm des Art. 12a Abs. 4 S. 2 GG (1968), des Art. 12 Abs. 3 GG (1956). Dabei konnte man nicht etwa direkt auf die Entstehung des Art. 12a Abs. 4 S. 2 GG (1968) Bezug nehmen, sondern auf die Entstehungsgeschichte der Vorgängernorm des Art. 12a Abs. 4 S. 2 GG (1968) verweisen und die Auslegungen zum Art. 12 Abs. 3 GG (1956) auf den Art. 12a Abs. 4 S. 2 GG (1968) übertragen[37], denn der Gesetzgeber hatte im Jahr 1968 durch die Normierung des früher in Art. 12 Abs. 3 GG geregelten Waffenverbotes im neuen Art. 12a Abs. 4 S. 2 GG keine sachliche Änderung vorgenommen[38]. Der Grund für die Neufassung in Art. 12a Abs. 4 S. 2 GG lag alleine in sprachlichen Erwägungen.[39] Bereits im Jahr 1956 hatte sich der verfassungsändernde Gesetzgeber gegen einen Waffendienst von Frauen entschieden, unabhängig davon, ob dieser Dienst auf freiwilliger Meldung oder Zwang basiert.[40] Dadurch wollte er verdeutlichen, dass ein Waffendienst von Frauen dem Verständnis des Grundgesetzes von der Natur und Bestimmung der Frau widersprach.[41] Dagegen ließ sich aber anbringen, dass abgesehen von einem objektiv unterschiedlichen Wortlaut und einem geänderten systematischen Zusammenhang[42], durch die Entstehungsgeschichte der Norm ein Waffenverbot für Frauen nur begründet werden konnte, wenn bereits im Jahr 1956 der verfassungsändernde Gesetzgeber die Einführung eines solchen Verbotes bezweckt hatte.[43] Dies war aber schon damals nie so eindeutig, wie es vielleicht auf den ersten Blick erscheint.[44] Die Statuierung eines umfassenden Waffenverbotes war 1956 nicht die Intention des verfassungsändernden Gesetzgebers. Die Entstehung des Art. 12 Abs. 3 GG war von den Vorstellungen der Zwangsdienste während der NS-Zeit beeinflusst.[45] Der verfassungsändernde Gesetzgeber hat im Jahr 1956 den Waffendienst von Frauen in der Bundeswehr nie aus dem Blickwinkel einer Berufswahl gesehen, die frei von jeglichen Zwängen des äußeren Staatsnotstandes war, sondern unter den Bedingungen der Zwangsverpflichtung.[46] Außerdem war damals ein anderer Begriff von Freiwilligkeit zu Grunde gelegt

---

ar 1956, BT-Drs. II/2154; *Stein*, StaatsR, Bd. X, S. 947 (Fn. 57); *Dau*, NZWehrr 1990, 45 (55); *Steinkamm*, NZWehrr 1994, 133 (141).

37 *Berg*, NZWehrr 1979, 81 (84 f.).

38 *Dau*, NZWehrr 1990, 45 (53).

39 *Ipsen/Ipsen* in: Dolzer/Vogel, Bonner Kommentar, Art. 12a, Rn. 294; vgl. auch Schriftlicher Bericht des Rechtsausschusses, BT-Drs. V/2873, S. 7; *Dau*, NZWehrr 1990, 45 (53).

40 *Grimm*, ZRP 1987, 394 (394); *Dau*, NZWehrr 1990, 45 (52 f.).

41 *Gornig* in: v.Mangoldt/Klein/Starck, Art. 12a, Rn. 164; *Slupik*, ZRP 1990, 305 (306); *Dau*, NZWehrr 1990, 45 (54); siehe auch Verhandlungen des Deutschen Bundestages, 132. Sitzung v. 6. März 1956, Stenographische Berichte, Bd. 28, S. 6819 f.

42 *Berg*, NZWehrr 1979, 81 (85).

43 *Jahn*, NZWehrr 1988, 177 (180).

44 *Berg*, NZWehrr 1979, 81 (85); *Jahn*, NZWehrr 1988, 177 (181).

45 *Jahn*, NZWehrr 1988, 177 (181).

46 *Berg*, NZWehrr 1979, 81 (83 f.).

worden. Vor dem Hintergrund der zwangsweisen Heranziehung von Frauen zu militärischen Hilfsdiensten in der NS-Zeit wurde ein sog. unechter Freiwilligkeitsbegriff vorausgesetzt.[47] Darunter war eine an sich freiwillige Meldung zu verstehen, die aber durch einen politischen und gesellschaftlichen Druck hervorgerufen und durch Propaganda verstärkt wurde.[48] Demzufolge bestanden erhebliche Zweifel, ob der verfassungsändernde Gesetzgeber im Jahr 1956 überhaupt den freiwilligen Waffendienst von Frauen regeln wollte. Dies unterstellt, basierten seine Regelungen aber auf einem anderen Freiwilligenbegriff als dem, welcher der aktuellen Debatte über den freiwilligen Waffendienst zu Grunde lag.

Hatten sich seit der Willensbildung des historischen Gesetzgebers die tatsächlichen Umstände wesentlich verändert und war der ermittelte Wille des historischen Gesetzgebers mit diesem nicht mehr vereinbar, dann konnte der Entstehungsgeschichte nicht mehr eine so große Bedeutung zukommen.[49] Deutlich wurde dies auch bei der Rechtsprechung des BVerfG, das der historischen Auslegung bei zeitlich neueren Regelungen eine größere Bedeutung zukommen lässt als bei älteren.[50] Der Gesetzgeber konnte in den fünfziger Jahren nicht von den geänderten politischen und gesellschaftlichen Rahmenbedingungen unserer Zeit ausgehen, und er konnte auch nicht die veränderte Rolle der Frau in der modernen Gesellschaft der Gegenwart kennen.[51] Darüber hinaus hatte er sich auch nicht mit einer freien, von den Zwängen des Staatsnotstandes losgelösten Berufswahl auseinander gesetzt, sondern war stets von einer Verpflichtung ausgegangen.

1. Tatsächliche Ausgestaltung des Dienstes für Frauen in der Bundesrepublik

Nach der Verfassungsänderung im Jahr 1968, durch welche die sog. Notstandsverfassung in das Grundgesetz aufgenommen wurde, kamen die ersten Diskussionen über eine Beteiligung von Frauen in den Streitkräften auf. Vor dem Hintergrund der Auslegung des Art. 12a Abs. 4 S. 2 GG durch die h.M. und durch die völkerrechtlichen Regelungen hatte man sich schließlich dazu entschlossen, die Bundeswehr ab 1975 für Frauen in der Laufbahngruppe der Offiziere im Sanitätsdienst zu öffnen. Im Jahr 1991 wurden auch die Laufbahngruppen der Mannschaften und Unteroffiziere im Sanitäts- und zusätzlich im Militärmusikdienst für Frauen geöffnet. Möglich wurde die Öffnung des Militärmusikdienstes durch seine enge Verbindung mit dem Sanitätsdienst. Soldaten im Militärmusikdienst erhalten schon im Frieden eine komplette Ausbildung zum Sanitätssoldaten und werden im Verteidigungsfall bzw. bei einem

---

47 *Berg*, NZWehrr 1979, 81 (85).
48 *Jahn*, NZWehrr 1988, 177 (181).
49 *Larenz/Canaris*, Methodenlehre, S. 165; *Müller*, Methodik, S. 246 ff.
50 BVerfGE 1, 117 (127); 41, 291 (309); 55, 207 (226 f.); 62, 1 (45).
51 *Jahn*, NZWehrr 1988, 177 (181); auch das BVerfG ging bei der Überprüfung der nur für Männer bestehenden Feuerwehrdienstpflicht von einer überkommenen Rollenverteilung aus, die durch derartige Dienstpflichten verfestigt würden, BVerfGE 92, 91 (112).

sonstigen Einsatz im Frieden als Sanitäter eingesetzt. Der Militärmusikdienst wird mit Eintritt des Verteidigungsfalls aufgelöst und seine Soldaten werden in den Sanitätsdienst eingegliedert.[52]

Grundlage für die Zulassung von Frauen nur zum Sanitätsdienst war die Einordnung der Sanitätssoldaten durch das humanitäre Völkerrecht. Sanitätssoldaten sind in bewaffneten Konflikten durch das humanitäre Völkerrecht besonders beschützt.[53] Ihnen kommt nicht der sog. Kombattantenstatus[54] zu. Als Kombattanten werden alle Mitglieder der Streitkräfte einer am Konflikt beteiligten Partei angesehen, die berechtigt sind, unmittelbar an Feindseligkeiten teilzunehmen (Art. 3 Haager Landkriegsordnung[55], Art. 43 Abs. 2 des I. Zusatzprotokolls zu den Genfer Abkommen[56]). Dagegen sind Sanitäter und Militärgeistliche Nichtkombattanten, weil sie von vornherein nicht zum Kampf vorgesehen sind (Art. 43 Abs. 2 des I. Zusatzprotokolls, Art 33 des III. Genfer Abkommens[57]).[58] Als Nichtkombattanten ist es ihnen untersagt, direkt an Kampfhandlungen mitzuwirken.[59] Auf Grund dieses völkerrechtlichen Status dürfen sie gem. Art. 22 Abs. 1 des I. Genfer Abkommens Handfeuerwaffen nur zum Zweck

---

52 So die ZDv 78/1 – Der Militärmusikdienst der Bundeswehr, Nr. 104. Normativ lässt sich die Überführung des Militärmusikdienstes in den Sanitätsdienst im Verteidigungsfall nicht eindeutig festmachen. Bei dienstlicher Notwendigkeit wird der Verwendungswechsel durch die personalbearbeitende Stelle angeordnet. Anders als im Beamtenrecht ist die Änderung der Verwendung eines Soldaten nicht ausdrücklich gesetzlich geregelt. § 3 SG legt die Ernennungs- und Verwendungsgrundsätze in allgemeiner und umfassender Weise fest. Diese Auskunft zum Verwendungswechsel der Soldaten des Militärmusikdienstes im Verteidigungsfall wurde dem Verfasser von Herrn Dr. *Dieter Fleck* (BMVg, Referat R II 4) und Herrn *Harm Schneider* (BMVg, Rechtsberater der Inspektion Sanitätswesen) am 4. Dezember 2001 auf persönliche Nachfrage hin gegeben.

53 *Dau*, NZWehrr 1990, 45 (50).

54 Der Begriff des Kombattanten hat sich gewohnheitsrechtlich entwickelt und wurde durch Art. 43 Abs. 2 des I. Zusatzprotokolls zu den Genfer Abkommen vom 12. August 1949 über den Schutz der Opfer internationaler bewaffneter Konflikte (Protokoll I) vom 8. Juni 1977 normiert. *Dau*, NZWehrr 1990, 45 (50).

55 Art. 3 der Anlage zum Abkommen Ordnung der Gesetze und Gebräuche des Landkrieges – (Haager Landkriegsordnung) vom 18. Oktober 1907: „Die bewaffnete Macht der Kriegsparteien kann sich zusammensetzen aus Kombattanten und Nichtkombattanten. Im Falle der Gefangennahme durch den Feind haben die einen wie die anderen Anspruch auf Behandlung als Kriegsgefangene.“, abgedruckt in RGBl. 1910, S. 132.

56 Art. 43 Abs. 2 Zusatzprotokoll zu den Genfer Abkommen vom. 12. August 1949 über den Schutz der Opfer internationaler bewaffneter Konflikte (Protokoll I) vom 8. Juni 1977: „Die Angehörigen der Streitkräfte einer am Konflikt beteiligten Partei (mit Ausnahme des in Artikel 33 des III. Abkommens bezeichneten Sanitäts- und Seelsorgepersonals) sind Kombattanten, das heißt, sie sind berechtigt, unmittelbar an Feindseeligkeiten teilzunehmen.“, abgedruckt in BGBl. 1990, Teil II, S. 1551.

57 Art. 33 Abs. 1: „Die vom Gewahrsamsstaat zum Zwecke der Betreuung der Kriegsgefangenen zurückgehaltenen Mitglieder des Sanitäts- und Seelsorgepersonals gelten nicht als Kriegsgefangene. Sie genießen jedoch zumindest alle in dem vorliegenden Abkommen vorgesehenen Vergünstigungen und den Schutz desselben sowie alle nötigen Erleichterungen, um den Kriegsgefangenen ärztliche Pflege und geistlichen Beistand geben zu können.“ III. Genfer Abkommen über die Behandlung der Kriegsgefangenen vom 12. August 1949 (BGBl. 1954, Teil II, S. 838).

58 *Ipsen* in: Fleck, S. 57; *Raap*, BayVBl. 1998, 301 (301).

59 *Ipsen* in: Fleck, S. 58.

der Selbstverteidigung und zur Verteidigung der anvertrauten Kranken und der Sanitätseinrichtungen einsetzen.[60] Auf der völkerrechtlichen Ebene wird jedoch nur festgelegt, dass alle Mitglieder der Streitkräfte Kombattanten sind, nicht aber, wer als Mitglied der Streitkräfte anzusehen ist. Dies muss stets auf nationaler Ebene erfolgen.[61] Die Staaten haben aber keine Dispositionsbefugnis über die Kombattanteneigenschaft der Mitglieder ihrer Streitkräfte. Grundsätzlich gilt, dass jedes Mitglied der Streitkraft – abgesehen von Sanitätssoldaten und Militärseelsorgern – Kombattant ist. Sollen bestimmte Gruppen dagegen Nichtkombattanten sein, bedarf dies eines entsprechenden innerstaatlichen Rechtsaktes.[62] Nur gegen die Kombattanten können nach den Regelungen des Kriegsrechts rechtmäßige Kriegshandlungen des Gegners vorgenommen werden. Dabei enthält das Völkerrecht selbst keine Beschränkung für den Einsatz von Frauen in Streitkräften sondern bestimmt nur, wann Soldaten als Kombattanten anzusehen sind. Die Beschränkung für den Einsatz von Frauen wird stets durch das nationale Recht vorgenommen, wie dies mit dem Art. 12a Abs. 4 S. 2 GG (1968) für die Bundeswehr der Fall war. Sind Frauen aber auf Grund nationaler Regelungen Mitglieder der Streitkräfte, dann sind sie ebenso wie die Männer Kombattanten.[63] Dies ist seit der Grundgesetzänderung und der Änderung der entsprechenden Normen im SG und der SLV nun auch in der Bundeswehr so. Im Falle einer Kriegsgefangenschaft haben kombattante Frauen neben dem für alle Kriegsgefangenen geltenden Schutz[64] einen Anspruch auf die ihrem Geschlecht gebührende Rücksichtnahme (Art. 14 Abs. 2 des III. Genfer Abkommens, Art. 76 des I. Zusatzprotokolls zu den Genfer Abkommen).[65]

---

[60] Art. 22: „Nicht als geeignet, um eine Sanitätseinheit oder –einrichtung des durch Artikel 19 zugesicherten Schutzes zu berauben, gelten 1. die Tatsache, dass das Personal der Einheit oder Einrichtung bewaffnet ist und von den Waffen zu seiner eigenen Verteidigung oder zur Verteidigung seiner Verwundeten und Kranken Gebrauch macht; 2. die Tatsache, dass in Ermangelung bewaffneter Krankenpfleger die Einheit oder Einrichtung von einer militärischen Abteilung oder von Wachposten oder von einem Geleittrupp geschützt wird; 3. die Tatsache, dass in der Einheit oder Einrichtung Handwaffen und Munition vorgefunden werden, die den Verwundeten oder Kranken abgenommen, aber der zuständigen Dienststelle noch nicht abgeliefert worden sind; 4. die Tatsache, dass sich Personal und Material des Veterinärdienstes in der Einheit oder Einrichtung befinden, ohne ihr eingegliedert zu sein; 5. die Tatsache, dass sich die humanitäre Tätigkeit der Sanitätseinheit und –einrichtungen oder ihres Personals auf verwundete oder kranke Zivilpersonen erstreckt." I. Genfer Abkommen vom 12. August 1949 zur Verbesserung des Loses der Verwundeten und Kranken der Streitkräfte im Felde (BGBl. 1954, Teil II, S. 783).

[61] *Ipsen* in: Fleck, S. 61.

[62] *Ipsen* in: Fleck, S. 58.

[63] *Ipsen* in: Fleck, S. 61.

[64] Die allgemeinen Schutzvorschriften für Kriegsgefangene finden sich einerseits in Art. 4 ff. HLKO sowie im III. Genfer Abkommen.

[65] Art. 14 Abs. 2 des III. Genfer Abkommens: „Frauen werden mit aller ihrem Geschlecht gebührenden Rücksicht behandelt und erfahren auf jeden Fall eine ebenso günstige Behandlung wie die Männer." und in Art. 76 Abs. 1 des I. Zusatzprotokolls zu den Genfer Abkommen: „Frauen werden besonders geschont; sie werden namentlich vor Vergewaltigung, Nötigung zur Prostitution und jeder anderen unzüchtigen Handlung geschützt. Abs. 2: Fälle von schwangeren Frauen und Müttern kleiner und von ihnen abhängiger Kinder, die aus Gründen im Zusammenhang mit dem bewaffneten Konflikt festgenommen, in Haft gehalten oder interniert sind,

Zunächst wurde Frauen ab 1975 die Möglichkeit gegeben, als Sanitätsoffiziere Dienst in der Bundeswehr zu leisten. Dazu mussten die Frauen bereits eine entsprechende medizinische Ausbildung außerhalb der Bundeswehr abgeschlossen haben, d.h. sie mussten schon approbierte Ärztinnen, Zahnärztinnen oder Tierärztinnen sein. Eine eigene Ausbildung zu diesen Berufen hat die Bundeswehr anfangs nicht angeboten. Erst seit 1989 bietet die Bundeswehr eine eigene medizinische Ausbildung an. Als Sanitätsoffizier-Anwärter können die Bewerber an zivilen Hochschulen ein medizinisches Studium absolvieren. Neben dem zivilen Studium, für das die Anwärter beurlaubt werden, besteht eine enge Verflechtung mit der Bundeswehr in Form von Praktika oder militärischen Ausbildungseinheiten.

Im Jahr 2000 haben nach der alten verfassungsrechtlichen und laufbahnrechtlichen Regelung rund 4.660 Frauen Dienst als Soldat in der Bundeswehr geleistet. Der größte Teil von ihnen wurde als Sanitätssoldaten eingesetzt (ca. 4.600), mehr als zehn Prozent der weiblichen Sanitätssoldaten sind Offiziere. Etwa 60 Frauen waren als Soldaten des Militärmusikdienstes eingeteilt. Frauen fanden sich im Jahr 2000 in allen Laufbahngruppen des Sanitätsdienstes und Militärmusikdienstes wieder. Auch höchste Dienstgrade, wie Generalarzt (1), Oberfeldapotheker (3) oder Oberfeldveterinär (2) wurden durch Frauen besetzt. Frauen werden auch im Rahmen der internationalen Einsätze verwendet. So sind an den KFOR und SFOR Einsätzen rund 110 Frauen beteiligt.[66]

2. Frauen in den Armeen anderer Staaten

In den Armeen vieler Staaten können Frauen zumindest auf Grund freiwilliger Meldung Dienst mit der Waffe leisten. Eine Wehrpflicht für Frauen gibt es weltweit nur in Israel. Hier müssen Frauen einen Wehrdienst von 24 Monaten ableisten, wohingegen Männer einen 36-monatigen Wehrdienst zu leisten haben.[67] Frauen müssen im Anschluss an den kürzeren Wehrdienst auch keinen Dienst in der Mobilmachungsreserve ableisten, so wie die Männer.[68] Gleichfalls werden sie nicht an solchen Einsätzen beteiligt, bei denen sie direkten Kampfhandlungen ausgesetzt wären.[69] Viele Staaten, insbesondere solche in Mittel- und Osteuropa, sehen allerdings eine Wehrpflicht für Frauen meist schon im Frieden vor, jedoch wird sie in keinem Staat derzeit umgesetzt.

werden vor allen anderen Fällen behandelt. Abs. 3 Die am Konflikt beteiligten Parteien bemühen sich soweit irgend möglich, zu vermeiden, dass gegen schwangere Frauen oder Mütter kleiner von ihnen abhängiger Kinder für eine im Zusammenhang mit dem bewaffneten Konflikt begangene Straftat die Todesstrafe verhängt wird. Eine wegen einer solchen Straftat gegen diese Frauen verhängtes Todesurteil darf nicht vollstreckt werden."; *Dau*, NZWehrr 1990, 45 (49); *Raap*, BayVBl. 1998, 301 (301).

66 BMVg, http://www.bundeswehr.de/bundeswehr/frauen_in_bw_aktuell.html.

67 *Schneider* in: Steinkamm, S. 352.

68 BMVg, Frauen in der Bundeswehr, S. 16.

69 *Schneider* in: Steinkamm, S. 352; *Dahl* in: Steinkamm, S. 226.

In Europa und innerhalb der NATO hat Italien neben Deutschland als letztes Land nun die Voraussetzungen für den freiwilligen Dienst von Frauen in der Armee geschaffen. Erste Einstellungen von Frauen können dort nach der geänderten gesetzlichen Lage schon seit Ende 2000 vorgenommen werden. Frauen sind in den Armeen der NATO-Staaten in unterschiedlichem Umfang vertreten. Ihr Anteil reicht von weniger als 0,1% in Polen, bis zu 14% in den USA.[70]

Tabelle 4: Frauen in den Streitkräften von NATO-Staaten (Stand: August 1999)

Land	Gesamtumfang der Streitkräfte	Frauenanteil absolut	Frauenanteil in %
Belgien	42.100	3.000	7,1
Dänemark	25.000	1.200	4,8
Deutschland	340.000	4.400	1,3
Frankreich	450.300	28.500	6,3
Griechenland	158.600	6.300	4,0
Großbritannien	212.300	15.750	7,4
Italien	377.500	0	0
Kanada	61.000	6.900	11,3
Luxemburg	730	0	0
Niederlande	55.400	4.000	7,2
Norwegen	30.200	1.400	4,6
Polen	240.000	120	< 0,1
Portugal	51.000	2.600	5.1
Spanien	165.500	4.300	2,6
Tschechische Republik	64.000	1.700	2,7
Türkei	764.000	6.900	0.9
Ungarn	52.000	2.600	4,9
USA	1.441.000	201.800	14,0

Quelle: BMVg, Frauen in den Streitkräften anderer Staaten,
http://www.bundeswehr.de/bundeswehr/frauen_in_bw/ andere.html

Die NATO-Staaten, in denen Frauen freiwillig Wehrdienst leisten dürfen, lassen sich in zwei Kategorien unterteilen. Zu der Ersten gehören Staaten, die für Frauen keine Verwendungseinschränkungen vorsehen, in denen Frauen demnach auch an Kampfeinsätzen teilnehmen können. Zu diesen Staaten gehören Belgien, Norwegen, Österreich, Schweden und neuerdings auch Deutschland. Größer ist allerdings die Kategorie derjenigen Staaten, in denen Frauen von bestimmten Verwendungen aus-

70 Ebd.

geschlossen sind. Auffallend ist, dass insbesondere Staaten, die ihre Armeen in der Vergangenheit sehr häufig eingesetzt haben und daher über entsprechend hohe Einsatzerfahrungen verfügen, zu den Staaten mit sehr weit reichenden Verwendungsausschlüssen gehören.[71] Diese Verwendungsausschlüsse beziehen sich regelmäßig auf solche Verwendungen, die im Falle eines Einsatzes die Teilnahme an Kampfeinsätzen, insbesondere einen direkten Feindkontakt, mit sich bringen würden. Häufig sind in diesen Staaten Frauen vom Dienst in Kommandotruppen, Kampfjets, Panzertruppen oder auf U-Booten ausgenommen.[72] Frauen können demnach in den Armeen von zwölf NATO-Staaten Dienst in Kampfunterstützungstruppen leisten sowie in sieben weiteren Staaten auch in Kampftruppen verwendet werden.

II. Das Kreil-Urteil des EuGH vom 11. Januar 2000

Entscheidender Impuls für die letztendliche Änderung des Art. 12a Abs. 4 S. 2 GG war das sog. Kreil-Urteil des EuGH (C-285/98)[73] vom 11. Januar 2000.

Dem Vorlageverfahren beim EuGH war ein verwaltungsgerichtliches Verfahren vor dem Verwaltungsgericht Hannover vorausgegangen. Die bei dem zivilen Arbeitgeber Siemens ausgebildete Elektronikerin *Tanja Kreil* hatte sich 1996 für den freiwilligen Dienst in der Bundeswehr beworben. Sie wollte nicht im Bereich des Sanitäts- oder Militärmusikwesens eingesetzt werden, sondern als Elektronikerin in der Instandsetzung. Den damaligen Laufbahnvorschriften entsprechend wurde ihr Antrag vom Zentrum für Nachwuchsgewinnung abgelehnt. Diese Entscheidung wurde danach vom Personalstammamt der Bundeswehr bestätigt. Begründet wurde diese Entscheidung damit, dass es gesetzlich ausgeschlossen sei, Frauen in Truppengattungen zu verwenden, in denen Dienst mit der Waffe geleistet wird. Frau *Kreil* legte gegen diese Ablehnung Klage beim Verwaltungsgericht Hannover ein, da sie der Ansicht war, die Ablehnung alleine auf Grund des Geschlechts sei gemeinschaftsrechtswidrig. Das VG Hannover sah den von Frau *Kreil* angeführten gemeinschaftsrechtlichen Bezug gegeben und legte dem EuGH die Sache zur Entscheidung vor.[74]

---

71 Zu diesen Staaten gehören vor allem die USA, Frankreich und Großbritannien.

72 Verwendungsausschlüsse für Frauen in NATO-Staaten: Belgien: U-Boote; Dänemark: Kampftruppen, Kampfschwimmer; Frankreich: Kampftruppen, Fremdenlegion; Griechenland: Kampftruppen; Großbritannien: Kampftruppe mit direktem Einsatz gegen Bodentruppen, U-Boote; Kanada: U-Boote; Niederlande: U-Boote, Marine-Korps; Portugal: Kampftruppen; Türkei: Kampftruppen: USA: Kampftruppen mit direktem Einsatz gegen Bodentruppen, U-Boote. Quelle: BMVg, Frauen in der Bundeswehr, Anlage 2, S. 23.

73 Leitsatz des EuGH: „Die Richtlinie 76/207/EWG des Rates vom 9. Februar 1976 zur Verwirklichung des Grundsatzes der Gleichbehandlung von Männern und Frauen hinsichtlich des Zugangs zur Beschäftigung, zur Berufsbildung und zum beruflichen Aufstieg sowie in Bezug auf die Arbeitsbedingungen steht der Anwendung nationaler Bestimmungen entgegen, die wie die des deutsches Rechts Frauen allgemein vom Dienst mit der Waffe ausschließen und ihnen nur den Zugang zum Sanitäts- und Militärmusikdienst erlauben." EuGH, Urteil i.d. Rs. C-285/98 - Kreil, Slg. 2000, I-69.

74 Zur Entwicklung des Verfahrens Tanja Kreil siehe *Dreist* in: Steinkamm, S. 548.

Maßgeblicher Anknüpfungspunkt war auf der europäischen Rechtsebene die Richtlinie 76/207/EWG (Gleichbehandlungsrichtlinie)[75]. Der EuGH sollte in dem Verfahren nach Art. 234 EG[76] klären, ob der Ausschluss von Frauen vom Dienst mit der Waffe auf Grund nationaler Bestimmungen gegen die genannte Gemeinschaftsrichtlinie verstößt.[77] Entscheidungserheblich war hier Artikel 2 der Richtlinie[78], der jede unmittelbare und mittelbare Diskriminierung von Frauen auf Grund des Geschlechts verbietet.

Das Gericht hat die Vorlagefrage positiv beantwortet. Es war der Auffassung, dass die Richtlinie 76/207/EWG der Anwendung nationaler Bestimmungen entgegensteht, die, wie die des deutschen Rechts, Frauen allgemein vom Dienst mit der Waffe ausschließen und ihnen nur den Zugang zum Sanitäts- und Militärmusikdienst erlauben.[79] Die Aussage des EuGH bezieht sich lediglich auf die einfachgesetzlichen Regelungen des SG und der SLV. Eine Aussage über die verfassungsrechtliche Ebene hat der EuGH mit seinem Urteil nicht getroffen. Der EuGH sah die Anwendbarkeit der Richtlinie im konkreten Fall als gegeben an.[80] Zwar sei es Aufgabe der einzelnen Mitgliedsstaaten, die innere und äußere Sicherheit zu organisieren[81], dies führe aber nicht dazu, dass sich die getroffenen Maßnahmen vollständig der Kontrolle anhand von Gemeinschaftsrecht entziehen. In besonders gelagerten Fällen sehe der Vertrag

---

75 Richtlinie des Rates vom 9.Februar 1976 zur Verwirklichung des Grundsatzes der Gleichbehandlung von Männern und Frauen hinsichtlich des Zugangs zur Beschäftigung, zur Berufsbildung und zum beruflichen Aufstieg sowie in Bezug auf die Arbeitsbedingungen (76/207/EWG), ABl. Nr. L 39 vom 14. Februar 1976, S.40.

76 Für die Zitierung der Europäischen Verträge wird auf die Zitierweise verwiesen, die der EuGH seit dem 1. Mai 1999 verwendet. Zwei Buchstaben, EU für den Vertrag über die Europäische Union und EG für den EG-Vertrag, werden verwendet, wenn auf den jeweiligen Vertrag in der nach dem 1. Mai 1999 geltenden Fassung Bezug genommen wird. Drei Buchstaben, EUV oder EGV, werden dagegen verwendet, wenn auf einen Artikel in der vor dem 1. Mai 1999 geltenden Fassung Bezug genommen wird.

77 Vorlagefrage in dem Verfahren war: „Liegt ein Verstoß gegen die Richtlinie des Rates vom 9. Februar 1976 (76/207/EWG) – insbesondere auch im Hinblick auf Artikel 2 Absatz 2 der Richtlinie – in der Regelung des § 1 Absatz 2 Satz 3 des Soldatengesetzes in der Fassung vom 15. Dezember 1995 (BGBl. 1995, Teil I, S. 1737), zuletzt geändert durch Gesetz vom 4. Dezember 1997 (BGBl. 1997, Teil I, S. 2846) und § 3a der Soldatenlaufbahnverordnung in der Fassung der Bekanntmachung vom 28. Januar 1998 (BGBl. 1998, Teil I, S. 326), wonach Frauen auf Grund freiwilliger Verpflichtung nur für Verwendungen im Sanitäts- und Militärmusikdienst berufen werden können, vom Dienst mit der Waffe jedoch in jedem Falle ausgeschlossen sind?", EuGH, Urteil i.d. Rs. C-285/98 – Kreil, Slg. 2000, I-69, Rn. 9.

78 Artikel 2 Absatz 1: „Der Grundsatz der Gleichbehandlung im Sinne der nachstehenden Bestimmungen beinhaltet, dass keine unmittelbare oder mittelbare Diskriminierung auf Grund des Geschlechts – insbesondere unter Bezug auf den Ehe- und Familienstand – erfolgen darf. Absatz 2: Diese Richtlinie steht nicht der Befugnis der Mitgliedstaaten entgegen, solche beruflichen Tätigkeiten und gegebenenfalls die dazu jeweils erforderliche Ausbildung, für die das Geschlecht auf Grund ihrer Art oder der Bedingungen ihrer Ausübung eine unabdingbare Voraussetzung darstellt, von ihrem Anwendungsbereich auszuschließen. Absatz 3: Diese Richtlinie steht nicht den Vorschriften zum Schutz der Frau, insbesondere bei Schwangerschaft und Mutterschaft, entgegen."

79 EuGH, Urteil i.d. Rs. C-285/98 – Kreil, Slg. 2000, I-69, Rn. 32.

80 EuGH, Urteil i.d. Rs. C-285/98 – Kreil, Slg. 2000, I-69, Rn. 19.

81 EuGH, Urteil i.d. Rs. 273/97 - Sirdar, Slg. 1999, I-0000, Rn. 15.

Ausnahmen von der grundsätzlichen Kontrolle anhand von Gemeinschaftsrecht vor. Dies sei aber nur aus Gründen der öffentlichen Sicherheit[82] und nur in Fällen der Artikel 30, 39, 46, 296 und 297 EG möglich, keinesfalls lasse sich aus diesen gesetzlich zugelassenen Ausnahmen ein allgemeiner Ausnahmevorbehalt für Maßnahmen mit Bezug zur öffentlichen Sicherheit herleiten.[83] Im vorliegenden Fall handele es sich um den zu den Sozialvorschriften zählenden Grundsatz der Gleichbehandlung von Männern und Frauen, für den ausdrücklich keine solchen Ausnahmen vorgesehen sind.[84]

Den Ausschluss von Frauen für beinahe alle militärischen Verwendungen sah der EuGH weiterhin nicht als eine von Art. 2 Abs. 2 der Richtlinie umfasste Ausnahme an.[85] Auf Grund dieses Artikels sind die Mitgliedsstaaten befugt, bestimmte Berufe vom Anwendungsbereich der Richtlinie auszunehmen, für die das Geschlecht auf Grund der Art oder Bedingung der Ausübung eine unabdingbare Voraussetzung darstellt.[86] Auch die Tatsache, dass Frauen in den Streitkräften zum Waffendienst verwendet werden können, kann nicht zu einem generellen Ausschluss von Frauen aus allen Verwendungen, die den Einsatz der Waffen erfordern, führen.[87] Weiterhin hat der EuGH entschieden, dass auch besondere Schutzvorschriften gem. Art. 2 Abs. 3 der Richtlinie den Ausschluss von Frauen aus fast allen militärischen Verwendungen nicht rechtfertigen könnten.[88] Sinn und Zweck dieser Norm sei es, einerseits die körperliche Verfassung der Frau zu schützen, andererseits auch die besondere Beziehung zwischen Mutter und Kind. Der von den deutschen Laufbahnbestimmungen beabsichtigte Zweck, Frauen im Verhältnis zu Männern stärker vor den Gefahren des Waffendienstes zu schützen, könne nicht als Begründung für deren Ausschluss herangezogen werden.

III. Änderung des gesetzlichen Rahmens im Jahr 2000

1. Grundgesetzänderung

Die Öffnung der Bundeswehr für Frauen hätte einerseits durch eine Änderung der einfachgesetzlichen Vorschriften in der Soldatenlaufbahnverordnung und im Solda-

---

82 Zur öffentlichen Sicherheit zählen nach Auffassung des EuGH sowohl die innere als auch die äußere Sicherheit, EuGH, Urteile Richardt u. „Les Accessoires Scientifiques", Slg. 1991, I-4621, Rn. 22; Leifer u.a., Slg. 1995, I-3231, Rn. 26; Sirdar, Slg. 1999, I-0000, Rn. 17.

83 EuGH, Urteile Johnston, Slg. 1986, 1651, Rn. 26; Sirdar, Slg. 1999, I-0000, Rn. 16.

84 EuGH, Urteil i.d. Rs. C-285/98 – Kreil, Slg. 2000, I-69, Rn. 18.

85 EuGH, Urteil i.d. Rs. C-285/98 – Kreil, Slg. 2000, I-69, Rn. 27.

86 Der EuGH hat in der Vergangenheit festgestellt, dass das Geschlecht bei folgenden Beschäftigungen eine unabdingbare Voraussetzung sein kann: Aufseher und Chefaufseher in einer Haftanstalt (Urteil Kommission/Frankreich, Slg. 1988, 3559, Rn. 11-18); bestimmte Tätigkeiten im Bereich der Polizei bei schweren Unruhen (Urteil Johnston, Slg. 1986, 1651, Rn. 36 f.); Dienst in speziellen Kampfeinheiten (Urteil Sirdar, Slg. 1999, I-0000, Rn. 29 - 31).

87 EuGH, Urteil i.d. Rs. C-285/98 – Kreil, Slg. 2000, I-69, Rn. 28.

88 EuGH, Urteil i.d. Rs. C-285/98 – Kreil, Slg. 2000, I-69, Rn. 30.

tengesetz, andererseits durch die Änderung des Art. 12a Abs. 4 S. 2 GG vollzogen werden können.

Die Regierungskoalition aus SPD und Bündnis 90/Die Grünen hat nach der Entscheidung des EuGH vorgeschlagen, die Öffnung der Bundeswehr für Frauen lediglich durch die Änderung der einfachgesetzlichen Vorschriften der Soldatenlaufbahnverordnung und des Soldatengesetzes zu vollziehen.[89] Rechtlich möglich wäre dies jedoch nur gewesen, wenn man in Art. 12a Abs. 4 S. 2 GG (1968) kein Waffendienstverbot für Frauen sieht. Die CDU/CSU-Fraktion vertrat die Auffassung, dass die Öffnung der Bundeswehr für Frauen nur durch eine Änderung des Art. 12a GG in verfassungsrechtlich einwandfreier Weise vollzogen werden kann. Die bisherige Staatspraxis, Frauen nur einen beschränkten Zugang zu den Streitkräften zu gewähren, könne nicht durch den einfachen Gesetzgeber übergangen werden. Hier bedürfe es einer klaren Stellungnahme des verfassungsändernden Gesetzgebers.[90] Weitere Kriterien waren für den Gesetzgeber Fürsorgeerwägungen, denn der lediglich auf Grund einfachgesetzlicher Vorschriften zugelassene Waffendienst von Frauen könne sich in einem späteren gerichtlichen Verfahren, insbesondere vor dem Hintergrund der herrschenden Interpretation des Art. 12a Abs. 4 S. 2 GG (1968)[91], als rechtswidrig oder sogar verfassungswidrig herausstellen. Folge wäre dann auch die Rechtswidrigkeit des geleisteten Dienstes, der gezahlten Bezüge sowie aller zukünftigen Versorgungsleistungen.

Die Fraktionen von SPD, CDU/CSU, Bündnis 90/Die Grünen und F.D.P. haben am 24. Oktober 2000 im Bundestag einen Gesetzentwurf zur Änderung des Art. 12a Abs. 4 S. 2 GG eingebracht.[92] Art. 1 des Entwurfes des Gesetzes zur Änderung des Grundgesetzes sah vor, Art. 12a Abs. 4 S. 2 GG wie folgt zu fassen: „Sie dürfen auf keinen Fall zum Dienst mit der Waffe verpflichtet werden." Zur Begründung des Entwurfes wurde angeführt, dass auf diesem Wege der freiwillige Waffendienst von Frauen in der Bundeswehr eine eindeutige verfassungsrechtliche Grundlage erhalten würde. Ferner erfordere es die bisherige Staatspraxis, dass hier der

---

89 *Dreist* in: Steinkamm, S. 548.

90 So auch *Scholz*, F.A.Z. v. 24. August 2000, S.10: „Die jahrzehntelange Staatspraxis, die sich auf eine eindeutige Entscheidung der Verfassung gründet, kann man nicht mit einem schlichten Federstrich des einfachen Gesetzgebers von heute auf morgen beseitigen oder aufkündigen.".

91 Auch noch kurz vor der Änderung des Art. 12a Abs. 4 S. 2 GG hatte die damalige h.M. Bestand. Dies wird besonders deutlich anhand des Gesetzgebungsverfahrens zur Änderung des Soldatengesetzes und anderer Vorschriften (SGÄndG) – BR-Drs. 462/00 v. 18. August 2000, BT-Drs. 14/4062 v. 11. September 2000 -, welches dem Verfahren zur Änderung des Art. 12a Abs. 4 S. 2 GG zeitlich vorgelagert war. Die Ausschüsse hatten dem Bundesrat empfohlen, den Verstoß der geplanten einfachgesetzlichen Öffnung der Bundeswehr für Frauen gegen Art. 12a Abs. 4 S. 2 GG a.F. festzustellen. Der Bundesrat solle die Bundesregierung zu einer Änderung dieser Artikels des GG bewegen. Erst nach dieser Änderung könnten die geplanten Änderungen der einfachgesetzlichen Regelungen im SG in verfassungsrechtlich einwandfreier Weise vollzogen werden. BR-Drs. 462/1/00, S. 1.

92 BT-Drs. 14/4380.

verfassungsändernde Gesetzgeber klar Stellung zum Waffendienst der Frauen bezieht. Ferner wurde die gewandelte gesellschaftliche Einstellung zum Waffendienst von Frauen angeführt, der bisherige vollständige Ausschluss immer mehr als unvereinbar mit dem Gleichheitssatz angesehen.[93]

Der Rechtsausschuss hat daraufhin schon am 27. Oktober 2000 die Empfehlung ausgesprochen, den Gesetzentwurf (BT-Drs. 14/4380) anzunehmen.[94] Gleichzeitig sprach er die Empfehlung aus, einen älteren Gesetzesentwurf der F.D.P.-Fraktion zur Änderung des Art. 12a Abs. 4 S. 2 GG[95] für erledigt zu erklären. Dieser Ansicht waren auch die mitberatenden Ausschüsse im Bundestag.[96] Dieser Gesetzentwurf wurde vom Bundestag am 27. Oktober 2000 unverändert angenommen.[97] Am 1. Dezember 2000 hat der Bundesrat dem Gesetz zugestimmt[98]. Die Verfassungsänderung trat am 23. Dezember 2000 in Kraft.

2. Änderung der einfachgesetzlichen Normen

Parallel zu der Grundgesetzänderung wurden auch die einfachgesetzlichen Normen des SG und der SLV geändert. Wie unvorhersehbar diese Gesetzesänderung war, zeigt die Entscheidung des BVerwG vom Mai 1999[99], die erging, obgleich die Rechtssache *Kreil* schon beim EuGH anhängig war und zur Entscheidung anstand. Auf Grund von § 1 Abs. 2 S. 3 SG, §§ 3a u. 5 Abs. 3 S. 1 SLV, die Frauen auf Grund freiwilliger Verpflichtung nur den Dienst im Sanitäts- und Militärmusikdienst eröffnen, wies das Gericht den Antrag einer Soldatin auf einen Laufbahnwechsel vom Sanitätsdienst in den Truppendienst ab. Nachdem der Verteidigungsminister nach der Verkündung des EuGH-Urteils am 11. Januar 2000 bekannt gab, dass die Bundeswehr für den freiwilligen Waffendienst geöffnet werde, wurde im BMVg mit der Erarbeitung eines Referentenentwurfs zu einem „Gesetz zur Änderung des Soldatengesetzes und anderer Vorschriften (SGÄndG)“[100] begonnen.[101] Um die vollständige Öffnung der Bundeswehr auch einfachgesetzlich zu ermöglichen, wurde der § 3a SLV aufgehoben und § 1 Abs. 2 S. 3 SG neu gefasst.

---

93 BT-Drs. 14/4380, S. 3.

94 Der Rechtsausschuss kam zu dieser Empfehlung nach vorheriger Anhörung von neun Sachverständigen, BT-Drs. 14/4420, S. 4.

95 Dieser Gesetzentwurf einiger Abgeordneter der F.D.P. aus dem Jahr 1999 (BT-Drs. 14/1728 [neu]) wollte die Öffnung der Bundeswehr für Frauen durch eine Aufhebung des Art. 12a Abs. 4 S. 2 GG vollziehen.

96 Stellungnahmen wurden von den mitberatenden Ausschüssen für Familie, Senioren, Frauen und Jugend, dem Innenausschuss, dem Verteidigungsausschuss und dem Ausschuss für Arbeit und Soziales abgegeben, BT-Drs. 14/4420, S. 4.

97 BR-Drs. 710/00.

98 BR-Drs. 710/00 (Beschluss).

99 BVerwG, Beschluss v. 20. Mai 1999 – 1 WB 94/98 = NZWehrr 1999, 161 = DÖV 1999, 914 = DVBl. 1999, 1437.

100 BT-Drs. 14/4062.

101 *Eichen*, NZWehrr 2001, 45 (46).

IV. Konsequenzen für die allgemeine Wehrpflicht für Männer

Die Bundesregierung hat durch die Änderung des Art. 12a Abs. 4 S. 2 GG eine vollständige Öffnung der Bundeswehr für Frauen vollzogen. Der in vielen anderen Ländern vorgesehene Ausschluss der Frauen von bestimmten Verwendungen ist in Deutschland laufbahnrechtlich nicht vorgesehen. Frauen haben in der Bundeswehr sogar die Möglichkeit, Kampfschwimmerinnen oder Kampfpilotinnen zu werden. Ergebnis dieser vollständigen Öffnung der Bundeswehr für Frauen ist ein auseinanderklaffendes Rechten- und Pflichtensystem für Männer und Frauen. Frauen dürfen nach der Grundgesetzänderung jeden Dienst in der Bundeswehr leisten, den auch Männer leisten dürfen, sie werden hierzu aber nicht verpflichtet. Männer werden aber weiterhin zum Waffendienst in Form der in Art. 12a Abs. 1 GG angelegten allgemeinen Wehrpflicht verpflichtet. Einfacher formuliert: „Männer müssen, Frauen dürfen".[102] Hierbei stellt sich dann die Frage, ob sich diese Ungleichbehandlung von Männern und Frauen aus dem Blickwinkel des nationalen Verfassungsrechts und des Gemeinschaftsrechts rechtfertigen lässt.

1. Verstoß gegen die Gleichbehandlungsrichtlinie

Im Weiteren stellt sich aber die Frage, ob die Beschränkung der Wehrpflicht auf Männer mit gemeinschaftsrechtlichen Regelungen vereinbar ist. In Betracht kommt hier die Gleichbehandlungsrichtlinie (76/207/EWG v. 9. Februar 1976).[103]

a) Kompetenz der Gemeinschaft zur Regelung von Verteidigungsfragen

Auf der gemeinschaftsrechtlichen Ebene muss zunächst einmal die Frage beantwortet werden, ob die Gleichbehandlungsrichtlinie überhaupt auf Fragen des Wehrrechts anwendbar ist. Einerseits muss hinterfragt werden, in welchem Verhältnis die ge-

---

102 So auch schon *Rupert Scholz* vor der Entscheidung des EuGH am 7. Januar 2000, „Kippen Frauen die Wehrpflicht?", WELT Online (http://www.welt.de/daten/2000/01/07/0107 de145932.htx).

103 Zur Frage der Vereinbarkeit der Wehrpflicht mit der Gleichbehandlungsrichtlinie sind z.Zt. drei Vorabentscheidungsverfahren des VG Stuttgart beim EuGH anhängig. Das VG Stuttgart hatte die Verfahren der Bundesrepublik Deutschland gegen Wehrpflichtige ausgesetzt, weil es die Möglichkeit einer Verletzung der Gleichbehandlungsrichtlinie für nicht ausgeschlossen hält und dem EuGH das Verfahren mit der Frage: „Steht der deutschen Wehrpflicht nur für Männer Europarecht entgegen?" zur Vorabentscheidung vorgelegt (Beschluss v. 18. Januar 2001, VBlBW 2001, 153; Beschluss v. 4. April 2001 - Az. 17 K 1458/00, VBlBW 2001, 377; Beschluss v. 4. Mai 2001 – Az. 17 K 1769/01, NJW 2001, 2744). In einem dieser Verfahren (Az. 17 K 1458/00) hatte der Kläger, *Alexander Droy*, vor seiner Erfassung als Wehrpflichtiger einen Antrag auf Befreiung vom Wehrdienst und Herausnahme aus der Wehrerfassung gestellt. Nach Ablehnung seines Antrags durch das KWEA Schwäbisch Gmünd und dem bei der WBV V erfolglos durchgeführten Widerspruchsverfahren klagte er vor dem VG Stuttgart, weil es nach der Entscheidung des EuGH vom 11. Januar 2000, Rs. C-285/98 – Kreil, keine sachlichen Gründe mehr gebe, die einen geschlechtsspezifischen Ausschluss von Frauen vom Dienst mit der Waffe rechtfertigen könnten. Die Wehrpflicht für Männer widerspreche dem Gleichheitssatz und stelle eine unzulässige Diskriminierung von Männern im Hinblick darauf dar, dass Frauen nunmehr zwar ein Recht zum Dienst mit der Waffe, nicht aber eine Pflicht zum Wehrdienst hätten.

meinschaftsrechtliche Gleichbehandlungsrichtlinie zum deutschen Grundgesetz steht. Andererseits stellt sich die Frage, ob die Gleichbehandlungsrichtlinie überhaupt auf Fragen der Wehrpflicht anwendbar ist.

Der EuGH geht bei Kollisionen von nationalen Verfassungen mit Gemeinschaftsrecht von einem Vorrang des Gemeinschaftsrechts aus. Er ordnet auch die Verfassungen der Mitgliedsstaaten als einfache nationale Normen ein, die gegenüber dem Gemeinschaftsrecht als nachrangig einzustufen sind.[104] Zurückhaltender ist hier das BVerfG. Es lässt keinen uneingeschränkten Vorrang des Gemeinschaftsrechts zu, erkennt aber an, das Abweichungen vom Grundgesetz mit der Ermächtigung des Art. 23 Abs. 1 GG in Einklang stehen, wenn die Identität der Verfassungsordnung erhalten bleibt.[105] Wesentliches Element dieser vom BVerfG geforderten Verfassungsidentität ist die Gewährung eines dem Grundgesetz im Wesentlichen vergleichbaren Grundrechtsschutzes.[106] Weitere bestimmende Elemente der Verfassungsordnung sind ein unmittelbar demokratisch legitimiertes Parlament, welches aus allgemeinen Wahlen hervorgegangen und mit Gesetzgebungsbefugnissen ausgestattet ist sowie die Verantwortlichkeit der für die Gesetzgebung zuständigen Gemeinschaftsorgane gegenüber dem Parlament.[107] Vor diesem Hintergrund lässt sich auch nach der strengeren Rspr. des BVerfG kein genereller Vorrang des nationalen Grundgesetzes erkennen. Durch eine Einbeziehung von Frauen in den Wehrdienst würde das Grundgesetz keinen Identitätsverlust erleiden. Die verfassungsrechtlich zugelassene Beschränkung der Wehrpflicht auf Männer stellt kein Merkmal dar, welches zu den wesentlichen Grundwerten des Grundgesetzes gehört.[108]

Gegen die Anwendbarkeit der Gleichbehandlungsrichtlinie auf Fragen der Wehrpflicht könnte der gemeinschaftsrechtliche Grundsatz der begrenzten Einzelermächtigung sprechen. Dieser wird aus Art. 5 Abs. 1 EG hergeleitetet und besagt, dass die Gemeinschaft einen aus den Verträgen hergeleiteten Kompetenztitel benötigt, um auf einem bestimmten Gebiet tätig werden zu können.[109] Konsequenz daraus ist, dass die Gemeinschaft nicht über eine sog. Kompetenz-Kompetenz verfügt, d.h. ihr kommt keine Allzuständigkeit zu, denn aus Art. 5 Abs. 1 EG ergibt sich eine grundsätzliche Zuständigkeitsvermutung für die einzelnen Mitgliedsstaaten.[110] Schon früh wurde diese Kompetenz durch den EuGH nach der sog. „*Implied-Powers*-Lehre“ erweitert.[111] Der Gemeinschaft kommt nach dieser Lehre – ähnlich wie dem bundes-

---

104 EuGH, Urteil i.d. Rs. 7/64 – Costa/ENEL, Slg. 1964, 1251 (1269 ff.); Urteil i.d. Rs. 11/70 – Internationale Handelsgesellschaft, Slg. 1970, 1125 (1135).

105 BVerfGE 37, 271 (279 f.); 73, 339 (374 ff.); 89, 155 (181, 207 ff.).

106 BVerfGE 37, 271 (230); 73, 339 (375).

107 BVerfGE 37, 271 (230); 73, 339 (376).

108 So auch schon *Sachs* zur Frage der Zulassung von Frauen zum freiwilligen Waffendienst, *Sachs*, NWVBl. 2000, 405 (406).

109 *Wichard* in: Calliess/Ruffert, Art. 5 EU, Rn. 3; *Lienbacher* in: Schwarze, Art. 5 EG, Rn. 7.

110 *Lienbacher* in: Schwarze, Art. 5 EG, Rn. 7.

111 St. Rspr. seit EuGH, Urteil i.d. Rs. 8/55 – Fédération Charbonnière de Belgique/Hohe Behörde, Slg. 1956, 297, 312.

deutschen Gesetzgeber nach der Kompetenz kraft Sachzusammenhang - gleichzeitig auch die Kompetenz zum Erlass derjenigen Vorschriften zu, die beim Fehlen einer entsprechenden Kompetenz sinnlos wären oder nicht in vernünftiger und zweckmäßiger Weise zur Anwendung gelangen könnten.[112] Darüber hinaus kann sich eine Kompetenz der Gemeinschaft zur Regelung nicht ausdrücklich im Vertrag genannter Materien aus der sog. Abrundungsklausel des Art. 308 EG ergeben. Danach kann der Rat auf Vorschlag und nach Anhörung des Europäischen Parlaments Vorschriften erlassen, die geeignet sind, ein Ziel im Rahmen des Gemeinsamen Marktes zu verwirklichen und hierzu aus dem Vertrag keine besonderen Befugnisse ersichtlich sind, ein Tätigwerden der Gemeinschaft aber erforderlich scheint. Anders als die „*Implied-Powers*-Lehre" erweitert die sog. Abrundungsklausel keine vorhandene Kompetenz, sondern begründet zur Erreichung eines im Vertrag vorgesehenen Ziels eine neue Kompetenz.

Fragen der Verteidigungs-, Sicherheits- und Militärpolitik fallen nicht in einem ausdrücklich der Gemeinschaft zugeordneten Zuständigkeitsbereich.[113] Belange der Verteidigung sind Bestandteile der gemeinsamen Außen- und Sicherheitspolitik (GASP), für welche die Kompetenz nach den Verträgen von Maastricht und Amsterdam auf Grund der Art. 11 ff. EU bei den einzelnen Mitgliedsstaaten verbleibt.[114] Im Bereich der Verteidigungspolitik findet zwar eine schrittweise Annäherung (Art. 17 Abs. 1 EU) im Rahmen zwischenstaatlicher Zusammenarbeit statt, eine Verteidigungspolitik der Gemeinschaft gibt es hingegen noch nicht.[115] Grundsätzlich liegt es in der Entscheidung des Mitgliedsstaates, wie er seine innere und äußere Sicherheit organisiert. Daher ist es auch Sache der Mitgliedsstaaten, über die Frage der Organisation der Streitkräfte zu entscheiden.[116] Dagegen lässt sich einwenden, dass es zwar grundsätzlich Aufgabe des einzelnen Mitgliedsstaates ist, über die Organisation ihrer Streitkräfte zu entscheiden, dies bedeutet aber gleichzeitig nicht, dass solche Entscheidungen dem Gemeinschaftsrecht vollständig entzogen sind.[117] Wenn die Kompetenz für eine Materie bei den Mitgliedsstaaten verbleibt, müssen diese trotzdem die gemeinschaftsrechtlichen Vorgaben, welche die fraglichen Materien tangieren – im Falle der Gleichbehandlungsrichtlinie das EG-Sozialrecht -, beachten.[118] Nur in den Fällen, in denen der Vertrag selbst Ausnahmen von der Anwendbarkeit des Ge-

---

112 *Lienbacher* in: Schwarze, Art. 5 EG, Rn. 10.

113 *Scholz*, RIW 2000, 222 (222); *ders.*, F.A.Z. v. 22. Juli 1999, S. 7.

114 Ebd.

115 *Stahn*, EuGRZ 2000, 121 (123).

116 BVerwG, Beschluss v. 20. Mai 1999 – 1 WB 94/98 = NZWehrr 1999, 161 = DÖV 1999, 914 = DVBl. 1999, 1437; so auch die Ansicht der britischen, französischen und portugiesischen Regierung in ihren Stellungnahmen im Verfahren Sirdar und ebenfalls die Ansicht der deutschen Regierung im Verfahren Kreil (EuGH, Urteil i.d. Rs. C-285/98 - Kreil, Slg. 2000, I-69, Rn. 12); so auch der EuGH in seinen Urteilen i.d. Rs. C-273/97- Sirdar, Slg. 1999, I-7403, Rn. 15 u. i.d. Rs. C-285/98 – Kreil, Slg. 2000, I-69, Rn. 15.

117 EuGH, Urteil i.d. Rs. C-273/97 - Sirdar, Slg. 1999, I-7403, Rn. 15; EuGH, Urteil i.d. Rs. C-285/98 - Kreil, Slg. 2000, I-69, Rn. 15.

118 *Streinz*, DVBl. 2000, 585 (589) m.w.N.

meinschaftsrechts macht, kann ein solcher Anwendungsvorbehalt anerkannt werden. Konsequenz daraus ist, dass es kaum noch einen Regelungsbereich gibt, der vollständig dem Gemeinschaftsrecht entzogen, mithin „gemeinschaftsfest", ist.[119] Aus Gründen der öffentlichen Sicherheit macht der Vertrag für ganz bestimmte außergewöhnliche Fälle in den Art. 30, 39, 46, 296 und 297 EG eine Ausnahme von der Anwendbarkeit des Gemeinschaftsrechts.[120] Aus diesen punktuellen und außergewöhnlichen Ausnahmen kann aber kein dem EG-Vertrag innewohnender Vorbehalt für im Interesse der öffentlichen Sicherheit getroffene Maßnahmen abgeleitet werden.[121] Würde man darüber hinaus für den Einzelfall Ausnahmen zulassen, so wäre die einheitliche Anwendung des Gemeinschaftsrechts erheblich beeinträchtigt.[122] Weiter könnte für eine Ausnahme des Sektors Militär und Verteidigung der Notstandsvorbehalt des Art. 297 EG[123] sprechen. Danach können die Mitgliedsstaaten in den dort aufgezählten Notstandssituationen einseitig vom Gemeinschaftsrecht abweichende Maßnahmen treffen. Als eine den dort aufgezählten Fällen des Staatsnotstands vorgelagerte Frage könnte auch die Frage nach der Wehrform in den einzelnen Mitgliedsstaaten verstanden werden, d.h. dem Mitgliedsstaat könnte durch Art. 297 EG das Recht eingeräumt sein, in der Normalsituation über Sachverhalte eigenständig zu entscheiden, die sich in einem „Kriegsfall" oder in einer „ernsten, eine Kriegsgefahr darstellenden internationalen Spannung" auswirken würden. Zum einen unterscheidet sich aber die Frage der Streitkräfteorganisation mittels einer bestimmten Wehrform – z.B. der Wehrpflicht – im Frieden von den Umständen militärischer Organisationsfragen im Staatsnotstand.[124] Zum anderen stellen die Art. 296 u. 297 EG nicht bloß eine „besondere" Ausnahme – wie die Art. 36, 48, 56 EG - von den sonstigen Bestimmungen des Vertrages dar, sondern sogar eine „ganz besondere"[125] Ausnahme.[126] Diese betreffen vorübergehende und nicht dauerhafte Bedrohungen le-

---

119 *Streinz*, DVBl. 2000, 585 (590).

120 EuGH, Urteil i.d. Rs. C-273/97 – Sirdar, Slg. 1999, I-7403, Rn. 16; EuGH, Urteil i.d. Rs. C-285/98 - Kreil, Slg. 2000, I-69, Rn. 16.

121 EuGH, Urteil i.d. Rs. 222/84 – Johnston, Slg. 1986, I-1651, Rn. 26; EuGH, Urteil i.d. Rs. 285/98 – Kreil, Slg. 2000, I-69, Rn. 16.

122 EuGH, Urteil i.d. Rs. 222/84 - Johnston, Slg. 1986, I-1651, Rn. 26; EuGH, Urteil i.d. Rs. C-273/97 - Sirdar, Slg. 1999, I-7403, Rn. 16; EuGH, Urteil i.d. Rs. C-285/98 - Kreil, Slg. 2000, I-69, Rn. 16.

123 Art. 297 EG: „Die Mitgliedsstaaten setzen sich miteinander ins Benehmen, um durch gemeinsames Vorgehen zu verhindern, dass das Funktionieren des Gemeinsamen Marktes durch Maßnahmen beeinträchtigt wird, die ein Mitgliedsstaat bei einer schwer wiegenden innerstaatlichen Störung der öffentlichen Ordnung, im Kriegsfall, bei einer ernsten, eine Kriegsgefahr darstellenden internationalen Spannung oder in Erfüllung der Verpflichtungen trifft, die er im Hinblick auf die Aufrechterhaltung des Friedens und der internationalen Sicherheit übernommen hat.".

124 Generalanwalt *La Pergola* in seinem Schlussantrag i.d. Rs. C-273/97 – Sirdar, Slg. 1999, I-7405 (7416 f.).

125 EuGH, Urteil i.d. Rs. 222/84 – Johnston, Slg. 1986, I-1651, Rn. 27.

126 So die Auffassung des Generalanwalts *La Pergola* in seinem Schlussantrag i.d. Rs. C-273/97 - Sirdar, Slg. 1999, I-7405 (7411 f.) mit Berufung auf die Schlussanträge des Generalanwalts

benswichtiger Interessen der einzelnen Mitgliedsstaaten bis zur Bedrohung ihrer Existenz.[127] Da es sich aber um eine „ganz besondere“ Ausnahme handelt, muss diese auch ganz besonders eng ausgelegt werden.[128] Aus der Festlegung dieser engen Ausnahme für den Fall des Staatsnotstandes im Vertrag kann daher kein allgemeiner Vorbehalt, insbesondere nicht für Friedenszeiten, abgeleitet werden.[129] Wenn der EG-Vertrag den Mitgliedsstaaten Spielräume für eigenständiges Handeln zugesteht, geschieht dies durch eindeutige Bestimmungen.[130] Für diese Auslegung der Ausnahme des Art. 297 EG spricht auch der Art. 298 Abs. 2 EG, der dem EuGH im Falle des Abweichens eines Mitgliedsstaates auf Grund von Art. 297 EG die Befugnis zur Kontrolle dieses Abweichens gibt.[131] Für Maßnahmen der Streitkräfteorganisation existiert daher kein allgemeiner Vorbehalt gegenüber der Anwendbarkeit des Gemeinschaftsrechts, insbesondere der Gleichbehandlungsrichtlinie.[132] Die Frage der Vereinbarkeit der nationalen Beschränkung der Wehrpflicht auf Männer ist nicht grundsätzlich der Beurteilung anhand von Gemeinschaftsrecht entzogen. Das Problem der Gleichbehandlung betrifft den gesamten Bereich des Arbeitslebens und stellt sich unabhängig von der Frage, ob es sich um eine zivile oder eine militärische Tätigkeit handelt.[133] Damit kommt der Gemeinschaft auch auf dem Gebiet der Verteidigung die Kompetenz zur Regelung von Fragen mit sozialrechtlichem Bezug zu.

b) Anwendbarkeit der Gleichbehandlungsrichtlinie auf Wehrpflichtverhältnisse

Vor der Frage, ob die bestehende Wehrpflicht materiell unvereinbar mit der Gleichbehandlungsrichtlinie ist, muss zunächst ihre Anwendbarkeit geklärt werden. Ziel der Gleichbehandlungsrichtlinie ist es gem. Art. 1 Abs. 1 der Richtlinie[134], Männern und Frauen den gleichen Zugang zur Beschäftigung zu gewähren. Mitumfasst hiervon ist

---

Jacobs in den Schlussanträgen v. 16. April 1995 i.d. Sache Makedonien (Nr. 46; Streichungsbeschluss v. 19. März 1996 i.d. Rs. C-120/94 – Kommission/Griechenland, Slg. 1996, I-1513).

127 Generalanwalt *La Pergola* in seinem Schlussantrag i.d. Rs. C-273/97 – Sirdar, Slg. I-7405 (7416).

128 *Calliess* in: Calliess/Ruffert, Art. 297 EG, Rn. 3; *Karpenstein* in: Schwarze, Art. 297 EG, Rn. 1; EuGH, Urteil i.d. Rs. 13/68 – Salgoil, Slg. 1968, 680 (Abschnitt III.2); Urteil i.d. Rs.222/84 – Johnston, Slg. 1986, 1651, Rn. 26.

129 Auffassung des Generalanwalts *La Pergola* in seinem Schlussantrag i.d. Rs. C-273/97 - Sirdar, Slg. 1999, I-7405 (7411 f.); so auch EuGH, Urteil i.d. Rs. 222/84 – Johnston, Slg. 1986, 1651 (1683); Urteil i.d. Rs. 318/86 – Kommission/Frankreich, Slg. 1988, 3559 (3580 ff.); *Karpenstein* in: Schwarze, Art. 297 EG, Rn. 1.

130 EuGH, Urteil i.d. Rs. 6/64 – Costa/ENEL, Slg. 1964, 1251 (1270).

131 *Stahn*, EuGRZ 2000, 121 (124); *Karpenstein* in: Schwarze, Art. 297 EG, Rn. 1.

132 EuGH, Urteil i.d. Rs. C-273/97 – Sirdar, Slg. 1999, I-7403, Rn. 19.

133 *Dahl* in: Steinkamm, S. 245; *Zuleeg*, DÖV 1997, 1017 (1021).

134 Art. 1 Abs. 1 der Gleichbehandlungsrichtlinie: „Diese Richtlinie hat zum Ziel, dass in den Mitgliedsstaaten der Grundsatz der Gleichbehandlung von Männern und Frauen hinsichtlich des Zugangs zur Beschäftigung, einschließlich des Aufstiegs, und des Zugangs zur Berufsbildung sowie in Bezug auf die soziale Sicherheit unter den in Absatz 2 vorgesehenen Bedingungen verwirklicht wird. Dieser Grundsatz wird im Folgenden als „Grundsatz des Gleichbehandlung“ bezeichnet.“

der gleiche Aufstieg innerhalb der Beschäftigung sowie der gleiche Zugang zur Berufsbildung. Für die Anwendbarkeit ist demnach vor allem entscheidend, ob der jeweilige Sachverhalt den Zugang zu einer Beschäftigung regelt.[135] Der Begriff der Beschäftigung ist dabei grundsätzlich von einem eher weiten Verständnis geprägt.[136] Unter Beschäftigung ist jede Form der beruflichen Betätigung zu verstehen. Gleichgültig ist daher, ob es sich um selbstständige oder nichtselbstständige Arbeit handelt und ob das Arbeitsverhältnis privatrechtlich oder öffentlich-rechtlich begründet wird. Bei der Wehrpflicht könnte man in diesem Zusammenhang an ein öffentlich-rechtlich begründetes, abhängiges Beschäftigungsverhältnis denken.[137] Die Anwendbarkeit der Gleichbehandlungsrichtlinie auf öffentlich-rechtliche Dienstverhältnisse ist in der Rspr. des EuGH unbestritten.[138] Ferner würde für die Einordnung unter den Begriff des Beschäftigungsverhältnisses die Entlohnung des Wehrpflichtigen für seine erbrachten Leistungen durch den Wehrsold sprechen.[139] Dagegen spricht aber insbesondere die Art der Begründung des Wehrpflichtverhältnisses. Die Pflicht zur Ableistung der grundgesetzlich zugelassenen Wehrpflicht beruht auf gesetzlichen Regelungen im WPflG. Konkretisiert wird diese Pflicht auf den jeweiligen Wehrpflichtigen durch den Einberufungsbescheid des zuständigen Kreiswehrersatzamtes.[140] Hingegen beruhen andere Beschäftigungsverhältnisse, seien sie privatrechtlicher oder öffentlich-rechtlicher Natur, auf einem Vertragsverhältnis. Es ist eine auf die Begründung des jeweiligen Dienstverhältnisses gerichtete Willenserklärung des Beschäftigten notwendig. Diese Willenserklärung ist im Wehrpflichtverhältnis aber gerade entbehrlich, da das Wehrdienstverhältnis einseitig durch die Erklärung des Kreiswehrersatzamtes zu Stande kommt.[141] Der Wehrpflichtige nimmt durch den Wehrdienst nur eine gesetzlich festgelegte Pflicht wahr und übt kein Recht auf Wahl einer Beschäftigung aus.[142] Der Wehrpflichtige ist ferner nicht in der Lage, das Wehrdienstverhältnis einseitig aufzulösen, so wie es bei anderen Beschäftigungsverhältnissen mittels einer Kündigung möglich ist. Zieht man darüber hinaus die Merkmale des Berufs zur Untersuchung hinzu, so ergeben sich auch hier Besonderheiten für die Wehrpflicht. Sie ist keine auf Dauer angelegte Tätigkeit, die der Schaffung oder Erhaltung einer Lebensgrundlage dient. Das Wehrpflichtverhältnis ist nur vorübergehender Natur.[143]

---

135 Siehe 3. Erwägungsgrund und Art. 3 der Richtlinie 76/207/EWG, Schmidt-De Caluwe/Heselhaus, NJW 2001, 2680.

136 *Stahn*, EuGRZ 2000, 121 (134).

137 Deutlich zu trennen ist die Frage nach der Beschäftigungseigenschaft der Wehrpflicht von der Frage nach dem ungehinderten Zugang von Frauen zur Bundeswehr, wie sie der EuGH in der Rs. Kreil zu entscheiden hatte. Frau Kreil begehrte eine Anstellung als Zeitsoldat in der Bundeswehr.

138 St. Rspr. seit EuGH, Urteil i.d. Rs. 248/83 - Kommission/Deutschland, Slg. 1985, 1459 (1480), Rn. 16; *Gronimus*, NZWehrr 2001, 60 (66).

139 EuGH, Urteil Bettray, Slg. 1989, 1621 Rn. 12.

140 *Lenz*, ZRP 2000, 265 (268); Schmidt-De Caluwe/Heselhaus, NJW 2001, 2680.

141 Ebd.

142 *Epping*, DÖD 2000, 188 (196); *Steinkamm* in: Steinkamm, S. 42.

143 *Lenz*, ZRP 2000, 265 (268).

Zwar ist es nach Ansicht des EuGH unerheblich, ob die tatsächliche Bezahlung geeignet ist[144], den Lebensunterhalt sicherzustellen, aber der Wehrsold dient auch nicht als finanzielle Basis der Lebensführung. Bei der Wehrpflicht handelt es nicht um ein Beschäftigungsverhältnis i.S.d. Gleichbehandlungsrichtlinie.[145] Diese ist deshalb schon nicht anwendbar.[146]

c) Materielle Vereinbarkeit mit der Gleichbehandlungsrichtlinie

Ungeachtet der Frage der Anwendbarkeit der Gleichbehandlungsrichtlinie bestehen aber hinsichtlich der materiellen Unvereinbarkeit der Wehrpflicht mit der Gleichbehandlungsrichtlinie Zweifel. Der Präambel und dem Art. 1 Abs. 1 lässt sich entnehmen, dass Sinn und Zweck dieser Richtlinie die Gewährung des gleichen Zugangs zu beruflicher Beschäftigung für Männer und Frauen ist. Insoweit ist in diesen Normen der Richtlinie ein spezieller Gleichheitssatz zu sehen. Bei Auswahl und Ausübung eines Berufes soll keine Schlechterstellung auf Grund des Geschlechtes erfolgen. Betrachtet man ungeachtet des jeweiligen Zugangs das Wehrdienstverhältnis, so besteht überhaupt keine Schlechterstellung. Männern wie Frauen steht die Bundeswehr seit der Änderung des GG, des SG und der SLV offen. Ferner handelt es sich bei der Beschränkung der Wehrpflicht um eine positive Diskriminierung für Frauen, denn Frauen werden von dieser Verpflichtung ausgenommen.[147] Daraus folgt nicht zugleich, dass es sich um eine negative Diskriminierung für Männer handeln muss. Männern wird hier nicht die Zugangsmöglichkeit auf Grund ihres Geschlechts verweigert, sondern es besteht ein zwangsweiser Zugang zur Bundeswehr.

2. Verstoß gegen den Gleichheitssatz des Grundgesetzes

Als Erstes stellt sich auf der nationalen Ebene die Frage der Vereinbarkeit der Ungleichbehandlung von Männern und Frauen bei der Wehrpflicht mit dem Gleichheitssatz des Art. 3 Abs. 2 S. 2, Abs. 3 GG. Obwohl sich die gleichheitsrechtliche Problematik der nun vorhandenen Konstellation „Männer müssen und Frauen dürfen" geradezu aufdrängt, ist in einem weiteren Schritt zu fragen, ob sich die Frage der Vereinbarkeit der Wehrpflicht nur für Männer mit dem Gleichheitssatz des Art. 3 Abs. 2 S. 2, Abs. 3 GG überhaupt stellt. Es ließe sich argumentieren, dass der spezielle Gleichheitssatz des Art. 3 Abs. 2 S. 2, Abs. 3 GG von der Ewigkeitsgarantie des Art. 79 Abs. 3 GG umfasst sei.[148] Dafür könnte sprechen, dass nicht nur der allge-

---

144 EuGH, Urteile Levin, Slg. 1982, 1035, Rn. 15 f.; Nolte, Rn. 18 f., EuGRZ 1996, S. 28 f.

145 *Steinkamm* in: Steinkamm, S. 42.

146 BVerwG NVwZ 1999, 1343; *Epping*, DÖD 2000, 188 (196); *Laubinger/Repkewitz*, VerwArchiv Bd. 91 (2000), 297 (325); *Kämmerer*, EuR 2000, 102 (118); *Lenz*, ZRP 2000, 265 (268); *Stahn*, EuGRZ 2000, 121 (134); *Götz*, JZ 2000, 413 (415).

147 *Steinkamm* in: Steinkamm, S. 42.

148 *Ekardt*, DVBl. 2001, 1171 (1173 f.), der jedoch außer dem Argument der *reductio ad absurdum* ohne eingehende Begründung der speziellen Gleichheitssatz sowohl als Ausfluss der Menschenwürde als auch des Demokratie- und des Rechtsstaatsprinzips ansieht.

meine Gleichheitssatz von Art. 79 Abs. 3 GG erfasst sei,[149] sondern auf Grund seiner gesteigerten Anforderungen auch der spezielle Gleichheitssatz.[150] Konsequenz wäre, dass bei einem Verstoß der auf Männer beschränkten Wehrpflicht gegen den speziellen Gleichheitssatz des Art. 3 Abs. 2 S. 2, Abs. 3 GG der Art. 12a Abs. 1 GG verfassungswidriges Verfassungsrecht darstellen würde.[151] Gegen die Einordnung der nur für Männer bestehenden allgemeinen Wehrpflicht in Art. 12a Abs. 1 GG als verfassungswidriges Verfassungsrecht spricht jedoch, dass von der Ewigkeitsgarantie des Art. 79 Abs. 3 GG nur die in Art. 1 und 20 GG niedergelegten Grundsätze erfasst sind, nicht jedoch auch die einzelnen Grundrechte.[152] Zwar hat das BVerfG in seiner Rechtsprechung[153] festgestellt, dass die allgemeine Rechtsgleichheit Ausfluss der Menschenwürde und des Rechtsstaatsprinzips ist, daraus lässt sich jedoch keine Aussage für den speziellen Gleichheitssatz des Art. 3 Abs. S. 2, Abs. 3 GG treffen.[154] Vielmehr sieht das Grundgesetz selbst eine Ausnahme zum allgemeinen Gleichheitssatz des Art. 3 Abs. S. 2, Abs. 3 GG vor. Art. 12a Abs. 1 GG ist als eine verfassungsimmanente Sonderregelung gegenüber dem allgemeinen Gleichheitssatz anzusehen und die durch Art. 12a Abs. 1 GG zugelassene Beschränkung der allgemeinen Wehrpflicht auf Männer kann daher nicht als Verstoß gegen den allgemeinen Gleichheitssatz gesehen werden.[155] Die Beschränkung der Wehrpflicht auf Männer und der allgemeine Gleichheitssatz des Art. 3 Abs. S. 2, Abs. 3 GG haben nach Auffassung des BVerfG und des überwiegenden Schrifttums gleichen verfassungsrechtlichen Rang.[156] Diese Sonderstellung des Art. 12a Abs. 1 GG führt dazu, dass, selbst

---

149 BVerfGE 84, 90 (121); 94, 12 (34) mit Verweis auf BVerfGE 1, 208 (233); 23, 98 (106 f.).

150 *Ekardt*, DVBl. 2001, 1171 (1173).

151 So im Ergebnis *Ekardt*, DVBl. 2001, 1171 (1173).

152 *Pieroth* in: Jarass/Pieroth, Art. 79, Rn. 9; dieses Ergebnis wurde schon unter dem Gliederungspunkt C.I. auf Seite 37 festgestellt.

153 BVerfGE 84, 90 (121); 94, 12 (34) mit Verweis auf BVerfGE 1, 208 (233); 23, 98 (106 f.); siehe auch *Pieroth* in: Jarass/Pieroth, Art. 79, Rn. 9; *Dreier* in: Dreier, Art. 79, Rn. 26.

154 So aber *Ekardt*, DVBl. 2001, 1171 (1173), der den Schutz des speziellen Gleichheitssatzes durch Art. 79 Abs. 3 GG nicht positiv, sondern lediglich negativ im Rahmen einer *reductio ad absurdum* belegt. Auch das BVerfG hat sich in seiner Rspr. – insbesondere in der in Fn. 153 genannten Rspr. – nicht zu der Frage des Schutzes des speziellen Gleichheitssatzes durch Art. 79 Abs. 3 GG geäußert.

155 BVerwGE 72, 241 (246 ff.); 103, 301 (304); *Schmidt-Bleibtreu* in: Schmidt-Bleibtreu/Klein, Art. 12a, Rn. 11; *Scholz* in: Maunz/Dürig, Art. 12a, Rn. 31; *Gornig* in: v.Mangoldt/Klein/Starck, Art. 12a, Rn. 24; *Stern*, Staatsrecht, Bd. II, S. 882f.; *Scholz*, DÖV 2000, 417 (418).

156 BVerfGE 12, 45 (52 f.): „Diese Bestimmungen haben gleichen verfassungsrechtlichen Rang mit Art. 3 Abs. 2 u 3 GG; sie wären somit – selbst als Ausnahmeregelung – gerechtfertigt, wenn man, was nicht entschieden zu werden braucht, in der Wehrpflicht für Männer eine „Benachteiligung" im Sinne des Art. 3 Abs. 3 GG zu sehen hätte."; im Anschluss daran BVerfGE 48, 127 (161): „Aus der verfassungsrechtlichen Verankerung der allgemeinen Wehrpflicht folgt, dass ein Bundesgesetz, welches diese Pflicht in dem in Art. 12a Abs. 1 GG bezeichneten Umfang einführt, der Verfassung nicht nur nicht widerspricht, sondern eine in ihr enthaltene Grundentscheidung aktualisiert." Dieser Auffassung ist das überwiegende Schrifttum gefolgt: *Gornig* in: v.Mangoldt/Klein/Starck, Art. 12a, Rn. 24; *Gubelt* in: v.Münch/Kunig, Art. 12a, Rn. 26; *Heun* in: Dreier, Art. 12a, Rn. 13, 36; *Jarass* in: Jarass/Pieroth, Art. 12a, Rn. 3; *Kokott* in: Sachs, Art. 12a, Rn. 4; *Scholz* in: Maunz/Dürig, Art. 12a, Rn. 31; *Ipsen/Ipsen* in: Dol-

bei einer Unvereinbarkeit der verfassungsrechtlich erlaubten Beschränkung der Wehrpflicht auf Männer mit dem Gleichheitssatz, diese Ausnahmeregelung gerechtfertigt wäre.[157] Selbst für Frauen, die gerne wie Männer Wehrdienst leisten würden, hat die Sonderegelung des Art. 12a Abs. 1 GG Vorrang und verbietet eine Wehrpflicht auch für Frauen. Ein Verstoß gegen den Gleichheitssatz des Grundgesetzes liegt daher im Ergebnis nicht vor.

3. Vereinbarkeit mit dem materiellen Gehalt des Gleichheitssatzes

An die Ausführungen zum Verstoß gegen den Gleichheitssatz und gegen die Gleichbehandlungsrichtlinie schließt sich nun die rechtspolitische Frage der materiellen Legitimität der Beschränkung der allgemeinen Wehrpflicht nur auf Männer an. Zu erörtern ist hier, ob diese Beschränkung mit den grundsätzlichen Wertungen des Grundgesetzes vereinbar ist. Insbesondere stellt sich an dieser Stelle die Frage der Vereinbarkeit mit dem Gleichheitssatz des Art. 3 Abs. S. 2., Abs. 3 GG. Obwohl dem Art. 12a Abs. 1 GG auf formeller verfassungsrechtlicher Ebene ein gleicher verfassungsrechtlicher Rang zukommt, kann auf der materiellen Ebene die Frage der gleichheitsrechtlichen Rechtfertigung aufgeworfen werden. Zu klären ist in diesem Rahmen die Frage, ob die Beschränkung der Wehrpflicht auf Männer, losgelöst von der verfassungsrechtlichen Sonderregelung des Art. 12a Abs. 1 GG, mit dem materiellen Gehalt des Art. 3 Abs. 2, Abs. 3 GG in Einklang steht.

Der Gleichheitssatz des Art. 3 Abs. 2, Abs. 3 GG verbietet es, Diskriminierungen anhand des Geschlechts vorzunehmen. Der Schutz vor Ungleichbehandlung von Mann und Frau wird sowohl durch den Abs. 2 als auch durch den Abs. 3 S. 1 1.Var. abgesichert. Hinsichtlich der Gleichbehandlung von Männern und Frauen kommen den Abs. 2, Abs. 3 drei verschiedene Funktionen zu. Zum einen das originäre Gleichberechtigungsgebot des Abs. 2 S. 1, das Förderungsgebot in Abs. 2 S. 2 sowie das Diskriminierungsverbot in Abs. 3 S. 1 1. Var.[158] Den Diskriminierungsverboten kommt eine absolute Funktion zu, d.h. es ist grundsätzlich verboten, an das Geschlecht als Differenzierungskriterium anzuknüpfen.

Eine Ungleichbehandlung liegt in den Fällen vor, in denen Männer und Frauen durch eine staatliche Maßnahme unterschiedlich behandelt werden. Dies ist bei der jetzigen Situation im Bereich der Wehrpflicht der Fall. Männer werden durch die bestehende Wehrpflicht weiterhin dazu verpflichtet, Wehrdienst zu leisten. Frauen können hingegen seit dem 1. Januar 2001 freiwillig denjenigen Waffendienst leisten, zu dem

---

zer/Vogel, Bonner Kommentar, Art. 12a, Rn. 32; *Dau*, NZWehrr 1990; 45 (51 ff.); *Grimm*, ZRP 1987, 394 (394 f.).

157 *Ipsen/Ipsen* in: Dolzer/Vogel, Bonner Kommentar, Art. 12a, Rn. 32; so auch BVerfGE 12, 45 (52 f.).

158 *Osterloh* in: Sachs, Art. 3, Rn. 222.

Männer gezwungen werden, ohne dass bei ihnen die Möglichkeit besteht, sie zu diesem Dienst mit der Waffe zu zwingen.[159]

Eine Ungleichbehandlung, die an das Geschlecht anknüpft, konnte nach der älteren Rechtsprechung des BVerfG durch biologische oder funktionale Unterschiede gerechtfertigt werden.[160] Dies führte zu recht umfassenden und in der Art oft sehr pauschalen Rechtfertigungen bestehender Ungleichbehandlungen. Einschränkend wurde deshalb in der späteren Rechtsprechung des BVerfG verlangt, dass die vorgetragenen objektiven biologischen oder funktionalen Unterschiede das zu ordnende Lebensverhältnis so entscheidend prägen, dass etwa vergleichbare Elemente daneben vollkommen zurücktreten.[161] Dies führte dazu, dass die zu überprüfenden Ungleichbehandlungen dem neu aufgestellten Maßstab regelmäßig nicht mehr genügten.

Seit der Entscheidung über die Verfassungswidrigkeit des Nachtarbeitsverbots für Arbeitnehmerinnen sind differenzierende Regelungen nur dann zulässig, soweit sie zur Lösung von Problemen, die ihrer Natur nach nur entweder bei Männern oder bei Frauen auftreten können, zwingend erforderlich sind.[162] Insoweit wird durch Art. 3 Abs. 2 GG eine bevorzugende Ungleichbehandlung von Frauen zugelassen.[163] Das BVerfG hat durch diese neue Formel den Ermessensspielraum des Gesetzgebers stark eingeschränkt. Früher war nach der damaligen ständigen Rechtssprechung des BVerfG eine Ungleichbehandlung dann nicht mehr gerechtfertigt, wenn sachliche Gründe für die vorgenommene Ungleichbehandlung schlechterdings nicht mehr erkennbar waren.[164] Durch die heute geforderte zwingende Erforderlichkeit für die Ungleichbehandlung ist eine Verhältnismäßigkeitsprüfung mit einem strengen Maßstab vorzunehmen.[165] Vor dem Hintergrund dieser Anforderungen an die Rechtfertigung einer Ungleichbehandlung kann die Wehrpflicht materiell nur dann legitimiert werden, wenn die Beschränkung der allgemeinen Wehrpflicht auf ein Merkmal gestützt werden kann, welches nur bei Frauen vorkommt und zwingend einen generellen Ausschluss aller Frauen von der Wehrpflicht erfordert.

---

159 Dies wird durch die Neufassung der Art. 12a Abs. 4 S. 2 GG „Sie dürfen auf keinen Fall zum Dienst mit der Waffe verpflichtet werden." klargestellt.

160 BVerfGE 3, 225 (242); 5, 9 (12); 6, 389 (423 f.); 10, 59 (74 f.).

161 BVerfGE 6, 389 (422 f.); 10, 59 (74); 15, 331 (343); 21, 329 (343 f.); 31, 1 (4 f.); 37, 217 (249 f.); 48, 327 (337); 52, 369 (374); 63, 181 (194); 68, 384 (374); *Heun* in: Dreier, Art. 3, Rn. 99; *Rüfner* in: Dolzer/Vogel, Bonner Kommentar, Art. 3 Abs. 2 und 3, Rn. 617.

162 BVerfGE 85, 191 (207); so auch in der Entscheidung zur Feuerwehrabgabe, BVerfGE 92, 91 (109); siehe auch BVerfGE 74, 163 (180); *Jarass* in: Jarass/Pieroth, Art. 3, Rn. 81.

163 *Jarass* in: Jarass/Pieroth, Art. 3, Rn. 81; *Leibholz/Rinck/Hesselberger*, Art. 3, Rn. 2602; BT-Drs. 16/6000, S. 50.

164 Seit BVerfGE 2, 225 (242) st. Rspr. bis BVerfGE 74, 163.

165 *Kokott* in: Sachs, Art. 12a, Rn. 274.

a) Biologische Anknüpfungspunkte für den Ausschluss von der Wehrpflicht

Die Frage nach vorhandenen biologischen Unterschieden zwischen Männern und Frauen, die eine Differenzierung im Bereich der Wehrpflicht rechtfertigen, wird im juristischen Schrifttum meist ohne weiterführende Erläuterungen verneint.[166] Meist findet sich in diesem Zusammenhang der schlichte Hinweis darauf, dass biologische Unterschiede eine Ungleichbehandlung nicht rechtfertigen können.[167] Die Einigkeit über die durch biologische Unterschiede nicht zu begründende Ungleichbehandlung bei der Wehrpflicht ist aber lediglich ein Resultat der verfassungsimmanenten Sonderregelung durch Art. 12a Abs. 1 GG. Die Tatsache, dass der verfassungsändernde Gesetzgeber selbst eine Ausnahme von Art. 3 Abs. 2, Abs. 3 GG gemacht hat, lässt eine tiefergehende Behandlung der Frage nach möglichen biologischen Unterschieden, welche die Differenzierung rechtfertigen würden, obsolet werden. Anknüpfungspunkt für eine mögliche Rechtfertigung des Ausschlusses der Frauen von der Wehrpflicht könnten einerseits im Bereich der körperlichen und seelischen Belastbarkeit von Frauen, andererseits aber auch in den Anforderungen des täglichen Dienstes in der Bundeswehr zu finden sein.[168]

aa) Unterschiede in der physischen Leistungsfähigkeit

Erster Ansatzpunkt für eine mögliche Rechtfertigung der Differenzierung bei der allgemeinen Wehrpflicht könnten leistungsbiologische Unterschiede zwischen Männern und Frauen sein. Bei Frauen könnte ein grundsätzlich geringeres physisches Leistungspotenzial vorliegen, welches sie für den Wehrdienst als ungeeignet erscheinen lassen könnte.

Medizinische Untersuchungen zur physischen Leistungsfähigkeit von Frauen ergeben, dass sich eindeutig leistungsbiologische Unterschiede zwischen Männern und Frauen feststellen lassen. Diese Unterschiede sind in den einzelnen Leistungsbereichen ungleich stark ausgeprägt. In einigen Teilbereichen haben Frauen auch wesentliche Vorteile gegenüber den Männern. Die untersuchten Bereiche umfassen den Körperbau, die Muskelkraft, motorische Fähigkeiten, Gelenkigkeit, motorische Schnelligkeit, Ausdauer, Belastbarkeit des Kreislaufs sowie die Empfindlichkeit gegenüber Hitze, Kälte und Höhe.

---

[166] Zu diesem Ergebnis gelangt auch *Ekardt*, DVBl. 2001, 1171 (1175); siehe hierfür nur *Slupik*, ZRP 1990, 305 (305); *Jahn*, NZWehrr 1988, 177 (181); *Berg*, NZWehrr 1979, 81 (86); *Gornig* in: v.Mangoldt/Klein/Starck, Art. 12a, Rn. 25; mit weiter gehender Begründung: *Doehring*, NZWehrr 1997, 45 (48 f.).

[167] Siehe nur *Poretschkin*, NZWehrr 1990, 196 (200); *Repkewitz*, NZWehrr 1990, 177 (188); *Doehring*, NZWehrr 1997, 45 (48).

[168] Aber auch in der deutschen medizinischen oder psychologischen Literatur finden sich sehr wenige Abhandlungen zu diesem Problemkomplex. Ursache dafür ist wohl auch der bisher geringe Bedarf in diesem Bereich. Insoweit muss hier auf ausländische Abhandlungen, insbesondere aus den USA, zurückgegriffen werden.

- **Körperbau**

Frauen erreichen im europäischen Durchschnitt ca. 95% der Körpergröße von Männern; absolut gesehen sind sie durchschnittlich 11 cm kleiner als Männer.[169] Das Körpergewicht liegt dabei um 20 – 25% unter dem von Männern.[170] Vergleicht man den Körperbau von Frauen mit dem von Männern, so ist dieser weniger geeignet für das Heben und Tragen von schweren Lasten und langanhaltendes Stehen.[171] Ursächlich hierfür sind auch die im Vergleich zu Männern weniger festen Knochen[172], Gelenke, Bänder und Sehnen. Weibliche Knochen weisen eine geringere Strebefestigkeit auf, was sie unter Belastung bruchanfälliger macht als die von Männern.[173]

Tabelle 5: Leistungsbiologisch bedeutsame Körperdimensionen bei erwachsenen Frauen in Relation zu Männern (berechnet anhand gegenwärtiger Daten aus Mittel- und Westeuropa)

Körperdimension	Relation in %	Unterschied in cm
Körperhöhe	95	11
Ellbogenhöhe im Stehen	95	6
Schritthöhe	92	7
Reichweite nach oben	90	21
Reichweite nach vorn	88	5
Körperhöhe über der Sitzfläche	95,5	4,5
Sitzflächenhöhe	91	4
Ellbogenhöhe über der Sitzflache	97	1

Quelle: *Buchberger*, ASAG 1983, 39 (41, Tabelle 1).

Frauen haben darüber hinaus einen weitaus höheren Fettanteil im Körper.[174] Bei jungen Frauen beträgt der Fettanteil im Durchschnitt ca. 150 – 180% des bei Männern festgestellten Fettanteils. Bei älteren Frauen reduziert sich dieser Anteil auf ca. 130 – 160% Fettanteil im Vergleich zu gleichaltrigen Männern.[175] Aus dem höheren Fettanteil resultiert eine etwas geringere Muskelmasse[176] bei Frauen, wodurch Frau-

---

169 *Schlosser*, S. 15; *Drebenstedt/Drebenstedt/Leonhard*, Wehrmedizinische Monatsschrift 1992, 206 (207).

170 *Drebenstedt/Drebenstedt/Leonhard*, Wehrmedizinische Monatsschrift 1992, 206 (207); *Schlosser*, S. 15.

171 *Buchberger*, ASAG 1983, 39 (40).

172 So auch das BVerfG bei der Beurteilung der körperlichen Eignung von Frauen für den Feuerwehrdienst, BVerfGE 92, 91 (110).

173 *Schlosser*, S. 12.

174 *Drebenstedt/Drebenstedt/Leonhard*, Wehrmedizinische Monatsschrift 1992, 206 (207); *Schlosser* nennt einen nur um 10% erhöhten Fettanteil bei Frauen, *Schlosser*, S. 16; *Petosa*, Physician and Sportsmedicine 1989, 133 (140); *Fröhling* in: Steinkamm, S. 492.

175 *Buchberger*, ASAG 1983, 39 (40) u. Tabelle 2, S. 41.

176 So auch das BVerfG bei der Frage der körperlichen Leistungsfähigkeit von Frauen beim Feuerwehrdienst, BVerfGE 92, 91 (110).

en grundsätzlich ein geringeres Potenzial an Muskeln für die Bewegung des Körpers und die Verrichtung körperlicher Arbeit zur Verfügung steht.[177] Auch das weibliche Skelett hat mit rund 8% einen geringeren Anteil am Gesamtgewicht als das männliche, das auf einen Anteil von ca. 13% kommt.[178] Das weibliche Knochengerüst ist anders proportioniert als das männliche. Während der Oberkörper einer Frau schmaler ist, ist das Becken breiter ausgeformt.[179]

Es lässt sich ferner eine Rumpfbetonung des weiblichen Körperbaus feststellen. Obwohl Frauen rund 10% kleiner sind als Männer, ist ihr Rumpfanteil an der Gesamtkörpergröße mit 38% größer als bei Männern.[180] Die auffälligsten Unterschiede zeigen sich im Beckenbereich. Frauen haben im Vergleich zu Männern deutlich breitere Hüften und eine spitzwinkligere Oberschenkelstellung. Daraus ergibt sich häufig eine x-förmige Beinstellung bei Frauen.[181]

- **Muskelkraft**

Betrachtet man einzelne Komponenten der Leistungsfähigkeit, so haben Frauen bei der Muskelkraft im Vergleich zu Männern die geringere Kapazität.[182] Zur sinnvollen Bewertung der Muskelkraft ist bei diesem Kriterium weiter nach den Punkten Maximalkraft, Schnellkraft, statische Ausdauerkraft und dynamische Ausdauerkraft zu differenzieren. Misst man die Maximalkraft[183], so erzielen Frauen, bezogen auf den ganzen Körper, bei den am stärksten ausgebildetsten Muskelgruppen, den Beinabduktoren[184], maximal 75 – 82% der Leistung vergleichbarer Männer.[185] Setzt man die Muskelkraft der Frauen aber in Bezug zu einem kg gesamter Muskelmasse, so erreichen Frauen bei Hüftbeuger und –strecker einen Wert von 100 – 110% und bei den Beinabduktoren sogar von 107 – 116% der männlichen Kraft.[186]

---

177 Junge Frauen haben ca. 78 – 84% der Muskelmasse gleichaltriger Männer, dieses Verhältnis liegt bei älteren Frauen bei 82 – 88%. *Schlosser*, S. 14; *Good/Klein*, Physician and Sportsmedicine 1989, 99 (101).

178 *Schlosser*, S. 12.

179 *Good/Klein*, Physician and Sportsmedicine 1989, 99 (101).

180 *Schlosser*, S. 12.

181 *Buchberger*, ASAG 1983, 39 (40); *Schlosser*, S. 12.

182 Die durchschnittlich von Frauen erreichte Kraft beträgt 60 – 78% der von Männern erreichten. *Schlosser*, S. 16; *Hahn*, Frauen und Militär, S. 15; *Fröhling* in: Steinkamm, S. 492.

183 Unter der Maximalkraft ist diejenige Kraftentfaltung zu verstehen, die bei einer willkürlichen Muskelkontraktion maximal erreicht werden kann. Zur Messung werden hier mechanische oder elektrische Dynamometer eingesetzt.

184 Abduktoren sind abziehende Muskeln, d.h. solche, die ein Glied vom Körper wegführen. Pschyrembel, Stichwort: Abduktor, Abduktion. Im Unterschied dazu sind Adduktoren solche Muskeln, die ein Glied an den Körper heranführen. Pschyrembel, Stichwort: Adduktoren, Adduktion.

185 Bei anderen Muskelgruppen liegen diese Vergleichszahlen noch deutlich niedriger: 55 – 64% bei Unterarmbeuger- und –strecker, Armheber- und –senker, Armabduktor und –adduktoren; 58 – 65% bei Rumpfbeuger und -strecker; 60 – 67% bei Fingerbeuger und Fußstrecker; 70 – 78% bei Hüftbeuger und –strecker. *Buchberger*, ASAG 1983, 39 (40) u. Tabelle 3, S. 42.

186 *Buchberger*, ASAG 1983, 39 (42).

Tabelle 6: Maximale Kraft wichtiger Muskelgruppen bei Frauen im Verhältnis zur männlichen Kraft (= 100%)

Muskelgruppe	% der männlichen Kraft bezogen auf		
	Ganzes Individuum	1 kg Körpergewicht	1 kg gesamter Muskelmasse
Unterarmbeuger u. –strecker, Armheber u. -senker, Armabduktoren u. -adduktoren	55 – 64	66 – 76	80 – 90
Rumpfbeuger u. –strecker	58 – 65	70 – 78	85 – 93
Fingerbeuger (Greifkraft), Fußstrecker	60 – 67	72 – 80	87 – 95
Hüftbeuger	70 – 78	84 – 93	100 – 110
Beinabduktoren, Kaumuskeln	75 – 82	90 – 98	107 – 116

Quelle: *Buchberger*, ASAG 1983, 39 (42, Tabelle 3).

Neben der Maximalkraft spielt zur Beurteilung der Muskelkraft aber auch die Schnellkraft[187] eine entscheidende Rolle. Frauen brauchen beispielsweise zur Erreichung von zwei Drittel der Maximalkraft der Beinstrecker durchschnittlich das doppelte der Zeit, die Männer hierfür benötigen. Bei Sportarten, die entscheidend von der Maximalkraft beeinflusst werden, wie z.B. Weitsprung oder Hochsprung, erzielen trainierte Frauen ca. 80% der Leistungen vergleichbarer Männer.[188] Einige Frauen zeigten in Untersuchungen aber auch eine wesentliche größere Schnellkraft als Männer. Für die Bewertung der statischen Ausdauerlast[189] erbringen junge Frauen nur eine Leistung von 35 – 50% der vergleichbarer Männer.[190] Ähnlich geringe Vergleichsleistungen erbringen Frauen auch bei der dynamischen Ausdauerlast[191], denn auch hier erzielen sie nur 40 – 60% der von Männern geleisteten Zeiten.[192]

- **Motorische Koordinationsfähigkeit**

Dagegen sind die Abweichungen zwischen Männern und Frauen bei der Geschicklichkeit wesentlich geringer. Die grobmotorische Koordinationsfähigkeit[193] ist bei

187 Maßgebliches Kriterium ist hierbei die Schnelligkeit der jeweiligen Kraftentfaltung. Meist werden hierzu Testverfahren angewendet, bei denen die kürzeste Zeit festgestellt wird, in der eine Muskelgruppe 2/3 ihrer maximalen Kraft entwickeln kann. Geeignete Sportarten zur Messung dieser Kraftentfaltung sind z.B. Standweitsprung, Weitsprung und Hochsprung.

188 *Buchberger*, ASAG 1983, 39 (41).

189 Hierunter ist die maximale Dauer einer anhaltend starken, willkürlichen Muskelkontraktion zu verstehen. Als zweckmäßige Übung zur Erfassung der statischen Ausdauerkraft kommt z.B. der Beugehang am Reck in Frage.

190 *Buchberger*, ASAG 1983, 39 (42).

191 Dies beschreibt die maximale Zeit, in der eine belastende willkürliche Muskelkontraktion wiederholt werden kann.

192 *Buchberger*, ASAG 1983, 39 (43).

193 Die grobmotorische Koordinationsfähigkeit setzt ein optimales Zusammenwirken neuromuskulärer Vorgänge voraus, die zentral gesteuert werden und Grundlage für den Ablauf komplexerer Körperteilbewegungen oder des ganzen Körpers sind.

Frauen und Männern regelmäßig ähnlich stark ausgeprägt. Einen eindeutigen Vorteil haben Frauen dagegen bei der feinmotorischen Koordinationsfähigkeit[194], denn sie erbringen in Untersuchungen regelmäßig Leistungen, die weit über denen männlicher Probanden liegen.[195] Bei Frauen im Alter von 19 – 30 Jahren ist die Feinmotorik um ein Fünftel besser als bei gleichaltrigen Männern. Jüngere oder ältere Frauen übertreffen gleichaltrige Männer in diesem Leistungsbereich nicht so deutlich.[196] Außerdem weisen Frauen eine weitaus höhere Flexibilität des Körpers[197] auf.[198]

- **Motorische Schnelligkeit**

Zur Beurteilung der motorischen Schnelligkeit[199] wird diese nochmals in die Grundschnelligkeit[200] und die Reaktionszeit[201] unterteilt. Im Bereich der Grundschnelligkeit erreichen trainierte Läuferinnen fast 90% der Leistung von Männern. Gegenüber untrainierten Männern haben sie dagegen einen eindeutigen Vorteil.[202] Die Reaktionszeit von Frauen liegt nur geringfügig über der von Männern. Bei der gemessenen Reaktionszeit auf optische und akustische Signale lag die Reaktionszeit bei 100 – 109% der von Männern erreichten Zeit.[203]

- **Physische Ausdauer**

Auch die physische Ausdauer[204] von Frauen spielt bei der Beurteilung leistungsbiologischer Unterschiede eine Rolle. Faktoren, welche die physische Ausdauer beeinflussen und ebenfalls einem Vergleich zwischen Männern und Frauen unterzogen werden müssen, sind Leistungskapazität des Herz-Kreislaufsystems, die metabolische Kapazität der Muskelzellen sowie die funktionelle Kapazität des Atemsystems und die Sauerstofftransportkapazität des Blutes.[205]

---

194 Hier kommt es auf die Koordination feiner Bewegungsabläufe an. Zur Bestimmung dieser Fähigkeit kann u.a. der Fingergeschicklichkeitstest nach *O'Connor* herangezogen werden.

195 Ergebnisse der Steckbrettteste nach *O'Connor* siehe *Buchberger*, ASAG 1983, 39 (Tabelle 5, S. 44); *Fröhling* in: Steinkamm, S. 492.

196 *Buchberger*, ASAG 1983, 39 (43).

197 Die Körperflexibilität bezeichnet die aktive und passive Beweglichkeit der Gelenke.

198 *Buchberger*, ASAG 1983, 39 (44).

199 Kriterium zur Bewertung der motorischen Schnelligkeit sind zum einen die Dynamik zentralnervöser Erregungs- und Hemmungsvorgänge sowie die Übertragung dieser Impulse an die betreffenden Muskeln, zum anderen aber auch das Verhältnis der „schnellen" zu den „langsamen" Muskelfasern.

200 Bestimmt werden kann die Grundschnelligkeit anhand Kurzstreckenläufen über 100 m.

201 Dies ist die Zeit zwischen der Erregungsbildung im Sinnesorgan und der Muskelbewegung. Anhand von verschiedenen Reaktionsübungen, wie z.B. Tastendruck auf ein optisches oder akustisches Signal, Pedaldruck auf ein optisches Signal oder differenzierte Bewegungsreaktionen auf verschiedene optische Signale, kann die Reaktionszeit ermittelt werden.

202 *Buchberger*, ASAG 1983, 39 (44).

203 Ergebnisse des Reaktionstest siehe *Buchberger*, ASAG 1983, 39 (Tabelle 6, S. 45).

204 Ausdauer beschreibt die Fähigkeit, Belastungen mit intensiver Beanspruchung eines wesentlichen Teils der gesamten Muskulatur über einen bestimmten Zeitraum durchzuhalten.

205 *Petosa*, Physician and Sportsmedicine 1989, 133 (140); *Buchberger*, ASAG 1983, 39 (48).

Dabei fällt auf, dass bei Frauen die sauerstoffaufnehmenden, sauerstofftransportierenden und sauerstoffverwertenden Organsysteme geringer dimensioniert sind.[206] Frauen können nur 64 – 72% der bei Männern möglichen Sauerstoffmenge aufnehmen.[207] Dies wird durch eine fast im gleichen Verhältnis reduzierte Menge an Hämoglobin (64 – 67%) und eine um ein Drittel herabgesetzte Blutmenge (70 – 74%) verursacht. Auch das Herzvolumen ist bei Frauen geringer als bei Männern (68 – 75%), und ebenfalls die Kapazität der Lungen erreicht mit 67 – 72% nicht die Leistung von Männern.[208] Diese geringeren Kapazitäten wirken sich jedoch nur bei absoluten Höchstbelastungen aus. Unterhalb dieser Höchstbelastungen zeigen sich dagegen kaum Unterschiede zwischen Männern und Frauen, die sich auf die Kapazität des sauerstofftransportierenden Systems zurückführen lassen. Frauen können Defizite in diesem Bereich durch eine höhere Fließgeschwindigkeit des Blutes kompensieren.[209] Bedingt durch ein kleiner dimensioniertes sauerstoffaufnehmendes und –transportierendes System, bewegen sich Frauen im Vergleich zu Männern bei gleicher Belastung näher an ihrer Leistungsgrenze als Männer.[210]

Tabelle 7: Für Ausdauerleistungen bedeutsame biologische Charakteristika im prozentualen Verhältnis des weiblichen zum männlichen (= 100%) Organismus bei jüngeren Erwachsenen

Merkmal	Absolut	Pro m2 Körperoberfläche	Pro kg Gewicht
Maximale Sauerstoffaufnahme	64 – 72	71 – 80	75 – 83
Anatomisches Herzvolumen	68 – 75	76 – 83	80 – 88
Herzminutenvolumen	63 – 70	70 – 78	73 – 83
Vitalkapazität der Lungen	67 – 72	75 – 81	79 – 85
Atemgrenzwert	65 – 71	73 – 80	77 – 84
Blutvolumen	70 – 74	78 – 82	83 – 87
Hämoglobinmenge	64 – 67	-	90 – 92

Quelle: *Buchberger*, ASAG 1983, 39 (49, Tabelle 9).

Erscheinungsformen der physischen Ausdauer sind die anaerobe Ausdauer[211], die Kurzzeitausdauer[212], die Mittelzeitausdauer[213], die Langzeitausdauer[214] sowie die

206 *Drebenstedt/Drebenstedt/Leonhard*, Wehrmedizinische Monatsschrift 1992, 206 (207); *Schlosser*, S. 25.
207 *Buchberger*, ASAG 1983, 39 (Tabelle 9, S. 49); *Schlosser*, S. 18 gibt eine um 20% verminderte Sauerstoffaufnahmekapazität an.
208 *Buchberger*, ASAG 1983, 39 (Tabelle 9, S. 49).
209 *Schlosser*, S. 18 f.
210 *Good/Klein*, Physician and Sportsmedicine 1989, 99 (101).
211 Anaerobe Ausdauer umfasst kürzeste Zeiträume von 0,5 – 3 Minuten und wird so genannt, weil die Energie für die in dieser Zeit erbrachten Leistungen im Wesentlichen ohne die Mitwirkung von Sauerstoff gewonnen wird. Standardisierte Treppenläufe oder Läufe über 200 – 800 m werden für den Vergleich herangezogen.

physische Dauerleistungsfähigkeit[215]. Im Rahmen von Untersuchungen, welche die anaerobe Ausdauer thematisiert haben, erbrachten Frauen maximal Leistungen, die bei 78 – 85% der vergleichbarer Männer lagen. Trainierte Spitzenathletinnen kamen dabei auf fast 90%.[216] Untersuchungen anhand von Mittelstreckenläufen oder Schwimmstrecken haben für die Kurzzeitausdauer bei Frauen ein Leistungspotenzial von 82 – 89% im Verhältnis zu Männern ergeben. Auch hier erreichen Spitzensportlerinnen wieder höhere Werte, die mit 93% denen männlicher Sportler schon sehr nahe kommen.[217] Ein ähnliches Leistungsgefälle zeigt sich auch bei mittellanger Ausdauer. Hier erreichten Frauen bis auf 10 – 20% die Leistungen vergleichbarer männlicher Probanden. Vergleichbar hiermit sind auch die Ergebnisse für die Untergruppe der Langzeitausdauerleistungen. Frauen, z.B. Marathonläuferinnen, können hier rund 88% der durchschnittlichen Leistung von Männern erbringen.[218] Deutlich niedriger anzusetzen ist dagegen aber die Dauerleistungsfähigkeit von Frauen, die nur rund 65 – 70% im Vergleich zu Männern beträgt.[219]

Untersuchungen haben allerdings ergeben, dass Frauen bei entsprechendem Training und vorhandener Motivation ihre Muskelkraft schneller steigern können als Männer hierzu in der Lage sind.[220]

- **Toleranz gegenüber Hitze, Kälte und Höhe**

Frauen sind nicht in vergleichbarem Maße in der Lage, sich an Hitze anzupassen.[221] Dies kann sowohl für eine kurzfristige Einwirkung von Hitze als auch für die langfristige Anpassung festgestellt werden. Zwar findet auch bei Frauen eine Erhöhung der Schweißproduktion statt, wenn sie steigenden Temperaturen ausgesetzt sind. Zur geringeren Hitzetoleranz führt allerdings, dass die Schweißproduktion mit steigender

---

212 Kurzzeitausdauer, die durch Mittelstreckenläufe von 1,5 – 3 km oder Schwimmen über 400 – 800 m gemessen werden kann, bezieht sich auf Leistungen im zeitlichen Rahmen von 3 – 10 Minuten. Neben der anaeroben wird hierbei auch die aerobe Energiegewinnung eingesetzt.

213 Bei der Mittelzeitausdauer wird zu einem Großteil auf aerobe Energiegewinnung zurückgegriffen. Sie bezieht sich auf Zeiträume von 10 – 30 Minuten und Laufstrecken von rund 5 km oder Schwimmstrecken von 1,5 km.

214 Hier spielt fast ausschließlich die aerobe Energiegewinnung eine Rolle. Bestimmender Faktor ist weiter die Verfügbarkeit ausreichender Energievorräte. Vom zeitlichen Rahmen her umfasst sind Leistungen von 30 Minuten bis zu mehreren Stunden. Geeignete Disziplinen sind hier der Marathonlauf, 24-Stunden-Läufe oder 100 km Läufe.

215 Bezugspunkt bei der Dauerleistungsfähigkeit sind nicht Leistungen, die über mehrere Minuten oder Stunden erbracht werden, sondern jene, die täglich über mehrere Stunden verteilt erbracht werden, ohne dabei Gesundheitsschäden, erhebliche Ermüdungen oder anderweitige organische Beeinträchtigungen hervorzurufen.

216 *Buchberger*, ASAG 1983, 39 (46).

217 *Buchberger*, ASAG 1983, 39 (46 f.).

218 *Buchberger*, ASAG 1983, 39 (47).

219 *Buchberger*, ASAG 1983, 39 (48).

220 *Good/Klein*, Physician and Sportsmedicine 1989, 99 (102). Vor diesem Hintergrund wurden die sportlichen Anforderungen für Frauen in den US-Militärakademien 1987 deutlich erhöht. Zu den einzelnen Werten siehe *Good/Klein*, Physician and Sportsmedicine 1989, 99 (Tabelle 3, S. 102).

221 *Drebenstedt/Drebenstedt/Leonhard*, Wehrmedizinische Monatsschrift 1992, 206 (207); *Buchberger*, ASAG 1983, 39 (52).

Hitze nicht in der Menge ansteigt, wie dies bei Männern der Fall ist. Deshalb sollten Frauen unter 40 Jahren nur rund 65 – 70% der Männern zumutbaren Hitze ausgesetzt werden. Bei Frauen über diesem Alter liegt die Grenze bei nur 50 – 60%.[222] Gleichfalls besitzen Frauen zwar grundsätzlich eine ähnliche Fähigkeit, ihren Körper an Kälteeinwirkungen anzupassen. Aber auch hier zeigen sich bei Frauen Symptome der Kälteeinwirkung, die nicht oder nicht so bei Männern auftreten. Typische, bei Frauen häufiger und intensiver auftretende Reaktionen sind dabei periphere Durchblutungsstörungen, rheumatische Beschwerden und Entzündungen im urogenitalen[223] Bereich.[224] Bei nicht trainierten Menschen sinkt ab einer Höhe von rund 2.500 m über N.N. die körperliche Leistungsfähigkeit, verursacht durch den geringeren Sauerstoffpartialdruck ab. Auf Grund des oben schon genannten niedrigeren Hämoglobingehaltes im Blut und der dadurch verminderten maximalen Sauerstoffaufnahmekapazität wird die Leistungsfähigkeit von Frauen oberhalb dieser Höhen stärker beeinflusst als die von Männern. Dadurch ergibt sich eine schlechtere Anpassungsfähigkeit an alpine Umgebungen. Allerdings können diese Leistungseinbußen durch Training, d.h. Gewöhnung des Körpers an solche Höhen, überwunden werden.[225]

bb) Unterschiede in der psychischen Leistungsfähigkeit

Zwischen Männern und Frauen könnten aber grundsätzliche Unterschiede in der psychischen Leistungsfähigkeit bestehen, die einen generellen Ausschluss der Frauen von der Wehrpflicht rechtfertigen würden.

Leider kann zur Beantwortung dieser Frage nur auf wenige ausländische Arbeiten zurückgegriffen werden. Vielfach beruhen aber Erkenntnisse in diesem Bereich auf Erfahrungswerten und Erkenntnissen aus vergleichbaren Bereichen, die auf Einsätze von Frauen im Militär übertragen werden, da es insbesondere keine Untersuchungen gibt, die sich in systematischer Weise dieser Problematik mit Bezug auf die Bundeswehr widmen.[226] Eine amerikanische Untersuchung an Golfkrieg-Veteranen aus dem Jahr 1995[227] hat gezeigt, dass sich bei Frauen, die an einem Kampfeinsatz mit direktem Feindkontakt teilgenommen haben, keine über die bei Männern liegenden Belas-

---

222 *Buchberger*, ASAG 1983, 39 (48).

223 Bereiche der Harn- und Geschlechtsorgane. Pschyrembel, Stichwort: urogenital.

224 *Buchberger*, ASAG 1983, 39 (49).

225 *Buchberger*, ASAG 1983, 39 (50).

226 Diese Auskunft erhielt der Autor von dem Truppenpsychologen am Vereinte Nationen-Ausbildungszentrum der Bundeswehr *Eckhard Bucher*.

227 Die von *Patricia B. Sutker*, *John Mark Davis*, *Madeleine Uddo* und *Shelly R. Ditta* durchgeführte Untersuchung wurde an 912 Soldaten der US-Streitkräfte vorgenommen, die am Einsatz der US-Armee im Golfkrieg teilgenommen haben. Das Durchschnittsalter der Befragten beträgt 29 Jahre. 14% der Untersuchungsteilnehmer sind Frauen. Von den 912 Teilnehmern der Untersuchung haben 653 an direkten Kampfeinsätzen teilgenommen. Frauen haben an beiden Gruppen einen etwa gleichen Anteil. *Sutker/Davis/Uddo/Ditta*, JPA 1995, 415 (417).

tungen festzustellen sind.[228] So gab es keine Unterschiede zwischen den Geschlechtern bei der Diagnose von Posttraumatic Stress Disorder (PTSD).[229] Darüber hinaus haben Erkenntnisse aus dem Einsatz von Frauen im Zweiten Weltkrieg gezeigt, dass Frauen, die als Sanitäterinnen unter Feindbeschuss Verletzte bergen mussten, diesen psychischen Belastungen standhalten konnten.[230] Generell haben die Erfahrungen der US-Streitkräfte gezeigt, dass Frauen, die entsprechend ihren psychischen Fähigkeiten ausgewählt wurden, den Anforderungen des Dienstes gewachsen sind.[231] Dies wird auch durch Analysen des schwedischen Militärs bestätigt, die zu dem Ergebnis gelangen, dass Frauen auf die psychischen Belastungen eines Kampfeinsatzes neutral reagieren.[232] Auch der bisherige Einsatz von Frauen als Sanitätsoffiziere in der Bundeswehr hat ähnliche Ergebnisse hervorgebracht.[233] Befragungen von Frauen, welche die Grundausbildung absolviert haben, zeigen, dass sie den psychischen Anforderungen des Soldatenberufs durchaus gewachsen sind.[234] Der Betriebswissenschaftler *Oswald Hahn* gelangt in seiner Untersuchung zu ökonomischen Fragen des Militärdienstes für Frauen zu dem Ergebnis, dass Frauen zwar physisch schwächer sind, dieses aber durch eine höhere Ausdauer, Widerstandskraft und Leidensfähigkeit ausgeglichen wird.[235] Ferner weisen Frauen ein gegenüber Männern höheres Engagement auf und arbeiten exakter und zuverlässiger und sind bei der Verteidigung mutiger als Männer.[236]

cc) Würdigung der festgestellten Unterschiede

Die dargestellten Vergleiche unterschiedlicher leistungsbiologischer Faktoren haben gezeigt, dass es im physischen Bereich teilweise erhebliche Differenzen zwischen Männern und Frauen gibt. In vielen Bereichen sind Frauen gegenüber den Männern leistungsbiologisch benachteiligt; oft haben diese Nachteile aber nur geringes Ausmaß. Dafür haben Frauen auf vielen untersuchten Gebieten Vorteile. Sie verfügen über eine größere Gelenkigkeit und im Vergleich zu Männern wesentlich größere grob- und feinmotorische Fähigkeiten. Im Bereich des wohl wichtigsten Parameters, der Ausdauer, ergeben sich allerdings vielfach Unterschiede zu Ungunsten der Frauen. Gerade diese Defizite können aber durch gezieltes Ausdauertraining überwunden werden.[237] Auch die teilweise erheblichen Unterschiede in den einzelnen Teilbereichen, wie der Muskelkraft oder Ausdauer, lassen sich durch richtiges Krafttraining

---

228 *Sutker/Davis/Uddo/Ditta*, JPA 1995, 415 (423 f.).
229 *Sutker/Davis/Uddo/Ditta*, JPA 1995, 415 (422).
230 *Schlosser*, S. 22.
231 *Kraake*, S. 155.
232 Nachweise bei *Schlosser*, S. 22; so auch *Kraake*, S. 153 m.w.N.
233 Einzig ersichtliche Studie ist hier die von *Anker/Lippert/Welcker*.
234 *Anker/Lippert/Welcker*, S. 64 ff.; siehe auch *Kraake*, S. 155.
235 *Hahn*, Frauen und Militär, S. 15; so auch *Fröhling* in: Steinkamm, S. 494.
236 So insbesondere die Erfahrungen des Österreichischen Bundesheeres, *Reiszner* in: Steinkamm, S. 430; siehe ferner *Hahn*, Frauen und Militär, S. 15f.; *Kraake*, S. 153.
237 Zu diesem Ergebnis gelangen auch amerikanische Untersuchungen, Nachweise bei *Kraake*, S. 151 f.; so auch *Seidner*, S. 56.

beseitigen. Auf Grund der kürzeren Arme und Beine ergeben sich für Frauen ungünstigere Greifmöglichkeiten und einen gegenüber Männern durchschnittlich um ca. 15 cm verkleinerten Greifraum. Dies beschränkt die Handhabung von Handfeuerwaffen (Pistolen, Maschinengewehre und –pistolen).[238] Weitere Beschränkungen resultieren aus einer geringeren Maximalkraft von Frauen. Zwar lassen sich bei Frauen durchschnittlich geringere Kapazitäten des sauerstoffaufnehmenden und –transportierenden Systems feststellen. Diese Einbußen werden aber durch eine erhöhte Fließgeschwindigkeit des Blutes wieder wettgemacht. Ferner haben Frauen größere Leistungsreserven[239] als Männer, sodass diese bei entsprechendem Training durchaus vergleichbare Leistungen erzielen können.[240]

Die Beschäftigung mit der Frage der psychischen Belastbarkeit von Frauen hat gezeigt, dass es hier keine gravierenden Unterschiede zwischen Männern und Frauen gibt.[241] Die wenigen Untersuchungen auf dem Gebiet der unterschiedlichen psychischen Belastbarkeit von Männern und Frauen zeigen aber, dass es keine Divergenzen gibt, die den Schluss zulassen, dass Frauen grundsätzlich für einen Wehrdienst ungeeignet sind.[242] Vielmehr zeigt sich die Tendenz, dass Frauen psychisch eher leistungsfähiger sind als Männer, insbesondere haben Frauen einen höheren Durchhaltewillen und sind eher bereit, ihre Leistungsgrenzen zu überschreiten.[243] Generelle psychische Nachteile bei Frauen, die *a priori* einen Ausschluss von der Wehrpflicht rechtfertigen würden, sind daher nicht vorhanden.[244] Wie schon bei der physischen Belastbarkeit können Unterschiede, wie auch bei der psychischen Eignung von Frauen, durch ein geeignetes und an die Unterschiede zwischen den Geschlechtern angepasstes Auswahlverfahren kompensiert werden.[245]

Im Rahmen des physischen Vergleichs ist besonders die fortschreitende Technisierung im Militär zu berücksichtigen. Der kämpfende Soldat verliert immer mehr an Bedeutung. Zunehmend werden hoch technisierte Waffensysteme eingesetzt, die vermehrt hochspezialisierte und technisch versierte Soldaten erfordern.[246] Gerade für die Bedienung solcher Waffensysteme ist keine besonders hohe Körperkraft mehr

238 *Schlosser*, S. 12, 14.

239 Zu dem Ergebnis größerer Leistungsreserven kommt auch eine Untersuchung an Militärakademien der US-Navy, bei der doppelt so viele Soldatinnen bei den einzelnen Sportarten mit der Benotung „A" (entspricht dem deutschen „sehr gut") abgeschnitten haben. *Good/Klein*, Physician and Sportsmedicine 1989, 99 (100 f.).

240 *Schlosser*, S. 28.

241 *Seidner*, S. 51; *Fröhling* in: Steinkamm, S. 494; *Dahl* in: Steinkamm, S. 230.

242 *Schlosser*, S. 22; *Fröhling* in: Steinkamm, S. 492 m.w.N.

243 *Fröhling* in: Steinkamm, S. 494.

244 So auch *Seidner*, S. 94.

245 *Dahl* in: Steinkamm, S. 225; so auch die Einschätzung des Truppenpsychologen am Vereinte Nationen-Ausbildungszentrum der Bundeswehr *Eckhard Bucher*.

246 So auch *Seidner*, S. 56; *Kraake*, S. 168.

erforderlich.[247] Frauen eignen sich auf Grund ihrer erhöhten feinmotorischen Fähigkeiten hierfür sehr gut. Ein kräftiger, durchtrainierter Kämpfer wäre für die Bedienung derartiger Waffensysteme wahrscheinlich sogar unangemessen. Trotz der zunehmenden Einführung von hoch technisierten Waffensystemen werden Soldaten für die Erledigung ihrer Aufträge ausgeprägte infanteristische Kenntnisse und Fähigkeiten brauchen. Hier haben und werden Frauen auf Grund der oben dargestellten Unterschiede immer einige mehr oder weniger ausgeprägte Nachteile haben. Ferner ist eine pauschale Beurteilung von Frauen als Gruppe hier nicht sachgerecht. Auch für die Fähigkeiten im Bereich der körperlichen Leistungsfähigkeit müssen Frauen individuell beurteilt werden. Es gibt viele Frauen, die in jeder Hinsicht leistungsfähiger sind als bestimmte Männer, umgekehrt gibt es aber auch viele Männer, die Frauen leistungsbiologisch überlegen sind.[248] Das gleiche Phänomen lässt sich innerhalb von Gruppen, die nur aus Männern und Frauen bestehen, beobachten. Nicht alle Männer und Frauen sind gleich leistungsfähig. Die Erfahrungen haben gezeigt, dass Frauen ihre körperlich etwas geringere Leistungsfähigkeit durch höhere Motivation ausgleichen, teilweise auch die Leistung von Männern übertreffen.[249] Grundsätzlich existieren in modernen Armeen keine Verwendungen mehr, die nicht auch mit einer Frau besetzt werden könnten.[250]

Somit erscheinen vor dem Hintergrund fortschreitender Technisierung des Militärs und der gruppenbezogenen Auftragsbewältigung biologische Unterschiede, die den generellen Ausschluss der Frauen vom Wehrdienst rechtfertigen, nicht mehr ersichtlich. Insbesondere der Vergleich mit anderen NATO-Staaten zeigt, dass Frauen grundsätzlich zum Dienst mit der Waffe in Streitkräften geeignet sind. Auch die Bundeswehr selbst macht durch die Öffnung der Bundeswehr für Frauen deutlich, dass sie von einer generellen Befähigung von Frauen für den Militärdienst ausgeht. Es ist nicht ersichtlich, warum Frauen dann auch nicht zum Wehrdienst geeignet sein sollten. Eine Beibehaltung der Beschränkung der Wehrpflicht nur auf Männer ist vor dem Gehalt des Art. 3 Abs. 2, Abs. 3 GG materiell nicht mehr zu rechtfertigen. Auf die unzweifelhaft bei Frauen vorhandenen körperlichen Unterschiede kann durch Befreiungen und Differenzierungen innerhalb der militärischen Ausbildung in genügendem Maße Rücksicht genommen werden. Zu beachten sind in diesem Rahmen insbesondere frauenspezifische Beschwerden, die im Zusammenhang mit Menstruation und Schwangerschaft entstehen. Diese frauenspezifischen Besonderheiten sind nicht zwangsläufig als Nachteile anzusehen, sondern können bei entsprechender Berücksichtigung ohne Auswirkungen auf die Einsatzbereitschaft weiblicher Soldaten blei-

---

247 *Gornig* in: v.Mangoldt/Klein/Starck, Art. 12a, Rn. 168; *Slupik*, ZRP 1990, 305 (306); *Berg*, NZWehrr 1979, 81 (82); *Dietrich*, NZWehrr 2000, 102 (110); *Dahl* in: Steinkamm, S. 225; *Ekardt*, DVBl. 2001, 1171 (1175).

248 *Dahl* in: Steinkamm, S. 225.

249 *Reiszner* in: Steinkamm, S. 430 f.

250 *Fröhling* in: Steinkamm, S. 492 m.w.N.

ben.[251] Berücksichtigt werden muss hierbei aber, dass Soldaten i.d.R. ihre Aufträge nicht alleine bewältigen, sondern in einer Gruppe von mehreren Soldaten arbeiten. Gerade in einer Gruppe ist es aber möglich, gegenseitig Schwächen auszugleichen.[252] Gruppen werden gerade anhand der Stärken und Schwächen der einzelnen Mitglieder zusammengestellt. Eine Gruppe körperlich leistungsfähiger Männer wäre den vielfältigen Aufgaben sicherlich ebenso wenig gewachsen wie eine Gruppe von körperlich schwächeren Frauen. Erst durch die sinnvolle Kombination von Personen mit verschiedenen Fähigkeiten und Stärken kommt eine leistungsfähige Gruppe zu Stande.

Es bestehen keine biologischen Unterschiede, die eine Beschränkung der Wehrpflicht nur auf Männer rechtfertigen.

b) Ausschluss von der Wehrpflicht zur Kompensation der Mutterfunktion

In der Diskussion um die Beteiligung von Frauen in der Bundeswehr wird zur Rechtfertigung der Nichtheranziehung von Frauen zum Wehrdienst vereinzelt der Ausgleich von Benachteiligungen angeführt, die Frauen in anderen Lebensbereichen erleiden, namentlich die Kompensation der Mutterfunktion.[253] Dabei wird argumentiert, dass Frauen erheblichen Belastungen durch die Schwangerschaft, die Geburt und die Erziehung der Kinder ausgesetzt sind. Ihnen würde hierbei die Hauptlast zufallen, da Männer einerseits bestimmte Beiträge aus biologischen Gründen nicht leisten könnten, andererseits aus gesellschaftlichen Gründen nicht leisten wollten.[254] Im Ergebnis würde sich dadurch eine gleiche Behandlung von Männern und Frauen ergeben. Frauen würden durch die Geburt und die Erziehung von Kindern gleichfalls „Ausfallzeiten" erleiden. Dem beruflichen Ausfall durch die Betreuungszeit von durchschnittlich 1,3 Kindern würde ein Ausfall von neun Monaten Wehrdienst bei Männern gegenüberstehen.[255] Indessen muss jedoch berücksichtigt werden, dass es sich bei

---

251 *Hahn*, Frauen und Militär, S. 15 f.; *Dahl* in: Steinkamm, S. 225.

252 Auch das BVerfG sieht die Eignung von körperlich weniger leistungsfähige Frauen ausschließlich im Zusammenhang der zusammengestellten Gruppe und nimmt für den Feuerwehrdienst eine Kompensationsmöglichkeit der unterschiedlichen Stärken und Schwächen an (BVerfGE 92, 91 [110]).

253 *Dreist*, NZWehrr 2000, 65 (80); *Gramann*, Schriftliche Stellungnahme zur öffentlichen Anhörung des Rechtsausschuss des Deutschen Bundestages zu dem Entwurf eines Gesetzes zur Änderung des Grundgesetzes (Art. 12a) - BT-Drs. 14/1728 (neu), Protokoll Nr. 14/44 und 14/30 der 44. Sitzung des Rechtsausschusses v. 23. Februar 2000, S. 71; *Kämmerer*, Schriftliche Stellungnahme zur öffentlichen Anhörung des Rechtsausschuss des Deutschen Bundestages zu dem Entwurf eines Gesetzes zur Änderung des Grundgesetzes (Art. 12a) - BT-Drs. 14/1728 (neu), Protokoll Nr. 14/44 und 14/30 der 44. Sitzung des Rechtsausschusses v. 23. Februar 2000, S. 79.

254 Ebd.

255 *Kämmerer*, Schriftliche Stellungnahme zur öffentlichen Anhörung des Rechtsausschuss des Deutschen Bundestages zu dem Entwurf eines Gesetzes zur Änderung des Grundgesetzes (Art. 12a) - BT-Drs. 14/1728 (neu), Protokoll Nr. 14/44 und 14/30 der 44. Sitzung des Rechtsausschusses v. 23. Februar 2000, S. 79. Das Statistische Bundesamt gibt für das Jahr 1998 eine durchschnittliche Geburtenrate von 1,4 je Frau an. Statistisches Bundesamt, Bevölkerungsentwicklung, S. 8.

sich bei dem von Männern abgeleisteten Wehrdienst um die Erfüllung einer gesetzlichen Pflicht handelt, wohingegen die Frage des ob und wie der Geburt und Erziehung eines Kindes allein auf der autonomen Entscheidung der Mutter beruht. Männer werden zum Wehrdienst gezwungen, Frauen dagegen nicht zur Geburt eines Kindes. Die freiwillige Entscheidung von Frauen, ein Kind zu bekommen, sofern sie überhaupt hierzu in der Lage sind, kann aber nicht als durch die gesetzlich vorgesehene Wehrpflicht kompensationsbedürftig angesehen werden.[256] Zum Ausgleich von Mehrfachbelastungen, denen Frauen u.a. durch die Kinderbetreuung ausgesetzt sind, sind individuelle Freistellungen, die unabhängig vom Geschlecht an die konkrete Belastung anknüpfen, viel besser zum Ausgleich erlittener Nachteile geeignet.[257] Ferner spricht gegen die Kompensation kinderbedingter Ausfallzeiten, dass die Frau zwar bei der Geburt die Hauptlast trägt, die Aufgabenverteilung bei der anschließenden, viel länger dauernden Erziehung keineswegs so eindeutig zu Lasten der Frau geht.[258] Die zeitliche Belastung durch eine Schwangerschaft und die anschließende Geburt beschränkt sich jedoch regelmäßig auf einen Zeitraum von einigen Wochen.[259] Darüber hinaus ist die gesellschaftliche Rollenverteilung heute keineswegs mehr so, dass die Kindererziehung ausschließlich den Frauen zugeschrieben wird. Vielfach übernehmen Väter heute die Erziehung der Kinder, und dies wird auch durch viele rechtliche Möglichkeiten vereinfacht. So besteht heute auch für Männer die Möglichkeit, Erziehungsurlaub zu nehmen. Früher bestand diese Möglichkeit nur für Frauen. Durch eine fortschreitende vermeintliche Kompensation frauenspezifischer Nachteile durch die Beschränkung der Wehrpflicht wird das traditionelle Rollenverständnis eher gefestigt als beseitigt.[260] Weiterhin verliert das Argument der Kompensation der Mutterfunktion bei nachlassender durchschnittlicher Geburtenrate zunehmend an Bedeutung und ist angesichts schwankender Geburtenraten[261] nicht zuverlässig. Das Statistische Bundesamt geht auf Grund einer aktuellen Untersuchung von einer mit 1,4 für die nächsten Jahrzehnte gleich bleibenden Geburtenrate aus.[262] Unhaltbar ist das Kompensationsargument u.a. auch vor dem Hintergrund der zunehmenden gewollten Kinderlosigkeit. Ein großer Teil der Frauen entscheidet sich mittlerweile gegen eine Mutterschaft. Neuere Untersuchungen gehen hier von rund

---

256 Völlig unberücksichtigt bleiben soll hier die sich anschließende Frage, ob durch eine solche Betrachtung das Kind nicht als „Schaden" eingestuft wird und inwieweit eine solche Wertung überhaupt zulässig ist. Siehe zu der Divergenz der beiden Senate des BVerfG in dieser Frage nur BVerfGE 96, 375 ff., 409 ff.

257 So auch das BVerfG zur nur für Männer bestehenden Feuerwehrdienstpflicht (BVerfGE 92, 91 [112 f.]).

258 Anders in den fünfziger Jahren noch der BGH. Siehe hierzu eingehend BGHSt 6, 46.

259 *Ekardt*, DVBl. 2001, 1171 (1178).

260 Ebd.

261 *Stahn*, EuGRZ 2000, 121 (134).

262 Statistisches Bundesamt, Bevölkerungsentwicklung, S. 8; dahingegen gehen die VN von einem Anstieg der Geburtenrate in der Bundesrepublik in den nächsten Jahrzehnten auf 1,5 bis 1,6 aus, Statistisches Bundesamt, Bevölkerungsentwicklung, S. 9.

30% aus.[263] Der Anteil der kinderlosen Frauen soll in Ballungsgebieten sogar ca. 50% betragen.[264] Die Wehrpflicht würde eine pauschale Kompensation darstellen, die angesichts der Tatsache, dass sich immer weniger Frauen für ein Kind entscheiden, unhaltbar ist. Die Nichtheranziehung von Frauen zur Wehrpflicht dient demnach auch nicht dem Ausgleich von in anderen Lebensbereichen erlittenen Nachteilen.[265]

Im Ergebnis finden sich zur Rechtfertigung der bestehenden Beschränkung der Wehrpflicht auf Männer keine biologischen Unterschiede zwischen Männern und Frauen. Auch kann die Ungleichbehandlung nicht als Ausgleich für in anderen Lebensbereichen erlittene Nachteile betrachtet werden. Damit besteht für den nur für Männern vorgesehenen Wehrdienst unter gleichheitsrechtlichen Gesichtspunkten keine materielle Legitimität.

---

263 BiB, Bevölkerung 2000, S. 14; *Ekardt*, DVBl. 2001, 1171 (1178).

264 *Ekardt*, DVBl. 2001, 1171 (1178), jedoch ohne weiteren Nachweis.

265 *Slupik*, ZRP 1990, 305 (305); *Gornig* in: v.Mangoldt/Klein/Starck, Art. 12a, Rn. 25; *Epping*, DÖD 2000, 188 (195); *Sachs*, NWVBl. 2000, 405 (413); *Stahn*, EuGRZ 2000, 121 (134).

E. Entspricht die Wehrpflicht bei einer weiteren Verkleinerung der Bundeswehr noch dem Maßstab der Wehrgerechtigkeit?

I. Der Grundsatz der Wehrgerechtigkeit

1. Verfassungsrechtliche Herleitung

Der Grundsatz der Wehrgerechtigkeit ist eine Ausprägung der Lasten- oder Pflichtengleichheit.[1] Diesem Prinzip unterliegen nicht nur die Wehrpflicht des Art. 12a Abs. 1 GG, sondern auch die anderen Dienstpflichten des Art. 12a GG.[2] Der Grundsatz der Lasten- oder Pflichtengleichheit wird aus dem allgemeinen Gleichheitssatz des Art. 3 Abs. 1 GG i.V.m. dem Sozialstaatsprinzip der Art. 20 Abs. 1 u. 28 Abs. 1 S. 1 GG hergeleitet:[3]

- Der allgemeine Gleichheitssatz des Art. 3 Abs. 1 GG („Alle Menschen sind vor dem Gesetz gleich") ist bewusst weit gefasst und hat einen grundsätzlich umfassenden Schutzbereich.[4] Die frühere Rspr. des BVerfG hat den allgemeinen Gleichheitssatz dahingehend näher ausgestaltet, dass er untersagt, wesentlich Gleiches willkürlich ungleich und wesentlich Ungleiches willkürlich gleich zu behandeln.[5] Willkürlich ist ein Vorgehen nach der Rspr. des BVerfG dann, wenn es objektiv willkürlich ist, d.h. eine tatsächliche und eindeutige Unangemessenheit der Regelung in Bezug auf den zu ordnenden Gegenstand vorliegt, ohne dass es auf Schuld oder böse Absicht ankommt.[6] Dabei braucht nicht unbedingt die zweckmäßigste, vernünftigste oder gerechteste Lösung[7] gewählt zu werden, sondern es genügt, wenn sich irgendein sachlich vertretbarer zureichender Grund anführen lässt.[8] Der Gleichheitsgrundsatz verpflichtet nicht, unter allen Umständen Gleiches gleich und Ungleiches ungleich zu behandeln. Die Grenzen dieses Spielraums sind erreicht, wenn die Gleichheit oder Ungleichheit in dem jeweils in Betracht kommenden Zusammenhang so bedeutsam ist, dass ihre Beachtung bei einer gesetzlichen Regelung nach einer am Gerechtigkeitsgedanken orientierten Betrachtungsweise geboten er-

---

1 BVerfGE 38, 154 (167 f.); 48, 127 (162); *Ipsen/Ipsen* in: Dolzer/Vogel, Bonner Kommentar, Art. 12a,.Rn. 89; *Scholz* in: Maunz/Dürig, Art. 12a, Rn. 20; *Kokott* in: Sachs, Art. 12a, Rn. 8; *Bergmann* in: Seifert/Hömig, Art. 12a, Rn. 2.

2 *Heun* in: Dreier, Art. 12a, Rn. 10; *Gornig* in: v.Mangoldt/Klein/Starck, Art. 12a, Rn. 10.

3 *Scholz* in: Maunz/Dürig, Art. 12a, Rn. 19; *Heun* in: Dreier, Art. 12a, Rn. 10; *Gubelt* in: v.Münch/Kunig, Art. 12a, Rn. 2; *Leibholz/Rinck/Hesselberger*, Art. 12a, Rn. 21; *Jarass* in: Jarass/Pieroth, Art. 12a, Rn. 5; *Friauf* in: FS für Jahrreiß, 45 (47 ff.); *Scholz*, Sozialstaat, S. 29.

4 *Jarass* in: Jarass/Pieroth, Art. 3, Rn. 3.

5 Seit BVerfGE 4, 144 (155); siehe in neuerer Zeit nur BVerfGE 50, 177 (186); 51, 295 (300); 60, 16 (42).

6 BVerfGE 4, 144 (155).

7 BVerfGE 4, 144 (155); 71, 255 (271); 81, 108 (118); 83, 395 (401).

8 BVerfGE 33, 44 (51); 75, 108 (157); 83, 1 (23).

scheint.[9] Seit 1980 verwendet der 1. Senat des BVerfG in seiner Rspr. eine sog. „neue Formel", dem sich der 2. Senat im Jahr 1986 angeschlossen hat. Danach gebietet es der allgemeine Gleichheitssatz, alle Menschen vor dem Gesetz gleich zu behandeln. Eine Verletzung liegt vor, wenn eine Gruppe von Normadressaten im Vergleich zu anderen Normadressaten anders behandelt wird, obwohl zwischen beiden Gruppen keine Unterschiede von solcher Art und solchem Grund bestehen, dass sie die ungleiche Behandlung rechtfertigen könnten.[10] Durch die „neue Formel" sollte die Kontrolldichte dadurch erhöht werden, dass die Verhältnismäßigkeit einer Ungleichbehandlung strenger geprüft und damit die Gestaltungsfreiheit des Gesetzgebers eingeschränkt wird.[11]

- Das Sozialstaatsprinzip der Art. 20 Abs. 1 u. 28 Abs. 1 S. 1 GG ist trotz seiner beiläufigen Erwähnung kein bloßer Programmsatz, sondern eine rechtsverbindliche Grundsatznorm.[12] Aus dem Sozialstaatsprinzip können aber keine unmittelbaren Ansprüche hergeleitet werden.[13] Das Sozialstaatsprinzip erfährt seine wohl wichtigste Ausprägung in der Fürsorgepflicht für Hilfsbedürftige.[14] Die im Zusammenhang mit der Frage der Wehrgerechtigkeit relevante Ausprägung ist die Pflicht zur Gewährleistung von Chancengleichheit.[15] Darunter ist die Angleichung der tatsächlichen Voraussetzungen zum Erwerb materieller und immaterieller Güter zu verstehen, die wiederum Bedingung für die Wahrnehmung der Freiheitsrechte sind.[16] Der Staat i.S.d. Sozialstaatsprinzips des Grundgesetzes ist demnach ein Staat, der die Voraussetzungen für die Freiheitsbetätigung des Einzelnen aktiv verbessert und in diesem Rahmen für die Befreiung aus wirtschaftlichen Notlagen, die Daseinsfürsorge, die Bekämpfung von Arbeitslosigkeit und die Förderung der Chancengleichheit

---

9 BVerfGE 9, 334 (337); 52, 256 (263); 55, 261 (269 f.); 67, 329 (345 f.); 71, 39 (58); 72, 141 (150); 86, 81 (87).

10 BVerfGE 55, 72 (88); 70, 230 (239); 71, 146 (154); 75, 108 (157); 84, 348 (359); 92, 365 (407).

11 *Heun* in: Dreier, Art. 3, Rn. 19; *Starck* in: v.Mangoldt/Klein/Starck, Art. 3 Abs. 1, Rn. 11; BVerfGE 74, 28 (30) – Sondervotum Richter *Katzenstein*.

12 Siehe nur BVerfGE 1, 97 (105); 18, 257 (267); *Herzog* in: Maunz/Dürig, Art. 20 VIII, Rn. 1, 6; *Stern*, StaatsR, Bd. I, S. 877, Fn. 4 m.w.N. zur Rspr. des BVerfG; *Jarass* in: Jarass/Pieroth, Art. 20, Rn. 72; *Sachs* in: Sachs, Art. 20, Rn. 28.

13 BVerfGE 27, 253 (283); 82, 60 (80). Nur ausnahmsweise kann dies der Fall sein, insbesondere, wenn es um die Sicherung des Existenzminimums [BVerfGE 82, 364 (368)] geht und im Zusammenhang mit dem allgemeinen Gleichheitssatz des Art. 3 Abs. 3 GG [*Stern*, StaatsR, Bd. I, S. 916, Fn. 232 m.w.N].

14 BVerfGE 40, 121 (133); 43, 13 (19). Der Staat muss die Mindestvoraussetzungen eines menschenwürdigen Daseins sicherstellen, wenn jemand in seiner persönlichen Entfaltung erheblich behindert ist (BVerfGE 40, 121 (133); *Jarass* in: Jarass/Pieroth, Art. 20, Rn. 4.). Dabei ist gleichgültig, ob sich derjenige in finanzieller Notlage befindet, einem körperlichen oder geistigen Gebrechen unterliegt oder sich die Notlage aus anderen Umständen ergibt [BVerfGE 35, 202 (235 f.); 43, 213 (226 f.); 44, 353 (375)].

15 *Herzog* in: Maunz/Dürig, Art. 20 VIII, Rn. 40; *Jarass* in: Jarass/Pieroth, Art. 20, Rn. 76, 79.

16 BVerfGE 33, 303 (331); *Kittner* in: Alternativkommentar, Art. 3, Rn. 71.

sorgt.[17] Das Sozialstaatsprinzip fordert für den Bereich der sozialen Lastengleichheit und dort bezüglich seines vornehmlichen Anwendungsbereichs, der Sozialleistungen und des Steuerwesens, dass der Bürger nur insoweit beansprucht werden darf, wie dies dem Verhältnis bürgerlich-individueller Gleichheit und sozialer Verpflichtung des Einzelnen entspricht.[18] Der Grundsatz der Lastengleichheit begrenzt die soziale und steuerstaatliche Inanspruchnahme des Bürgers dort, wo diese Belastungen nicht mehr sozialverträglich sind und das Maß des dem sozial- wie selbstverantwortlichen Individuum Zumutbaren überschreiten.[19]

Bezogen auf die allgemeine Wehrpflicht gebietet der Grundsatz der Lasten- oder Pflichtengleichheit und der allgemeine Gleichheitssatz[20], die Wehrpflichtigen gleichmäßig zu den in Art. 12a GG geforderten Diensten heranzuziehen.[21] Jedoch zwingt der Grundsatz der Wehrgerechtigkeit den Gesetzgeber und die Verwaltung nicht dazu, jeden Wehrpflichtigen auch zum Dienst heranzuziehen.[22] Vielmehr ist es zulässig, zur optimalen Gewährleistung des Personalbedarfs der Bundeswehr, die Einberufung anhand vorher gesetzlich festgelegter Auswahlkriterien[23] für die Musterung und Eignungsprüfung von der Eignung der zur Verfügung stehenden Wehrpflichtigen für den konkreten Bedarf der Bundeswehr abhängig zu machen.[24] Für den Fall, dass nicht jeder mögliche Wehrpflichtige zum Wehrdienst herangezogen werden soll, fordert der Grundsatz der Wehrgerechtigkeit – insbesondere vor dem Hintergrund des nicht unerheblichen Grundrechtseingriffs -, dass die für die Heranziehung maßgeblichen Kriterien, insbesondere die verschiedenen Tauglichkeitsgrade und die Bestimmungen für die Eignungs- und Verwendungsprüfung, sich an sachlichen Maßstäben orientieren und eine größtmögliche Gleichheit bei der Heranziehung Gewähr leis-

---

17 *Sommermann* in: v.Mangoldt/Klein/Starck, Art. 20 Abs. 1, Rn. 106.

18 *Scholz*, Sozialstaat, S. 30 m.w.N.

19 *Scholz*, Sozialstaat, S. 30 f.

20 *Heun* in: Dreier, Art. 3 Abs. , Rn. 80; *Sachs* in: Isensee/Kirchhof, Hdb. StaatsR, Bd. V, Rn. 99; *Starck* in: v.Mangoldt/Klein/Starck, Art. 3 Abs. 1, Rn. 80.

21 *Gornig* in: v.Mangoldt/Klein/Starck, Art. 12a, Rn. 11; *Frank* in: Alternativkommentar, hinter Art. 87, Rn. 83.

22 BVerwGE 7, 325 (327).

23 Auch das BVerfG fordert in seinen Entscheidungen zur Wehrgerechtigkeit eine vorherige und eindeutige gesetzliche Festlegung der Ausnahmen vom Wehrdienst: "Die Notwendigkeit, Wehrgerechtigkeit im Inneren ebenso aufrechtzuerhalten wie die Verteidigungsbereitschaft des grundrechtsgarantierenden Staates nach außen, fordert eine hinreichend bestimmte normative Festlegung der Wehrdienstausnahmen.", BVerfGE 48, 127 (162), BVerwGE 45, 197 (198); ähnlich BVerfGE 38, 154 (167 f.).

24 BVerfGE 48, 127 (162): „Im Interesse einer bestmöglichen Deckung des Personalbedarfs ist es zum Beispiel zulässig, bei der Entscheidung über die Einberufung bestimmte, auf die Erfordernisse der Truppe bezogene Auswahlkriterien, etwa das Ergebnis einer besonderen Eignungsprüfung (§ 20a WPflG) oder den bei der Musterung festgestellten Tauglichkeitsgrad und im Zusammenhang damit auch die Jahrgangszugehörigkeit, zu Grunde zu legen."; *Leibholz/Rinck/Hesselberger*, Art. 12a, Rn. 22.

ten.[25] Daher bedeutet das Postulat der Lasten- und Pflichtengleichheit für die Wehrpflicht die Einberufung aller dafür Tauglichen.[26] Zur Wahrung der staatsbürgerlichen Gleichheit und Wehrgerechtigkeit ist es deshalb von entscheidender Bedeutung, dass die Einberufung nicht willkürlich vorgenommen wird.[27] Die Wehrdienstausnahmen müssen im Gesetz einzeln aufgeführt sein.[28] Der Grundsatz der Wehrgerechtigkeit bindet sowohl den Gesetzgeber bei der Schaffung von Wehrdienstausnahmen als auch die Verwaltung bei der Anwendung dieser gesetzlichen Ausnahmen.[29] Über die gesetzlich vorgesehenen Wehrpflichtausnahmen hinaus dürfen weder einzelne Wehrpflichtige noch ganze Wehrpflichtigengruppen vom Dienst ausgenommen werden.[30] Auch ist es nicht statthaft, die Einberufungspraxis von dem jeweils momentanen Wehrpflichtigenbedarf der Bundeswehr abhängig zu machen und so jedes Jahr unterschiedlich viele Wehrpflichtige einzuberufen.[31] Ebenfalls bedürfen Änderungen und Erweiterungen dieser Ausnahmen einer Entscheidung des Gesetzgebers.[32]

2. Einfachgesetzliche Umsetzung

Das verfassungsrechtliche Postulat nach möglichst gleichförmiger Heranziehung der Wehrpflichtigen spiegelt sich im WPflG wieder. § 1 des WPflG regelt, dass alle Männer ab dem 18. Lebensjahr, die Deutsche im Sinne des Grundgesetzes sind, der Wehrpflicht unterliegen. Erfüllt wird diese Pflicht durch Ableistung des Wehrdienstes und bei anerkannten Kriegsdienstverweigerern gem. § 1 KDVNG durch Ableistung des zivilen Ersatzdienstes.

Wie von der Verfassung gefordert, sind die Wehrdienstausnahmen gesetzlich im 3. Teil des I. Abschnittes des WPflG geregelt. Zunächst einmal ist gem. § 9 WPflG derjenige vom Wehrdienst ausgenommen, der untauglich ist. Aussagen über die einzelnen Tauglichkeitsgrade macht § 8a WPflG.[33] Als weitere Ausnahmen sieht das WPflG den Ausschluss (§ 10 WPflG), die Befreiung (§ 11 WPflG) und die Zurückstellung (§ 12 WPflG) vom Wehrdienst vor. Daneben gibt es noch Unabkömmlichkeitsstellung (§ 13 WPflG), die Nichtheranziehung für Helfer im Zivil- oder Katastrophenschutz (§ 13a WPflG) und für Entwicklungshelfer (§ 13b WPflG). Ausgeschlossen

---

25 BVerfGE 48, 127 (162); *Heun* in: Dreier, Art. 12a, Rn. 10; *Gubelt* in: v.Münch/Kunig, Art. 12a, Rn. 2; *Leibholz/Rinck/Hesselberger*, Art. 12a, Rn. 22.

26 BVerfGE 38, 154 (166 f.); *Heun* in: Dreier, Art. 3, Rn. 80; *Starck* in: v.Mangoldt/Klein/Starck, Art. 3 Abs. 1, Rn. 80.

27 BVerfGE 38, 154 (166 ff.); 48, 127 (162); BVerwGE 7, 325 (328 f.); 18, 302 (302 ff.); 36, 323 (324 ff.); 45, 197 (198 ff.); *Leibholz/Rinck/Hesselberger*, Art. 12a, Rn. 22; *Ipsen/Ipsen* in: Dolzer/Vogel, Bonner Kommentar, Art. 12a,.Rn. 90.

28 BVerwGE 7, 325 (327); 36, 323 (326).

29 *Ipsen/Ipsen* in: Dolzer/Vogel, Bonner Kommentar, Art. 12a, Rn. 92; *Gornig* in: v.Mangoldt/Klein/Starck, Art. 12a, Rn. 10.

30 BVerwGE 92, 153 (156); *Leibholz/Rinck/Hesselberger*, Art. 12a, Rn. 22.

31 Ebd.; BVerfGE 48, 127 (162 f.).

32 BVerwGE 45, 197 (201) m.w.N.; 92, 153 (155).

33 Näheres zu den einzelnen Tauglichkeitsgraden und –gruppen siehe Gliederungspunkt E.II.2.b)bb), Seite 158.

vom Wehrdienst sind gem. § 10 WPflG solche Wehrpflichtige, die wegen einer Straftat zu einer dort näher festgelegten Strafe verurteilt wurden und die Fähigkeit zur Bekleidung eines öffentlichen Amtes verloren haben oder einer Maßregel der Besserung und Sicherung unterworfen sind. Die Befreiung i.S.d. § 11 WPflG trifft i.d.R. Geistliche der beiden großen Konfessionen sowie anderer Bekenntnisse. Weiter sind auf Grund dieser Regelung dritte Söhne (§ 11 Abs. 2 Nr. 3 WPflG)[34], Wehrpflichtige, deren Brüder, Schwestern (§ 11 Abs. 2 Nr. 1 WPflG) oder Eltern (§ 11 Abs. 2 Nr. 2 WPflG) an Kriegsschäden verstorben sind sowie Schwerbehinderte (§ 11 Abs. 1 Nr. 4 WPflG) ausgenommen. Wichtigste Fallgruppen der Zurückstellung gem. § 12 WPflG sind vorübergehend nicht Wehrdienstfähige (§ 12 Abs. 1 Nr. 1 WPflG), Theologiestudenten, die sich auf ein geistliches Amt i.S.d. § 11 WPflG vorbereiten (§ 12 Abs. 2 WPflG) und Härtefälle i.S.d. § 12 Abs. 4 WPflG. Bei besonderem personellen Bedarf einer öffentlichen Stelle kann diese beantragen, bei ihr beschäftigte Beamte oder Angestellte unabkömmlich stellen zu lassen (§ 13 WPflG). Schließlich werden Helfer im Zivil- oder Katastrophenschutz oder Entwicklungsdienst für die Zeit ihres Dienstes nicht zum Wehrdienst herangezogen (§ 13a Abs. 1 S. 1 u. § 13b Abs. 1 S. 1 WPflG).

Wirkliche Ausnahmen stellen hierbei nur die Untauglichkeit, der Ausschluss und die Befreiung vom Wehrdienst dar, denn nur in diesen Fällen besteht keine Pflicht zur Ableistung der Wehrpflicht. Dagegen ist ein Zurückgestellter grundsätzlich wehrpflichtig. Bei Vorliegen der in § 12 WPflG genannten Gründe wird nur von der Einberufung abgesehen. Fallen diese Voraussetzungen später weg, und sind die weiteren Bedingungen für eine Einberufung gegeben, kann diese erfolgen. Ebenso verhält es sich bei unabkömmlichen Wehrpflichtigen. Wie sich aus § 13 Abs. 1 S. 1, Abs. 3 WPflG ergibt, können auch Unabkömmliche bei Wegfall der Voraussetzungen ihrer Unabkömmlichkeit noch zum Wehrdienst einberufen werden. Dasselbe gilt für Helfer im Zivil- oder Katastrophenschutz sowie für die Entwicklungshelfer. Gem. § 13a Abs. 1 S. 1 WPflG werden Helfer im Zivil- oder Katastrophenschutz und gem. § 13b Abs. 1 S. 1 WPflG die Entwicklungshelfer nicht zum Wehrdienst herangezogen, wenn sie sich verpflichten, mindestens sieben Jahre Dienst im Zivil- oder Katastrophenschutz oder zwei Jahre Entwicklungsdienst zu leisten. Erst nach Ableistung eines solchen Dienstes erlischt die eigentliche Wehrpflicht (§ 13a Abs. 2 S. 1 u. § 13b Abs. 3 S. 1 WPflG). Während dieser Mindestdienstzeit besteht die Wehrpflicht aber latent weiter.

---

[34] Dies sind Wehrpflichtige, bei denen bereits zwei Brüder Grundwehrdienst oder Zivildienst geleistet haben, § 11 Abs. 2 Nr. 3 WPflG.

II. Derzeitige und zukünftig zu erwartende Einberufungssituation der Bundeswehr

1. Bedarf der Bundeswehr an Wehrpflichtigen

Im Rahmen der Berechnungen, die für die Beantwortung der Frage der Wehrgerechtigkeit aufgestellt werden müssen, ist zunächst einmal der Bedarf der Bundeswehr an jungen Wehrpflichtigen entscheidend. Zuverlässiges Zahlenmaterial, das den Berechnungen zu Grunde gelegt werden kann, liefert hierbei die im Jahr 2000 vom Verteidigungsministerium vorgelegte Grobausplanung[35] der neuen Streitkräftestruktur. Die später vom Verteidigungsministerium bekannt gegebene Feinausplanung trifft keine inhaltlichen Aussagen zur Personalstärke, sondern setzt die bereits getroffene Personalentscheidung in Standortschließungen und –umstrukturierungen um. Waren im Strukturmodell 340.000 noch insgesamt 105.183 Grundwehrdienstleistende vorgesehen, so kommt das neue Strukturmodell 2000 mit nur 53.000 Grundwehrdienstleistenden (GWDL) aus.[36] Nach dem Personalentwicklungskonzept der Bundeswehr soll diese vorgesehene Sollstärke aber nicht schon in den kommenden Jahren erreicht werden, sondern erst im Jahr 2010. Bis dahin soll die Zahl der Grundwehrdienstleistenden kontinuierlich von 93.700 im Jahr 2001 über 58.500 im Jahr 2005 bis auf 53.000 im Jahr 2010 gesenkt werden.[37]

Tabelle 8: Personalentwicklungskonzept der Bundeswehr für den Bereich der Grundwehrdienstleistenden (GWDL)

	2001	2002	2003	2004	2005	2006	2007	2008	2009	2010
GWDL	93.700	83.000	68.600	59.500	58.500	57.400	56.300	55.200	54.100	53.000

Quelle: BMVg, Grobausplanung, Ergebnisse und Entscheidungen.

Die angestrebte Anzahl von Grundwehrdienstleistenden (GWDL) muss aber im Verhältnis zur Dienstdauer gesehen werden. Gleichzeitig mit der Herabsenkung der Anzahl der Grundwehrdienstleistenden (GWDL) soll auch die Dienstdauer verkürzt werden. Ab dem Jahr 2002 soll der Grundwehrdienst nur noch neun Monate dauern.[38] Zur Ableistung des Grundwehrdienstes hat das Verteidigungsministerium zwei verschiedene Modelle entworfen. Wie bisher auch, kann der Wehrdienst in einem Abschnitt von neun Monaten abgeleistet werden. Bei diesem Modell erwirbt der Grundwehrdienstleistende in den ersten sechs Monaten die militärischen Grundqualifikationen für seinen späteren Einsatzdienstposten. Neu ist dagegen das Modell zur abschnittsweisen Ableistung des Wehrdienstes. Dabei wird zunächst ein zusammen-

35 BMVg, Grobausplanung.
36 BMVg, Grobausplanung, Die Personalstruktur der Streitkräfte.
37 BMVg, Grobausplanung, Personalentwicklungskonzept.
38 BMVg, Eckpfeilerpapier, S. 29.

hängender Dienst von sechs Monaten absolviert. In diesen sechs Monaten werden wie in dem zuvor beschriebenen Modell militärische Grundqualifikationen für den Einsatzdienstposten vermittelt. Die verbleibende Dienstzeit von drei Monaten kann losgelöst von dem sechsmonatigen Grundwehrdienst innerhalb von zwei Jahren in bis zu zwei Abschnitten abgeleistet werden.[39] Legt man die Gesamtdienstdauer der beiden Wehrdienstmodelle von neun Monaten den Berechnungen zu Grunde, so ergibt dies bei 53.000 Dienstposten für Grundwehrdienstleistende (GWDL) eine Einberufungszahl von rund 71.000 pro Jahr.[40]

Tabelle 9: Errechneter jährlicher Bedarf an Grundwehrdienstleistenden (GWDL)

	2001	2002	2003	2004	2005	2006	2007	2008	2009	2010
GWDL	125.500	111.200	91.900	79.700	78.300	76.900	75.400	74.000	72.500	71.000

Quelle: eigene Berechnungen, ausgehend von dem Bedarf an Grundwehrdienstleistenden (GWDL) von 71.000 im Jahr 2010.

Auszugehen ist daher für den maßgeblichen Planungszeitpunkt des BMVg im Jahre 2010 von einem jährlichen Bedarf der Bundeswehr an Grundwehrdienstleistenden (GWDL) von 71.000.

2. Zahl der Grundwehrdienstleistenden in den kommenden Jahren

Die zweite zu ermittelnde Größe bei den Berechnungen zur Wehrgerechtigkeit ist die Anzahl derjenigen jungen Männer, die in den kommenden Jahren tatsächlich für den Grundwehrdienst zur Verfügung stehen. Die Zahl setzt sich aus den Jahrgangsstärken der nächsten Jahre abzüglich der Wehrdienstausnahmen zusammen.

a) Jahrgangsstärken

In einem ersten Punkt stellt sich die Frage der für die kommenden Jahre zu erwartenden Jahrgangsstärken. Maßgeblich für die Berechnungen ist hier die Anzahl der männlichen Deutschen im Alter von 19 bis 22 Jahren, denn 80% aller Wehrpflichtigen werden im Alter zwischen 19 und 22 zum Wehrdienst eingezogen.[41] Bei der Betrachtung der Erfassungsstatistiken stellt man fest, dass seit dem ersten erfassten Jahrgang – der Jahrgang 1937 – ein stetiger Anstieg der Jahrgangsstärken bis zum Jahrgang 1964 zu verzeichnen war. Der Geburtsjahrgang 1937 umfasste 194.940 junge Deutsche, der Jahrgang 1964 dagegen schon 639.770. Die Jahrgangsstärken hatten sich mehr als verdreifacht. Seit dem Jahrgang 1965 ist ein langsamer Rückgang der Jahrgangsstärken bis zum Geburtsjahrgang 1975 zu verzeichnen. Die An-

39 BMVg, Eckpfeilerpapier, S. 29 f.

40 Diese Zahl nennt auch das BMVg in seinem Hintergrundpapier zur Wehrgerechtigkeit, BMVg, Hintergrundpapier, Nr. 2.

41 Altersangaben des BMVg, BMVg, Hintergrundpapier, Nr. 12.

zahl erfasster Wehrpflichtiger sank von 627.400 für den Jahrgang 1965 auf 375.600 für den Jahrgang 1975.[42] Seitdem hat sich der Trend wieder umgekehrt, die Geburtsjahrgänge werden wieder stärker.

Tabelle 10: Voraussichtliche Anzahl an männlichen Deutschen im Alter von 19 – 22 Jahren in den Jahren 2001 - 2009[43]

	2001	2002	2003	2004	2005	2006	2007	2008	2009
19 – unter 20 Jahre	424.500	430.800	422.000	426.000	421.900	437.300	445.000	440.500	446.900
20 – unter 21 Jahre	425.800	425.000	431.200	422.500	420.500	422.300	437.700	454.400	440.900
21 – unter 22 Jahre	403.100	426.400	425.500	431.700	423.000	421.000	422.800	445.900	454.900
Durchschnittliche Jahrgangsstärke 19 - unter 22 Jahre	417.800	427.400	426.200	426.700	421.800	426.800	435.100	446.900	447.500

Den geburtenschwachen Jahrgängen von Mitte der sechziger Jahre bis Mitte der siebziger Jahre folgen wieder deutlich geburtenstärkere Jahrgänge. So umfasste der Jahrgang 1981 bereits wieder 426.700 junge Deutsche. Dieser Trend wird sich auch in den kommenden Jahren fortsetzen. Bis zum Jahr 2010 ist ebenfalls mit einem kontinuierlichen Anstieg der Jahrgangszahlen für die Altersklasse 19 bis unter 22 Jahre zu rechnen. Im Jahr 2010 wird die durchschnittliche Jahrgangsstärke bei den 19- bis unter 22-jährigen 447.500 betragen.[44] Auch über das Jahr 2010 hinaus ist mit einer Fortsetzung dieses Trends zu rechnen. Der Durchschnittwert der 19- bis unter 22-jährigen für die Jahre 2001 – 2009 liegt bei rund 430.000. Dieser Wert wird auch den weiteren Berechnungen zu Grunde gelegt.

b) Wehrdienstausnahmen

Von dieser Zahl der zur Verfügung stehenden jungen Männer sind diejenigen abzuziehen, die vom Wehrdienst ausgenommen sind. Zu dieser Gruppe zählen die nicht Gemusterten, die nicht Wehrdienstfähigen, die eigentlichen Wehrdienstausnahmen, der externe Bedarf, anerkannte Kriegsdienstverweigerer sowie der eigene Bedarf der Bundeswehr an SaZ und BS.

---

42 Zahlen nach BAZ, Daten und Fakten 2000, S. 8 f.

43 Diese Zahlen wurden dem Verfasser vom Statistischen Bundesamt, Abteilung IV B am 20. April 2001 telefonisch mitgeteilt. Die Zahlen beziehen sich jeweils auf den Stichtag 1. Januar des angegebenen Jahres.

44 Zu ähnlichen Jahrgangsstärken gelangt auch die *Tobiassen* in seiner Analyse der Wehrgerechtigkeit, *Tobiassen*, Wehrgerechtigkeit, S. 4, Tabelle 1.

aa) Nicht Gemusterte

Zunächst sind diejenigen jungen Männer abzuziehen, die überhaupt nicht gemustert werden. Aussagen über Personengruppen, die nicht gemustert werden, trifft § 3 MustVO.[45] Diese Musterungsverordnung wurde durch den Bundesminister der Verteidigung auf Grund der Ermächtigungsgrundlage des § 50 Abs. 1 Nr. 4 WPflG erlassen. Nicht gemustert werden müssen hauptsächlich solche Wehrpflichtigen, die unter eine der Wehrdienstausnahmen des 3. Teil des I. Abschnitts des WPflG (§§ 9ff. WPflG) fallen. Danach sind diejenigen von der Musterung befreit, bei denen sich aus einem ärztlichen Attest oder anderen medizinischen Zeugnissen ergibt, dass sie offensichtlich nicht für den Wehrdienst geeignet sind (§ 3 Abs. 1 Nr. 1 MustVO). Weiter zählen zu dieser Gruppe Straftäter, die nach § 10 WPflG vom Wehrdienst ausgeschlossen sind (§ 3 Abs. 1 Nr. 3 MustVO). Vom Wehrdienst gem. § 11 WPflG Befreite, wie evangelische und römisch-katholische Geistliche, Schwerbehinderte oder dritte Söhne sind ebenfalls gem. § 3 Abs. 1 Nr. 4 MustVO nicht zu mustern. Angehörige des Polizeivollzugsdienstes oder angenommene Bewerber, die gem. § 42 Abs. 1 WPflG vom Wehrdienst ausgenommen werden, sind gem. § 3 Abs. 1 Nr. 5 MustVO auch von der Musterung befreit. Dies gilt natürlich auch für Bundeswehrsoldaten, die auf Grund freiwilliger Verpflichtung schon in den Dienst aufgenommen wurden (§ 3 Abs. 1 Nr. 8 MustVO). Wehrpflichtige, die wegen eines Dienstes im Zivil- oder Katastrophenschutz oder der Mitwirkung im Entwicklungsdienst gem. § 13a u. 13b WPflG keinen Wehrdienst zu leisten brauchen, sind auch von der Musterung befreit (§ 3 Abs. 1 Nr. 7 MustVO).

---

45 § 3 Abs. 1 MustVO: „Von der Pflicht, sich zur Musterung vorzustellen, sind Wehrpflichtige zu befreien, 1. wenn sich aus den amtlichen Unterlagen des Gesundheitsamtes, aus dem Zeugnis eines Arztes der Wehrersatzverwaltung, des leitenden Arztes einer psychiatrischen Klinik, einer Heil- und Pflegeanstalt oder einer ähnlichen Anstalt oder aus einem Bescheid des Versorgungsamtes oder eines Trägers der gesetzlichen Renten- und Unfallversicherung ergibt, dass sie nicht wehrdienstfähig sind (§ 9 Nr. des Wehrpflichtgesetzes), 2. wenn sie entmündigt sind (§ 9 Nr. 2 des Wehrpflichtgesetzes), 3. wenn sie vom Wehrdienst ausgeschlossen sind (§ 10 des Wehrpflichtgesetzes), 4. wenn sie nach § 11 Abs. 1 des Wehrpflichtgesetzes vom Wehrdienst befreit sind oder einen Antrag auf Befreiung nach § 11 Abs. 2 des Wehrpflichtgesetzes gestellt und den erforderlichen Nachweis erbracht haben. 5. wenn sie dem Vollzugsdienst der Polizei angehören (§ 42 Abs. 1 Satz1 des Wehrpflichtgesetzes), 6. wenn sie für den Vollzugsdienst der Polizei durch schriftlichen Bescheid angenommen sind (§ 42 Abs. 1 des Wehrpflichtgesetzes) und ihre Einstellung in diesem Dienst innerhalb von 6 Monaten nach der Annahme zu erwarten ist, 7. wenn sie auf Grund des § 13 a oder des § 13 b des Wehrpflichtgesetzes nicht zum Wehrdienst herangezogen werden, 8. wenn sie auf Grund freiwilliger Verpflichtung von der Bundeswehr bereits angenommen sind, 9. wenn sie auf Grund eines Antrags, vorzeitig zum Grundwehrdienst herangezogen zu werden, bereits gemustert worden sind (§ 18 Abs. 1 Satz 2 Halbsatz 1 des Wehrpflichtgesetzes); § 13 Abs. 2 bleibt unberührt." Musterungsverordnung in der Fassung der Neubekanntmachung vom 16. Dezember 1983 (BGBl. 1983, Teil I, S. 1457), geändert durch Artikel 2 des Gesetzes vom 15. Dezember 1995 (BGBl. 1995, Teil I, S. 1726).

bb) Nicht Wehrdienstfähige

Die zweitgrößte Gruppe bei den Wehrdienstausnahmen bilden diejenigen, die als nicht wehrdienstfähig gemustert werden. Im WPflG sind drei Tauglichkeitsgrade festgesetzt: wehrdienstfähig, vorübergehend nicht wehrdienstfähig und nicht wehrdienstfähig (§ 8a Abs. 1 S. 1 WPflG). Dabei wird das Maß der Wehrdienstfähigkeit anhand der sechs verschiedenen ärztlichen Tauglichkeitsgruppen festgestellt. Eingeteilt wird die Tauglichkeit in die vollständige Verwendbarkeit (Tauglichkeitsgruppe 1), die Verwendungsfähigkeit mit Einschränkungen für bestimmte Tätigkeiten (Tauglichkeitsgruppe 2), die Verwendungsfähigkeit mit Einschränkungen in der Grundausbildung und für bestimmte Tätigkeiten (Tauglichkeitsgruppe 3), die vorübergehende Wehrdienstunfähigkeit (Tauglichkeitsgruppe 4), die Wehrdienstunfähigkeit (Tauglichkeitsgruppe 5), sowie Verwendungsfähigkeit für bestimmte Tätigkeiten des Grundwehrdienstes unter Freistellung von der Grundausbildung (Tauglichkeitsgruppe 7). Wehrdienstfähig sind gem. § 8a Abs. 2 S. 1 WPflG diejenigen, die den Tauglichkeitsgruppen 1 bis 3 und 7 angehören. Nach einem Erlass des BMVg aus dem Jahr 2000 wird in Zukunft auf die Einberufung der Angehörigen der Tauglichkeitsgruppe 7 verzichtet. Dies gilt gleichfalls für anerkannte Kriegsdienstverweigerer (KDV) mit der Tauglichkeitsgruppe T-7.[46] Begründet wurde dies mit den gestiegenen und noch weiter steigenden körperlichen Anforderungen der Bundeswehr an ihre Soldaten.[47]

cc) Anerkannte Kriegsdienstverweigerer

Die größte Gruppe der nicht zum Wehrdienst herangezogenen bilden die anerkannten Kriegsdienstverweigerer. Sie leisten gem. § 1 KDVNG anstatt des Grundwehrdienstes Zivildienst. Als anerkannte Kriegsdienstverweigerer gelten diejenigen tauglich Gemusterten, die nicht vom Wehrdienst befreit sind und die einen Antrag auf Kriegsdienstverweigerung aus Gewissensgründen gestellt haben und deren Antrag positiv beschieden wurde.[48]

c) Zukünftig zu erwartende Ausschöpfungsquoten der Wehrpflichtigen

Legt man die Berechnungen des BMVg der jüngeren Zeit zu Grunde – insbesondere die aus dem Hintergrundpapier -, so ergibt sich auch für die kommenden Jahre eine Ausschöpfungsquote von fast 100%.[49] Lediglich für die Planungsjahre 2008 und 2010 ergeben sich Werte knapp über 96%, ansonsten erreichen die Quoten für die Planungsjahre 2005 und 2012 Werte von fast 99%.[50] In Anbetracht dieser ernormen Ausschöpfungsquoten muss aber genauer beleuchtet werden, ob die vom BMVg er-

---

46 Erlass des BMVg vom. 6. Oktober 2000, BMVg WV I 5 – Az 24-07-01/24-09-01; BMVg, Hintergrundpapier, Nr. 7; Zentralstelle KDV, KDV-Aktuell 1/2001, Nr. 2.

47 BMVg, Hintergrundpapier, Nr. 7.

48 Zentralstelle KDV, Entwicklung der Kriegsdienstverweigerung, S. 3.

49 BMVg, Hintergrundpapier, Nr. 12.

50 BMVg, Hintergrundpapier, Nr. 12, 13.

mittelten prozentualen Anteile der einzelnen Gruppen vor dem Hintergrund der Erfahrungen der letzten Jahre und der Prognosen für die Zukunft realistische Berechnungsgrundlage sein können.

Tabelle 11: Zu erwartende Ausschöpfungsquoten nach Berechnungen des BMVg auf Grund der Erfahrungen der letzten Jahre

Planungsjahr	**2005**	**2008**	**2010**	**2012**
Betrachtete Jahrgänge	1983 – 86	1986 – 89	1988 – 91	1990 – 93
Aufkommen (100%) [1]	423.400	442.800	436.400	405.600
Nicht Gemusterte (4%) [2]	16.900	17.700	17.400	16.200
Nicht Wehrdienstfähige (22%) [3]	93.100	97.400	96.000	89.200
Wehrdienstausnahmen (3%) [4]	12.700	13.200	13.000	12.100
Externer Bedarf [5]	14.000	14.000	14.000	14.000
Anerkannte KDV (38%) [6]	160.800	168.200	165.800	154.100
Ergänzungsbedarf BS/SaZ	25.000	25.000	25.000	25.000
Für die Einberufung verfügbare Männer	100.900	107.300	105.200	95.000
Mögliche Einberufungen gesamt	96.000	91.600	88.600	88.600
Ausschöpfungsrest (absolut)	4.900	15.700	16.600	6.400
Ausschöpfungsrest (%)	1,1	3,5	3,8	1,5
Ausschöpfungsquote	*98,9*	*96,5*	*96,2*	*98,5*

1 Ca. 80% aller Wehrpflichtigen werden zwischen dem 19. und 22. Lebensjahr eingezogen. Der dargestellte Wert errechnet sich als Durchschnittswert derjenigen vier Geburtsjahrgänge, die im Planungsjahr dieses Alter erreichen. Alle weiteren Prozentangaben beziehen sich auf den Wert „Aufkommen".
2 Personen, die im Ausland leben oder auf Grund offensichtlicher Hinderungsgründe, wie z.B. anerkannter Behinderungen, nicht gemustert werden.
3 Erwartete Zahl nicht Tauglicher, einschl. bisheriger T-7.
4 Z.B. dritte Söhne, Väter, Theologen, unzumutbare Härtefälle.
5 Gemittelter Bedarf in den Geburtsjahrgängen 1970-74 für Polizei, BGS, Zivil- und Katastrophenschutz, Entwicklungshilfe.
6 Prognose auf Grund gegenwärtiger Erfahrungen.
Quelle: BMVg, Hintergrundpapier zur Wehrgerechtigkeit, Nr. 12.

aa) Nicht Gemusterte

Der Prozentsatz der nicht Gemusterten wird vom BMVg mit 4% angegeben, dies sind in absoluten Zahlen für das Planungsjahr 2005 rund 16.900, für das Jahr 2008 17.700. Für die folgenden Jahre werden auf Grund der sinkenden Jahrgangsstärken in diesem Bereich Werte von 17.400 (2010) und 16.200 (2012) erwartet.[51] Bisher betrug die Zahl der jungen Männer, die als nicht gemustert eingestuft wurden, unter

51 BMVg, Hintergrundpapier, Nr. 12; BMVg, Eckpfeilerpapier, S. 32; Siehe auch den Überblick in der nachfolgenden Tabelle.

1%.[52] In neueren statistischen Angaben des BMVg ist in dieser Rubrik ein überraschender Anstieg zu verzeichnen. So rechnet das BMVg für die Planungsjahre 2005 bis 2012 mit einer Quote von 4% nicht Gemusterten.[53] Nach den Erläuterungen zu dieser Angabe äußert sich das BMVg dahingehend, dass es sich bei diesen Personen insbesondere um Personen handelt, die im Ausland leben oder auf Grund von offensichtlichen Hinderungsgründen, wie z.B. anerkannten Behinderungen, nicht gemustert werden.[54] Neben dieser mit 4% recht hohen Quote erscheinen in neueren statistischen Angaben des BMVg Personengruppen, die nach der gesetzlichen Regelung eigentlich als „nicht gemustert" eingestuft werden müssten und in früheren Statistiken auch in dieser Rubrik geführt wurden, in gesonderten Spalten. Dritte Söhne, Väter oder Theologen werden als Wehrdienstausnahmen geführt, obwohl sie schon als „nicht gemusterte" anzusehen sind.[55] Weiterhin gibt es eine eigene Aufzählung des externen Bedarfs, für Polizei, BGS, Zivil- u. Katastrophenschutz oder den Entwicklungsdienst.[56] Die Gruppe der „nicht Gemusterten" ist demnach aufgeteilt worden und die einzelnen Positionen sind nochmals zu den Wehrdienstausnahmen von 4% hinzugezählt worden.[57]

bb) Nicht Wehrdienstfähige

Das BMVg rechnet für das Jahr 2005 mit 93.100 Untauglichen und 97.400 für das Jahr 2008.[58] Auch hier reduzieren sich die Werte durch die geringeren Jahrgangsstärken von nur noch 96.000 im Jahr 2010 auf 89.200 für das Planungsjahr 2012. Dies entspricht einer Quote von rund 22% Wehrdienstuntauglichen.[59] Bei einem Vergleich mit Zahlen aus den vergangenen Jahren wird aber deutlich, dass die Quote von 22% Untauglichen unrealistisch ist. Selbst vor der Einführung des Tauglichkeitsgrades T-7 im Jahr 1995 gab es lediglich rund 18% Untaugliche.[60] Nach der Einführung dieser neuen Tauglichkeitsstufe sank der Anteil der nicht Wehrdienstfähigen auf Werte um 10%.[61] Dieser Wert wird auch von den Musterungsergebnissen der Musterungsjahre 1994 – 2000 bestätigt. Nachdem der Prozentsatz der Untauglichen we-

---

52 *Finckh*, Presseerklärung v. 17. November 2000, Nr. 3.
53 BMVg, Eckpfeilerpapier, Nr. 63.
54 BMVg, Hintergrundpapier, Nr. 12 (Tabelle, Fußnote 2).
55 BMVg, Hintergrundpapier, Nr. 12 (Tabelle, Fußnote 4).
56 BMVg, Hintergrundpapier, Nr. 12 (Tabelle, Fußnote 5).
57 *Finckh*, Presseerklärung vom 17. November 2000, Nr. 3.
58 BMVg, Hintergrundpapier, Nr. 12 (Tabelle, Spalte „Nicht Wehrdienstfähige").
59 BMVg, Hintergrundpapier, Nr. 12. Im Eckpfeilerpapier ging das BMVg noch von einer Untauglichenquote von lediglich 17% aus, BMVg, Eckpfeilerpapier, S. 32; Siehe auch den Überblick in der nachfolgenden Tabelle.
60 *Finckh*, Presseerklärung v. 17. November 2000, Nr. 4 (Tabelle).
61 *Finckh*, Presseerklärung v. 17. November 2000, Nr. 4 (Tabelle); *Tobiassen*, Wehrgerechtigkeit, S. 6, Tabelle 3.

gen des Tauglichkeitsgrades T-7 noch bei 20,68 lag, sank er in den darauf folgenden Jahren drastisch ab und hat sich auf einen Wert um 10% eingestellt.[62]

Bei dem Anteil der vorübergehend nicht Wehrdienstfähigen haben die Erfahrungen der letzten Jahre gezeigt, dass bei den später erfolgenden Nachmusterungen wiederum nur rund die Hälfte endgültig als nicht wehrdienstfähig eingestuft wird.[63] Die andere Hälfte, rund 1,5 – 2%, stehen als Wehrdienstfähige der Bundeswehr zur Verfügung. Dies ergibt letztlich eine Tauglichkeitsquote von rund 86% und einen Anteil an Untauglichen von lediglich 14%. Daran ändert auch der Verzicht auf die Einberufung der als T-7 Gemusterten nichts. Diese Gruppe Wehrpflichtiger ist als tauglich gemustert und steht damit potenziell der Bundeswehr zur Verfügung und muss in die Gruppe der Wehrdienstfähigen eingerechnet werden. In absoluten Zahlen ist daher zukünftig, bei einer Quote von maximal 14% nicht Wehrdiensttauglicher, von 60.200 Ausfällen auf Grund Untauglichkeit auszugehen.

Tabelle 12: Tauglichkeitsquoten der vergangenen Jahre

Musterungsjahr	**1994**	**1995**	**1996**	**1997**	**1998**	**1999**
Anzahl der Musterungen	318.797	395.514	418.181	427.521	417.805	395.646
Wehrdienstfähig	246.724	329.866	370.118	370.397	362.639	342.089
Vorübergehend nicht wehrdienstfähig	12.294	27.160	8.121	19.288	14.941	13.028
Nicht wehrdienstfähig	59.779	38.488	39.942	37.836	40.225	40.529
Wehrdienstfähig (%)	*77,39*	*83,40*	*88,51*	*86,64*	*86,80*	*86,46*
Vorübergehend nicht wehrdienstfähig (%)	3,86	6,87	1,94	4,51	3,58	3,29
Nicht wehrdienstfähig (%)	18,75	9,73	9,55	8,85	9,63	10,24

Quelle: Zentralstelle KDV, Presseerklärung v. 17. November 2000, Nr. 4.[64]

cc) Anerkannte Kriegsdienstverweigerer

Auf Grund gegenwärtiger Erfahrungen wird seitens des BMVg mit einem Anteil von 38% Kriegsdienstverweigerern gerechnet.[65] Im Jahr 2005 wären dies absolut

---

62 Nach Angaben des Presse- und Informationsstabes des Bundesministeriums der Verteidigung lagen die Prozentsätze der Untauglichen 1995 bei 13,16%, 1996 bei 10,52%, 1997 bei 11,11%, 1998 bei 11,42%, 1999 bei 11,89 und im Jahr 2000 bei 12,60%. Siehe die Nachweise bei *Tobiassen*, Wehrgerechtigkeit, S. 6, Tabelle 4.

63 Zentralstelle KDV, Entwicklung Kriegsdienstverweigerung, S. 5.

64 Die Tabelle wurde anhand von Angaben des Presse- und Informationsstabes des BMVg durch die Zentralstelle KDV erstellt.

65 BMVg, Hintergrundpapier, Nr. 12. Wogegen das BMVg in dem im Jahr 2000 veröffentlichten Eckpfeilerpapier noch von 40% Kriegsdienstverweigerern ausging, BMVg, Eckpfeilerpapier, S. 32; Siehe auch den Überblick in der nachfolgenden Tabelle.

160.800. Nach einem Anstieg auf 168.200 für das Planungsjahr 2008 würde dieser Wert über 165.800 im Jahr 2010 auf 154.100 im Jahr 2013 absinken.

Tabelle 13: Anteil der bestands-/rechtskräftig anerkannten Kriegsdienstverweigerer am Geburtsjahrgang

Bedarfsjahr	**1993**	**1994**	**1995**	**1996**	**1997**	**1998**
Mittlere Jahrgangsstärke	465.561	440.926	421.466	408.322	397.951	397.525
KDV absolut	116.337	103.918	131.165	132.544	141.056	133.109
KDV-Ausfall in %	*24,99*	*23,57*	*31,12*	*32,46*	*35,45*	*33,48*

Quelle: BAZ, Daten und Fakten 2000, S. 9. Diese Tabelle gibt den Anteil der anerkannten Kriegsdienstverweigerer an den im genannten Bedarfsjahr zur Bedarfsdeckung zur Verfügung stehenden Geburtsjahrgängen wieder.

Berücksichtigt man bei der Berechnung der Anzahl der anerkannten Kriegsdienstverweigerer die Zahlen vergangener Jahre, so erscheint der vom BMVg vorgegebene Anteil von 38% Kriegsdienstverweigerer pro Geburtsjahrgang ebenfalls als zu hoch angesetzt.

Die Quote der anerkannten Kriegsdienstverweigerer (KDV) am Geburtsjahrgang hat seit der Einführung des Zivildienstes noch nie einen so hohen Wert erreicht wie den vom BMVg angegebenen. Die KDV-Quote lag für den Geburtsjahrgang 1937 noch bei 0,75% und ist über mehrere Jahrzehnte sehr langsam angestiegen und erreichte erst im Geburtsjahrgang 1966 – fast eine Generation später – die 10%-Marke. Danach lässt sich ein wesentlich schnellerer Anstieg des KDV-Anteils am Jahrgang verzeichnen. Innerhalb eines Jahrzehnts stieg bei den Geburtsjahrgängen 1967 bis 1976 der KDV-Anteil auf 30,53%. Dies führte im Jahr 1997 zu dem bisher höchsten Ausfall durch Kriegsdienstverweigerer (KDV) von 35,45%. Seitdem sinkt dieser Wert wieder langsam ab und erreichte für den Geburtsjahrgang 1979 nur noch 23,96%.[66] Zu beachten ist hierbei, dass die KDV-Verfahren der letzten Jahrgänge, insbesondere der von 1978 bis 1982, noch nicht vollständig abgeschlossen sind und daher noch mit einem leichten Anstieg der KDV-Quote zu rechnen ist. Diese unvollständigen Zahlen entstehen dadurch, dass die Musterungen regelmäßig erst am Ende der Schul- oder Ausbildungszeit zwischen dem 18. - 21. Lebensjahr stattfinden.

Erfahrungen aus der bisherigen Anerkennungspraxis zeigen, dass bei den über 23-jährigen – dies wären für das Jahr 2001 die Geburtsjahrgänge 1978 und älter – nur noch mit einer zusätzlichen Anerkennungsquote von rund 1% zu rechnen ist.[67] Ein Erreichen oder Überschreiten der 30%-Marke bei der KDV-Quote am Geburtsjahrgang und der 36%-Marke bei der KDV-Ausfallquote ist aber auf Grund der Erfahrungen der letzten Jahre nicht zu erwarten. Der mit über 30% sehr hohe Wert für den Jahrgang 1976 resultiert aus den damaligen sicherheitspolitischen Rahmenbedin-

[66] Zahlen nach BAZ, Daten und Fakten, S. 8 f.
[67] *Finckh*, Presseerklärung v. 17. November 2000, Nr. 5.

gungen. Als Männer dieses Jahrgangs zur Musterung gerufen wurden, waren diese beeinflusst von den Ereignissen des Zweiten Golfkriegs im Jahr 1991 und hatten somit die Bilder eines modernen Krieges noch in frischer Erinnerung.[68] Derzeit gibt es auf dem europäischen Kontinent auch bewaffnete Konflikte, die Auswirkung auf das Verweigerungsverhalten der Wehrpflichtigen haben könnten. Die Konflikte auf dem Balkan, z.B. in Mazedonien oder dem Kosovo, unterscheiden sich aber von den beiden Golfkriegen. In den beiden Golfkriegen waren die beteiligten ausländischen Streitkräfte (z.B. USA, Großbritannien) direkt an Bodenkämpfen und damit am bewaffneten Konflikt selbst beteiligt. Bei Einsätzen auf dem Balkan sind NATO-Streitkräfte aber nur mit Maßnahmen der Friedenssicherung betraut. Da ein mit dem Golfkrieg vergleichbares Kriegsereignis aktuell nicht existiert, ist auch in absehbarer Zeit nicht mit einem drastischen Anstieg der KDV-Zahlen zu rechnen. Auszugehen ist somit von einem maximalen Ausfall durch Kriegsdienstverweigerer von 36%.[69] In absoluten Zahlen ausgedrückt wären dies zukünftig etwa 155.000 Kriegsdienstverweigerer pro Jahr.[70]

3. Zukünftige Ausschöpfungsquoten

Die oben durchgeführten Überprüfungen haben gezeigt, dass die vom BMVg vorgelegten Zahlen vor dem Hintergrund der Erfahrungen der vergangenen Jahre und den Prognosen für die Zukunft nicht realistisch sind. Die prophezeiten Ausschöpfungsquoten von fast 100% sind zukünftig wohl nicht annähernd zu erreichen. Vielmehr ergibt sich für die Zukunft folgendes Bild: Auf Grund der in den nächsten Jahren wieder zunehmenden Jahrgangsstärken wird sich die Zahl der jungen Männer eines Jahrgangs von 427.400 im Jahr 2003 auf 447.500 für das Jahr 2009 erhöhen. Da für die nächsten Jahre nicht mit einem Anstieg der Wehrdienstunfähigen und der anerkannten Kriegsdienstverweigerer zu rechnen sein wird, erhöht sich die Zahl der für die Einberufung zur Verfügung stehenden jungen Männer im gleichen Maße wie auch die Jahrgangsstärken sich erhöhen. Dies führt für das Jahr 2003 zu einer Zahl von 149.700 jungen Männern, die theoretisch einberufen werden könnten. Wenige Jahre später, im Jahr 2009, werden schon 156.500 junge Männer für die Einberufung verfügbar sein. Wie oben errechnet, wird auf Grund der Verkleinerung der Bundeswehr und der damit einhergehenden kontinuierlichen Verringerung der Stellen für Grundwehrdienstleistende (GWDL) auch die Anzahl der möglichen Einberufungen zurückgehen. Die Stellen für Grundwehrdienstleistende (GWDL) werden von 91.900 im Jahr 2003 auf 72.500 im Jahr 2009 sinken. Bei steigender Anzahl zur Verfügung

---

68 BAZ, Daten und Fakten, S. 7; Zentralstelle KDV, Entwicklung Kriegsdienstverweigerung, S. 10.

69 Auch das BAZ hat als höchste KDV-Ausfallquote einen Wert von 35,45% errechnet. BAZ, Daten und Fakten, S. 9.

70 Das Bundesjugendministerium geht von zukünftig rund 140.000 anerkannten Kriegsdienstverweigerern pro Jahr aus, ebenso die Zentralstelle KDV: *Finckh*, Anmerkungen zum Eckpfeilerpapier, Nr. 2.

stehender Wehrpflichtiger wird die Zahl der bereitgestellten Wehrdienstplätze sinken. Schon im Jahr 2003 werden – bei gleich bleibenden äußeren Rahmenbedingungen – über 57.000 taugliche Wehrpflichtige nicht mehr einberufen werden können. Dieser Wert steigt stetig und erreicht im Jahr 2009 einen Wert von 84.000. Hinzuzurechnen sind noch die nicht einberufenen tauglichen Wehrpflichtigen aus den vorherigen Jahren. Können 2003 noch fast 2/3 aller tauglichen Wehrpflichtigen einberufen werden, werden es sechs Jahre später weit weniger als 50% sein.[71] Betrachtet man die Zahl der möglichen Einberufungen nun im Verhältnis zu den jeweiligen Jahrgangsstärken, so verschlimmert sich das Bild noch mehr. Im Jahr 2003 werden von 427.000 Männern nur rund 91.900 einberufen werden können, dies sind 21,5%. Vor dem Hintergrund steigender Jahrgangszahlen und sinkender Einberufungen wird sich dieses Verhältnis bis zum Jahr 2009 noch verschlechtern. Dann werden von 447.500 jungen Männern eines Jahrgangs nur noch 16,2% (72.500) einberufen werden können. Mithin werden in naher Zukunft weniger als ein Fünftel eines Jahrgangs noch Wehrdienst leisten.

Tabelle 14: Zu erwartende Ausschöpfungsquoten anhand der oben durchgeführten eigenen Berechnungen[72]

Planungsjahr	**2003**	**2005**	**2007**	**2009**
Aufkommen (100%)	427.400	421.800	435.100	447.500
Nicht Gemusterte (1%)	4.300	4.200	4.400	4.500
Nicht Wehrdienstfähige (14%)	59.800	59.000	61.000	62.700
Wehrdienstausnahmen (3%)	12.800	12.700	13.000	13.400
Externer Bedarf (3%)	12.800	12.700	13.000	13.400
Anerkannte KDV (38%)	162.400	160.300	165.300	170.100
Ergänzungsbedarf BS/SaZ (6%)	25.600	25.300	26.100	26.900
Für die Einberufung verfügbare Männer	149.700	147.600	152.300	156.500
Mögliche Einberufungen gesamt	91.900	78.300	75.400	72.500
Ausschöpfungsrest (absolut)	57.800	69.300	76.900	84.000
Ausschöpfungsrest (%)	38,6	46,9	50,5	53,7
Ausschöpfungsquote	*61,4*	*53,1*	*49,5*	*46,3*

Zu den jeweils in einem Jahr nicht einberufenen Wehrpflichtigen muss aber in jedem Jahr noch der Überhang aus den vorhergehenden Jahren hinzugerechnet werden. Dieser setzte sich aus den nicht Einberufenen von insgesamt sechs Jahrgängen zu-

71 Zu diesem Ergebnis gelangt auch die Zentralstelle KDV in ihren eigenen Berechnungen zu künftigen Ausschöpfungsquoten. Zentralstelle KDV, KDV-Aktuell 1/2001, Nr. 5.

72 Die Tabelle gibt die Werte und Prozentsätze wieder, die unter Gliederungspunkt E.II.2.c), Seite 158 anhand der früheren Erfahrungswerte und Prognosen errechnet wurden.

sammen, da die Wehrpflichtigkeit mit 18 Jahren beginnt und i.d.R. mit dem 25. Lebensjahr endet. Die nicht einberufenen Wehrpflichtigen fallen erst aus diesem Überhang hinaus, wenn sie die Einberufungsgrenze von 25 Jahren erreicht haben. Dieser Überhang der bis 25-Jährigen wird sich im Angesicht geringerer Einberufungen und wachsender Jahrgangsstärken von Jahr zu Jahr potenzieren und wird so zu einer „Bugwelle".[73] Bis zum Jahr 2010 wird nach Berechnungen der Zentralstelle KDV diese Bugwelle einen Umfang von über 600.000 Wehrpflichtigen erreicht haben.[74]

4. Auswirkungen auf die geforderte Wehrgerechtigkeit

Die durchgeführten Berechnungen haben gezeigt, dass die Bundeswehr bei der Umsetzung der geplanten Reform dem verfassungsrechtlichen Postulat der Wehrgerechtigkeit in den kommenden Jahren nicht mehr gerecht werden kann. In den kommenden Jahren wird die zu erwartende Ausschöpfungsquote von knapp über 60% (2003) auf deutlich unter 50% (2009) sinken. Bezogen auf den gesamten Jahrgang werden im Jahr 2003 noch ein gutes fünftel der jungen Männer eines Jahrgangs Wehrdienst leisten. Acht Jahre später werden es lediglich 16,2% sein. Schon in den vergangenen Jahren war die Gewährleistung der Wehrgerechtigkeit problematisch. Nur bei einer anhaltend hohen Quote an Kriegsdienstverweigerern von rund 30% konnten alle zur Verfügung stehenden tauglichen Wehrpflichtigen einberufen werden.[75] Notwendig hierfür war eine Aufteilung von 40% Wehrdienstleistenden, 20% Ersatzdienstleistenden und 40% Untauglichen oder sonstigen Wehrdienstausnahmen.[76] Die zurzeit noch Gewähr leistete latente Wehrgerechtigkeit kann aber bei der Herabsetzung der Wehrdienstdauer auf neun Monate und der Absenkung der Anzahl der Grundwehrdienstleistenden innerhalb von zehn Jahren auf 51.000 nicht mehr Gewähr leistet werden. In Anbetracht eines Verhältnisses von zur Verfügung stehenden Wehrpflichtigen zu den möglichen Einberufungen von 2:1 in den kommenden Jahren wird die Wehrpflicht *de facto* zu einer Auswahlwehrpflicht. Bei einer stetig sinkenden Ausschöpfungsquote mit einem für 2010 zu erwartenden Wert von unter 50% wird die derzeit bestehende Wehrpflicht dem verfassungsrechtlichen Postulat der Wehrgerechtigkeit nicht mehr gerecht.[77] Die Einberufungspraxis der Bundeswehr würde sich auch in Zukunft am Interesse der Bundeswehr an einer optimalen Deckung des Personalbedarfs orientieren, wobei der überwiegende Teil der an sich

---

73 Der Ausdruck „Bugwelle" wurde von *Peter Tobiassen* in einer Presseerklärung der Zentralstelle KDV benutzt. Ab 2002 baut sich eine „Bugwelle" an Wehrpflichtigen auf. Presseerklärung von *Peter Tobiassen*, http://www.zentralstele-kdv.de/presse38.htm.

74 *Tobiassen*, Wehrgerechtigkeit, S. 15, Tabelle 17.

75 *Vosgerau*, ZRP 1998, 84 (85).

76 *Sommer*, Die Zeit v. 7. März 1996, S. 1.

77 So auch das Mitglied der Weizsäcker-Kommission, *Knut Ipsen*, der einen Verstoß gegen die Wehrgerechtigkeit auch schon bei Auswahlwehrpflicht mit 25% der zur Verfügung stehenden gegeben sieht. *Ipsen*, Abweichendes Votum des Kommissionsmitglieds *Ipsen*, Bericht der Wehrstrukturkommission 2000, S. 150.

Wehrpflichtigen nicht einberufen würde.[78] Die gezielte Auswahl benötigter Wehrpflichtiger wäre dann die Folge. Im Zuge dieser Entwicklungen werden nur noch diejenigen Wehrpflichtigen Dienst leisten, die überhaupt zum Dienst herangezogen werden. Das Ergebnis dieser Entwicklung wäre die Schaffung einer Auswahlwehrpflicht. Ungeachtet der verfassungsrechtlichen Legitimitätsfragen würde an der Wehrpflicht festgehalten. Der drastisch reduzierte Bedarf an Wehrpflichtigen zeigt, dass die Wehrpflicht demnach auch nach der Einschätzung des BMVg zur Sicherung der militärischen Bündnis- und Landesverteidigung nicht mehr notwendig ist. Wäre dies der Fall, müssten alle zur Verfügung stehenden Wehrpflichtigen auch einberufen werden. Auch unter dem Aspekt der Wehrgerechtigkeit ist die Wehrpflicht, wie sie derzeit besteht, verfassungsrechtlich nicht mehr zu rechtfertigen.[79]

---

78 Dieser Ansicht waren auch einige Mitglieder der Weizsäcker-Kommission in Bezug auf das dort bevorzugte Wehrpflichtmodell, welches ähnliche Ausschöpfungsquoten hervorgerufen hätte. Abweichendes Votum der Kommissionsmitglieder *Cordes/Hansen/Lutz/Müller/Schoppe/Steinbach*, Bericht der Wehrstrukturkommission 2000, 147 (147).

79 Zu diesem Ergebnis gelangt auch *Knut Ipsen* für das von der Weizsäcker-Kommission bevorzugte Wehrpflichtmodell. *Ipsen*, Abweichendes Votum des Kommissionsmitglieds Ipsen, Bericht der Wehrstrukturkommission 2000, S. 150.

F. Zusammenfassung der Ergebnisse

Die durchgeführte Betrachtung der Legitimationsfrage der derzeit in der Bundesrepublik bestehenden allgemeinen Wehrpflicht hat gezeigt, dass diese vor dem Hintergrund der aufgeworfenen Fragestellungen, insbesondere aber aus verfassungsrechtlichen Gesichtspunkten, nicht mehr zu rechtfertigen ist.

I. Historische Betrachtung

Die Analyse der historischen Entwicklung der Wehrpflicht in Deutschland seit ihrer Einführung 1814 in Preußen hat verdeutlicht, dass die Wehrpflicht vor dem Hintergrund der deutschen Geschichte gerade nicht, wie oft geschehen, als das „legitime Kind der Demokratie" bezeichnet werden kann. Eine Demokratieadäquanz, d.h. ein besonders enges Verhältnis von Wehrpflicht und demokratischer Staatsform lässt sich in der deutschen Geschichte, insbesondere in der jüngeren, nicht nachweisen. Der Vergleich mit anderen Demokratien, wie z.B. Frankreich, Großbritannien oder den USA, in denen die allgemeine Wehrpflicht stets nur als Instrument zur Staatsverteidigung in Zeiten des Staatsnotstandes eingesetzt wurde, hat gezeigt, dass die Wehrpflicht in Deutschland bis zur Gründung der Bundesrepublik durch ihre Beibehaltung außerhalb von Notzeiten für die Militarisierung von Staat und Gesellschaft instrumentalisiert wurde. Während ihrer gesamten Geschichte war die Wehrpflicht nur zur Zeit ihrer erstmaligen Einführung in Deutschland – während der Befreiungskriege gegen Napoleon – staatspolitisch notwendige Maßnahme zur Befreiung des Landes von fremder Herrschaft. Nach den Befreiungskriegen, nachdem sich der sicherheitspolitische Hintergrund vollständig geändert hatte, hat sie ihre sicherheitspolitische Legitimation wieder verloren und in der darauf folgenden deutschen Geschichte auch nie wirklich wieder erlangt. Durch die Beibehaltung während der gesamten jüngeren deutschen Geschichte ist die Wehrpflicht unbeschadet ihrer sicherheitspolitischen Berechtigung gewissermaßen zu einer selbstverständlichen Wehrform der deutschen Streitkräfte geworden.

Deutsche Streitkräfte sind in den Zeiten der konstitutionellen Monarchie auch vor dem Hintergrund des Parlaments und der wachsenden Demokratisierungstendenzen immer ein Machtinstrument der Könige und Kaiser gewesen. Eine vom Volk als Souverän getragene und kontrollierte Volksarmee gab es nicht. Während des Kaiserreichs erfolgte eine konsequente Erweiterung und Umstrukturierung der Armee zu einem Machtinstrument des Kaisers. Der Einfluss des Parlaments auf die Armee sollte so gering wie möglich sein. Durch den Ausschluss ganzer Bevölkerungsschichten, insbesondere solcher, die mit Demokratie und Parlamentarismus in Verbindung gebracht wurden, sollte sichergestellt werden, dass die Armee dem Kaiser als Mittel zur Aufrechterhaltung seiner Macht dient. Erst nach und nach erkämpfte sich das Parlament gewisse Kontroll- und Mitbestimmungsmöglichkeiten über die Armee. Als der

Kaiser die Bevölkerungsmassen für Kriegszwecke benötigte, gestand man schließlich den sozialdemokratischen Schichten den Dienst in der Armee zu, ja man verpflichtete sie später sogar dazu.

Der Grundstein für den stetigen Aufstieg Hitlers lag in der schon frühen Umgehung der Bestimmungen des Versailler Friedensvertrages über die Aussetzung der Wehrpflicht und die Beschränkung der Heeresstärke. Hitler nutzte die Wehrform der Wehrpflicht zur Durchsetzung seiner größenwahnsinnigen „Germanisierungspläne" für Europa. Das deutsche Wehrpotenzial wurde von ihm durch die Umgehung des Versailler Vertrages konsequent ausgeschöpft. Durch diese Ausschöpfung gelang ihm der Aufbau eines bisher nicht da gewesenen Massenheeres, welches er machtpolitisch missbrauchte. Zu keiner Zeit ist das Verhältnis von fast vollständiger Einziehung der männlichen Bevölkerung zu den Verlusten im Gefecht größer gewesen. Die Kapitulation Deutschlands und das Ende des Zweiten Weltkrieges bedeutete für Deutschland kein Ende der Armeen und der Wehrpflicht, sondern die Aussetzung der Wehrpflicht und die Auflösung der Wehrmacht waren nur von vorübergehender Art. Die Debatte um die Wiederbewaffnung und den Aufbau einer Wehrpflichtarmee wurde in der Bundesrepublik auf politischer und gesellschaftlicher Ebene umfassend geführt. Vor dem Hintergrund des sich abzeichnenden Ost-West-Konfliktes entschied man sich aber für die Wiederaufrüstung und Wiederbewaffnung. Nur über einen genügend großen Wehrbeitrag konnte die junge Bundesrepublik in einem sich formierenden Europa sicherheitspolitisch angemessen vertreten sein. Die Wiederbewaffnung und Wiedereinführung der Wehrpflicht in der DDR war letztlich ebenfalls kein Zeichen von Demokratieadäquanz, sondern ein Mittel zur Machtdemonstration und Abschreckung des Klassenfeindes im Westen. Auf die Rekrutierung systemfreundlicher Bürger für einen freiwilligen Dienst in der NVA folgte die Einführung der Wehrpflicht.

II. Verfassungsrechtliche Rechtfertigung vor dem Hintergrund der geänderten sicherheitspolitischen Lage

Ergebnis der Hinterfragung der verfassungsrechtlichen Rechtfertigung der Wehrpflicht ist, dass diese auf Grund der geänderten sicherheitspolitischen Lage seit Wegfall des Ost-West-Konflikts seit 1990 nicht mehr als ein erforderlicher Eingriff und daher als verfassungswidrig anzusehen ist. Die Wehrpflicht greift in verschiedenste Grundrechte der wehrpflichtigen Bürger ein. Da es sich bei der Wehrpflicht nicht um eine Grundpflicht handelt und auch andere Ausschlussgründe nicht ersichtlich sind, muss der Gesetzgeber bei der Frage der Verfassungsmäßigkeit der Wehrpflicht auch den allgemeinen Grundsatz der Verhältnismäßigkeit beachten. Das aus dem Rechtsstaatsprinzip hergeleitete Postulat der Verhältnismäßigkeit ist ein allgemeiner Maßstab, der im gesamten Bereich staatlicher Gewalt Anwendung findet und alle drei staatlichen Gewalten bindet. Zwar ist die derzeit bestehende Wehrpflicht zur Erreichung des legitimen gesetzgeberischen Zwecks der Bündnis- und Landesverteidigung geeignet, aber sie ist nicht mehr erforderlich.

Die Bundesrepublik und ihre Bündnispartner sind in der absehbaren Zukunft keiner äußeren existenziellen Bedrohung mehr ausgesetzt. Zukünftig wird an die Stelle der großen Gefahr eines bewaffneten Konfliktes, in den ganz Europa involviert ist, eine Vielzahl von kleinen und größeren Risiken und Bedrohungen treten. Bestimmend für diese Risiken werden Konflikte zwischen ethnischen Gruppen oder Nationen, Wirtschafts- und Technologiekatastrophen mit regionalen oder globalen Auswirkungen sein. War die Wahrscheinlichkeit des Ausbruchs eines Krieges zwischen den beiden Blockparteien während des Kalten Krieges auf Grund dessen verheerenden Folgen sehr gering, so ist die Eskalationswahrscheinlichkeit für die zu erwartenden regionalen Krisen und Konflikte bedeutend höher. Gleichfalls kann die Gefahr einer erneuten Bedrohung durch Russland nicht vollständig ausgeschlossen werden. Voraussetzung für eine derartige Bedrohung wären aber einschneidende, langfristige und deutlich wahrnehmbare Veränderungen, die sich über einen langen - schätzungsweise zehn Jahre – Zeitraum erstrecken würden.

Aus den geänderten sicherheitspolitischen Rahmenbedingungen resultieren neue Aufgaben für die Bundeswehr. So wie es früher nur die Gefahr eines Angriffs des Ostens auf Deutschland gab, so war auch der Schwerpunkt der damaligen Verteidigungspolitik die Sicherstellung der Verteidigung des nationalen Territoriums gegen einen Angriff nach kurzer Vorwarnzeit, sowie der Region Mitteleuropa. Durch die Vielzahl der zukünftig zu erwartenden Bedrohungen und Risiken umfasst auch das Aufgabenspektrum der Bundeswehr heute und in Zukunft eine Fülle verschiedenster Einsätze, die sich von der früheren Verteidigungsaufgabe teilweise sehr deutlich entfernt haben. Die Bundeswehr muss zukünftig in der Lage sein, nicht kombattante Einsätze, die eine helfende, rettende und ordnende Funktion haben, daneben Einsätze mit Schutzauftrag, bei denen bewaffneter Schutz für Menschen, Material und Operation Gewähr leistet werden muss, sowie die Sicherung örtlicher kritischer Infrastruktur und zuletzt auch kombattante Einsätze, bei denen der Einsatz von militärischer Gewalt notwendig ist, wahrzunehmen. Dabei werden diese Einsätze verstärkt im Rahmen internationaler und zwischenstaatlicher Organisationen, wie z.B. der NATO, WEU, VN und der OSZE stattfinden. Eine zunehmend bedeutendere Rolle werden diese dabei bei der Realisierung der geplanten GESVP Einsätze im europäischen Zusammenhang spielen.

Zur Erreichung des gesetzgeberischen Zwecks ist eine Freiwilligenarmee mit einer Stärke von rund 200.000 Soldaten gleich geeignet. Zum einen kann eine solche Armee das Hauptziel des Gesetzgebers, die Gewährleistung der militärischen Bündnis- und Landesverteidigung, gleich gut erreichen. Zum anderen ist durch eine Freiwilligenarmee auch die Erfüllung gesetzgeberischer Nebenziele, wie eine möglichst geringe Belastung des Bundeshaushaltes und die Sicherstellung der Verbindung zwischen Armee und Gesellschaft, sichergestellt. Eine Freiwilligenarmee kann durch den hohen Ausbildungsstand ein Höchstmaß an Professionalität und Mobilität erreichen und eignet sich daher besonders gut für die Verwendung innerhalb schneller Eingreiftruppen, wie sie für die künftigen Einsätze notwendig sind. Soldaten in einer Armee der Zukunft müssen bestmöglich ausgebildet, ständig präsent und schnell verfügbar sein. Darüber hinaus müssen sie nicht nur über das infanteristische Grundwissen verfügen, sondern auch alle anderen militärischen Fähigkeiten, wie sie für den intensiven und kräftezehrenden Kampfeinsatz, aber auch für den ordnenden und humanitären Einsatz notwendig sind, beherrschen. Einem normalen Bürger können dieses Spezialwissen und diese Spezialfähigkeiten in der immer kürzer werdenden Dienstzeit der Grundwehrdienstleistenden aber nicht vermittelt werden.

Entgegen vielfacher Behauptungen können auch die gesetzgeberischen Nebenziele mit einer 200.000 Soldaten starken Freiwilligenarmee verwirklicht werden. Es steht nicht zu erwarten, dass sich eine Freiwilligenarmee von der Gesellschaft isolieren und so zu einem „Staat im Staate" wird. Anders als die Reichswehr der Weimarer Republik ist die Bundeswehr durch verschiedene Regelungen in der Gesellschaft verankert und unterliegt einer weit gehenden parlamentarischen Kontrolle. Die Stellung des einzelnen Soldaten ist ebenso wie die Rechte und Pflichten des einzelnen Soldaten gesetzlich geregelt. Der einzelne Soldat ist nicht unbegrenzt an Befehl und Gehorsam gebunden, sondern nur soweit, als dies nicht gegen die Menschenwürde verstößt oder die Verwirklichung einer Straftat darstellt. Verschiedene Instrumente der aktiven Mitgestaltung ermöglichen es den Soldaten, ihren täglichen Dienstbetrieb mitzugestalten. Auch unterliegt die Bundeswehr als Parlamentsheer einer umfassenden parlamentarischen Kontrolle. Die Befehls- und Kommandogewalt ist von der Bundeswehr losgelöst und auf politische Entscheidungsträger übertragen und unterliegt im Frieden dem Bundesminister der Verteidigung und in der Krise dem Bundeskanzler. Mit dem Verteidigungsausschuss steht dem Parlament ein weiteres Kontrollelement zur Seite. Eine wirksame gesellschaftliche Kontrolle kann auch durch eine Freiwilligenarmee sichergestellt werden. Es steht nicht zu erwarten, dass eine Freiwilligenarmee leichtfertiger eingesetzt wird. Eine Freiwilligenarmee kann gegenüber einer Wehrpflichtarmee besser extremistischen Tendenzen in der Armee vorbeugen, da diese im Unterschied zur Wehrpflichtarmee nicht jeden Wehrpflichtigen per Gesetz nehmen muss, sondern sich seine Soldaten unter den Bewerbern aussuchen kann. Hier können umfangreiche psychologische Tests, wie sie innerhalb der Bundeswehr schon bei dem KSK üblich sind, angewendet werden, um ungeeignete Bewerber zu selektieren.

Durch eine Freiwilligenarmee könnte auch der Bundeshaushalt erheblich entlastet werden. Bei einer Stärke von 200.000 Soldaten würden so rund € 9 Milliarden eingespart. Diese Summe setzt sich aus den Einsparungen an direkten Kosten, d.h. Kosten, die budgetwirksam im Bundeshaushalt festzumachen sind, und den indirekten

Kosten zusammen. Bei den indirekten Kosten handelt es sich um die sog. Opportunitätskosten, d.h. Kosten, die dadurch entstehen, dass der Wehrpflichtige während des Wehrdienstes nicht seiner gewohnten beruflichen Tätigkeit nachgehen kann und solche, die durch Steuerausfälle entstehen.

III. Gleichheitsrechtliche Betrachtung

Auch unter gleichheitsrechtlichen Gesichtspunkten lässt sich die bestehende Wehrpflicht nicht mehr rechtfertigen. Seit der Öffnung der Bundeswehr für Frauen in sämtlichen Laufbahnen besteht innerhalb der Bundeswehr folgende Situation: Frauen dürfen Dienst an der Waffe leisten, Männer müssen diesen Dienst leisten. Auf europarechtlicher Ebene lässt sich kein Verstoß gegen die Gleichbehandlungsrichtlinie 76/207/EWG vom 9. Februar 1976 feststellen. Zwar hat die Gemeinschaft die Kompetenz zur Regelung von Fragen mit Verteidigungsbezug. Nach den Art. 11 ff. EU bleibt die Kompetenz zur Regelung von verteidigungsrelevanten Fragen grundsätzlich bei den einzelnen Mitgliedsstaaten, jedoch bedeutet dies nicht, dass solche Fragen damit vollständig dem Gemeinschaftsrecht entzogen sind. Die Gleichbehandlungsrichtlinie ist aber nicht auf Wehrpflichtverhältnisse anwendbar, weil es dabei nicht um ein Beschäftigungsverhältnis i.S.d. Richtlinie handelt, denn der Wehrpflichtige erfüllt eine gesetzliche Pflicht und nimmt nicht ein Vertragsverhältnis zu einem Arbeitgeber auf. Aber auch materiell ist die Richtlinie nicht einschlägig, da es sich lediglich um eine positive Diskriminierung von Frauen handelt und nicht gleichzeitig auch um eine negative Diskriminierung von Männern.

Auf nationaler Ebene liegt in der Beschränkung der Wehrpflicht auf Männer kein Verstoß gegen den Gleichheitsgrundsatz des Art. 3 Abs. 2 S. 2, Abs. 3 GG, denn Art. 12a Abs. 1 GG stellt eine verfassungsimmanente Sonderregelung zum allgemeinen Gleichheitsgrundsatz dar. Bei der anschließenden Beantwortung der rechtspolitischen Frage nach der materiellen Legitimität der Wehrpflicht zeigt sich jedoch, dass keine objektiv-biologischen Unterschiede zwischen Männern und Frauen bestehen, die eine Beschränkung der Wehrpflicht auf Frauen rechtfertigen. Auch kann diese Beschränkung nicht zum Ausgleich von in anderen Bereichen erlittenen Nachteilen herangezogen werden. Zwischen Frauen und Männern bestehen bei der physischen Leistungsfähigkeit teilweise erhebliche Unterschiede. In einigen Bereichen sind Frauen im Durchschnitt deutlich unterlegen (Kraft, Ausdauer), dafür haben sie aber in anderen Bereichen gegenüber Männern deutliche Vorteile (Gelenkigkeit, Grob- und Feinmotorik). Dagegen sind Frauen im Durchschnitt psychisch nicht weniger belastbar als Männer, sondern tendenziell sogar belastbarer. Wie in allen Bereichen muss auch bei diesen Untersuchungen beachtet werden, dass es sowohl einzelne Frauen gibt, die den durchschnittlichen Männern deutlich überlegen sind, als auch einzelne Männer, die den durchschnittlichen Frauen deutlich überlegen sind. Es ist zu berücksichtigen, dass Soldaten regelmäßig in einer Gruppe eingesetzt werden. Dadurch ergibt sich die Möglichkeit, bestehende Schwächen der Einzelnen durch eine gezielte Zusammensetzung der Gruppe zu kompensieren. Darüber hinaus erfordern moderne Einsätze nur zu einem gewissen Grad den kraftvollen, durchtrainierten Soldaten. Oft ist bei modernen Einsätzen der intelligente, besonnene und berechnende Soldat gefragt. Den verbleibenden Unterschieden kann durch eine gezielte Berücksichtigung im täglichen Dienstbetrieb begegnet werden.

IV. Frage der Wehrgerechtigkeit

Die Betrachtung der Wehrpflicht unter dem Gesichtpunkt der Wehrgerechtigkeit hat gezeigt, dass die Wehrpflicht auch vor diesem Hintergrund verfassungsrechtlich nicht mehr zu rechtfertigen ist. Dem Grundsatz der Wehrgerechtigkeit, welcher eine Ausprägung des Grundsatzes der Lasten- und Pflichtengleichheit ist, der wiederum aus Art. 3 Abs. 1 GG i.V.m. dem Sozialstaatsprinzip des Art. 20 Abs. 1 u. 28 Abs. 1 S. 1 GG abgeleitet wird, kann zukünftig nicht mehr Rechnung getragen werden. Er fordert, dass alle Wehrpflichtigen gleichmäßig zu den in Art. 12a GG vorgesehen Diensten heranzuziehen sind, wenngleich er nicht dazu zwingt, auch alle Wehrpflichtigen zu einem Dienst heranzuziehen. Werden jedoch zulässigerweise Ausnahmen gemacht, müssen diese Ausnahmen begrenzt und gesetzlich festgesetzt sein. Es wird aber bei Beibehaltung der bisherigen Einberufungspraxis und der zunehmenden Absenkung des Streitkräftebedarfs an Wehrpflichtigen in den nächsten zehn Jahren zu einer stetig sinkenden Ausschöpfungsquote kommen. Der Bedarf der Bundeswehr an Grundwehrdienstleistenden wird sich im nächsten Jahrzehnt auf rund 53.000 reduzieren, bei einer Dienstzeit von neun Monaten ergeben sich daraus für das Jahr 2010 jährlich 71.000 Einberufungen. Gleichzeitig steigen die durchschnittlichen Jahrgangsstärken in diesem Zeitraum wieder deutlich an. Standen für die Einberufungen in den letzten Jahren nur die geburtenschwachen Jahrgänge der sechziger und siebziger Jahre zur Verfügung, werden zukünftig die jungen Männer der geburtenstarken achtziger Jahre zur Einberufung anstehen. Wird sich die durchschnittliche Jahrgangsstärke bei den 19 – 22 Jährigen im Jahr 2001 noch auf rund 417.800 belaufen, steigt diese Zahl innerhalb des nächsten Jahrzehnts auf ca. 447.500 an. Die Zahl der Wehrdienstausnahmen (nicht Gemusterte ca. 1%, nicht Wehrdienstfähige ca. 14% und anerkannte Kriegsdienstverweigerer ca. 38%) wird dagegen auch in den nächsten Jahren konstant bleiben, sodass es hierdurch nicht zu einer Reduzierung der Wehrpflichtigen kommen wird. Insbesondere ist nicht mit einem situationsbedingten Anstieg der Kriegsdienstverweigerungszahlen, wie Anfang der neunziger Jahre durch den Golfkrieg hervorgerufen, zu rechnen. Aus diesen Werten ergeben sich Ausschöpfungsquoten für das Jahr 2003 von 61,4% und nur noch 46,3% im Jahr 2009. Erhöht wird die Zahl der nicht Einberufenen durch den Übertrag der nicht Einberufenen aus den vorherigen Jahren. Dies führt dazu, dass die Zahl der nicht Einberufenen nicht nur jährlich wegen der sinkenden Einberufungen und steigender Jahrgangszahlen ansteigt, sondern auch wegen des jährlichen Übertrags von nicht einberufenen Wehrpflichtigen aus den Vorjahren.

G. Zusammenfassung der Thesen

1. Die allgemeine Wehrpflicht steht in keinem besonderen Verhältnis zur demokratischen Staatsform. In der deutschen Geschichte wurde sie als Organisationsform unter den verschiedensten Staatsformen eingesetzt.

2. Die allgemeine Wehrpflicht wurde in Deutschland nie als Ausnahme in Zeiten des Staatsnotstandes eingesetzt, sondern auch außerhalb solcher Notzeiten aufrechterhalten. Sie wurde für die Militarisierung von Staat und Gesellschaft instrumentalisiert und diente wiederholt zum Machterhalt und zur Durchsetzung deutscher Expansionspolitik.

3. Nur kurz nach ihrer Einführung im Jahre 1814, während der Zeit der Befreiungskriege, war sie sicherheitspolitisch notwendig und diente zur Befreiung von fremder Herrschaft. Nach dieser Zeit ist die allgemeine Wehrpflicht durch die Aufrechterhaltung bzw. Wiedereinführung zu einer selbstverständlichen Wehrform für deutsche Streitkräfte geworden, ungeachtet der sicherheits- und staatspolitischen Rahmenbedingungen.

4. Vor dem Hintergrund der seit 1990 veränderten sicherheitspolitischen Lage in Europa ist die allgemeine Wehrpflicht, wie sie derzeit in der Bundesrepublik besteht, verfassungsrechtlich nicht mehr zu rechtfertigen. Die verschiedenen Eingriffe in die Grundrechte junger Bürger, die durch die in Art. 12a Abs. 1 GG zugelassene allgemeine Wehrpflicht erfolgen, genügen nicht dem allgemeinen Maßstab der Verhältnismäßigkeit; insbesondere sind sie nicht mehr erforderlich.

5. Seit dem Ende des Ost-West Konflikts 1990 hat sich die Bedrohungslage für die Bundesrepublik und ihre Bündnispartner grundlegend geändert. Die Gefahr eines den ganzen europäischen Kontinent umfassenden bewaffneten Konfliktes ist für absehbare Zeit sehr unwahrscheinlich, wenngleich sie nicht vollständig ausgeschlossen ist.

a) Das zukünftige Bedrohungspotenzial für die Bundesrepublik und ihre Bündnispartner wird wesentlich durch die Risiken ethnischer, religiöser und nationalistischer Konflikte und deren Auswirkungen auf Nachbarstaaten bestimmt sein. Solche Konflikte wurden während der Blockkonfrontation unterdrückt und haben sich nach deren Wegfall ausgebreitet. In der Ost-West-Dimension gehen weitere Gefahren von politischen Radikalisierungen, der Erpressung von Hilfeleistungen mittels ABC-Waffen, der Proliferation von ABC-Waffen und von unkontrollierbaren Migrationswellen aus. In der Nord-Süd-Dimension bestimmen mangelnde Qualifikation der Bevölkerung, hohe Korruption der örtlichen Führungseliten und eine nachteilige Anbindung an die Weltwirtschaft im Wesentlichen das Gefahrenmoment. Daneben sind noch elendsbedingte Flüchtlingswellen, Rüstungsexporte von Industrie- in Schwellenländer, religiöspolitische Fanatisierungsbewegungen sowie neue Formen des Terrorismus, insbesondere des Staatsterrorismus, zu beachten. Ferner bedrohen noch „*Global-Village*"-Risiken die Bündnisstaaten. Dazu sind hauptsächlich Rohstoff- und Ressourcenverknappung, Destabilisierung der internationalen Finanz- und Handelsmärkte sowie Veränderungen im Ökosystem zu zählen.

b) Der Wegfall der Frontstaatlage der Bundesrepublik und die Änderung des Bedrohungspotenzials ergeben neue Aufgaben für die Bundeswehr. Zu den zentralen Aufgaben der Bundeswehr werden erstens nicht-kombattante Einsätze mit helfender, rettender oder ordnender Funktion, zweitens Einsätze mit Schutzauftrag, bei denen bewaffneter Schutz für Menschen, Material, Operation und örtliche Infrastruktur notwendig sein wird und drittens kombattante Einsätze unter Einsatz militärischer Gewalt zählen.

6. Die Bundeswehr muss zukünftig in der Lage sein, innerhalb kurzer Vorwarnzeit Einsätze in und außerhalb des Bündnisgebietes zu bestreiten. Weiterhin werden solche Einsätze noch mehr im bi- und multinationalen Rahmen ablaufen. Auch die Bedeutung der Teilstreitkräfte wird sich ändern. In den Vordergrund werden Einsätze der Pionier-, ABC-Abwehr- und Sanitätstruppe treten. Dazu muss die Bundeswehr zu einer modern ausgerüsteten, permanent ausgebildeten und einsatzbereiten Armee umgerüstet werden.

7. Eine Freiwilligenarmee ist zur Erreichung des geforderten gesetzgeberischen Zwecks der wirksamen Bündnis- und Landesverteidigung mindestens gleich geeignet. Dies gilt ebenso für die gesetzgeberischen Nebenziele, wie einer möglichst engen Verbindung von Gesellschaft und Armee oder einer möglichst geringen Belastung des Staatshaushaltes.

8. Für das künftige Einsatzspektrum ist eine Freiwilligenarmee auf Grund der konstant hohen Zahl von präsenten Truppenteilen und dem hohen Ausbildungsstand besser geeignet als eine Wehrpflichtarmee. Die längere Ausbildungszeit und der hohe Grad der Verfügbarkeit Gewähr leisten, dass modernes Waffen- und Militärgerät sinnvoll eingesetzt werden kann. Dem Problem eines zu geringen Reservistenpotenzials, welches der Nachteil einer Freiwilligenarmee ist, kann durch die Schaffung einer Reservearmee nach englischem oder amerikanischem Vorbild begegnet werden.

9. Eine Loslösung der Bundeswehr von der Gesellschaft und die Entstehung eines „Staates im Staate" sind nicht zu erwarten. Die Bundeswehr ist durch umfassende Regelungen im Grundgesetz und in den einfachgesetzlichen wehrrechtlichen Regelungen umfassender parlamentarischer und rechtlicher Kontrolle unterworfen. Zudem bestehen bei einer Freiwilligenarmee umfassendere und effektivere Möglichkeiten, unerwünschte Bewerber, insbesondere solche, die zum rechtsextremen Spektrum der Gesellschaft gehören, auszufiltern. Eine Wehrpflichtarmee muss alle Wehrpflichtigen einberufen, wohingegen eine

Freiwilligenarmee durch Gutachterausschüsse ungeeignete Bewerber ausschließen kann.

10. Bei der Betrachtung der direkten und indirekten Kosten ist eine Freiwilligenarmee im Umfang von 200.000 Soldaten, die gleich effizient sein soll wie die jetzige 340.000 Mann Wehrpflichtarmee, kostengünstiger zu realisieren. Die budgetwirksamen Einsparungen würden sich auf rund € 9,2 Milliarden belaufen, die indirekten Kosten auf etwa € 4,1 Milliarden. Das Einsparungspotenzial würde nicht sofort freigesetzt, sondern über einen Zeitraum von zehn Jahren.

11. Die Beschränkung der allgemeinen Wehrpflicht nur auf Männer stellt auch vor dem Hintergrund der vollständigen Öffnung der Bundeswehr für Frauen durch die Änderung des Art. 12a Abs. 1 GG und der entsprechenden einfachgesetzlichen Regelungen keinen Verstoß gegen den Gleichbehandlungssatz des Art. 3 Abs. 2, Abs. 3 GG dar.

12. Der verfassungsändernde Gesetzgeber hat mit Art. 12a Abs. 1 GG eine verfassungsimmanente Sonderregelung gegenüber dem allgemeinen Gleichheitssatz des Art. 3 Abs. 2, Abs. 3 GG getroffen.

13. Die Beschränkung der Wehrpflicht auf Männer stellt auch keinen Verstoß gegen die Gleichbehandlungsrichtlinie 76/207/EWG v. 9. Februar 1976 dar. Diese ist auf die Wehrpflicht nicht anwendbar, da es sich nicht um ein Beschäftigungsverhältnis i.S.d. Richtlinie handelt. Darüber hinaus werden Frauen durch Art. 12a Abs. 1 GG lediglich positiv diskriminiert, Männer jedoch nicht zugleich auch negativ, sodass die Richtlinie auch materiell nicht anwendbar ist.

14. Der derzeitigen Beschränkung fehlt aber die materielle Legitimität. Sie ist mit dem materiellen Gehalt der Art. 3 Abs. 2 und Abs. 3 GG nicht mehr vereinbar. Es sind keine objektiv-biologischen oder funktionalen Unterschiede vorhanden, die eine Ungleichbehandlung rechtfertigen würden.

a) Frauen weisen im Vergleich zu Männern keine so starken Abweichungen bei der körperlichen Leistungsfähigkeit auf. Der Grad der Abweichung variiert bei den unterschiedlichen Parametern teilweise erheblich. In einigen Punkten, wie der Ausdauer und der Muskelkraft, sind sie Männern unterlegen, dagegen weisen Frauen im Durchschnitt eine größere Geschicklichkeit und größere grob- und feinmotorische Fähigkeiten auf.

b) Diese Unterschiede können aber, gerade vor dem Hintergrund der zunehmenden Technisierung des Militärs, durch eine durchdachte Gruppenbildung überwunden werden. Innerhalb einer militärischen Gruppe können die Stärken und Schwächen der einzelnen Mitglieder gut ergänzt und ausgeglichen werden.

c) Auch kann der Ausschluss der Frauen von der Wehrpflicht nicht als Ausgleich für die durch die Mutterfunktion erlittenen Nachteile herangezogen werden.

Der Grundwehrdienstleistende (GWDL) erfüllt eine gesetzliche Pflicht, wohingegen eine Mutter freiwillig diese Rolle einnimmt. Ferner können und werden heute viele Aufgaben der Kindeserziehung von beiden Elternteilen wahrgenommen und belasten nicht alleine die Mutter.

15. Die derzeitige Ausgestaltung der allgemeinen Wehrpflicht genügt nicht mehr dem aus Art. 3 Abs. 1 GG i.V.m. dem Sozialstaatsprinzip des Art. 20 Abs. 1 u. 28 Abs. 1 GG hergeleiteten Grundsatz der Wehrgerechtigkeit.

a) Der Bedarf der Bundeswehr an Wehrpflichtigen wird in den nächsten zehn Jahre auf fast die Hälfte sinken, gleichzeitig werden die Jahrgangsstärken ansteigen.

b) Es ist nicht zu erwarten, dass sich der Prozentanteil der Kriegsdienstverweigerer in den nächsten Jahren erhöhen wird. Ebenfalls ist auch nicht mit mehr untauglichen Wehrpflichtigen oder sonstigen Wehrpflichtausnahmen zu rechnen. Daher werden insgesamt mehr Wehrpflichtige zur Verfügung stehen.

c) Die Ausschöpfungsquote wird in den kommenden Jahren deshalb kontinuierlich absinken und im Jahr 2009 einen Wert von nur noch rund 46% erreichen.

Literaturverzeichnis

Anker, Ingrid / Lippert, Ekkehard / Welcker, Ingrid, Soldatinnen in der Bundeswehr. Kennzeichen des sozialen Wandels, Berichte des Sozialwissenschaftlichen Instituts der Bundeswehr, Heft 59, München 1993, *zitiert*: Anker/Lippert/Welcker, S.

Badura, Peter, Grundpflichten als verfassungsrechtliche Dimension, DVBl. 1982, S. 861

Bald, Detlef, Die Wehrpflicht in Staat und Gesellschaft: Sieben Legenden aus der Geschichte des Militärs, in: Groß, Jürgen/Lutz, Dieter, Wehrpflicht ausgedient, Baden-Baden 1998, *zitiert*: Bald in: Groß/Lutz, S.

Baldus, Manfred, Die Verfassungsmäßigkeit der allgemeinen Wehrpflicht unter veränderten militärpolitischen Bedingungen, NZWehrr 1992, S. 92

Barth, Peter / Pfau, Günter / Streif, Karl, Sicherheitspolitik und Bundeswehr, Frankfurt am Main 1981, *zitiert*: Barth/Pfau/Streif, S.

Berg, Hans-Joachim, Zum grundgesetzlichen Verbot eines uneingeschränkten Dienstes von Frauen in den Streitkräften. Überlegungen zur Diskussion um den Art. 12a Abs. 4 Satz 2 des Grundgesetzes, NZWehrr 1979, S. 81

Bethge, Herbert, Die verfassungsrechtliche Problematik der Grundpflichten, JA 1985, S. 249

Ders., Grundpflichten als verfassungsrechtliche Dimension, NJW 1982, S. 2145

Bihr, Dietrich, Die Durchführung der Wehrpflicht in der Bundesrepublik Deutschland und die mögliche Erhebung einer Wehrdienstausgleichsabgabe (Wehrsteuer) als Ausgleich für nicht geleisteten Wehrdienst, Augsburg 1973, zugl. Diss. Mannheim 1973, *zitiert*: Bihr, Wehrsteuer, S.

Boetticher, Dietmar von, Die Ersetzung Zivildienstleistender durch tariflich bezahlte Arbeitskräfte – eine Modellrechnung, „4/3", Nr. 2 1994, http://www.dfg-vk.de/zentralstelle-kdv/presse30.htm

Bond, Brian, The British Experience of National Service, 1947 – 1963, in: Foerster, Roland G., Die Wehrpflicht. Entstehung, Erscheinungsformen und politisch-militärische Wirkung, S. 207, München 1994, *zitiert*: Bond in: Foerster, S.

Brocker, Lars, Frauen als Kombattanten, ZRP 1996, S. 127

Buchbender, Ortwin / Bühl, Hartmut / Kujat, Harald / Schreiner, Karl H. / Bruzek, Oliver, Wörterbuch zur Sicherheitspolitik mit Stichworten zur Bundeswehr, 4. Auflage, Hamburg, Berlin, Bonn 2000, *zitiert*: Wörterbuch Sicherheitspolitik, Stichwort.

Buchberger, Josef, Leistungsbiologische Unterschiede zwischen Frauen und Männern unter humanökologischen und sozialen Aspekten, ASAG 1983, S. 39

Bundesamt für den Zivildienst, Daten und Fakten zur Entwicklung von Kriegsdienstverweigerung und Zivildienst. Jahrgang 2000, Köln 2000, *zitiert*: BAZ, Daten und Fakten 2000, S.

Bundesinstitut für Bevölkerungsforschung, Bevölkerung. Fakten – Trends – Ursachen – Erwartungen, Wiesbaden 2000; *zitiert*: BiB, Bevölkerung 2000, S.

Bundesministerium für innerdeutsche Beziehungen, DDR Handbuch, 2. Auflage, Bonn 1979, *zitiert*: DDR Handbuch, Stichwort.

Bundesministerium der Verteidigung, Bestandsaufnahme. Die Bundeswehr an der Schwelle zum 21. Jahrhundert, Bonn 1999, *zitiert*: BMVg, Bestandsaufnahme, S.

Ders., Die Bundeswehr – sicher ins 21. Jahrhundert, Eckpfeiler für eine Erneuerung von Grund auf, Bonn 2000, *zitiert*: BMVg, Eckpfeilerpapier, S.

Ders., Die Bundeswehr der Zukunft. Feinausplanung und Stationierung, Bonn, Berlin 2001, *zitiert*: BMVg, Feinausplanung, S.

Ders., Die Wehrpflicht ist nicht verfassungswidrig. Stellungnahme zum Vorlagebeschluss des LG Potsdam an das BVerfG, „4/3“ 4/1999, S. I

Ders., Frauen in der Bundeswehr, Bonn 2000, *zitiert*: BMVg, Frauen in der Bundeswehr, S.

Ders., Hintergrundpapier zur Wehrgerechtigkeit, Berlin 2000, *zitiert*: BMVg, Hintergrundpapier, Nr.

Ders., Innere Führung. Der Soldat in der Demokratie, Bonn 1999, *zitiert*: BMVg, Innere Führung, S.

Ders., Ja, ich bin dabei. Wegweiser für Wehrpflichtige, Bonn 1999, *zitiert*: BMVg, Wegweiser Wehrpflicht, S.

Ders., Neuausrichtung der Bundeswehr – Grobausplanung, Ergebnis und Entscheidungen, Bonn 2000, ohne Seitenangaben, *zitiert*: BMVg, Grobausplanung, Überschrift.

Calliess, Christian / Ruffert, Matthias, Kommentar des Vertrages über die Europäische Union und des Vertrages zur Gründung der Europäischen Gemeinschaft – EUV/EGV -, Neuwied, Kriftel 1999, *zitiert*: Bearbeiter in: Calliess/Ruffert, Art., Rn.

Cordes, Eckhard / Hansen, Helge / Lutz, Hermann / Müller, Harald / Schoppe, Waltraud / Steinbach, Peter, Abweichendes Votum der Kommissionsmitglieder Cordes, Hansen, Lutz, Müller, Schoppe und Steinbach zur Wehrform, in: Kommission "Gemeinsame Sicherheit und Zukunft der Bundeswehr", Gemeinsame Sicherheit und Zukunft der Bundeswehr – Bericht der Kommission an die Bundesregierung, S. 147, Berlin, Bonn 2000, *zitiert*: Abweichendes Votum der Kommissionsmitglieder Cordes/Hansen/Lutz/Müller/Schoppe/Steinbach, Bericht der Wehrstrukturkommission 2000, 147

Craig, Gordon A., Die preußisch-deutsche Armee 1640 – 1945. Staat im Staate, Düsseldorf 1960, *zitiert*: Craig, Die preußisch-deutsche Armee, S.

Creifelds, Carl, Rechtswörterbuch, 12. Auflage, München 1994, *zitiert*: Creifelds, Stichwort, S.

Cremer, Ulrich / Lutz, Dieter S., Die Bundeswehr in der neuen Weltordnung, Hamburg 2000, *zitiert*: Cremer/Lutz, S.

Dahl, Falk, Die rechtliche Zulässigkeit des Waffendienstes von Frauen in der Bundeswehr, in: Steinkamm, Armin A., Frauen im militärischen Waffendienst. Rechtliche, politische, soziologische und militärische Aspekte des Einsatzes von Frauen in den Streitkräften unter besonderer Berücksichtigung der Deutschen Bundeswehr und des Österreichischen Bundesheeres, S. 167, Baden-Baden 2001, *zitiert*: Dahl in: Steinkamm, S.

Dau, Klaus, Ernstfall für die Gleichberechtigung?, NZWehrr 1990, S. 45

Ders., Streitkräfte in einem vereinten Deutschland – Zu den wehrrechtlichen Aspekten des deutschen Einigungsprozesses, NZWehrr 1990, S. 221

Dembinski, Matthias, Perspektiven der Europäischen Sicherheits- und Verteidigungspolitik, HFSK-Report 11/2000, S. 1

Dietrich, Sascha, Frauen zu den Waffen. Das Urteil des Europäischen Gerichtshof in der Rechtssache Kreil ./. Bundesrepublik Deutschland, NZWehrr 2000, S. 102

Doehring, Klaus, Verbietet das Grundgesetz den freiwilligen Waffendienst von Frauen in der Bundeswehr? Zur Auslegung des Art. 12a Abs. 4 Satz 2 GG, NZWehrr 1997, S. 45

Dolzer, Rudolf / Vogel, Klaus, Bonner Kommentar zum Grundgesetz, Loseblatt, Stand Gesamtwerk: 96. EL Mai 2001, *zitiert*: Bearbeiter in: Dolzer/Vogel, Bonner Kommentar, Art, Rn.

Domarus, Max, Hitler. Reden und Proklamationen 1932 – 1945, Bd. 1, Würzburg 1962, *zitiert*: Domarus, Hitlers Reden, Bd., S. 539

Drebenstein, H. / Drebenstein, M. / Leonhard, D., Psychische und physische Aspekte zur Wehrdiensttauglichkeit weiblicher Soldaten, Wehrmedizinische Monatsschrift 1992, S. 206

Dreier, Horst, Grundgesetz Kommentar, Bd. I, Art. 1 – 19, Tübingen 1996, Bd. II, Art. 20 – 82, Tübingen 1998, Bd. III, Art. 83 – 146, Tübingen 2000, *zitiert*: Dreier, Bd., Art., Rn.

Dreist, Peter, Zu guter Letzt – rechtzeitige Verfassungsänderung für den Waffendienst von Frauen in der Bundeswehr, in: Steinkamm, Armin A., Frauen im militärischen Waffendienst. Rechtliche, politische, soziologische und militärische Aspekte des Einsatzes von Frauen in den Streitkräften unter besonderer Berücksichtigung der Deutschen Bundeswehr und des Österreichischen Bundesheeres, S. 546, Baden-Baden 2001, *zitiert*: Dreist in: Steinkamm, S.

Ders., Das Gebot der Stunde: Streitkräfteöffnung für Frauen. Rechtsfolgen und Perspektiven für weibliche Bewerber zu den Streitkräften nach der „Kreil"-Entscheidung des EuGH, NZWehrr 2000, S. 65

Ehrhart, Hans-Georg, Deutschland und die Bundeswehr im Geflecht internationaler Organisationen, ÖMZ 1/2001, S. 25

Eichen, Klaus, Das „Gesetz zur Änderung des Soldatengesetzes und anderer Vorschriften (SGÄndG)" vom 19. Dezember 2000 – zugleich ein Überblick über die gesetzlichen Vorschriften zur Öffnung der Streitkräfte für weibliche Soldaten -, NZWehrr 2001, S. 45

Ekardt, Felix, Wehrpflicht nur für Männer – vereinbar mit der Geschlechteregalität aus Art. 79 III GG? – Ein Anwendungsfall erfahrungswissenschaftlicher informierter Verfassungsauslegung -, DVBl. 2001, S. 1171

Epping, Volker, Frauen zur Bundeswehr! – Zu den Konsequenzen der Entscheidung des EuGH vom 11.Januar 2000 in der Rechtssache Tanja Kreil gegen die Bundesrepublik Deutschland, DÖD 2000, S. 188

Ders., Wehrverfassung. Entmilitarisierung – Wiederbewaffnung – Leistungsfähigkeit, in: Pieroth, Bodo, Verfassungsrecht und soziale Wirklichkeit in Wechselwirkung, Münsterische Beiträge zur Rechtswissenschaft, Bd. 131, S. 183, Berlin 2000, *zitiert*: Epping in: Pieroth, Verfassungsrecht, S.

Finckh, Ulrich, Anmerkungen zu den statistischen Angaben im „Eckpfeiler"-Papier des Bundesministers der Verteidigung vom 20.06.2000; http://www.zentralstelle-kdv.de/reform02.htm; *zitiert*: Finckh, Anmerkungen zum Eckpfeilerpapier, Nr.

Ders., Scharpings Hokus Pokus oder wie der Verteidigungsminister 75.000 Wehrpflichtige verschwinden lässt. Es gibt keine Wehrgerechtigkeit mehr. Presseerklärung vom 17.11.2000, http://www.zentralstelle-kdv.de/reform11.htm; *zitiert*: Finckh, Presseerklärung v. 17.11.2000, Nr.

Fontana, Alan / Litz, Brett / Rosenheck, Robert, Impact of Combat and Sexual Harassment on the Severity of Posttraumatic Stress Disorder among Men and Women Peacekeepers in Somalia, JNMD 2000, S. 163

Förster, Stig, Militär und staatsbürgerliche Partizipation. Die allgemeine Wehrpflicht im Deutschen Kaiserreich 1871 – 1914, in: Foerster, Roland G., Die Wehrpflicht. Entstehung, Erscheinungsformen und politisch-militärische Wirkung, S. 55, München 1994, *zitiert*: Förster in: Foerster, S.

Frank, Götz, Anmerkungen zum verfassungsrechtlichen Rahmen der Wehrpflicht, in: Auslaufmodell Wehrpflichtarmee, Dokumentation einer Fachtagung im November 1996, S. 8, herausgegeben von der Zentralstelle für Recht und Schutz der Kriegsdienstverweigerer aus Gewissensgründen e.V., Bremen 1996, *zitiert*: Frank in: Auslaufmodell Wehrpflichtarmee, S.

Frank, Hans, Warum die allgemeine Wehrpflicht auch künftig unentbehrlich ist, Auftrag 1/1999, S. 25

Frauenholz, Eugen von, Entwicklungsgeschichte des deutschen Heerwesens, Bd. 4: Das Heerwesen in der Zeit des Absolutismus, München 1940, Bd. 5: Das Heerwesen des XIX. Jahrhunderts, München 1941, *zitiert*: Frauenholz, Heerwesen, Bd., S.

Friauf, Karl Heinrich, Öffentliche Sonderlasten und Gleichheit der Steuerbürger, in: Festschrift für Hermann Jahrreiß zum 80. Geburtstag am 19.08.1974, Köln 1974, *zitiert*: Friauf in: Festschrift für Jahrreiß, S.

Fröhler, Oliver, Grenzen legislativer Gestaltungsfreiheit in zentralen Fragen des Wehrverfassungsrechts. Eine staatsrechtliche Analyse unter vergleichender Berücksichtigung der schweizerischen Rechtslage, Schriften zum Öffentlichen Recht, Bd. 681, Berlin 1995, zugl. Diss. Freiburg (Breisgau) 1994, *zitiert*: Fröhler, S.

Fröhling, Hans Günter, Frauen in den Streitkräften – Ausbildung und Integration, in: Steinkamm, Armin A., Frauen im militärischen Waffendienst. Rechtliche, politische, soziologische und militärische Aspekte des Einsatzes von Frauen in den Streitkräften unter besonderer Berücksichtigung der Deutschen Bundeswehr und des Österreichischen Bundesheeres, S. 488, Baden-Baden 2001, *zitiert*: Fröhling in: Steinkamm, S.

Gesellschaft für Wehr- und Sicherheitspolitik e.V. Sektion Berlin, Aufgaben und Merkmale zukünftiger Streitkräfte in einem sich verändernden sicherheitspolitischen Umfeld, Berlin 1999, *zitiert*: Gesellschaft für Wehr- und Sicherheitspolitik, Aufgaben zukünftiger Streitkräfte, S.

Good, Jane E. / Klein, Karl M., Women in the Military Academies: US Air Force Academy (Part 1 of 3), The Physician and Sportsmedicine, 1989, S. 99

Götz, Frank, Anmerkungen zum verfassungsrechtlichen Rahmen der Wehrpflicht, in: Auslaufmodell Wehrpflichtarmee. Dokumentation einer Fachtagung im November 1996, S. 8, herausgegeben von der Zentralstelle für Recht und Schutz der Kriegsdienstverweigerer aus Gewissensgründen e.V., Bremen 1996, *zitiert*: Götz in: Auslaufmodell Wehrpflichtarmee, S.

Götz, Volkmar, Anmerkung zu den Urteilen des EuGH i.d. Rs. C 273/97 – Sirdar und C 285/98 – Kreil, JZ 2000, S. 413

Ders., Grundpflichten als verfassungsrechtliche Dimension, in: VVDStRL Bd. 41 (1983), S. 7, Berlin 1983, *zitiert*: Götz, VVDStRL 41 (1983), S.

Grimm, Christian, Allgemeine Wehrpflicht und Menschenwürde, Schriften zum öffentlichen Recht, Bd. 415, Berlin 1982, *zitiert*: Grimm, S.

Ders., Freiwilliger Waffendienst für Frauen?, ZRP 1987, S. 394

Gronimus, Andreas, Frauen in der Bundeswehr – Chance oder Katastrophe? Der Fall Tanja Kreil oder die Folge der Frauendiskriminierung für Arbeitsschutz, Privatisierung und (männliche) Bildschirmarbeiter, NZWehrr 2001, S. 60.

Groß, Jürgen, Armee der Illusionen. Die Bundeswehr und die allgemeine Wehrpflicht Hamburger Beiträge zur Friedensforschung und Sicherheitspolitik, Heft 105, Herausgegeben vom Institut für Friedensforschung und Sicherheitspolitik an der Universität Hamburg, Hamburg 1997, *zitiert*: Groß, Armee der Illusionen, S.

Groß, Jürgen, Die Bundeswehr ohne Wehrpflichtige: Einige strukturelle Überlegungen, in: Groß, Jürgen / Lutz, Dieter S., Wehrpflicht ausgedient?, S. 41, Hamburger Beiträge zur Friedensforschung und Sicherheitspolitik, Heft 103, Herausgegeben vom Institut für Friedensforschung und Sicherheitspolitik an der Universität Hamburg, Hamburg 1996, *zitiert*: Groß in: Groß/Lutz, S.

Gusy, Christoph, Grundpflichten und Grundgesetz, JZ 1982, S. 657

Hahn, Oswald, Die Heranziehung von Frauen zum Militärdienst als ökonomisches Problem, Veröffentlichungen des Lehrstuhls für Allgemeine-, Bank- und Versicherungs-Betriebswirtschaftslehre an der Friedrich-Alexander-Universität Erlangen Nürnberg, Heft 16, Erlangen, Nürnberg 1981, *zitiert*: Hahn, Frauen und Militär, S.

Ders., Ökonomische Aspekte der Wehrstrukturmodelle, in: Steinkamm, Armin A. / Schössler, Dietmar, Wehrhafte Demokratie 2000 – zu Wehrpflicht und Wehrstruktur. Politische, rechtliche, gesellschaftliche und militärische Dimension des Wehrstrukturproblems der Bundesrepublik Deutschland in der „postkonfrontativen Periode", S. 79, Baden-Baden 1999, *zitiert*: Hahn in: Steinkamm/Schössler, S.

Ders., Plädoyer gegen die Wehrpflicht und für Freiwilligen-Streitkräfte in Deutschland, ÖMZ 1/1998, S. 62

Hamann, Andreas / Lenz, Helmut, Das Grundgesetz für die Bundesrepublik Deutschland vom 23. Mai 1949. Kommentar für Wissenschaft und Praxis, 3. Auflage, Neuwied 1970, *zitiert*: Hamann/Lenz, Art., Anm.

Hansen, Helge, Eine sicherheitspolitische Bewertung der allgemeinen Wehrpflicht, in: Thiele, Ralph, Wehrpflicht auf dem Prüfstand, S. 69, Berlin 2000, *zitiert*: Hansen in: Thiele, S.

Harun, Marcus, Professionell und vital. Die Wehrpflicht hat sich bewährt., IFDT 1/1998, S. 26

Hausbeck, Volker, Die Bedeutung der Wehrpflicht für die Bündnis- und Landesverteidigung der Bundesrepublik Deutschland, in: Steinkamm, Armin A. / Schössler, Dietmar, Wehrhafte Demokratie 2000 – zu Wehrpflicht und Wehrstruktur. Politische, rechtliche, gesellschaftliche und militärische Dimension des Wehrstrukturproblems der Bundesrepublik Deutschland in der „postkonfrontativen Periode", S. 107, *zitiert*: Hausbeck in: Steinkamm/Schössler, S.

Heydrich, Wolfgang, Sicherheitspolitische und militärische Aufgabenstellungen für die Bundesrepublik Deutschland, in: Heydrich, Wolfgang / Lemke, Hans-Dieter / Rohde, Joachim, Die Bundeswehr am Beginn einer neuen Epoche, S. 13, Baden-Baden 1996, *zitiert*: Heydrich in: Heydrich/Lemke/Rohde, S.

Hillgruber, Andreas / Ploetz, Geschichte des Zweiten Weltkrieges, 2. Teil: Die Kriegsmittel, 2. Auflage, Würzburg 1960, *zitiert*: Ploetz, Geschichte des Zweiten Weltkrieges, 2. Teil, S.

Hobbes, Thomas, Leviathan, Hamburg 1980, *zitiert*: Hobbes, Leviathan, S.

Hofmann, Hasso, Grundpflichten als verfassungsrechtliche Dimension, in: VVDStRL, Bd. 41 (1983), S. 42, Berlin 1983, *zitiert*: Hofmann VVDStRL 41 (1983), S.

Ders., Grundpflichten und Grundrechte in: Isensee, Josef / Kirchhof, Paul, Handbuch des Staatsrechts der Bundesrepublik Deutschland, Bd. V, Allgemeine Grundrechtslehren, Heidelberg 1992, § 114, S. 321, *zitiert*: Hofmann in: Isensee/Kirchhof, Hdb. StaatsR, Bd. V, § 114, Rn.

Hofstetter, Edwin, Die Bundeswehr als Instrument europäischer Sicherheitspolitik, Schweizer Soldat 3/1998, S. 18

Holm, Torsten, Allgemeine Wehrpflicht. Entstehung, Brauch und Missbrauch, München 1953, *zitiert*: Holm, Allgemeine Wehrpflicht, S.

Huber, Ernst Rudolf, Deutsche Verfassungsgeschichte seit 1789, Bd. I: Reform und Restauration 1789 bis 1830, 2. Auflage, Stuttgart, Berlin, Köln, Mainz 1967, *zitiert*: Huber, Verfassungsgeschichte, Bd., S.

Ders., Heer und Staat in der deutschen Geschichte, 2. Auflage, Hamburg 1943, *zitiert*: Huber, Heer und Staat, S.

Hungerbühler, Werner, Die Bundeswehr – eine Neuorientierung der Streitkräfte, Schweizer Soldat 4/1998, S. 15

Ipsen, Knut, Abweichendes Votum des Kommissionsmitglieds Ipsen zum Auswahl-Wehrdienst, in: Kommission "Gemeinsame Sicherheit und Zukunft der Bundeswehr", Gemeinsame Sicherheit und Zukunft der Bundeswehr – Bericht der Kommission an die Bundesregierung, S. 150, Berlin, Bonn 2000, *zitiert*: Abweichendes Votum des Kommissionsmitglieds Ipsen, Bericht der Wehrstrukturkommission 2000, S.

Ders., Kombattanten und Nichtkombattanten, in: Fleck, Dieter, Handbuch des humanitären Völkerrechts in bewaffneten Konflikten, S. 56, München 1994, *zitiert*: Ipsen in: Fleck, S.

Ders., Völkerrecht, 4. Auflage, München 1999, *zitiert*: Ipsen, S.

Isensee, Josef, Die verdrängten Grundpflichten des Bürgers. Ein grundgesetzliches Interpretationsvakuum, DÖV 1982, S. 609

Jacobsen, Hans-Adolf / Rautenberg, Hans-Jürgen, Bundeswehr und europäische Sicherheitsordnung – Abschlussbericht der Unabhängigen Kommission für die zukünftigen Aufgaben der Bundeswehr, Bonn, Berlin 1991, *zitiert*: Bericht der Unabhängigen Kommission 1991, S.

Jahn, Ralf, Frauen zu den Waffen?, NZWehrr 1988, S. 177

Jarass, Hans Dieter / Pieroth, Bodo, Grundgesetz für die Bundesrepublik Deutschland, Kommentar, 5. Auflage, München 2000, *zitiert*: Bearbeiter in: Jarass/Pieroth, Art, Rn.

Jonas, Rainer, Welche Streitkräfte braucht Deutschland?, Schweizer Soldat 1/1998, S. 24

Kämmerer, Jörn Axel, Gleichberechtigung am Gewehr. Zugleich eine Anmerkung zu den Urteilen des Europäischen Gerichtshofs vom 26.10.1999, Angela Sirdar/The Army Board, Rs. C-273/97, und vom 11.1.2000, Tanja Kreil/Bundesrepublik Deutschland, Rs. C-285/98, EuR 2000, S. 102

Kirchhof, Ferdinand, Bundeswehr in: Isensee, Josef / Kirchhof, Paul, Handbuch des Staatsrechts der Bundesrepublik Deutschland, Bd. III, Handeln des Staates, § 78, S. 977, Heidelberg 1988, *zitiert*: Kirchhof in: Isensee/Kirchhof, Hdb. StaatsR, Bd. III, § 78, Rn.

Klein, Hans Hugo, Über Grundpflichten, Der Staat, Bd. 14 (1975), S. 153

Klein, Paul, Begriffswelt: Wehrpflicht, Miliz, Massenheer, Freiwilligenarmee, Stehendes Heer u. a. m., in: Karl W. Haltiner / Andreas Kühner, Wehrpflicht und Miliz – Ende einer Epoche?, S. 13, Baden-Baden 1999, *zitiert*: Klein in: Haltiner/Kühner, S.

Ders., Zur Diskussion um die Wehrpflicht- oder Freiwilligenarmee in Deutschland, in: Klein, Paul / Zimmermann, Rolf P., Die zukünftige Wehrstruktur der Bundeswehr, S. 60, Baden-Baden 1997, *zitiert*: Klein in: Klein/Zimmermann, S.

König, Michael, Die gesamtwirtschaftliche Effizienz der Wehrpflicht. Eine Untersuchung am Beispiel der Bundeswehr, Göttingen 2000, zugl. Diss. Kiel 2000, *zitiert*: König, S.

Kommission "Gemeinsame Sicherheit und Zukunft der Bundeswehr", Gemeinsame Sicherheit und Zukunft der Bundeswehr – Bericht der Kommission an die Bundesregierung, Berlin, Bonn 2000, *zitiert*: Bericht der Wehrstrukturkommission 2000, S.

Koppelin, Jürgen, Plädoyer für eine Freiwilligenarmee, in: Groß, Jürgen / Lutz, Dieter S., Wehrpflicht ausgedient?, S. 73, Baden-Baden 1998, *zitiert*: Koppelin in: Groß/Lutz, S.

Kraake, Swantje, Frauen zur Bundeswehr – Analyse und Verlauf einer Diskussion, Europäische Hochschulschriften, Bd. 198, Frankfurt am Main, Berlin, Bern, New York, Paris, Wien 1992, zugl. Diss. München 1992, *zitiert*: Kraake, S.

Krause, Ulf von, Grundzüge der zukünftigen Streitkräftestruktur der Bundeswehr, in: Klein, Paul / Zimmermann, Rolf P., Die zukünftige Wehrstruktur der Bundeswehr, S. 11, Baden-Baden 1997, *zitiert*: v.Krause in: Klein/Zimmermann, S.

Krelle, Wilhelm, Volkswirtschaftliche Kosten und Belastungen des Bundeshaushaltes durch Freiwilligen-Streitkräfte, in: Wehrstruktur-Kommission der Bundesregierung, Die Wehrstruktur in der Bundesrepublik Deutschland. Analyse und Optionen, S. 357, Bonn 1972/73, *zitiert*: Krelle in: Bericht der Wehrstrukturkommission 1973, S.

Krumeich, Gerd, Zur Entwicklung der „nation armée“ in Frankreich bis zum Ersten Weltkrieg, in: Foerster, Roland G., Die Wehrpflicht. Entstehung, Erscheinungsformen und politisch-militärische Wirkung, S. 133, München 1994, *zitiert*: Krumeich in: Foerster, S.

Kümmel, Gerhard / Klein, Paul / Lohmann, Klaus, Zwischen Differenz und Gleichheit: Die Öffnung der Bundeswehr für Frauen, Sozialwissenschaftliches Institut der Bundeswehr, Strausberg 2000; *zitiert*: Kümmel/Klein/Lohmann, S.

Kuhlmann, Jürgen, Wehrpflicht- und Freiwilligenarmee im Vergleich. Anmerkungen – vor allem ökonomischer Art – zur Armeeform, zu Kriegsdienstverweigerung und Zivildienst in Deutschland, in: Auslaufmodell Wehrpflichtarmee. Dokumentation einer Fachtagung im November 1996, S. 15, Herausgegeben von der Zentralstelle für Recht und Schutz der Kriegsdienstverweigerer aus Gewissensgründen e.V., Bremen 1996, *zitiert*: Kuhlmann in: Auslaufmodell Wehrpflichtarmee, S.

Laband, Paul, Staatsrecht des Deutschen Reiches, Band 4, 5. Auflage, Tübingen 1914, *zitiert*: Laband, Staatsrecht, Bd. 4, S.

Larenz, Karl / Canaris, Claus-Wilhelm, Methodenlehre der Rechtswissenschaft, 3. Auflage, Berlin 1995, *zitiert*: Larenz/Canaris, Methodenlehre, S.

Laubinger, Hans-Werner / Repkewitz, Ulrich, Freiwilliger Waffendienst von Frauen in der Bundeswehr, VerwArchiv Bd. 91 (2000), S. 297

Leibholz, Gerhard / Rinck, Hans-Justus / Hesselberger, Dieter, Grundgesetz für die Bundesrepublik Deutschland, Loseblatt, Stand Gesamtwerk: 38. EL November 2000, *zitiert*: Leibholz/Rinck/Hesselberger, Art., Rn.

Lemke, Hans Henning, Kernaufgabe Landesverteidigung im Spannungsfeld von politischen Chancen und militärischen Risiken, in: Heydrich, Wolfgang / Lemke, Hans-Dieter / Rohde, Joachim: Die Bundeswehr am Beginn einer neuen Epoche, S. 77, Baden-Baden 1996, *zitiert*: Lemke in: Heydrich/Lemke/Rohde, S.

Lenz, Carl Otto, Frauen im Dienst mit der Waffe – nationales Reservat oder europäische Gleichberechtigung?, ZRP 2000, S. 265

Lingens, Eric, Der Schutz von Leben und Gesundheit im Wehrdienstverhältnis unter Berücksichtigung der Pflicht zur Gefahrtragung, Frankfurt, Bern 1982; *zitiert*: Lingens, S.

Lippert, Ekkehardt, Die Debatte um die Wehrpflicht in: Opitz, Eckhardt/Rödiger, Frank S., Allgemeine Wehrpflicht. Geschichte, Probleme, Perspektiven, Schriftenreihe des Wissenschaftlichen Forums für Internationale Sicherheit e.V., Bd. 6, S. 168, 2. Auflage, Bremen 1995, *zitiert*: Lippert in: Opitz/Rödiger, S.

Lorenz, Dieter, Recht auf Leben und körperliche Unversehrtheit in: Isensee, Josef / Kirchhof, Paul, Handbuch des Staatsrechts der Bundesrepublik Deutschland, Bd. VI, Allgemeine Grundrechtslehren, Heidelberg 1989, § 128, S. 3, *zitiert*: Lorenz in: Isensee/Kirchhof, Hdb. StaatsR, Bd. VI, § 128, Rn.

Luchterhand, Otto, Grundpflichten als Verfassungsproblem in Deutschland, Schriften zum Öffentlichen Recht, Bd. 534, Berlin 1988, *zitiert*: Luchterhand, Grundpflichten, S.

Ders., Grundrechte und Grundpflichten in beiden deutschen Staaten, Deutschland-Archiv 1985, S. 264

Lutz, Dieter S., Ist die Wehrpflicht überhaupt noch verfassungsgemäß?, in: Groß, Jürgen / Lutz, Dieter S., Wehrpflicht ausgedient?, S. 5, Hamburger Beiträge zur Friedensforschung und Sicherheitspolitik, Heft 103, Herausgegeben vom Institut für Friedensforschung und Sicherheitspolitik an der Universität Hamburg, Hamburg 1996, *zitiert*: Lutz in: Groß/Lutz, S.

Ders., Ist eine Freiwilligen-Streitkraft billiger?, in: Groß, Jürgen / Lutz, Dieter S., Wehrpflicht ausgedient?, S. 25, Hamburger Beiträge zur Friedensforschung und Sicherheitspolitik, Heft 103, herausgegeben vom Institut für Friedensforschung und Sicherheitspolitik an der Universität Hamburg, Hamburg 1996, *zitiert*: Lutz in: Groß/Lutz, S.

Mangoldt, Hermann von / Klein, Friedrich / Starck, Christian, Das Bonner Grundgesetz, Bd. 1, Präambel, Art. 1 – 19, 4. Auflage, München 1999, Bd. 2, Art. 20 – 78, 4. Auflage, München 2000, Bd. 3, Art. 79 – 146, 4. Auflage, München 2001, *zitiert*: Bearbeiter in: v.Mangoldt/Klein/Starck, Art., Rn.

Martens, Wolfgang, Grundgesetz und Wehrverfassung, Abhandlungen aus dem Seminar für Öffentliches Recht der Universität Hamburg, Heft 49, Hamburg 1961, *zitiert*: Martens, S.

Maunz, Theodor / Dürig, Günter, Grundgesetz Kommentar, Loseblatt, München, Stand: 37. EL August 2000, *zitiert*: Bearbeiter in: Maunz/Dürig, Art., Rn.

Meier-Dörnberg, Wilhelm, Die Auseinandersetzung um die Einführung der Wehrpflicht in der Bundesrepublik Deutschland, in: Foerster, Roland G., Die Wehrpflicht. Entstehung, Erscheinungsformen und politisch-militärische Wirkung, S. 107, München 1994, *zitiert*: Meier-Dörnberg in: Foerster, S.

Merten, Detlef, Grundpflichten im Verfassungssystem der Bundesrepublik Deutschland, BayVBl. 1978, S. 554

Messerschmidt, Manfred, Allgemeine Wehrpflicht – legitimes Kind der Demokratie?, in: Groß, Jürgen/Lutz, Dieter, Wehrpflicht ausgedient, Baden-Baden 1998, *zitiert*: Messerschmidt in: Groß/Lutz, S.

Middlemiss, Paul, Berufsarmee – Die konsequente Alternative, in: Thiele, Ralph, Wehrpflicht auf dem Prüfstand, S. 179, Berlin 2000, *zitiert*: Middlemiss in: Thiele, S.

Model, Otto / Müller, Klaus, Grundgesetz für die Bundesrepublik Deutschland, 11. Auflage, Köln, Berlin, Bonn, München 1996, *zitiert*: Model/Müller, Art., Rn.

Moniac, Rüdiger, Was wäre ohne allgemeine Wehrpflicht?, Loyal 2/1999, S. 12

Müller, Albrecht A.C. von, Komplementäraufgaben der Streitkräfte im Rahmen einer postkonfrontativen Sicherheitspolitik, in: Heydrich, Wolfgang / Lemke, Hans-Dieter / Rohde, Joachim, Die Bundeswehr am Beginn einer neuen Epoche, S. 93, Baden-Baden 1996, *zitiert*: v.Müller in: Heydrich/Lemke/Rohde, S.

Müller, Friedrich, Juristische Methodik, 7. Auflage, Berlin 1997, *zitiert*: Müller, Methodik, S.

Münch, Ingo von / Kunig, Philip, Grundgesetz – Kommentar, Bd. 1, Präambel bis Art. 19, 5. Auflage, München 2000, Bd. 3, Art. 70 – 146, 3. Auflage, München 1996, *zitiert*: v.Münch/Kunig, Bd., Art, Rn.

Münch, Ingo von, Dokumente des geteilten Deutschlands, Quellentexte zur Rechtslage d. Dt. Reiches, d. Bundesrepublik Deutschland u. d. DDR, Band I, Stuttgart 1968, *zitiert*: v.Münch, Dokumente, Bd. I, S.

Munz, Peter Richard, Wehrgerechtigkeit und Wehrstruktur, Beiträge zur Wehrwissenschaftlichen Rundschau, Heft 21, Herford, Bonn 1978, zugl. Diss. Gießen 1978, *zitiert*: Munz, S.

NATO Office of Information and Press, The Alliance's Strategic Concept agreed by the heads of state and government participating in the meeting of the North Atlantic Council, Rome, 8.11.1991, in: The NATO Handbook Documentation, A companion Volume to the 50th anniversary edition of the NATO Handbook, S. 281, NATO Office of Information and Press, Belgien 1999, *zitiert*: Das Neue strategische Konzept der Nato 1991, Art.

Ders., The Alliance's Strategic Concept approved by the heads of state and government participating in the meeting of the North Atlantic Council, Washington D.C., 23.-24.04.1999, in: The NATO Handbook Documentation, A companion Volume to the 50th anniversary edition of the NATO Handbook, S. 406, NATO Office of Information and Press, Belgien 1999, *zitiert*: Das Neue strategische Konzept der Nato 1999, Art.

Nitschke, Heinz G., Die Preußischen Militärreformen 1807 – 1813, Berlin 1983, *zitiert*: Nitschke, Militärreformen, S.

N.N., Neue Strukturen für neue Aufgaben. Plädoyer für eine intelligente Wehrpflicht, Griephan Special Wehrdienst, 4/1998, S. 1, *zitiert*: Griephan Special Wehrdienst, 4/1998, S.

Opel, Manfred, Auslaufmodell Wehrpflichtarmee – Eckdaten zur Kontrolle einer Freiwilligenarmee, in: Auslaufmodell Wehrpflichtarmee. Dokumentation einer Fachtagung im November 1996, S. 22, herausgegeben von der Zentralstelle für Recht und Schutz der Kriegsdienstverweigerer aus Gewissensgründen e.V., Bremen 1996, *zitiert*: Opel in: Auslaufmodell Wehrpflichtarmee, S.

Opitz, Eckardt, Allgemeine Wehrpflicht in Deutschland: Historische Annotationen zu einem aktuellen politischen Problem, in: Groß, Jürgen/Lutz, Dieter, Wehrpflicht ausgedient, Baden-Baden 1998, *zitiert*: Opitz in: Groß/Lutz, S.

Ders., Allgemeine Wehrpflicht – ein Problemaufriss aus historischer Sicht, in: Eckardt Opitz / Frank S. Rödiger, Allgemeine Wehrpflicht. Geschichte – Probleme - Perspektiven, 2. Auflage, Bremen 1995, S. 9; *zitiert*: Opitz in: Opitz/Rödiger, S.

Petosa, Scott, Women in the Military Academies: US Air Force Academy (Part 2 of 3), The Physician and Sportsmedicine, 1989, S. 133

Pieroth, Bodo / Schlink, Bernhard, Grundrechte Staatsrecht II, 17. Auflage, Heidelberg 2001, *zitiert*: Pieroth/Schlink, Rn.

Poretschkin, Alexander, Innere Führung, Recht und Frauen. Zufall oder Ironie?, NZWehrr 1990, S. 196

Presse- und Informationsamt der Bundesregierung, Wehrdienst – Kriegsdienstverweigerung – Zivildienst, Berlin 1999, *zitiert*: Wehrdienst – Kriegsdienstverweigerung – Zivildienst, S.

Ders., Wehrpflicht oder Berufsarmee, Berlin 1998, *zitiert*: Presse- u. Informationsamt der Bundesregierung, Wehrpflicht oder Berufsarmee, S.

Pschyrembel, Willibald / Hildebrandt, Helmut, Pschyrembel Klinisches Wörterbuch, 258. Auflage, Berlin 1998, *zitiert*: Pschyrembel, Stichwort

Raap, Christian, Deutsches Wehrrecht. Die verfassungsrechtlichen und gesetzlichen Grundlagen des Wehrwesens, Heidelberg 1999, *zitiert*: Raap, Wehrrecht, S.

Ders., Soldatinnen der Bundeswehr – ein rechtlicher Überblick, BayVBl. 1998, S. 301

Reiszner, Frank, Erfahrungen aus der Integration von Soldatinnen in das Österreichische Bundesheer, in: Steinkamm, Armin A., Frauen im militärischen Waffendienst. Rechtliche, politische, soziologische und militärische Aspekte des Einsatzes von Frauen in den Streitkräften unter besonderer Berücksichtigung der Deutschen Bundeswehr und des Österreichischen Bundesheeres, S. 422, Baden-Baden 2001, *zitiert*: Reiszner in: Steinkamm, S.

Repkewitz, Ulrich, Kein freiwilliger Waffendienst für Frauen?, NJW 1997, S. 506

Ders., Verbietet Art. 12a Abs. 4 Satz 2 GG Frauen den freiwilligen Dienst mit der Waffe?, NZWehrr 1990, S. 177

Rödiger, Frank S., Wehrstruktur und Rekrutierungssysteme – weltweit, in: Opitz, Eckhardt / Rödiger, Frank S., Allgemeine Wehrpflicht, Geschichte – Probleme – Perspektiven, Schriftenreihe des Wissenschaftlichen Forums für Internationale Sicherheit e.V., Bd. 6, S. 215, 2. Auflage, Bremen 1995, *zitiert*: Rödiger in: Opitz/Rödiger, S.

Rohde, Christian, Eine Generalin macht noch keine Emanzipation, Loyal 2/1999, S. 20

Rose, Jürgen, Die Legitimation der Wehrpflicht ist dahin. Entfallene sicherheitspolitische Begründung und wachsende Ungerechtigkeit, F.A.Z. vom 15.11.2000, S. 15.

Ders., Die prekär gewordenen Legitimität der Wehrpflicht – Anmerkungen zu einer unerwünschten Debatte, in: Zukunft der Wehrpflicht. Entscheidungen im neuen Bundestag. Dokumentation einer Fachtagung im November 1998, S. 4, herausgegeben von der Zentralstelle für Recht und Schutz der Kriegsdienstverweigerer aus Gewissensgründen e.V., Bremen 1998, *zitiert*: Rose in: Zukunft der Wehrpflicht, S.

Rühl, Lothar, Künftige deutsche Streitkräfteaufgaben und –strukturen, in: Heydrich, Wolfgang / Lemke, Hans-Dieter / Rohde, Joachim: Die Bundeswehr am Beginn einer neuen Epoche, Baden-Baden 1996, *zitiert*: Rühl in: Heydrich/Lemke/Rohde, S.

Sachs, Hans, Grundgesetz Kommentar, 2. Auflage, München 1999, *zitiert*: Bearbeiter in: Sachs, Art., Rn.

Sachs, Michael, Frauen an die Front? Die deutsche Wehrverfassung nach dem Spruch des EuGH in Sachen Tanja Kreil, NWVBl. 2000, S. 405

Ders., Gleichheitssatz in Teilrechtsordnungen in: Isensee, Josef / Kirchhof, Paul, Handbuch des Staatsrechts der Bundesrepublik Deutschland, Bd. V, Allgemeine Grundrechtslehren, Heidelberg 1992, § 127, *zitiert*: Sachs in: Isensee/Kirchhof, Hdb. StaatsR, Bd. V, § 127, Rn.

Sandrart, Hans Henning von, Aufgaben und Rolle deutscher Streitkräfte innerhalb des multiinstitutionellen sicherheitspolitischen Systems, in: Heydrich, Wolfgang / Lemke, Hans-Dieter / Rohde, Joachim: Die Bundeswehr am Beginn einer neuen Epoche, S. 35, Baden-Baden 1996, *zitiert*: v.Sandrart in: Heydrich/Lemke/Rohde, S.

Schleicher, Michael, Die ökonomischen Lasten der Wehrpflicht, in: Schleicher, Michael/Straubhaar, Thomas; Wehrpflicht oder Berufsarmee? Beiträge zur Debatte aus ökonomischer Sicht, S. 23, Bern, Stuttgart, Wien 1996, *zitiert*: Schleicher in: Schleicher/Straubhaar, S.

Schlich, Karl, Wehrpflicht in Deutschland – Der aktuelle Stand, in: Thiele, Ralph, Wehrpflicht auf dem Prüfstand. Über die Zukunft einer Wehrform, Berlin 2000, *zitiert*: Schlich in: Thiele, S.

Schlosser, H., Leistungsfähigkeit von Frauen und ihre Eignung für militärische Verwendungen, Schriftenreihe der Militärmedizinischen Akademie, Heft 15/89, Bad Saarow 1989, *zitiert*: Schlosser, S.

Schmidt, Thorsten Ingo, Grundpflichten, Baden-Baden 1999, zugl. Diss. Göttingen 1999, *zitiert*: Schmidt, Grundpflichten, S.

Schmidt-Bleibtreu, Bruno / Klein, Franz, Kommentar zum Grundgesetz, 9. Auflage, Neuwied, Kriftel 1999, *zitiert*: Schmidt-Bleibtreu/Klein, Art., Rn.

Schmidt-De Caluwe, Reimund / Heselhaus, Sebastian, Die Wehrpflicht in der Zange des Europa- und Verfassungsrechts, NJW 2001, S. 2680

Schneider, Achim, Politische und gesellschaftliche Aspekte einer generellen Öffnung der deutsche Streitkräfte für weibliche Soldaten, in: Steinkamm, Armin A., Frauen im militärischen Waffendienst. Rechtliche, politische, soziologische und militärische Aspekte des Einsatzes von Frauen in den Streitkräften unter besonderer Berücksichtigung der Deutschen Bundeswehr und des Österreichischen Bundesheeres, S. 340, Baden-Baden 2001, *zitiert*: Schneider in: Steinkamm, S.

Schnell, Jürgen, Methodisches Basiskonzept und Vorgehen bei den Analysten zur ökonomischen Effizienz der Wehrpflicht, Neubiberg 2000, http://www.unibw-muenchen.der/campus/WOW/v1054/miloek1.html, *zitiert*: Schnell, Ökonomische Effizienz der Wehrpflicht, S.

Ders., Studien zur Zukunft der Bundeswehr – Untersuchungsergebnisse – Teilstudie H – Zur ökonomischen Effizienz der Wehrpflicht am Beispiel der Bundeswehr – Ist eine Wehrpflichtarmee „billiger" und „effizienter" als eine Freiwilligenarmee?, Neubiberg 2000, http://www.unibw-muenchen.der/campus/WOW/v1054/miloek1.html, *zitiert*: Schnell, Teilstudie H, S.

Scholz, Rupert, Nicht durch einen Federstrich des einfachen Gesetzgebers. Frauen an die Waffen – ein noch zu lösendes Verfassungsproblem, F.A.Z. vom 24. August 2000, S. 10

Ders., Sozialstaat zwischen Wachstums- und Rezessionsgesellschaft, Heidelberg, Karlsruhe 1981, *zitiert*: Scholz, Sozialstaat, S.

Ders., Die Verfassung schützt die Frauen, F.A.Z. vom 22. Juli 1999, S. 7

Ders., Frauen an die Waffen kraft Europarechts? – Zum Verhältnis von Art. 12a Abs. 4 S. 2 GG zur EU-Gleichbehandlungsrichtlinie -, DÖV 2000, S. 417

Ders., RIW-Kommentar zum Urteil des EuGH i.d. Rs. C-285/98 - Kreil, Slg. 2000, I-69, RIW 2000, S. 222

Schulze, Hagen, Akten der Reichskanzlei. Weimarer Republik. Das Kabinett Scheidemann, 13. Februar bis 20. Juni 1919, Boppard am Rhein 1971, *zitiert*: Schulze, Akten der Reichskanzlei, Dok. Nr., S.

Schwarze, Jürgen, EU-Kommentar, Baden-Baden 2000, *zitiert*: Bearbeiter in: Schwarze, Art., Rn.

Seidler, Franz W. / Reindl, Helmut, Die Wehrpflicht. Dokumentation zu Fragen der allgemeinen Wehrpflicht, der Wehrdienstverweigerung und der Wehrgerechtigkeit, München, Wien 1973, *zitiert*: Seidler/Reindl, Wehrpflicht, S.

Seidner, Ingo, Der freiwillige Waffendienst von Frauen in der Bundesrepublik mit der Waffe als Gleichheitsproblem. Zum verfassungsrechtlichen Kontext von Art. 12a Abs. 4 S. 2 GG, Aachen 1997, zugl. Diss. Trier 1997, *zitiert*: Seidner, S.

Slupik, Vera, Bewaffneter Dienst von Frauen in der Bundeswehr, ZRP 1990, S. 305

Stahel, Albert A., Armeeabschaffung auf Raten. Ende der Wehrpflicht in Europa?, Schweizer Soldat 2/1999, S. 22

Stahn, Carsten, Streitkräfte im Wandel – Zu den Auswirkungen der EuGH-Urteile Sirdar und Kreil auf das deutsche Recht, EuGRZ 2000, S. 121

Statistisches Bundesamt, Bevölkerungsentwicklung Deutschlands bis 2050. Ergebnisse der 9. koordinierten Bevölkerungsvorausberechnung des Bundes und der Länder bis 2050, Wiesbaden 2000, *zitiert*: Statistisches Bundesamt, Bevölkerungsentwicklung, S.

Stein, Torsten, Landesverteidigung und Streitkräfte im 40. Jahr des Grundgesetzes, in: Hailbronner, Kay / Ress, Georg / Stein, Torsten, Staat und Völkerrechtsordnung, Festschrift für Karl Doehring, S. 935, Beiträge zum ausländischen Recht und Völkerrecht, Bd. 98, Berlin, Heidelberg, New York, London, Paris, Tokyo, Hong Kong 1989, *zitiert*: Stein in: FS für Karl Doehring, S.

Steinkamm, Armin A., Der „Ernstfall für die Gleichberechtigung“ ist in Sicht, NZWehrr 1994, S. 133

Ders., Von zentraler strategischer Bedeutung: Wehrpflicht, Loyal 7/1998, S. 34

Ders., Wehrdienst, Ersatzdienst, allgemeine Dienstpflicht – Sachstand, Probleme und Perspektiven aus juristischer Sicht in: Steinkamm, Armin A./Schössler, Dietmar, Wehrhafte Demokratie 2000 – zu Wehrpflicht und Wehrstruktur. Politische, rechtliche, gesellschaftliche und militärische Dimension des Wehrstrukturproblems der Bundesrepublik Deutschland in der „postkonfrontativen Periode“, S. 43, Baden-Baden 1999, *zitiert*: Steinkamm in: Steinkamm/Schössler, S.

Ders., Frauen im militärischen Waffendienst – Eine Einführung in die Thematik und die Beiträge dieses Sammelbandes, in: Steinkamm, Armin A., Frauen im militärischen Waffendienst. Rechtliche, politische, soziologische und militärische Aspekte des Einsatzes von Frauen in den Streitkräften unter besonderer Berücksichtigung der Deutschen Bundeswehr und des Österreichischen Bundesheeres, S. 18, Baden-Baden 2001, *zitiert*: Steinkamm in: Steinkamm, S.

Stern, Klaus, Das Staatsrecht für die Bundesrepublik Deutschland, Bd. I: Grundbegriffe und Grundlagen des Staatsrechts, Strukturprinzipien der Verfassung, 2. Auflage, München 1984; Bd. II: Staatsorgane, Staatsfunktionen, Finanz- und Haushaltsverfassung, Notstandsverfassung, München 1980; Bd. III/1: Grundlagen und Geschichte, nationaler und internationaler Grundrechtskonstitutionalismus, juristische Bedeutung der Grundrechte, Grundrechtsberechtigte, Grundrechtsverpflichtete, Allgemeine Lehren der Grundrechte 1, München 1988; Bd. III/2: Grundrechtstatbestand, Grundrechtsbeeinträchtigungen und Grundrechtsbegrenzungen, Grundrechtsverluste und Grundpflichten, Schutz der Grundrechte, Grundrechtskonkurrenzen, Grundrechtssystem, Allgemeine Lehren der Grundrechte 2, München 1994, *zitiert*: Stern StaatsR, Bd., S.

Straubhaar, Thomas / Schleicher, Michael, Wehrpflicht oder Berufsarmee?, in: Schleicher, Michael/Straubhaar, Thomas; Wehrpflicht oder Berufsarmee? Beiträge zur Debatte aus ökonomischer Sicht, S. 11, Bern, Stuttgart, Wien 1996, *zitiert*: Straubhaar/Schleicher in: Schleicher/Straubhaar, S.

Straubhaar, Thomas, Wehrpflicht – versus Berufsarmee – eine ökonomische Analyse, in: Thiele, Ralph, Wehrpflicht auf dem Prüfstand, S. 94, Berlin 2000, *zitiert*: Straubhaar in: Thiele, S.

Streinz, Rudolf, Frauen an die Front – Bewertung und Folge der Urteile des EuGH vom 26. Oktober 1999 – Rs. C-273/97 (Angela Maria Sirdar) – und vom 11. Januar 2000 – Rs. C-285/98 (Tanja Kreil), DVBl. 2000, S. 585

Stübig, Heinz, Die Wehrverfassung Preußens in der Reformzeit. Wehrpflicht im Spannungsfeld von Restauration und Revolution 1815 – 1860, in: Foerster, Roland G., Die Wehrpflicht. Entstehung, Erscheinungsformen und politisch-militärische Wirkung, S. 39, München 1994, *zitiert*: Stübig in: Foerster, S.

Sutker, Patricia B. / Davis, John Mark / Uddo, Madeline / Ditta, Shelly R., Assessment of Psychological Distress in Persian Gulf Troops: Ethnicity and Gender Comparison, Journal of Personality Assessement 1995, S. 415

Theyssen, Andreas, Problem W 10, Die Woche vom 23. April 1999, S. 5

Thoß, Bruno, Wehrpflicht in Deutschland – Ein historischer Überblick, in: Thiele, Ralph, Wehrpflicht auf dem Prüfstand. Über die Zukunft einer Wehrform, Berlin 2000, *zitiert*: Thoß in: Thiele, S.

Tobiassen, Peter, Die Neuausrichtung der Bundeswehr und die Frage der Wehrgerechtigkeit. Eine umfassende Auswertung neuerer statistischer Angaben des Bundesministers der Verteidigung, Zentralstelle KDV, Bremen 2001, http://www.zentralstelle-kdv.de/wehrgerechtigkeit.pdf, *zitiert*: Tobiassen, Wehrgerechtigkeit, S.

Tönnies, Norbert, Der Weg zu den Waffen. Die Geschichte der deutschen Wiederbewaffnung 1949 – 1957, Rastatt 1957, *zitiert*: Tönnies, Geschichte der Wiederbewaffnung, S.

Trejnis, Zenon, Typen von Streitkräften in modernen Staaten, Teil I, Übersetzung aus dem Polnischen, Originaltitel: Typy armii we wspólczesnych panstwach (I), Wojsko i Wychowanie, 7/1997, S. 26

Unterseher, Lutz, Zur Entwicklung der Wehrstruktur – personelle Basis und Optionen, in: Opitz, Eckhardt / Rödiger, Frank S., Allgemeine Wehrpflicht, Geschichte – Probleme – Perspektiven, S. 140, 2. Auflage, Bremen 1995, *zitiert*: Unterseher in: Opitz/Rödiger, S.

Ders., Bürgerfreiheit, Wehrpflicht, Intervention – Frankreich und die Vereinigten Staaten im Vergleich, in: Opitz, Eckhardt / Rödiger, Frank S., Allgemeine Wehrpflicht, Geschichte – Probleme – Perspektiven, S. 108, 2. Auflage, Bremen 1995, *zitiert*: Unterseher in: Opitz/Rödiger, S.

Wagemann, Eberhard, Verdrängte Geschichte. Verteidigung und Verfassung in Europa, Bd. I u. II, Mainz 1999, *zitiert*: Wagemann, Bd., S.

Wahsner, Roderich, Erfassung und Integration als System. Militär- und Zivildienstpflicht in der BRD, Köln 1972, zugl. Diss. Gießen 1972, *zitiert*: Wahsner, S.

Walter, Bernd, Frauen im BGS – Präzedenzfall für die Bundeswehr?, NZWehrr 1992, S. 89

Wandsbeker Kreis, Ökonomische Überlegungen zu einer Reform der Bundeswehr: Von der Ineffizienz der Wehrpflicht, in: Opitz, Eckhardt / Rödiger, Frank S., Allgemeine Wehrpflicht, Geschichte – Probleme – Perspektiven, Schriftenreihe des Wissenschaftlichen Forums für Internationale Sicherheit e.V., Bd. 6, S. 190, 2. Auflage, Bremen 1995, *zitiert*: Wandsbeker Kreis in: Opitz/Rödiger, S.

Wassermann, Rudolf, Kommentar zum Grundgesetz für die Bundesrepublik Deutschland, Reihe Alternativkommentare, Bd. 1: Art. 1 – 37, 2. Auflage , Neuwied 1989, Bd. 2: Art. 38 – 146, 2. Auflage, Neuwied 1989, *zitiert*: Bearbeiter in: AK, Bd., Rn.

Weers, Egge, Auslandseinsätze sind ein Argument für die Wehrpflicht, Auftrag 1/1999, S. 26

Wehner, Hans-Ulrich, Das deutsche Kaiserreich 1871 – 1918, Göttingen 1973, *zitiert*: Wehner, Kaiserreich, S.

Wehrstruktur-Kommission der Bundesregierung, Die Wehrstruktur in der Bundesrepublik Deutschland. Analyse und Optionen, Bonn 1972/73, *zitiert*: Wehrstrukturkommission 1970, Analysen und Optionen, S.

Ders., Wehrgerechtigkeit in der Bundesrepublik Deutschland. Bericht der Wehrstruktur-Kommission an die Bundesregierung, Bonn 1971, *zitiert*: Wehrstrukturkommission 1970, Bericht, S.

Wellershoff, Dieter, Die Wehrpflicht muss bleiben, Die Welt vom 2. Februar 1999, S. 10

Wenzke, Rüdiger, Die Wehrpflicht im Spiegel der marxistisch-leninistischen Theorie und der „realsozialistischen" Praxis in der DDR, in: Foerster, Roland G., Die Wehrpflicht. Entstehung, Erscheinungsformen und politisch-militärische Wirkung, S. 119, München 1994, *zitiert*: Wenzke in: Foerster, S.

Wette, Wolfram, Deutsche Erfahrungen mit der Wehrpflicht 1918 – 1945. Abschaffung in der Republik und Wiedereinführung durch die Diktatur, in: Foerster, Roland G., Die Wehrpflicht. Entstehung, Erscheinungsformen und politisch-militärische Wirkung, S. 91, München 1994, *zitiert*: Wette in: Foerster, S.

Wiesendahl, Elmar, Mehr Glanz oder Gloria? Die Strukturreform der Bundeswehr aus der Elitenbildungsperspektive, in: Klein, Paul / Zimmermann, Rolf P., Die zukünftige Wehrstruktur der Bundeswehr, S. 27, Baden-Baden 1997, *zitiert*: Wiesendahl in: Klein/Zimmermann, S.

Wohlfeil, Rainer, Vom Stehenden Heer des Absolutismus zur Allgemeinen Wehrpflicht (1789 – 1814) in: Militärgeschichtliches Forschungsamt, Handbuch zur deutschen Militärgeschichte 1648 – 1939, Bd. 1 Abschnitt II, S. 69, München 1979; *zitiert*: Wohlfeil in: Handbuch zur deutschen Militärgeschichte

Wolfe, Jessica / Erickson, Darin J. / Sharkansky, Erika J. / King, Daniel W. / King, Lynda A., Course and Predictors of Posttraumatic Stress Disorder Among Gulf War Veterans: A Prospective Analysis, Journal of Consulting and Clinical Psychology 1999, S. 520

Zentralstelle KDV, Die Entwicklung der Kriegsdienstverweigerung in den letzten Jahren, http://www.zenralstelle-kdv.de/zahl01.htm, *zitiert*: Zentralstelle KDV, Entwicklung Kriegsdienstverweigerung, S.

Ders., KDV-Aktuell 1/2001. Rundbrief für KDV-Berater vom 5. Januar 2001. Wehrungerechtigkeit wird immer größer. Wie kann man sich wehren?, http://www.zentralstelle-kdv.de/aktuell14.htm, *zitiert*: Zentralstelle KDV, KDV-Aktuell 1/2001, S.

Zuleeg, Manfred, Frauen in die Bundeswehr, DÖV 1997, S. 1017

Abkürzungsverzeichnis

a.F.	alte Fassung
ABC	Atomar, biologisch und chemisch
ABl.	Amtsblatt
Abs.	Absatz
Art.	Artikel
ASAG	Archives suisses d´anthropologie générale, Genève
Az.	Aktenzeichen
BayVBl.	Bayrische Verwaltungsblätter
BAZ	Bundesamt für den Zivildienst
Bd.	Band
BGBl.	Bundesgesetzblatt
BGS	Bundesgrenzschutz
BMVg	Bundesministerium der Verteidigung, Bundesminister der Verteidigung
BS	Berufssoldat
BT-Drs.	Bundestagsdrucksachen
BVerfG	Bundesverfassungsgericht
BVerfGE	Sammlung der Entscheidungen des Bundesverfassungsgerichts
BVerwG	Bundesverwaltungsgericht
BVerwGE	Sammlung der Entscheidungen des Bundesverwaltungsgerichts
ca.	circa
CDU	Christlich Demokratische Union
cm	Zentimeter
CSU	Christlich Soziale Union
d.h.	das heißt
DDR	Deutsche Demokratische Republik
DEM	Deutsche Mark
Doc.	Document
DÖD	Der öffentliche Dienst
Dok.	Dokument
DÖV	Die öffentliche Verwaltung

DVBl.	Deutsches Verwaltungsblatt
ebd.	ebendort
EG	EG-Vertrag
EPZ	Europäische Politische Zusammenarbeit
ESVI	Europäische Sicherheits- und Verteidigungsidentität
EU	Europäische Union, Vertrag über die Europäische Union
EuGH	Europäischer Gerichtshof
EuGRZ	Europäische Grundrechte Zeitung
EUMC	Militärausschuss der Europäischen Union
EUMS	Militärstab der Europäischen Union
EuR	Europarecht
EuZW	Europäische Zeitschrift für Wirtschaftsrecht
EVG	Europäische Verteidigungsgemeinschaft
EWG	Europäische Wirtschaftsgemeinschaft
f.	folgende
F.A.Z.	Frankfurter Allgemeine Zeitung
F.D.P.	Freie Demokratische Partei
ff.	fortfolgende
Fn.	Fußnote
FR	Frankfurter Rundschau
FWDL	Freiwillig Wehrdienst Leistender
GASP	Gemeinsame Außen- und Sicherheitspolitik
gem.	gemäß
GESVP	Gemeinsame Europäische Sicherheits- und Verteidigungspolitik
GG	Grundgesetz
GWDL	Grundwehrdienstleistender
h.M.	herrschende Meinung
Hdb. StaatsR	Handbuch des Staatsrechts
HS	Halbsatz
HVK	Hauptverteidigungskräfte
i.d.	in der
i.d.R.	in der Regel
i.H.v.	in Höhe von

i.S.d.	im Sinne der
i.V.m.	in Verbindung mit
IFDT	Informationen für die Truppe
IFOR	Implementation Force
JA	Juristische Arbeitsblätter
JCCP	Journal of Consulting and Clinical Psychology
JNMD	The Journal of Nervous and Mental Disease
JPA	Journal of Personality Assessment
JZ	Juristenzeitung
Kap.	Kapitel
KDV	Kriegsdienstverweigerer
KDVNG	Kriegsdienstverweigerungs-Neuordnungsgesetz
KFOR	Kosovo Force
km	Kilometer
KRK	Krisenreaktionskräfte
KSK	Kommando Spezialkräfte
KWEA	Kreiswehrersatzamt
LG	Landgericht
lit.	littera
m	Meter
M.M.	Mindermeinung
m.w.N.	mit weiteren Nachweisen
MRK	Militär-Reorganisationskommission
MustVO	Musterungsverordnung
N.N.	Normal Null
NATO	North Atlantic Treaty Organization
NJW	Neue Juristische Wochenschrift
Nr.	Nummer
NS	Nationalsozialismus, nationalsozialistisch
NSDAP	Nationalsozialistische Deutsche Arbeiterpartei
NVA	Nationale Volksarmee
NVwZ	Neue Zeitschrift für Verwaltungsrecht
NZWehrr	Neue Zeitschrift für Wehrrecht
o.ä.	oder ähnliche

ÖMZ	Österreichische Militärzeitschrift
OSZE	Organisation für Sicherheit und Zusammenarbeit in Europa
PPW	Prognostizierte Planungswerte
PSK	Politisches und Sicherheitspolitisches Komitee
RGBl.	Reichsgesetzblatt
Rn.	Randnummer
Rs.	Rechtssache
Rspr.	Rechtsprechung
S.	Seite, Satz
SaZ	Soldat auf Zeit
SED	Sozialistische Einheitspartei Deutschlands
SG	Soldatengesetz
Slg.	Sammlung der Rechtsprechung des Europäischen Gerichtshofs und des Gerichts erster Instanz
SLV	Soldatenlaufbahnverordnung
sog.	so genannte
SPD	Sozialdemokratische Partei Deutschlands
st.	ständige
StaatsR	Staatsrecht
SZ	Süddeutsche Zeitung
UdSSR	Union der sozialistischen Sowjetrepubliken
UNAMIR	United Nations Advanced Mission in Rwanda
UNOMIG	United Nations Mission in Georgian
UNOSOM	United Nations Operation Somalia
UNSCOM	United Nations Special Commission
UNTAC	United Nations Transitional Authority in Cambodia
USA	United States of America
USPD	Unabhängige Sozialdemokratische Partei Deutschlands
v.	vom, von
Var.	Variante
VerwArchiv	Verwaltungsarchiv
VG	Verwaltungsgericht
VN	Vereinte Nationen
VVDStRL	Veröffentlichungen der Vereinigung deutscher Staatsrechtslehrer

WBV	Wehrbereichsverwaltung
WEU	Westeuropäische Union
WMS	Wehrmedizinische Monatsschrift
WPflG	Wehrpflichtgesetz
WRV	Weimarer Reichsverfassung
z.B.	zum Beispiel
z.Zt.	zur Zeit
Ziff.	Ziffer
ZDv	Zentrale Dienstvorschrift
ZK	Zentralkomitee
ZRP	Zeitschrift für Rechtspolitik
zugl.	zugleich

FSC
www.fsc.org
MIX
Papier | Fördert
gute Waldnutzung
FSC® C083411

Kolibri 360 GmbH
Ferdinand-Jühlke-Straße 7
99095 Erfurt, Deutschland
produktsicherheit@kolibri360.de

Druck:
CPI Druckdienstleistungen GmbH
im Auftrag der
Kolibri 360 GmbH
Ferdinand-Jühlke-Str. 7
99095 Erfurt